高等院校经济与管理核心课经典系列教材

市场营销调查与预测

SHICHANG YINGXIAO DIAOCHA YU YUCE

◎高 微 冯花兰/编著

（修订第四版）

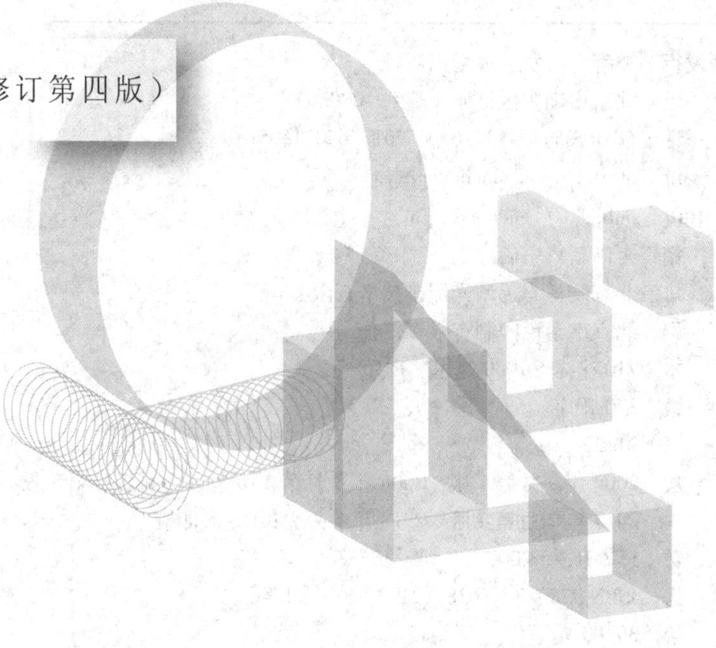

首都经济贸易大学出版社
·北 京·

图书在版编目(CIP)数据

市场营销调查与预测/高微,冯花兰编著.—4版.—北京:首都经济贸易大学出版社,2014.2

(高等院校经济与管理核心课经典系列教材)

ISBN 978-7-5638-2193-8

Ⅰ.①市… Ⅱ.①高… ②冯… Ⅲ.①市场调查 ②市场预测 Ⅳ.①F713.5

中国版本图书馆CIP数据核字(2014)第011025号

市场营销调查与预测(修订第四版)

高微 冯花兰 编著

出版发行 首都经济贸易大学出版社
地　　址 北京市朝阳区红庙(邮编100026)
电　　话 (010)65976483 65065761 65071505(传真)
网　　址 http://www.sjmcb.com
E-mail publish@cueb.edu.cn
经　　销 全国新华书店
照　　排 北京砚祥志远激光照排技术有限公司
印　　刷 北京市泰锐印刷有限责任公司
开　　本 710毫米×1000毫米 1/16
字　　数 370千字
印　　张 21.25
版　　次 2002年9月第1版 2006年8月第2版 2011年1月第3版
2014年2月第4版 2018年1月总第13次印刷
印　　数 55 001~58 000
书　　号 ISBN 978-7-5638-2193-8/F·1246
定　　价 39.00元

第四版前言

《市场营销调查与预测》第三版出版后，我们听取并采纳许多同事和市场研究人士的意见与建议，结合中国经济的发展与变化，站在市场调研理论研究的前沿，进行第四版的修订。

这次修订主要有三方面的重大改动。

第一，更新了每章后的案例，力求用与经济发展实际相结合的案例来说明每章的理论，让学生及其阅读本教材的其他人士能够参考并讨论研究更有典型意义的案例，使学生能够在学习过程中更好地联系实际，更深入地掌握理论知识并提高对经济实践的认识。

第二，针对每一章的应用性内容，增加了促进学生运用市场调研与预测的方式方法进行实际演练操作的实训题，增强了本教材的实用性。而且我们设计的实训题不仅力求与经济社会实践紧密结合，还尽可能地与学生目前的急切需要相联系，主要表现在让学生运用市场营销调查的最新方式方法，调查、分析、判断他们将来最适合的职业职位是哪些？如第七章的第四道实训题："运用类比法预测你的未来学习和工作状况，预测你将来可能遇到的问题与困难，发现你应该吸取的教训，找出你将来能够运用的经验。"这样的实训题能够在很大程度上增强学生去实训的兴趣和积极性，从而提高学生市场调查的实际操作技能。

第三，增加了市场调查与预测理论界的最新研究成果，使学生及其他阅读本教材的人士能够了解并运用最新的市场调查与预测理论。

本书由高微负责总编撰。第一、六章由高微修订编写，第七、八、九、十章由高微和冯花兰修订编写。第二、三、四、五章由冯花兰修订编写。

本书是在作者多年的教研经验和对市场研究的体会基础上完成修订的，但仍可能存在一些不足之处，敬请各位同仁、读者以及市场研究人士批评指正。

本教材在修订编写过程中参考了国内外有关研究成果和文献，虽然已尽可能地列入参考文献中，但难免有所遗漏，对于遗漏文献之作者在此表示深深的歉意与衷心感谢！

借本书第四版出版之际，衷心感谢首都经济贸易大学出版社薛捷老师和各位同事朋友的支持与帮助。

目 录

第一章

市场营销调查概述

本章提要

市场营销调查是指以市场为对象的调查研究活动或调研工作过程，是利用科学的方法系统地、客观地对市场活动的事实进行收集、筛选与鉴别、分类与整理分析，从而发现问题并帮助解决问题的活动。市场营销调查具有系统性、科学性、创造性和及时性等特点。为了高质量地完成调研任务，所有参与调研的人员必须遵守市场营销调查的基本原则和行业的规则，并且制定和执行市场调查的规范程序。市场营销调查是企业获取市场信息的重要途径，是市场研究工作的必要手段之一，是科学的市场预测及理性决策的基础和前提。任何企业经营管理的成功，都离不开客观、严密的市场营销调查。所以掌握尽可能完善的市场信息，是企业走向成功的第一步。

第一节　市场营销调查的含义

关于市场营销调查的定义，许多学者、组织和从业人员有着不同的观点和说法。虽然他们定义的角度、侧重点或者文字表述不同，但在关于市场营销调查或市场调研活动的本质描述上有其共性。

一、市场调查（Market Research）的定义

早期的市场调查定义，着眼于最基础的调查活动。通常人们认为，市场调查是运用科学方法，系统地、有目的地收集、记录、整理和分析市场信息资料，为使用者提供完整、全面、有序的市场加工信息的过程和活动。这一定义重在了解市场情况，捕捉市场信息，认识市场以及市场信息的基本加工处理方面。所以它强调了市场营销调查最基本的或初级的功能和作用。因此，有的学者将之称为狭义的市场营销调查。

随着社会各界对市场营销调查实践活动的重视，并深入和全面地展开，市场营销调查学科也逐步建立和完善，人们对市场营销调查理论和实践活动的理解也更为充实和深刻。下面给出的市场营销调查的定义，也就有了更深层的含义。

二、市场营销调查（Marketing Research）的定义

市场营销调查，又称市场研究或市场调研，是指以市场为对象的调查研究活动或调研工作过程，是利用科学的方法系统地、客观地对市场活动过程的事实进行收集、筛选与鉴别、分类与汇总和整理分析，以便发现问题和解决问题的活动，这是一种重要的经济调查活动。此定义传达了这样的含义：市场营销调查是在完成一般收集和整理市场信息的基础上，进一步强调深刻地分析和研究市场信息，并提供解决对策方案的活动。所以，有人将之称为广义的市场营销调查。

国外一些学者和组织也对市场营销调查给出了他们的定义。

美国市场调研领域的著名学者 Para 博士等人在他们的著作中，给出了市场营销调查更简明的定义：市场调研是用于系统收集、记录、分析和解释数据的一整套技术和原则，向营销产品、服务或思想的决策者提供帮助。注意：此定义既强调市场调研技术，又强调市场调研原则，还包括了分析和解释收集到的数据的重要性①。

美国市场营销协会将市场营销调查定义为：一种借助信息把消费者、顾客及公共部门和市场联系起来的特定活动——这些信息用以识别和界定市场营销的机会和问题，产生、改进和评价营销活动，监控营销绩效，增进对营销过程

① A. 帕拉苏拉曼（A. Parasuraman）等. 市场调研[M]. 王佳芥等译. 北京：中国市场出版社，2009：9.

的理解[1]。

国际商会/欧洲民意和市场研究协会(ICC/ESOMAR)在关于市场和社会研究的国际准则中,给出了市场调研的定义:市场营销调查(Marketing Research)是市场信息领域中的一个关键元素。它把消费者、顾客、公众与商家通过信息的形式联系在一起。这些信息用于判断市场营销中的机会和问题;制定、改进和评估营销活动;加深对营销过程的理解,对达成更有效的营销活动的途径的理解[2]。

美国市场营销协会和国际商会/欧洲民意和市场研究协会(ICC/ESOMAR),在给出的市场调研或市场营销调查的定义中,除强调获得市场信息之外,更为明确的是对市场营销活动的深层研究,即对营销活动的充分理解和准确评估,以便为未来更有效地开展市场营销活动提供支持。

将市场调查的概念延伸为市场营销调查或市场研究等,有着更深层的含义。还有人给出了更简洁的定义:所谓市场调研就是市场营销调查与市场预测的总称。这使得市场营销调查活动的内容更为丰富,更加扩展,对市场营销调查使用人的应用价值也更为突出。

但在一般的市场活动或企业经营活动中,人们通常并不将市场调查、市场调研、市场营销调查和市场研究等概念严格细分。许多人直接将这些概念简称为市场营销调查。因此,本书对此不再多做文字上的细分,也将它们统称为市场营销调查。

三、市场营销调查的特点

市场营销调查有很多特点,本书从市场营销调查的应用角度出发,介绍其中的几个主要特点。

(一)系统性

市场营销调查涉及对调查问题的确认到提出报告等一系列的过程,其中的每一环节相互关联,并形成一个有机的整体,即一个完整的系统。在市场营销调查过程中,如果不按照这一系统的诸项要求开展工作,就会在一些环节上出现偏差,最后难以得出正确的调查结果。

全国市场研究行业协会组织在对本行业的调查中,各项组织工作安排非常严密,仅在问卷回收、拆封和登记这一环节中就有三项严格的操作规定,见下面

① (美)阿尔文·C.伯恩斯,罗纳德·F.布什.梅清豪,营销调研[M].周安柱,徐炜熊译.北京:中国人民大学出版社,2002:4.

② 郑丹,孙更杰.市场营销调查实务[M].北京:中国对外贸易出版社,2002:24.

的案例。

全国市场研究行业协会关于本行业调查的问卷操作规定

1. 调查的组织工作由秘书处负责,选择两个机构参加。其中一个机构负责数据录入、分析和报告;另一个机构负责监督和检查。

2. 各(被调查)机构将填写好的问卷在截止日期之前寄回秘书处,信封上应醒目地写明“行业调查”字样,信封内的问卷是匿名的,但是必须在封面标明机构的名称,以便确认参加的单位。

3. 秘书处不得单独拆开标明“行业调查”字样的信封。在问卷回收的截止日期之前,秘书处召集其他两个机构拆封。具体做法是:监督的机构负责拆封;秘书处负责记录封面上的参加机构名称;监督机构将排乱顺序的匿名问卷清点后交给负责数据处理、分析和报告的机构。这样,既可掌握参加调查机构的确切数目和名称,避免假冒;又保证了匿名性,因为参与的三方均不能将填写好的问卷和参加的机构对应起来。

……

现实中,企业、政府部门、学术机构等组织都把系统的市场营销调查作为日常工作或阶段性的工作,定期或定时地进行常规性的调查。有些知名杂志,如《商业时代》、《财富》杂志等对一些全球性大企业进行持续地监测性或跟踪性的调查研究。

(二)科学性

市场营销调查是一门应用科学,它可用来解决企业或其他组织或个人的某个特定的问题。有人认为,市场营销调查的许多方面都涉及人的行为,而这些行为又受到人们心理、精神、情绪等这些难以计量的因素的影响,所以市场营销调查是不科学的。这种观点值得推敲。应当注意的是,市场营销调查学科虽然仍在发展开拓之中,但其中的基础理论和方法技术已得到了许许多多实践的证明,而且许多自然科学的方法已有效地应用于人们的社会活动和社会行为之中,当然包括市场调研活动之中。但不幸的是,市场营销调查的结果有时确实不够准确。由于人类在态度、信仰、行为方面并非是稳定不变的,而消费者也处于一种经常性的变动状态之中,如对品牌、对商店的偏好,对时尚、对公司的态度等均在不断地变化。所以一个阶段调查出的数据可能有它的偶然性或随机性,无法代表消费者的长期观念。因此难以较精确地预测消费者的行为。我们可以发现许多公司,在进行了广泛的市场营销调查之后,仍在市场上惨遭失败的例子。但综合看,大多数公司认为它们从市场营销调查中所获得的信息是非常宝贵的。这些市场调研活动经常帮助了公司经营活动的成功。

通常,市场营销调查的科学性体现,经常掌握在调查人自己的手里。坚持科学或客观的市场营销调查理念,运用科学的调查方法,才能充分展现市场营销调查的科学性。也就能获得市场营销调查的成功。具体说,企业在进行市场营销调查时,必须以科学方法为指导,即在调研过程的设计中,按照科学的程序进行;在调研方法的选择上,根据科学的原理,选择最恰当的分析问题和解决问题的方法;在调研报告写作中,必须排除调查人员的主观偏见及其他人的干扰,以科学的态度提供市场营销调查报告。如果调研方法选择不当,或为了迎合上级领导的意见而提供报告,其结果都会给企业带来不利的影响。

(三)创造性

市场营销调查虽然有一些通用的程序和规范,也有不少的具体方法技术可供使用和参考。但不同的市场营销调查项目,调查目标不同,调查对象不同,调查方法不同,调查范围也不同。所以实际操作中很难严格地遵从某一特定的调查模式和调查程序。这就需要调查人员不断地创新和修正。例如,一个企业在天津形成了一整套市场营销调查模式,但在兰州就未必好用,也许必须重新设计一个新的调查模式,以适应新的调查范围。这就是创新。

(四)及时性

随着市场经济形势的变化,企业如果已建立完备的市场营销调查系统,那么新的市场数据可能会按照已定程序自动进入系统。但如果市场波动很大,影响因素超出系统设定的内容,则必须及时进行市场营销调查,以弥补或修正原系统的不足。

(五)技术性

市场营销调查的技术性很强,先进的调查技术和信息处理手段可以有效地帮助完成市场营销调查,并获得非常好的调查成果。比如,现在许多企业充分利用网上市场营销调查技术,广泛收集消费信息。另有些大公司在其主要市场都建立了固定样本群,以及日常信息收集、记录和分类的数据库,为常规性和战略件的预测决策提供各种支持。

下面是企业从事市场营销调查成功的案例。

宝洁公司成功的独门暗器——市场营销调查

在世界公认的市场法则中,有这样一种说法:产品市场占有率达到40%的为领先者,达到30%的为挑战者,达到20%的为跟随者,达到10%以下的为补缺者。这样算起来,飘柔、海飞丝、潘婷的市场占有率总额已经达到了66.7%,实质上已经达到了垄断者的地位。宝洁对每个不同地区的文化形态的深入理解,是宝洁产品能在全球迅速推广的根本之一。

在进军中国市场之初,宝洁公司在中国全境做了长达两年的市场营销调查,对目标市场和消费群体建立了比较充分、清晰、客观的概念。为了深入了解中国消费者,宝洁公司在中国建立了完善的市场调研系统,开展消费者追踪并尝试与消费者建立持久的沟通关系。早期国人的消费观念还停留在比较单纯的"名牌崇尚"阶段。宝洁在观察、认识、理解消费者之后,很注意与中国消费者在各个层面上的沟通,在中国的市场研究部建立了庞大的数据库,及时捕捉消费者的意见。这些意见被及时分析处理后反馈给市场、研发、生产等部门,以生产出更适合中国消费者使用的产品。

资料来源:世界品牌实验室,ICXO.COM。

第二节　市场营销调查发展简史

一、市场营销调查活动的起源和发展

市场营销调查是伴随着商品生产和商品交换的发展而逐步形成的,商品的流通和市场经济的发展是市场营销调查产生和发展的根本动力。很久以前,由于技术落后,人们靠家庭作坊和落后的手工艺制作用品,仅能提供自己或周围人的需要,形不成商品和市场。所以,那时没有也无需什么调查活动。随着科技的发展、人类的进步,商品的交换和流通逐渐兴起,市场逐渐形成。此时一些精明的商人开始注意调查、收集市场情报,为企业的经营决策提供帮助。而大规范的市场营销调查活动的开展,是与近代商品的大规模生产和产品销售相伴随而出现的。

17世纪出现的工业革命,使西方的经济得到了极大的发展,市场规模也随之扩大。在市场经济条件下,生产与消费必须相互配合,产品必须符合顾客的要求。为此,商家必须了解消费者的需求、爱好、购买能力和购买行为等,如此才能生产和销售对路的商品,市场营销调查正是迎合了这一要求而出现的。这时,市场营销调查开始广泛展开。

据文献记载,最早的大规模调查来源于1824年8月美国的一场对总统当选选票的调查,这是由美国一家报纸开展的。同年不久后,另一家报纸也进行了类似的民意调查。而真正为市场营销决策做的调查,则是1879年一个广告代理商为了给农业设备制造商制定广告而对当地农产品产量的收获水平作的一次市场营销调查和预测。专门的学者进入这个领域则是在1895年,那年,美国明尼苏达大学的一位心理学教授用邮寄问卷调查法进行了调查,当时的问卷回收率仅为10%①。

20世纪初,经济危机促使人们注意市场的力量。当时由于企业采取的科学管理手段,大大增加了生产效率,使产量迅速增加,而产品的销售则成为企业经营中的突出问题。此时企业与市场的各个方面都开始重视对市场的深入调查。

同期,在学术界,市场营销调查作为一门学科也开始逐渐形成。市场营销调查的基本观念和理论也随之出现。1905年,美国宾州大学首先开设了有关市场营销调查与预测的课程——“产品的销售”。

1911年,美国柯迪斯出版公司成立了第一个专业市场营销调查机构——商业调查部,该部门经理帕林(Charles Coolidge Peorlin)调查了美国100多个主要城市的人口、资源、风俗习惯等,于1919年出版了《销售机会》一书,这是第一本关于市场营销调查研究的专著。此书对企业人员及政府等都极有参考价值。在此期间,哈佛商务学校建立了商务调查所。西北商业学校也于1918年建立了商务调研所。许多调查统计方法开始创建,如市场普查、市场抽样调查和回归分析方法等。

20世纪30年代是市场调研发展的重要时期,美国市场营销协会宣告成立,并于1937年资助出版了《市场调研技术》等书籍,对市场调研这门学科的形成和发展作出了重要的贡献。特别是从1929年开始的大萧条后,人们在市场营销调查的样本设计等调查方式上获得很大进展,而且对问卷调查的兴趣越来越浓,有的学者将之称为市场营销调查进入了问卷调查时代。

20世纪40年代以后,市场普查使得人们开始在市场营销调查中广泛应用统计分析手段。但是大范围、长期调查研究中大量数据的统计和分析碰到了计

---

① 魏炳麒,薛伟业.市场营销调查与预测[M].大连:东北财经大学出版社,2003:4.

算上的障碍。

1946年计算机的诞生,促进了市场营销调查的研究和应用,逐步解决了大范围和中长期调查研究数据的统计、分析和推论问题,有力地促进了该学科的发展和应用。二次大战后,市场营销调查作为一种应用科学被全世界广泛地接受,尤其是实验设计、民意测验、人为因素调查等逐步被调查者使用。那些在战争中被认为在处理情报方面行之有效的方法,如随机抽样、心理测试等方法也进入了这个领域。至1948年,全美已有200多家专门从事市场营销调查的公司。

20世纪50年代,市场营销调查学科进入大发展阶段。很多大专院校把市场营销调查作为重要课程,有关市场营销调查的书籍、教材、报纸、杂志得到大量的出版发行。

进入70年代,随着科学技术的进步和发展,新的观念、技术、方法不断应用于市场调研,其理论、方法、技术越来越系统化、实用化。

80年代后,电脑技术的广泛运用及信息技术的出现和普及,使得市场营销调查成为企业及其他组织,或个人事业发展及生活质量提高的一种极为有效的工具。

至今,开展市场营销调查在发达国家已成为各类企业经营活动的共识,成为其科学决策的依据。企业的市场营销调查日益规范。

二、我国市场营销调查的起步和发展

改革开放前,我国在计划经济下,企业的生产经营由国家统一安排,企业无须进行市场营销调查,所以企业的市场营销调查活动几乎没有。一些由城市调查队等政府所属机构进行的调查活动,更多地表现为行政指令下进行的带有统计特征的资料收集、汇总、分析工作,其功能一般只局限于为政府提供某些信息资料。

随着70年代末80年代初我国的改革开放,社会主义市场经济的兴起和发展,我国的各类企业和学术界开始了市场营销调查的实践和研究活动。

1984年,在北京诞生了第一家私营的市场营销调查机构——社会调查中心。

1986年,北京社会调查所(后改为中国市场营销调查所)首次公布一项民意调查结果。

1988年,第一家私营公司制的调查机构——华南市场研究公司在广州成立。

随后,90年代初,我国民办的专业市场营销调查机构纷纷成立,专业的调查公司大量涌现,并逐步形成行业规模。

1993年,全球知名的民意测验和商业调查/咨询公司——盖洛普在北京成立了盖洛普(中国)有限公司。盖洛普(中国)拥有全国50多个城市和部分农村地区的消费者抽样框,能精确地进行全国或地区性的消费者调查。自 1994 年起,其持续进行的两年一度的全国消费者生活方式和态度调查,用数据准确而生动地描述两年中中国社会和经济生活的深刻变化。

1994 年,全球最大的调查公司 AC 尼尔森公司来到中国。上海 AC 尼尔森市场研究公司在中国主要提供三大市场研究服务:零售研究,研究覆盖全国主要城市和城镇的 70 多类非耐用消费品;专项研究,包括一些独创的研究工具,如预测新产品销售量的 BASES、顾客满意度研究(Customere QTM)、测量品牌资产的优胜品牌(Winning Brands TM)以及广告测试服务;媒介研究,提供电视收视率数据和报刊广告费用监测以及平面媒体读者分析。研究范围覆盖了全国超过 75% 的广告市场。

这一时期,不少外资调查机构进入我国,建立了一些独资或合资的市场营销调查公司。这些公司凭借着强大的业务实力和规范的操作理念,在中国的市场营销调查业,特别是高端业务方面占据了巨大的优势。我国著名市场营销调查研究机构见以下资料。

资料:2013 年市场研究公司排名

1. CTR 市场研究公司

CTR 市场研究公司是中国领先的市场研究公司,成立于 1995 年,2001 年改制成为股份制企业,主要股东为中国国际电视总公司和 TNS。

CTR 提供消费者固定样组、个案研究、媒介与产品消费形态研究、媒介策略研究、媒体广告及新闻监测。可提供连续性的多客户研究,还可以为不同客户提供量身定制的具有针对性的解决方案。

2. 央视—索福瑞媒介研究有限公司(CSM)

该公司是 CTR 和 TNS 合作成立的中外合资公司。拥有世界上最大的电视观众收视调查网络,提供独立的收视率调查数据。致力于专业的电视收视和广播收听市场研究,为中国大陆地区和香港传媒行业提供可靠的、不间断的收视率调查服务。

3. 广州策点市场研究有限公司(CMR)

策点市场研究公司成立于 2001 年,是国内最具竞争力的跨行业市场研究公司。策点调研着力于基础市场数据的采集,给予企业决策支持,从而让企业更了解市场。擅长领域为满意度研究、消费者研究、政府服务研究、市场进入研究、新产品开发研究、房地产专项研究和行业研究等。

4. 上海尼尔森市场研究有限公司(AC - Nielsen)

尼尔森公司是全球首屈一指的媒介和资讯集团,尼尔森公司为私营公司,其业务遍布全球100多个国家和地区,总部位于美国纽约。提供全球领先的市场资讯、媒介资讯、在线研究、移动媒体监测、商业展览服务以及商业出版资讯。

5. 北京特恩斯市场研究咨询有限公司(TNS)

由原TNS合并而成的TNS中国是中国专项市场研究公司中的佼佼者,致力于为客户提供可行性市场洞察和基于调研的商业咨询,以帮助客户做出更具成效的商业决策。在消费品、科技、金融和汽车等多个领域为客户提供全面而深刻的专业市场调研服务和行业知识,并拥有一整套先进独特、覆盖市场营销和商业运营所有环节的商业解决方案,其中产品开发与创新、品牌与沟通、利益相关者关系管理、零售与购物者研究和定性研究等更是公司的特色强项。

6. 北京益普索市场咨询有限公司(Ipsos)

益普索于2000年进入中国,目前已经成长为中国最大的个案研究公司之一。益普索在中国拥有专业人员700余名,在北京、上海、广州和成都均设有分公司。专注于营销研究、广告研究、满意度和忠诚度研究、公众事务研究等四大领域的市场研究服务。

7. 新华信国际信息咨询(北京)有限公司(New China Trust)

1992年末,新华信在北京成立,率先在中国开展市场研究咨询服务和商业信息咨询服务,并于2000年推出数据库营销服务。迄今,新华信已发展为中国领先的营销解决方案和信用解决方案提供商。收集、分析和管理关于市场、消费者和商业机构的信息,通过信息、服务和技术的整合,提供市场研究、商业信息、咨询和数据库营销服务,协助企业做出更好的营销决策和信贷决策并发展盈利的客户关系。

8. 零点研究咨询集团(Horizon)

零点研究咨询集团,是中国专业研究咨询市场的早期开拓者与当前领导者之一,创立于1992年,为中国最早的市场研究机构之一。它运用现代社会调查手段、管理诊断和政策分析技术,融合多年来研究所积累的对中国市场运作和社会文化的深刻理解,组合旗下机构,侧重于为植根于大中华市场的杰出本土企业和国际化企业提供专业调查咨询服务。

资料来源:http://wenku. baidu. com/link? url = gbme - 51fkBJCYxrkjncB6wG4rDkLqqQ5JeeqZhcE_LHVa5l6YoLSBF6b0la3jhM75LxWPt4o5g503ITZDIyoBnLrfgxdNec1DLlhE67 - _Fm 2013. 12. 11。

2001 年,我国成立了全国市场研究行业协会。目前在中国市场上比较规范的大部分市场营销调查机构都是它的会员。该组织开展了非常规范的一年一度的本行业调查活动。该组织注重行业法律、规章的规范,行业内部企业之间的协作,以及客户的支持和配合,为我国市场营销调查行业的规范化发展起到了重大的引导和推动作用。同时,它还积极发展与国际调查业的联系,特别是同欧洲民意与市场研究协会(ESOMAR)、美国市场营销调查协会(AMA)和世界民意调查协会(WAPORR)的联系①。

2004 年,为了全面掌握我国第二产业、第三产业的发展规模、结构和效益等情况,建立健全基本单位名录库及数据库系统,为研究制定国民经济和社会发展规划,提高决策和管理水平奠定基础,我国政府组织实施了第一次全国经济普查,其普查对象是在我国境内(不含港、澳、台地区)从事第二产业、第三产业活动的全部法人单位、产业活动单位和个体经营户。这次普查,以其规模大、范围广、调查内容丰富,为国内外统计界所罕见,备受中国社会各界及国际社会的关注。这次规模浩大的经济调查活动,标志着我国市场营销调查和预测行业日渐成熟。

全国经济普查条例中还规定,以后经济普查每 5 年进行一次,标准时点为普查年份的 12 月 31 日。这说明我国的市场营销调查和经济调查日渐正规化、程序化,即更加成熟。也证明了我国经济领域的各个方面,无论是企业、政府还是个人,都已离不开市场营销调查。

相对于发达国家来说,我国的市场营销调查业虽然起步晚,但由于企业经营、政府决策、市场发展都迫切需要调查研究的支持,从而形成了巨大的市场营销调查需求,这为市场营销调查公司及整个行业的发展提供了契机。不仅专业调查机构,而且各类企业也在自身从事的调查活动中得到锻炼,使得一般企业和调查公司的调查研究水平随着市场的发展而升华和提高。目前,我国市场营销调查业已很快成长为极具活力的一个行业,各类专业市场营销调查机构,从事着各个行业或综合性的市场营销调查。而许许多多的企业,从自身的市场营销调查实力和企业所需出发,都在不同程度上开展了大大小小的市场营销调查活动,使我国的市场营销调查业更加兴旺。

---

① 郑丹,孙更杰. 市场营销调查实务[M]. 北京:中国对外贸易出版社,2002.

第三节　市场营销调查与市场预测

一、市场营销调查与市场预测的关系

从市场营销调查的研究内容和结果来看,它重在对历史的市场行为的了解、认识和研究。而市场预测是基于历史和当前的调查资料,对市场的未来发展情况进行的估计和判断。所以市场营销调查是市场预测的依据和基础。也就是说,在市场预测之前,通常先要进行市场营销调查。

虽然市场预测也可在某种假设的情况下进行研究,并得出一些结论,但对众多的企业或不同的经营活动,以及不同时期的市场、经济发展阶段和特征,市场预测一般不能凭空想象,而应建立在认识和把握客观规律的基础之上,即建立在经过严密市场营销调查获得的充足的信息资料基础之上。

另一方面,市场营销调查不仅为市场预测提供历史和当前资料的支持,还可以在市场预测得出结论后,检验预测结果的正确性或精确性,还可以通过新的市场营销调查获得新的信息,从而对预测结果进行修正。所以市场营销调查与市场预测还有着相互依存和相互支持的关系。

二、市场营销调查的作用

随着我国市场经济体制的逐步完善,不论从加强国家宏观调控,还是从发挥企业自主经营作用来说,经济管理部门和各类企业都必须了解市场动态,掌握市场供求变化的规律。只有重视市场营销调查,才能在工作上取得主动权。

市场营销调查是用来探索人们思考什么、想要什么、需要什么或做什么的有效方式。通常说来,它能获得别的方法无法获得的信息。厂家通过市场研究的方式帮助它们根据顾客的需求生产产品,并且评估营销策略的成功性。绝大多数成功的机构都知道不充分的市场营销调查研究将会在多大程度上增加失败的风险。

社会和政府团体同样使用市场营销调查研究来把握公众舆论,并将之作为制定政策或测试宣传活动成功性的因素。

市场营销调查研究之所以行之有效,是因为通过调查数量较少的样本群,能够了解一个庞大的目标群的特点。但是,这种方式只有符合以下条件时才有效:样本群是全体目标群的代表,调查恰当有效的问题,而且调查的结果正确。所以,只有具有技巧和经验的专业从业者才能较好地操作市场营销调查研究,从而得到正确的结果。

具体说来,市场营销调查的作用主要表现在以下几个方面:

(一)了解市场总的供求情况

通过市场营销调查,了解市场总的供求情况,据以调整、确定企业的发展方向。

市场供求是由商品可供量和购买力组成的,了解商品可供量可通过对工农业生产、商品库存、进口和商品货源的调查;了解商品需求量与需求构成,可通过对购买力、人口、消费水平、消费构成及诸种影响因素与影响程度的调查。通过市场营销调查,企业可根据市场情况和企业自身的实际情况,决定企业的发展方向。

(二)为市场定位提供资料

通过市场营销调查,企业可以进行正确的市场定位并按照消费者的需要组织生产和销售。

企业的发展方向确定以后,还要根据企业自身的经营资源和经营能力以及市场需求和营销环境,决定企业正确的目标市场,并具体确定生产计划,安排商品的数量、质量、品种。消费者的需要是多种多样的,而且会随着有关因素的变化而变化。企业只有通过市场营销调查,才能了解和掌握消费者的需求变化情况以进行正确的市场定位,并按照消费者的需求(包括潜在需求)来组织生产和销售,顺利地完成商品从生产到消费的转移,使商品的价值和使用价值得以实现,使企业获取更大的经济效益。

福特汽车市场调研诊所

福特汽车公司开办了一个汽车市场调研诊所,对自己的新车型设计进行检验。该所邀请客户在预定的路线上驾驶新汽车的原型,同时,派一位经过训练的调查人员坐在驾驶人员的旁边,记录驾驶员对汽车的全部反应。驾驶结束以后,给每一位参与者一份长达6页的调查问卷,询问参与者对汽车每一部分优缺点的评价。通过参与者提供的信息,福特汽车公司就可以了解到消费者对其新车型的反映,然后做出适当的改进,使之更受目标消费者的欢迎。

(三)发现市场机会

通过市场营销调查,可以发现市场机会并促使企业的新产品开发。

企业为了在竞争中处于主动的地位,必须不断地寻找新的经济增长点。随着科学技术的进步，新技术、新工艺不断涌现，研制的新产品不断成功上市。企业只有通过市场营销调查，分析产品处在经济寿命周期的哪个阶段上，并分析市场空缺，才能确定在什么时候开发研制、生产、销售新产品，以满足消费者的需求，把握市场机会，使企业在市场竞争中处于不败之地。

（四）更有效地以广告促销

通过市场营销调查，充分发挥广告的作用，以促进商品销售。

通过市场营销调查，企业可以了解到采用哪种广告媒体最适合宣传自己的商品，以便选择一种恰当的广告媒体，达到更好的广告效果，以促进商品的销售。

广告效果调查研究

吸引力：此广告吸引消费者的注意力如何？ （ /20）
可读性：此广告进一步细读的可能性如何？ （ /20）
谁知力：此广告的主题思想或其利益是否交代清楚？ （ /20）
影响力：此广告的特写效果如何？ （ /20）
行为力：此广告激起行为的可能性如何？ （ /20）
总 计：0 ---------- 20 ---------- 40 ---------- 60 ---------- 80 ---------- 100
评价： 劣等广告 次等广告 中等广告 较好广告 最佳广告

资料来源：陈启杰. 市场调研与预测[M]. 上海：上海财经大学出版社，2004：440.

（五）促进企业提高经营水平

通过市场营销调查，可以促进企业提高经营管理水平。

在企业的经营管理中，要以最少的劳动占用和劳动消耗、最低的成本和费用、最合理的储存等，以取得最大的经济效益。为什么在同类商品中，有的商品畅销，供不应求，赚钱；有的商品却滞销，造成积压，亏本赔钱？前者主要是重视市场营销调查的结果。

总之，市场营销调查可应用于经济活动中的各个方面，类似的市场营销调查的方法也可应用于其他的研究领域，如：由政府机构、民间团体、媒介和学术机构等考察公众对社会的、政治的和其他问题的行为和态度的研究。虽然市场营销调查和社会研究所研究的对象不同，但两者在研究所关注的焦点上，研究方法的运用上和研究所遇到的问题上，都有很多的共同点。所以，企业通过持续的、系统的市场营销调查，可以加深对市场机制作用、方式的了解，加强对影响市场变化的因素及相互联系的认识，提高认识及把握市场运行规律的能力，从而增强参与市场活动的主动性和自觉性，减少盲目性；还可了解消费者需求、了解竞争产品的市场表现、评估和监测市场运营情况、发现市场空缺和市场机会、分析行业发展态势等。这些都对企业有着难以估量的价值。

第四节 市场营销调查的原则和国际准则

一、市场营销调查的原则

为了保证市场营销调查的科学性和客观性，实现调查最终结果的正确性或准确性，所有参加市场营销调查工作的个人或组织，应当遵守以下这些基本原则。

（一）真实性原则

市场营销调查所获取的资料是过去和现在的信息资料，调查人员通过对这些资料进行筛选、整理和分析得出调查结论，为市场预测及决策服务。这就要求资料必须真实地、准确地反映客观实际，对调查资料的分析必须实事求是，尊重客观事实，只有准确的信息资料，才会有正确的认识及科学的决策。切忌以主观意识来代替科学的分析，如果通过市场营销调查所获取的资料缺乏真实可靠性，不仅无益，而且十分有害，更重要的是无法做出科学的预测及正确的决策，这样市场营销调查工作也就没有任何意义了。

（二）时效性原则

市场信息是具有一定时效性的，一份好的市场营销调查资料应该是最及时的，因为只有最及时的调查资料，才能反映市场的最新情况。在市场营销调查工作开始进行之后，要在规定时间内，尽可能多地收集所需的信息资料。市场环境的变化十分迅速，这在客观上要求信息资料的处理与分析与之同步，如果调查工作拖延了时间，不仅会增加费用支出，而且不能捕获到即时信息，即出现信息资料滞后的现象，不能满足市场营销调查的需要。

（三）全面性原则

在市场营销调查中，要全面系统地收集与调查主题有关的信息资料。市场环境的影响因素很多，各种因素之间是互相联系、互相作用及互相影响的。如果单纯就事论事的调查，不考虑周围环境等因素的影响，就不能真实地把握事物发生、发展及其变化的本质。所以，必须根据调查目的，全面系统地反映调查问题的真实情况。

（四）经济性原则

市场营销调查是一种商业性活动，在保证调查质量的同时，还要考虑到经济效益，即考虑投入和产出之间的对比关系。因为市场营销调查需要具备人、财、物等条件，所以要根据调查的目的，结合企业自身的实际情况，选择适当的调查方式和方法，尽可能地用较少的消耗来获取更多的满足质量要求的资料。为此，进行投入与产出的比较，寻找一个最佳的结合点是必要的。

以上是进行市场营销调查时应遵循的一些基本原则，违背这些原则，将会使市场营销调查工作严重偏离方向，会为调查人和调查结果的使用人，带来难以估量的损失。

二、市场调研的国际准则

国际商会和欧洲民意和市场研究协会（ICC/ESOMAR）等市场营销调查组织，为从事市场营销调查的所有人员制定了一些具体、严格，并且可实际操作的行业标准或行为规则。ICC/ESOMAR 关于市场和社会研究的国际准则，是当前世界公认的调研行业的国际准则。我国市场营销调查研究行业协会——全国市场研究行业协会，也要求全体会员遵守此项国际准则。

链接：市场营销调查行业国际准则简介

◆ 所有从事市场营销调查和社会研究的人员必须遵循行业准则——国际商会/欧洲民意和市场研究协会（ICC/ESOMAR）关于市场和社会研究的国际准则。

◆ 这一准则对实施或使用市场研究的行为均具有约束力。任何有关的组织或个人必须遵循它和它所倡导的精神。

◆ 这一新的准则尽可能简明地阐述了从事市场和社会研究的基本职业道德和行业运作原则。同时，准则还规定了在研究过程中研究人员同各方面人士（如：公众和商业机构，其中包括客户和其他类型的业内人士）接触时应该遵循的规则。

◆ 任何从事市场研究的个人永远有责任确保其所在公司的其他市场研究人员意识到了、并准确理解了准则的内容。他们必须尽力保证其所在的整个机构服从准则的规定。

资料来源：贾怀勤.商务调研策划与实施[M].北京：对外经济贸易大学出版社，2005：485.

另外,在许多专业市场营销调查机构中,除了要求其公司全员执行地方和国际准则之外,还制定了一些辅助的公司规则,以及奖惩制度等。

三、市场营销调查的误区和反作用

市场营销调查对企业或其他调查主体的作用是多方面的,不只是有着积极的作用。如果市场营销调查有意或无意地运用不当,给调查人带来的可能不仅是经营的失败,还可能是一场灾难。

(一)市场营销调查的误区

有些人认为,出几道选择题,随便到街上找些人填一填,回来算算百分比,这就是市场营销调查了。实际上,这些算不上市场营销调查,至少不是科学严谨的市场营销调查。无论哪方面的市场营销调查,都应遵循科学的调查原则,按照严格设计的程序和方案进行操作。这样才能得到正确的调查结果。

(二)市场营销调查的反作用

市场营销调查研究的质量,应该说是市场营销调查公司的生命,也是市场营销调查客户的真正需要。影响调查研究质量的因素来源于多方面,既受诸如调查研究人员和运作人员的职业素养、技术水平和企业管理等内部因素的影响,也与行业法律、规章的规范、行业内部企业之间的协作,以及客户的支持、配合等外在因素密不可分。哪一方面职业道德和行为操守上出了问题,例如,恶意地伪造问卷等,都会出现市场营销调查的质量问题,也就是说会使市场营销调查产生反作用。这对迫切需要获得市场营销调查结果的企业来说,不仅仅是市场营销调查投资活动的损失,还可能错失商业机会,甚至带来更为严重的经营问题。

第五节　市场营销调查的类型和程序

一、市场营销调查的类型

市场营销调查涉及的内容很广,为了使其更有针对性地开展,对同一个调查问题可以从不同的角度将市场营销调查划分为不同的类型。本节概要性讲述市场营销调查的基本分类,有关其中的具体内容、要求和操作方法,在以后章节中将详细介绍。

第一,按照不同的市场营销调查内容划分,包括:宏观环境调查和微观环境调查。

第二，按照不同的市场营销调查方式划分，包括：市场普查和抽样调查、市场重点调查和典型调查。

第三，按照不同的市场营销调查方法划分，包括：①实地调查法。实地调查法是获得市场营销调查第一手资料的方法，包括访问法、观察法和实验法等。②二手资料法。二手资料法又称文案法或情报资料法，包括报刊资料收集法、网上市场营销调查或网上资料收集法等。

第四，按照不同的商品流通环节划分，包括：消费者市场营销调查、生产者市场营销调查和流通渠道市场营销调查。

第五，按照不同的研究性质划分，包括：①探索性调查。探索性调查是为掌握和理解调研人员所面临的调研问题的特征和与之相关的各种因素所做的市场营销调查。它的作用在于发现问题的端倪，而不在于揭露问题的本质。②描述性调查。描述性调查是对市场营销调查课题所关注的各种事物的状态、规模、特点和过程进行准确的定量描述，实现对变量值的测量，它回答各种市场现象"是什么"的问题。它的作用在于说明市场事物的表现，而一般不涉及事物的本质及影响事物变化的内在原因。③因果关系调查。因果关系调查是旨在确定市场事物的关系的调查研究，它先对事物变化的原因或事物间的因果联系提出尝试性说明。从这一假设出发，通过调查取得经验性数据，系统地对假设进行检验。它回答的是"为什么"的问题。④预测性调查。

第六，按照不同的组织形式划分，包括：经常性市场营销调查、定期性市场营销调查和 一次性专题市场营销调查。

市场营销调查划分为各种不同类型，其目的是为了对各种市场营销调查问题进行深入分析研究，便于针对不同类型调查的特点，提出不同的调查要求和选择相应的调查方式、方法及技术，以获得好的调查结果。

但是在实际调查活动中，一个市场营销调查项目可能要用多种不同类型的调查方式，而且它们在实际调查工作中往往是相辅相成的，不能绝对的分割开来。例如，如果对调研问题的情况了解不够，那么市场营销调查就要从探索性调研开始。然后进行描述性调查，即调查这一项目的深层表现，最后再调查问题产生的原因以及可能的后果，这就是因果关系调查了。所以完成一个市场营销调查项目，可能用到许多类型的调查方法。

二、市场营销调查的程序

市场营销调查是一项复杂、细致的工作，为了使整个调查工作有节奏、高效率地进行，使调查取得良好的预期效果，必须综合策划市场营销调查方案，加强调研组织工作，严密控制调研过程。通常市场营销调查包括下面 11 个步骤。需要说明的是，尽管这些步骤意味着一个有序的流程，但一个实际的市场营销调查项目未必完全遵循这些步骤进行操作。一是因为在操作中可能发现新的问题，从而会回到前一个步骤中去。而且某一步骤作出的决定可能影响其他后续步骤，某一步骤所做的任何修改往往意味着其他步骤也可能需要修改。二是因为一个特定的计划未必适应新的信息。一项可靠并具代表性的信息，可能中断下面的许多调查步骤。所以这些步骤仅供参考。

（一）确定市场营销调查的问题及其必要性

首先，我们来看看市场营销调查的必要性。一般企业在日常经营中都必须持续不断地监测其周围的市场环境，例如，通过销售人员每日的销售情况汇报，财务人员每天的成本核算汇总等，将企业的运营信息传递给管理层。这些规范（依靠严密的监测系统）或不规范（依靠观察或感觉）的信息，可以帮助企业查找自己的营销方案与市场的不一致性，这是一种非常有价值的市场营销调查方式。以此获得的信息支撑了企业管理人的常规决策。对企业重大问题的决策，一般需要做市场营销调查。但当出现下列情况时，就不需要做市场营销调查：①已获得所需的信息；②没有足够的市场营销调查时间；③缺乏足够的资金；④市场营销调查成本超过其带来的收益。

其次，我们来看如何确定市场营销调查的问题。

由于市场调查的主要目的是收集与分析资料以帮助企业更好地作出决策，以减少决策的失误，因此调查的第一步就要求决策人员和调查人员认真地确定和商定调查研究的目标。俗话说："对一个问题作出恰当定义等于解决了问题的一半"。

定义问题是市场营销调查流程中一个相当重要的步骤，对调查问题清晰、简洁的陈述是市场营销调查成功的关键。通常企业只知道销售下降了，市场份额减少了，但并不知道产生这种现象的具体原因。如果调查人员对此问题了解不透，简单认为是广告方式的原因，那么只围绕着广告测试和效果进行调查，将会严重偏离调查的正确轨迹。因为此问题的根源可能是产品质量或销售渠道等问题。

另外，在任何一个问题上都存在着许许多多可以调查的事情，如果对该问题不作出清晰的定义，那么收集信息的成本可能会超过调查提出的结果的价值。例如，某公司发现其销售量已连续下降达 6 个月之久，管理者想知道真正原因究竟是什么？是经济衰退？广告支出减少？消费者偏爱转变？还是代理商推销不力？市场调查者应先分析有关资料，然后找出要研究的问题并进一步作出假设、提出研究目标。假如调查人员认为上述问题是消费者偏爱转变的话,再进一步分析、提出若干假设。如:①消费者认为该公司产品设计落伍;②竞争产品品牌的广告设计较佳等。

所以定义问题先要确定问题的征兆,再详细列出产生征兆的各种可能原因(这可能需要先做一些探索性的调查),最后得出调查信息的预期效果。这样才能清楚地鉴定问题,从而进行正确的市场营销调查。

(二)确立调查的目标

市场营销调查的动因一般来自于某种问题,当问题出现时,涉及面比较广泛,问题本身并不一定构成市场营销调查的目标,这时,调查人员必须在清楚所要调查问题的基础上,明确调查的目的是什么?确定调查目标的一个好方法是询问"解决问题需要什么信息",所以按调查目标执行调查并获得相应的信息后,问题便解决了。

(三)确定调查设计方案及进度计划

几乎所有的调查方案都是不同的,但调查方案都要详细说明调查的目的,所采用的方式、方法,以及所需的人员、设备。并对各项内容的进度进行安排,还要核算完成各项调查任务的成本。

(四)确定信息的类型、来源和收集资料的方法

是需要宏观经济信息,还是消费者个人资料,如何获得,即选择哪种调查方法,在调查方案中要明确设定。

(五)设计调查问卷

同一个调查项目,由于调查对象不同,可能需要设计不同的调查问卷,如对专家的面谈问卷,对消费者的抽样调查问卷等,都应规范设计。详见以后章节。

(六)确定抽样方案及样本容量

对于大规模的市场营销调查,需要确定抽样的方案,即抽样的母体、样本范围、样本对象及样本容量等。抽样的技巧性很强,一个好的抽样方案,非常有助于实现调查的目标。

(七)组织和培训调查人员

市场营销调查工作可能需要大量人员的参与,所以临时性组织、聘用和培训调查人员,是一项非常重要的工作。对调查人员的培训主要包括:①调查行业的基本知识和行为准则,如市场研究的行业标准等;②该项调查工作的具体要求;③访问技巧及市场营销调查项目的专项要求等。

(八)收集资料

这一步是实施调查方案的重要一步。需要注意的是,调查组织者应对每位

调查人员收集资料的工作进行指导和监控。

（九）分析资料

整理、分析资料是一项严密、繁杂的工作，对工作人员的信息处理分析能力要求很高。特别是从浩瀚的资料中发现问题的根源，并得出精确的调查结论，甚至给出有创意的建议，都需要工作者良好的科学素养和较高的能力水平。所以选择合适的分析人才是做好这项工作的关键。

（十）撰写市场营销调查报告

市场营销调查报告是整个调查的成果体现。它将容纳全体调查人员的智慧、才能和全部的付出。所以，不能忽视调查报告的任何一段文字、一个数据，甚至一字一句的表述，务必做到客观、准确、全面、系统、简洁和有创见性。

（十一）市场营销调查结果的追踪反馈

市场营销调查报告完成后，不是完事大吉了，还应关注调查结果的反馈意见。当发现新的信息或问题时，可以对原调查结果做出适当的修正。

本章小结

市场营销调查是为了解决某一特定问题的预测和决策的需要，有目的地收集、整理、分析与问题有关的资料，是一种为企业解决问题，为市场预测及决策提供信息为目的的活动过程。在我国，市场营销调查近几年来发展得比较快，各地相应成立了一些调查机构，为企事业单位提供有偿服务。企业也逐渐地认识到市场营销调查在市场经济的条件下，对于企业正确的分析市场和认识市场的重要性。

市场营销调查活动必须遵循真实性、实效性、及时性和经济性的基本原则，在此基础上执行市场营销调查行业的行为准则。市场营销调查的活动过程，是对要解决问题的认识和了解的过程，所获取的资料一定要真实有效，并且分析研究过程应客观、严谨。否则调查结果失真，整个调查活动就失去了它的价值，只会给调查人和调查结果的使用人带来不良的后果。

市场营销调查是市场预测和决策的基础和依据。没有正确的市场营销调查，就没有科学的市场预测和正确的决策。

复习题

1. 市场营销调查的定义是什么?

2. 市场营销调查的基本原则是什么?

3. 企业在经营的哪个阶段需要做市场调研?

4. 从企业经营的角度谈市场营销调查的作用与意义。

5. 市场营销调查与市场预测有什么关系?

6. 简述市场营销调查的基本流程和步骤。

7. 你家乡所在地或周围地区的专业市场营销调查机构有哪些? 主要业务是什么? 诚信情况怎样?

8. 市场营销调查只有大公司或专业调查公司才能做吗?

9. 一般中小企业没有实力去做全国性的或国际市场营销调查,那怎么办?

10. 企业要做市场营销调查,只要派出足够多的调查员,收集充分的信息就行了,对不对?

实训题

1. 利用互联网调查了解具体详细的关于市场调查的国际准则。

2. 自拟一个调查主题,为其确定恰当的调查程序。

案 例

一百年来最重大的营销失误

1985 年 4 月 23 日,可口可乐在纽约宣布更改其行销了 99 年的饮料配方,并由此陷入了商业史上无出其右的品牌忠诚旋涡。

口味测试出卖了可口可乐

自从 1886 年亚特兰大药剂师约翰·潘伯顿发明了神奇的可口可乐配方以来,该品牌饮料在全球的开疆辟土可谓无往而不利,直到 1975 年百事可乐从达拉斯开始发起"口味挑战"。

在随后的几年中,百事怂恿越来越多的美国消费者参加未标明品牌的可乐饮料口味测试,并不断传播人们更喜欢口味偏甜的百事可乐的结论。在一浪高过一浪的攻势中,百事宣扬青春、激情、冒险的品牌精神,声称其产品口味足以担当起挑战经典与传统的重任,并引发了美国年青一代的共鸣。口味挑战导致可口可乐的国内占有率稳中微降,而百事却在缓慢而顽强的增长。于是,可口可乐的第一位外国人首席执行官——古巴人罗伯托·郭思达在1981年上任伊始便宣称:可口可乐已没有任何值得沾沾自喜的东西了,公司必须全面进入变革时代,其突破口便是数十年来神圣不可侵犯、但如今已不适应时代的饮料配方。

为此,1982年可口可乐开始实施代号为"堪萨斯计划"的划时代营销行动。2 000名调查员在十大城市调查顾客是否愿意接受一种全新的可乐。其问题包括:如果可口可乐增加一种新成分,使它喝起来更柔和,你愿意吗?如果可口可乐将与百事可乐口味相仿,你会感到不安吗?你想试一试新饮料吗?调查结果显示,只有10% -12%的顾客对新口味可口可乐表示不安,而且其中一半的人认为以后会适应新可口可乐。在这一结论的鼓舞下,可口可乐技术部门在1984年终于拿出了全新口感的样品,新饮料采用了含糖量更高的谷物糖浆,更甜、气泡更少,柔和且略带胶粘感。在接下来的第一次口味测试中,品尝者对新可乐的满意度超过了百事可乐,调查人员认为,新配方可乐至少可以将市场占有率提升一个百分点,即增加2亿美元的销售额。

但更换百年配方毕竟是天大的事,为了万无一失,可口可乐又掏出400万美元进行了一次由13个城市的19.1万名消费者参加的口味大测试,在众多未标明品牌的饮料中,品尝者仍对新配方"感冒",新可乐以61%比39%的压倒性多数战胜旧可乐。

正是这次耗资巨大的口味测试,促使可口可乐下决心推陈出新,应对百事的挑战。

篡改商业圣经的营销噩梦

1985年4月23日,行销了99年的可口可乐在纽约市林肯中心举行了盛大的新闻发布会,主题为"公司百年历史中最有意义的饮料营销新动向"。郭思达当众宣布,"最好的饮料——可口可乐,将要变得更好",新可乐取代传统可乐上市。

共有700余位媒体记者出席了新闻发布会,通信卫星还将现场图像传送到洛杉矶、亚特兰大和休斯敦等地。在24小时之内,81%的美国人知道了可口可乐改变配方的消息,这个比例甚至高于16年前阿波罗登月时的24小时内公众获悉率;据说更有70%以上的美国人在"新可乐"问世的几天内品尝了它,超过任何一种新产品面世时的尝试群体。

但对于可口可乐公司而言，一场营销噩梦恰恰是从4月23日上午的那个新闻发布会开始了。仅以电话热线的统计为例：在“新可乐”上市4小时之内，接到抗议更改可乐口味的电话650个；4月末，抗议电话的数量是每天上千个；到5月中旬，批评电话多达每天5 000个；6月，这个数字上升为8 000多个——相伴电话而来的，是数万封抗议信，大多数的美国人表达了同样的意见：可口可乐背叛了他们，“重写《宪法》合理吗？《圣经》呢？在我看来，改变可口可乐配方，其性质一样严重”。为此，可口可乐公司不得不新开辟数十条免费热线，雇佣了更多的公关人员来处理这些抱怨与批评。

但是似乎任何劝说都无法阻止人们因可口可乐的改变而引发的震惊与愤怒，《新闻周刊》的大标题宣称“可口可乐乱弹琴”，人们表示，作为美国的象征、美国人的老朋友，可口可乐如今突然被抛弃了。在西雅图，57岁的马斯林建立了美国老可口可乐饮用者协会，身着印有抗议文字的T恤公然将新可乐倒在大街上；在休斯敦棒球场，人们面对大屏幕上新可乐的广告嘘声四起；在更多的地方，人们开始囤积已停产的老可口可乐，导致这一“紧俏饮料”的价格一涨再涨；而歌词作者皮卡德因其《老可口可乐最好喝》的唱片畅销，迅速暴富。作为老对头的百事可乐，更是幸灾乐祸的宣布4月23日为公司假日，并称既然新可乐的口味更像百事了，那么可口可乐的消费者不如直接改喝百事算了。

大惑不解的可口可乐市场营销调查部门紧急出击，新的市场营销调查结果使他们发现，在5月30日前还有53%的顾客声称喜欢“新可乐”，可到了6月，一半以上的人说他们不喜欢了。到7月，只剩下30%的人说“新可乐”的好话了。

品牌精神引领消费忠诚

到1985年6月底，“新可乐”的销量仍不见起色，愤怒的情绪却继续在美国蔓延，传媒还不停的煽风点火。焦头烂额的可口可乐决定恢复传统配方的生产，定名为Coca - Cala Classic（古典可口可乐）；同时继续生产“新可乐”（New-Coke）。7月11日，郭思达率领公司高层管理群站在可口可乐标志下宣布了这一消息，并使美国上下一片沸腾，当天即有18 000个感激电话打入公司免费热线。ABC电视网中断了周三下午正在播出的热点节目插播了这条新闻。经典可口可乐的复出几乎成了第二天全美各大报的头版头条新闻，“老可乐”的归来甚至被民主党参议员大卫·普赖尔在议院演讲时称为“美国历史上一个非常有意义的时刻，它表明有些民族精神是不可更改的”。当月，可口可乐的销量同比增长了8%，股票攀升到12年来的最高点——每股2.37美元，而新可乐的市场占有额降至0.6%，同时下降的还有百事可乐的股票，其下跌了0.75美元。

尽管经历了营销噩梦，可口可乐在1985年还是占到了全球饮料总销量的

21.7%,雄踞世界第一。对于业界巨无霸、品牌营销大家竟会产生如此失误,至今圈内人士仍有众多疑惑,而“新可乐”幽灵亦成为品牌重新定位的镜鉴。笔者窃以为正如可口可乐依靠品牌的光芒迅速走出阴影一样,当年百事可乐的上升同样在于品牌精神的胜利而非口味的迎合;可口可乐调查部门的错误,一样在于只计算了产品口感成分,却忽略了万万不该忽略的品牌情感成分。

事实上,在经历了1985年的春夏之后,可口可乐的管理层仍然未全盘放弃新可乐,甚至五年后,这个配方的产品还被更名为“可乐Ⅱ”继续销售,直到缺少购买而最终消亡。而没有消亡的,则是可口可乐这个品牌,尽管其更改配方被《纽约时报》称为美国商界一百年来最重大的失误之一,但只要其不丧失引领时代的品牌精神,就永远不会消亡。

资料来源:顾环宇:“一百年来最重大的营销失误”,全球品牌网,www.globrand.com。

思考讨论题

1. 可口可乐公司更换新配方的决策,以及由新可乐换回老可乐的决策,主要依据是什么?造成重大营销失误的主要原因是什么?采用了哪些类型的调查方法?

2. 可口可乐公司调查部门的错误主要表现在哪些方面?他们注重了什么方面的调查,又忽略哪些方面的调查?

3. 通过本案例你对市场营销调查对企业发展的作用有什么新认识?

第二章

市场营销调查的内容

本章提要

明确市场营销调查的内容，是开展市场调查的第一步。市场营销调查的内容十分广泛，从广义上说，凡是直接或间接影响企业市场经营活动的资料，都应该收集、整理；凡是有关企业经营活动的信息都有调查的必要。但是，由于每次调查的目的不同，其具体内容也不完全一样，而且，受调查时间、经费等的限制，一次调查活动无法包括所有方面，只能有所侧重。将所有的市场调查内容归纳起来，可以分为市场营销环境调查、市场供求状况调查、市场竞争状况调查和市场营销实务调查等几个方面。

第一节　市场营销环境调查

市场营销环境调查是从宏观上把握企业运营的外部影响因素及产品的销售条件。对企业而言，市场环境调查的内容基本上属于不可控制的因素。市场环境调查包括政治、法律、经济、社会文化、技术等方面的调查，如图 2－1 所示。每一个因素对所有企业的生产和经营都产生巨大的影响，因此，每一个企业都必须对主要的环境因素及其发展趋势进行深入细致的调查研究。

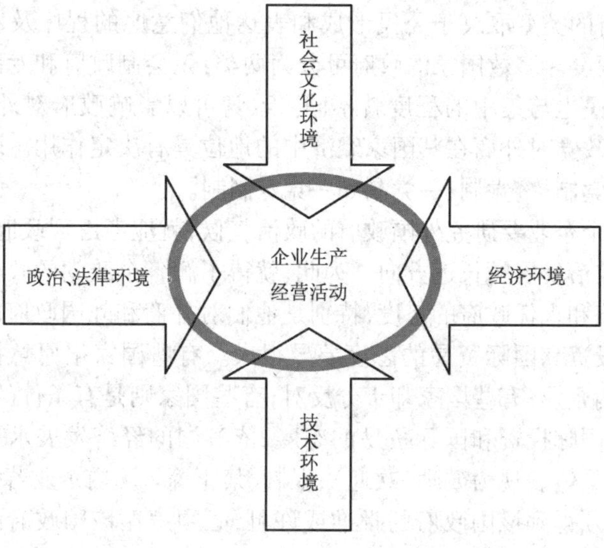

图 2-1　环境因素对企业活动的影响

一、政治、法律环境调查

政治是经济的集中体现,又对经济产生巨大影响。当今社会,任何经济活动都不可能独立于政治因素之外。因此,政治环境是企业在国内和国际市场经营中面临的一个重要而复杂的问题。企业对此必须保持高度的政治敏锐性,对政治环境中的各种因素给予足够的重视。

对于一个内向型的企业来说,把握政治环境,主要是了解我国政府有关政治、经济的发展战略、方针、政策和具体的行业政策、规定等,包括生产力布局、产业结构优化与调整、财政、信贷、税收和价格等方面的内容。还应调查了解有关省、市或地区的一些具体政策和措施等,如在中央西部大开发的宏观政策下,西部一些省份的具体优惠政策等。

对于一个外向型的企业来说,除以上一些国内政治环境的因素外,还应了解国际政治环境的有关因素。包括主要国家或地区的政府类型、政党体制、政府政策及其稳定性等,以及国家或地区之间的政治关系,有关国际政治同盟等方面的情况。

由于一国政府用以实现国家目标的方针不同,对外商的基本政策和态度会有很大差别。而政府对外商的政策和态度又主要取决于一国政府的类型和政党体制。国际市场营销者若能深入分析,并予以正确评价,则东道国政府会对他们的国外投资或国际市场营销的成功起重要作用。

一国政府的类型取决于公民形成和表达他们意愿的程序及对政府构成和政策的影响程度。多数国家的政府可分为两类:议会制政府和专制政府。政府类型不同,则民主与集中的程度就不同。政党可以影响政府对外商的态度,而更重要的是,政党对外商在其国家经济中的地位具有决定作用。政党体制可以分为四种:两党制、多党制、一党制和一党专制制。

总之,一个企业要研究外国政府的政治气候,就应考虑现政府的主张,并尽可能考虑其政治发展的长远方向。为此,就得了解各个政党的政治主张及其对发展本国经济和现任政府的态度,特别是他们对外商和外国政府的态度。世界各国对国际投资和国际贸易的态度差异很大。有些国家很愿意接受而且实际上很欢迎外国企业;有些国家却十分反对;有些国家则是有条件的允许进入等。总之,各国对国际投资和国际贸易的态度,依各国的经济发展水平等具体情况不同而各异,具体表现为鼓励(欢迎)、限制、禁止等。国内企业若想进军某一国家的市场,必须得到该国政府的批准或许可,必须遵循该国政府的有关政策和法律法规。

一般而言,只要一国政府的政策是稳定的,企业就可以在了解掌握的基础上,制定相应的策略或对策,因此,就可以取得国外经营的成功,但是,如果政策是不稳定的,经常发生变化的,则企业对该国的政策就无法准确了解,因此,国外经营就容易遭遇政治风险。

法律是企业国内、国际经营中一个重要而又复杂的环境因素,尤其是在企业的跨国经营中更是如此。因为迄今为止,世界范围内,还没有一个能够解决国际商事争端的统一的国际司法机关,也没有一个适用于解决一切争端的超国家的法律制度。所以,企业进入多少个国家,就要面对多少种不同的法律环境。不了解企业所面临的具体法律环境,不掌握目标市场国具体的法律内容和规定,企业的国内、国际经营活动就会面临很大的困难,甚至遭受巨大的损失。

从某种意义上讲,市场经济就是法制经济。在市场上,法律法规作为调整、约束人们一切活动的行为规范的总称起着决定性的作用。这些立法的主要目的一是维持公平竞争,保护企业;二是保护消费者免受企业不法行为的侵害;三是保护社会利益,以免受毫无限制的企业活动的侵犯等。近年来,法律对企业的影响日益增加。因此,企业一方面要对现有的法律法规的具体内容有较深入的了解,另一方面要对新的法律的不断增加或实施的发展趋势特别关注,以便及时调整企业的经营战略或策略,规避风险,抢占先机。

对于跨国经营的企业而言,法律环境的内容还有很多特殊的方面,如有关解决涉外经济纠纷的国际私法;有关协调国际贸易活动的国际惯例、国际条约或公约、支付协定;有关目标市场国的外国投资、市场竞争、广告促销、进出口关税、商品检验、卫生安全、环境保护等法律法规。

二、经济环境调查

经济环境是企业在国内、国际市场经营中,确定目标市场,制定营销决策首先要考虑的环境因素。各国、各地区经济发展状况的不同,往往成为不同市场营销决策之间差异性的最重要的因素。分析企业外部的经济环境,一般可以从经济发展水平、经济结构和经济特征等方面入手。如图 2－2 所示。

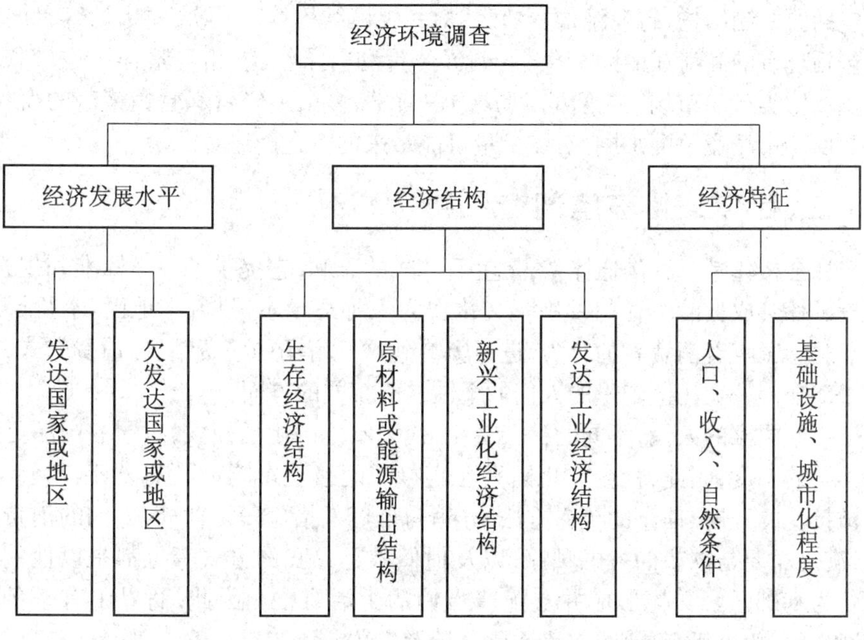

图 2－2 经济环境调查内容

各国、各地区的经济发展水平可以粗略地划分为发达国家或地区和欠发达国家或地区。它是通过调查国民生产总值和国民收入、劳动手段和劳动效率、科学技术的普及与应用程度、人民的受教育水平和健康、福利状况、社会发展的基础设施等因素后,综合确定的。

经济结构也是选择目标市场的首要依据之一,因为它与市场机会、贸易方向直接有关,是决定一个国家或一个地区市场需求结构的重要因素。从目前情况看,各国或各地的经济结构大致可以划分为生存经济结构、原材料或能源输出经济结构、新兴工业化经济结构和发达工业经济结构等几种。不同经济结构下的市场商品供给与需求状况明显不同。正是这种差异为企业提供了巨大的商机,即企业可以从国与国、地区与地区间的经济互补性中,寻求有相对竞争优势的理想目标市场。

经济特征包括人口、收入、基础设施、自然条件和城市化程度等因素。通过这些因素的具体分析,可以判断出一国的市场规模、发展潜力、需求结构与特点等,这些是影响企业国际、国内市场经营中不可缺少的重要信息,有助于企业了解一个国家或一个地区的市场结构、市场容量及其发展趋势等。首先,市场结构是指构成商品交换行为主体之间以及各要素之间的比例关系。它是国民经济总体结构的有机组成部分,也是保证国民经济协调发展的重要条件。市场结构包括所有制结构、行业结构、空间结构和规模结构等。其次,对市场容量的调查包括现有的和潜在的购买人数、购买数量和需求结构,市场最佳销售量和本企业在同类产品市场(或地方市场)的占有率,多渠道经营和营销策略的变化,以及由于市场竞争的加剧,对需求量可能带来的变化趋势等。

三、社会文化环境调查

社会文化是一种沟通体系,是生活方式的总和,它提供了许多标准和规则,促进了社会成员的生存与发展。文化作为一种适合本民族、本地区、本阶层的是非观念影响着消费者的行为,进而影响到这一市场的消费结构、消费方式,并使生活在同一文化范围里的人们的个性具有相同的方面。

不同国家的人民,不同的社会文化,代表不同的生活模式,对同一产品可能持不同的态度,因此,社会文化因素会直接或间接地影响产品的设计、包装、产品被接受的程度、信息的传递方法、分销与推广的措施等。此外,人们的消费方式,满足需要与欲望的考虑顺序,以及他们满足自我的方式等也都是以他们的文化为基础的。文化形成并支配着人们的生活风格。因此,商界中有一条定律:重视文化分析者成功,忽略文化分析者失败。

一个国家或一个社会的文化主要由语言文字、宗教信仰、教育程度、风俗习惯、民族构成与分布、态度和价值观念、社会时尚(如计算机热,或摩托车热)等众多因素组成。每个因素都或多或少地影响着企业的经营活动,所以为了提高顾客的满意度与忠诚度,企业必须重视对有关社会文化环境因素的调查与分析。

四、技术环境调查

科学技术是生产力。随着新技术革命的兴起,各国对科学技术的重视,科学技术得到了突飞猛进的发展,并促进生产力发展到了前所未有的高度,对全球经济产生了极大的影响。尤其是以微电子、原子能、航空航天等为特征的第三次科技革命,不仅带来了全新的生产方式和生活方式,而且使空间和时间不再那么难以逾越,世界变成了一个"地球村"。新技术作为一种"创造性的毁灭力量",不断给企业原有的经营活动带来威胁,同时又创造出大量新的市场机会。技术的发展使旧的行业遭到冲击甚至淘汰,使新兴产业迅速成长。此外,现代科学技术从开发到应用的时间大大缩短,产品更新换代速度加快,产品的生命周期越来越短,产品的质量和技术含量水平的高低,日益成为决定许多企业经营成败的重要因素。新技术的发展和应用,还使消费领域发生了一系列的变革,改变了人们原有的生活方式和需求结构,尤其是在发达国家或地区,与高科技产业有关的产品销售明显增长,消费者对产品的需求趋向于高质量、多功能、小型化、系列化、节能化、方便化、环保化和健康化等。为了应付日趋激烈的国内、国际市场的竞争,有效满足消费者的需求,企业必须对新技术、新工艺、新材料的发展趋势和发展速度,新产品的技术现状、发展趋势和对市场可能带来的影响,国内外新产品的发展情况,以及引进、改造和生产的条件等所有技术环境的因素进行大量细致的调查研究,这样,才能跟上现代科学技术的发展步伐,不断以更新的技术、更优的产品,抢占新的更广阔的市场,巩固原有的市场。

第二节 市场供求状况调查

一、市场需求调查

(一)市场需求量调查

具有一定支付能力的需求构成现实的市场。企业要预测未来的销售状况和获利水平,就必须调查研究其目标市场的需求量。决定一个国家或地区市场需求量大小的主要有该国或地区的人口数量、社会购买力、购买动机等几个因素。

1. 人口数量的调查

一个国家或地区的人口数量是决定该国家或地区市场需求量大小的最基本的因素。特别是日常食品和生活必需的日用品,人口数量是决定其市场需求量最主要的因素。因此,调查一个市场需求量大小必须首先调查其人口数量。在调查人口数量时要注意人口的流动状况和人口的增长趋势。

2. 社会购买力调查

一个市场的人口数量越大,并不等于其现实需求量也越大,这主要是因为要形成现实的需求还取决于该市场的社会购买力。社会购买力是指在一定时期内,全社会在市场上用于购买商品和服务的货币支付能力。它包括居民购买力、社会集团购买力和生产资料购买力。其中居民购买力尤其是居民消费品购买力是社会购买力最重要的内容,是市场需求量调查的重点。

(1)居民购买力调查。一个市场居民购买力的大小取决于其居民的现实支出水平,而其现实支出水平又是由其收入及其变化、个人投资、个人储蓄或借贷等决定的。所以,需要分别调查这几个方面。

在调查居民的收入水平时必须区分总收入、可支配收入和可任意支配收入。在消费者的总收入中,扣除纳税和其他非商业性支出以后,才是个人可支配收入。个人可支配收入中扣除日常必不可少的开支,如房租、水电费、保险费和债务等,剩下的为个人可任意支配的收入。个人可任意支配的收入多少,是影响除基本生活必需品以外的其他消费品的主要购买力因素。

个人投资在世界各国中都越来越被众多的居民所青睐。包括购买有价证券、房屋、邮票和古董等。所以,需要调查在居民的总收入或可支配收入或可任意支配收入中有多少用于现实消费,又有多少用于个人投资。

个人储蓄或借贷,在不同的国家或不同的民族有不同的反映,在中国和另外一些东方国家坚持储蓄,反对以借贷进行消费的观念比较普遍,尤其是老年人群,因此企业的目标市场如果是这类人群,就需要调查居民的个人储蓄状况。而在西方国家尤其是发达国家以及我国的年轻人使用未来钱财的观念比较普遍,这就需要调查他们的个人借贷状况。

(2)社会集团购买力调查。社会集团购买力是指社会集团用公款购买公用消费品和服务的货币支付能力。它作为社会购买力的组成部分,具有独立的经济意义,它是影响全部经营或部分经营社会集团消费品或服务企业经济效益的主要因素。

社会集团购买力的大小,主要受国家行政机关、部门、学校、社会团体与企事业单位对公用消费品或服务的需要的多少,以及各级政府对社会购买力控制或发展经济的一些政策措施的贯彻执行情况等因素的影响。比如,当经济发展较缓慢时,国家为了刺激消费,促使经济增长,这时对企事业单位的消费控制就较少,这个时期,社会购买力就会增长。

(3)生产资料购买力调查。生产资料购买力是各行各业的企业用于购买进行生产所需要的生产设备、房屋、原材料和各种用具等的货币支付能力。对生产资料购买力的调查主要是以下两个方面:一是国家基本建设投资规模、构成和重点。基本建设的投资量大,生产资料的购买力就会提高,投资构成和重点不同,就会影响到生产资料需求量构成的不同。二是生产单位或生产个人的获利能力。生产者的获利能力强,在一定时期内获利多,用于发展生产的基金也就多。不同生产者的获利能力不同,也影响着生产资料购买力的构成。

3. 消费者购买动机调查

购买动机是指人们为满足一定需要而进行购买活动的愿望和意念。人们的购买动机常常是由那些最紧迫的需要决定的,但购买动机又可以通过运用一些相应的手段来诱发和刺激。消费者购买动机调查的目的主要是弄清购买动机产生的各种原因,以便企业采取相应的刺激和诱发策略。

消费者购买动机是复杂多变的,一般可以分为三大类:即本能动机、心理动机和社会动机。

(1)本能动机。本能动机是由消费者生理本能的需要,如饥渴、寒暖、行止、作息等所引起的购买动机。在这种为满足生理需要的购买动机推动下,购买行为具有经常性、重复性和习惯性的特点。消费者在维持生命动机的驱使下,产生购买食品、饮料和房屋、家具、家电等具体行为;在保护生命动机的驱使下,购买药品、医疗服务、保险等;在延续和发展生命动机的驱使下,消费者为子女的抚育、成长购买商品、书籍,支付学费等。为满足生理本能的需要而购买的商品,多数是日常生活不可缺少的必需品,其需求弹性较小。

(2)心理动机。心理动机是由人们的认识、感情、意志等心理过程引起的行为动机。具体可以分为理智动机、情感动机和惠顾动机。

第一,理智动机。这是消费者在对商品的客观认识基础上,经过分析、比较和综合以后产生的动机。它具有客观性、周密性和控制性的特点。在理智动机驱使下进行的购买,比较注意商品的物美价廉,实用耐用、方便简单等,能为消费者提供预期的效用。

第二,情感动机。主要分为冲动型和伦理型两类。冲动型情感动机又称情绪动机,是由人的喜、怒、哀、欲、爱、恶、惧等情感冲动引起的动机。这类动机一般都是在外界的刺激下产生的,所购买的商品并不是生活必需或急需的,事前也没有计划和考虑。凡是由于满意、快乐、喜欢、好奇、好胜、嫉妒或愤怒等情感冲动引起的购买行为,都属于这类动机。它具有冲动性、即景性和不稳定性的特点。伦理型情感动机是道德、群体感、美感等人类高级伦理情感引起的动机。例如,出于道德感购买保护环境的商品、为了友谊购买礼品、为了爱美购买化妆品等,为了正义、事业、荣誉等引起的购买动机,都属于这一类型。伦理型情感动机引起的购买行为,一般具有较大的稳定性和深刻性。

第三,惠顾动机。这类动机是消费者基于理智和情感的经验,对特定的商品、推销员、品牌或商品产生特殊的信任和偏好，习惯或重复地购买某种商品的行为动机。这类动机的产生，可能由于商品的品种丰富，质量优异，价格合理，或者推销员的服务热情、周到和诚恳等。这类动机推动的购买动机，具有经验性和重复性的特点。

(3)社会动机。人们的动机和行为，不可避免地会受到来自社会的各个方面和各种因素的影响。这种后天的，由社会因素引起的行为动机叫做社会动机。它主要受社会文化、社会风俗、社会群体、社会阶层等因素的影响。社会动机是后天形成的，主要有民族心理动机、地域心理动机、传统心理动机、宗教心理动机、群体心理动机、职业心理动机和时代心理动机等。社会动机中，由社交、归属、自主、传统等意念引起的购买动机，属于基本的社会动机；由成就、威望、荣誉等意念引起的购买动机，属于高级的社会心理动机。

购买动机调查要了解消费者潜在的需要，以及刺激这种需要的条件。下面是购买动机调查的常见问题：是否听说过这种产品？是否有意向购买这种产品？对产品各方面特征(包括外观、性能、质量等)的要求如何？更愿意在什么地方购买？等等。对于企业的产品开发人员来说，这些信息有助于改进产品设计，突出或强化深受消费者欢迎的方面，使产品适销对路。对于企业的销售人员来说，将有利于准确把握消费者对产品的核心需求，提高产品诉求、推广的针对性。

(二)消费者的支出模式调查

消费者的支出模式是指消费者将其货币收入用于不同商品的比例。它决定了消费者的消费投向。对消费者的支出模式调查的主要内容有：

1. 人口构成调查

由于消费者的性别、年龄、职业、文化程度、民族和居住地区的不同，其支出模式会有很大的不同。比如，就性别而言，女性消费者在美容、服装和零食方面的支出较大；而男性消费者则在烟酒、社交方面的开销较大；就年龄来讲，儿童在游玩和食品方面的支出较多，而老年人则在药品和保健品方面的消费较大；从文化程度来看，知识水平高的消费者比较注重商品性能的科学性、外包装的艺术性和个性。不同民族和不同地区的消费者，由于风俗习惯、宗教信仰和生活方式的不同，其消费支出模式更是千差万别。因此，企业为了更好地满足目标市场的需求，必须进行人口构成的调查，以此了解不同特征的消费者的不同需求特点，从而采取不同的市场营销组合。

2. 家庭生命周期和家庭的构成调查

家庭生命周期是指即一个家庭可以细分为九个时期：单身期——离开父母独居的青年；新婚期——新婚的年轻夫妻，无子女；“满巢”Ⅰ期——子女在6岁以下，即学龄前儿童；“满巢”Ⅱ期——子女6岁以上，已入学；“满巢”Ⅲ期——结婚已久，子女已长大，但仍需抚养；“空巢”Ⅰ期——结婚已很久，子女已成人分居，夫妻仍有劳动能力；“空巢”Ⅱ期——已退休的老年夫妻，子女早已离家分居；鳏寡就业期——独居老人，尚有劳动能力；鳏寡退休期——独居老人，已退休养老。不同阶段的家庭有不同的需求特点，企业必须调查自己的目标消费群处于家庭生命周期的什么阶段，并据此开发适销对路的产品，拟订适当的营销计划。

在家庭的构成上，过去四世同堂的大家庭构成已越来越让位于3口之家，两个大人一个子女的家庭构成已具有普遍性。由于家庭人口少，且两人只负担一个孩子，其购买力的潜力较大，尤其是独生子女的开销更大，此外，用于耐用消费品、奢侈品、文化娱乐等方面的支出也在不断增长。

3. 收入增长状况调查

根据恩格尔定律，收入水平越低，用于食物的开支占全部支出的比重越大；随着收入水平的提高，用于购买食品的支出占家庭收入的比重下降，住宅、家居用品的支出所占的比重大体不变，而用于服装、娱乐、保健等的支出会上升。一些调查结果也表明了在生活水平提高了以后，吃的比重在下降，而穿、用住的花费增长很快，这种由于收入增长所带来的消费支出模式的变化，对企业今后的经营方向具有较大的指导意义。

4. 商品供应状况以及价格变化调查

当市场上某种商品供应不足或限量供应时，消费者可能会转移消费投向，同样当某种商品的价格由于某种原因提高或降低时，消费投向也会转移。可消费者的消费投向会转向哪里呢，企业应该就此做出什么样的反应？这就需要进行调查，一方面了解由于供应和价格的变动，会引起什么样的需求变动，另一方面也为那些经营替代产品的企业提供有效的信息。

（三）消费者购买行为调查

消费者购买行为调查包括购买行为类型和购买活动两个方面的调查。

1. 消费者购买行为类型调查

根据消费者购买产品的品牌差异程度和消费者购买时的介入程度可将消费者购买行为分为四种类型。如表2－1所示。

表2－1 消费者购买行为类型

介入程度 / 品牌差异	高	低
大	复杂型购买行为	变换型购买行为
小	协调型购买行为	习惯型购买行为

(1)复杂型购买行为(Complex Buying Behavior)。当消费者参与购买程度较高,并且了解品牌间的显著差异时,则其表现为复杂的购买行为。显然,如果产品价格昂贵、技术复杂、购买频率小,具有很高的自我表现作用时,消费者参与购买活动的程度就较高。特别是当消费者对产品不太熟悉且性能不易掌握时购买活动就更为复杂。如普通消费者在决定购买个人电脑时,对诸如内存、硬盘、显示器等知识缺乏了解,不会贸然购买。这位购买者要经历一个学习的过程,即首先产生对产品的信念,然后逐步形成态度,接着对产品产生喜爱,最后作出慎重的购买选择。对于购买者参与程度较高的商品,市场营销人员必须了解购买者的信息是如何收集、整理和评价的。市场营销人员还应制定出各种策略,帮助消费者了解产品的属性、这些属性的重要程度,以及公司的品牌在比较重要的属性上的知名度。对于复杂的购买行为,企业形象和企业品牌的知名度无疑会在某种程度上使之简化。

(2)协调型购买行为(Dissonance - Reducing Buying Behavior)。表现为消费者参与程度虽较高,但各品牌产品之间的差异不明显。由于此类产品价值较高、不经常购买且冒一定的风险等,因而消费者参与程度较高。但与复杂的购买行为相比,消费者购后容易出现因产品缺陷或其他品牌更优而使心理不和谐的现象。为协调心理平衡,他试图收集更多的信息以支持自己的决策。基于此点,企业市场营销人员应注意与消费者的信息沟通,向消费者提供更多的服务与信息,使他们确信自己的选择是正确的。

(3)习惯型购买行为(Habitual Buying Behavior)。对于日用商品的购买一般消费者的参与程度较低,同时品牌间差异也不大。比如,购买食盐。消费者对这类产品的购买几乎不加参与,凭以往的经验和习惯。在这种情况下,消费者的购买行为并不经过正常的信息—态度—行为的顺序。他们无须广泛收集商品信息,也不评价品牌特性,更不对购买什么品牌进行加权决策。广告的重复只是造成熟悉品牌,而不会信服品牌。消费者不会对品牌形成强烈的态度。经营者通过运用适当的促销策略和价格策略,可有效地吸引消费者;也可以通过某种策略将参与程度低的商品转化为参与程度较高的商品,其方法是将产品与某些相关的问题联系起来,比如,高露洁牙膏与防止蛀牙联系起来;也可以将该产品与某些个人情景相联系,如咖啡广告可与消费者清晨想要驱除睡意联系起来。

(4)变换型购买行为(Variety - Seeking Behavior)。其特点是消费者参与程度低同时各品牌间的差异很大,此时消费者表现为经常改变品牌的选择。如在食品购买中消费者出于追求口味的变化而不断地在各种品牌之间转换。品牌的转换是因为寻求变化,而不是对产品的不满。

不同的消费者面对不同品牌的产品会有不同的购买行为表现,而这些表现或多或少地影响着企业的经营活动,所以企业必须调查消费者的购买行为,判断其属于哪一种购买行为,以采取不同的营销决策。

2. 消费者购买活动调查

对消费者购买活动的调查,即通常所讲的"3W""1H"调查。了解消费者在何时购买(When)、何处购买(Where)、由谁购买(Who)和如何购买(How)等方面的情况。

(1)消费者何时购买。消费者在购物时间上存在着一定的习惯和规律。一些商品的销售随着自然气候和商业气候的不同,具有明显的季节性。尤其在春节、"五一"、中秋节、"十一"等节日期间,消费者购买商品的数量会比平时增加很多。企业应按照季节要求和消费者的购买习惯,适时、适量地调整对市场商品的供应数量,增加一线销售人员,合理分配劳动力,以满足不同的市场需求特点。

(2)消费者在何处购买。主要包括消费者在什么地方决定购买和在什么地方实际购买两个方面。对于多数商品,尤其是价值较高的大件商品、家庭用品等,消费者一般在购买前就已经在家中作出购买决定了,如购买商品房、家用电器产品等。因此,对这类商品的信息传播应以电视、广播、报刊等媒体为主,使消费者在作出购买决定时,就可以获得所需要的信息。而对一般日用品、食品和服装等,具体购买哪种商品,通常是在购买现场,受商品陈列、外部包装、卖场气氛、导购人员的介绍的影响,临时作出购买决定的,具有一定的随意性。所以,对这类商品,企业应特别注意销售现场的广告和促销活动,要突出本企业产品的特性,加强营业员的销售技巧培训,把更多消费者的潜在需求变成现实的购买行为。

(3)谁负责家庭购买。主要包括在家庭中,谁作出购买决定;谁去购买以及和谁一起去购买三个方面。对于日用品、服装和食品等,大多是由女方作出购买决定,并由女方实际购买;对于耐用消费品,需要共同协商,最终以男方作出购买决定的较多,较多的是全家人集体去购买。对于儿童或青少年服装及生活用品,常常是由孩子提出购买要求,由父母最后决定,并与孩子一同前往购买。因此,企业应针对不同决策者、实际购买者的性别差异采取相应的营销对策。

(4)消费者如何购买。不同的消费者具有各自不同的购物爱好和习惯。有的重视商品的品牌;有的关注商品的款式、性能;有的看重购物环境和氛围;有的对于价格十分敏感等。企业必须根据自身的特点,有的放矢,在科学的市场细分的基础上,进行准确的定位,以最大限度地满足目标消费群的各种需要。

二、市场供应调查

市场供应调查是指对为本企业提供所需产品的整个市场状况的调查。如果说市场需求是影响企业销售及其获利能力的主要因素之一,那么市场供应就是影响企业生产经营的主要因素之一。如果市场供应不足,使企业缺乏生产经营所需要的原材料、生产设备或其他产品,那么企业的生产经营就会成为无水之源,即使是实力雄厚,生产经营能力强,也会是难做无米之炊的巧妇。所以企业在生产经营过程中,不仅要掌握市场需求状况,还必须了解整个市场供应货源,包括货源总量、构成、质量、价格和供应时间等一系列情况。尤其是当企业需要进行商品的采购决策时,市场供应调查起着决定性的作用。

(一)商品供应来源及其影响因素调查

市场商品供应量的形成有着不同的来源,从全部供应量的宏观角度看,除由国内各行业生产部门提供的产品、进口产品、国家储备拨付和挖掘社会潜在物资外,还有期初结余的供应量。可以先对不同的来源进行调查,了解本期市场全部商品供应量变化的特点和趋势,再进一步了解影响各种来源供应量的因素。

(二)商品供应能力调查

商品供应能力调查包括7点。

(1)能提供企业所需要产品的现有生产企业有多少?都有哪些?其商品生产或商品流转的规模、速度、结构状况如何?能否满足市场需要?

(2)能提供企业所需要产品的现有生产企业的生产经营设施、设备条件如何?其技术水平和设备现代化程度在同行业中处于什么样的地位?是否适应商品生产和流通的发展?是否得到了充分的利用?

(3)现有生产企业是否需要进行投资扩建或者更新改造?

(4)现有生产企业的资金状况如何?自有资金、借贷资金和股份资金的总量、构成以及分配使用状况如何?其经营的安全性、稳定性如何?

(5)现有生产企业的现实盈利状况如何?综合效益怎么样?

(6)现有生产企业的职工数量、构成、思想文化素质、业务水平如何?是否适应生产、经营业务不断发展的需要。

(7)市场上是否可能出现能提供企业所需要产品的新的企业?出现的概率有多大?有可能出现多少这样的企业?将为市场增加多大的商品供应能力?等等。

第三节　市场竞争状况调查

市场竞争状况调查是对与本企业经营存在竞争关系的各类企业以及现有竞争程度、范围和方式等情况的掌握。优胜劣汰是竞争的必然结果。对企业来说,随时了解竞争对手的情况,是使自己立于不败之地的有效方法。调查的内容主要包括谁是竞争者,竞争有多激烈,什么是竞争者的优势和劣势,各类竞争者的市场地位和战略策略,竞争者可能的反应是什么,今后的竞争者可能是谁,等等。

一、调查谁是竞争者

识别竞争者是分析竞争者的起点。一般在现有的市场上,企业可能知道谁是主要的现有竞争者。但是,企业有时忽略了新的竞争者常常不声不响地建立了企业,因而应提防新的,即使目前不构成威胁的竞争者。此外,在市场上,最明显的竞争通常是品牌的竞争,如可口可乐与百事可乐的饮料竞争、富士与柯达的胶卷竞争等。产品类型竞争是指不同的产品实际上满足同样的需要,如35毫米照相机的生产企业与录像机的企业相竞争,现在还要与计算机的生产者相竞争。因此说,所有的争取消费者的自主消费能力的产品都在某种意义上处于竞争中。实践中,最有用的识别竞争者的方法是分析消费者的选择,特别是要确定当消费者购买时,会考虑哪些竞争者的产品作为替代品,哪些产品与特定的用途相联系。正是消费者通过他们的选择过程和对替代的思考,决定了企业的竞争者是谁。

二、调查竞争的激烈程度

它反映的是市场上现有的和潜在的竞争强度。若一些产品的市场竞争比另一些产品的市场竞争激烈的多,说明这些产品的市场有较大的潜在需求,对企业来说,这样的市场就很重要,特别是在评估新市场时更是如此。凡是激烈竞争的市场,都具有以下几个条件:大量的竞争者;阻止进入的壁垒少;阻止退出的壁垒多;相同的产品;有利可图和正在成长的市场。

三、调查竞争者的优势和劣势

对竞争者优势与劣势的分析和研究,应该包括竞争者的技术、资金、人员、品牌、营销能力等方面。其最有用的信息来源是消费者的观点和意见。即消费者的最终选择,使企业对有关竞争者的优势和劣势有了一个准确认识。

四、调查各类竞争者的市场地位和竞争战略

根据竞争者的地位和战略可将竞争者分为市场主导者、市场挑战者、市场跟随者和市场补缺者。

企业进行营销活动必须要了解在市场上的所有竞争者中,谁是市场主导者?哪些是市场挑战者?哪些是市场跟随者和市场补缺者,它们各自都采取了哪些竞争战略,取得了什么样的成效?更重要的是它们将来又会采取什么战略?前三类竞争者可能采用的战略如图2-3、图2-4、图2-5所示。

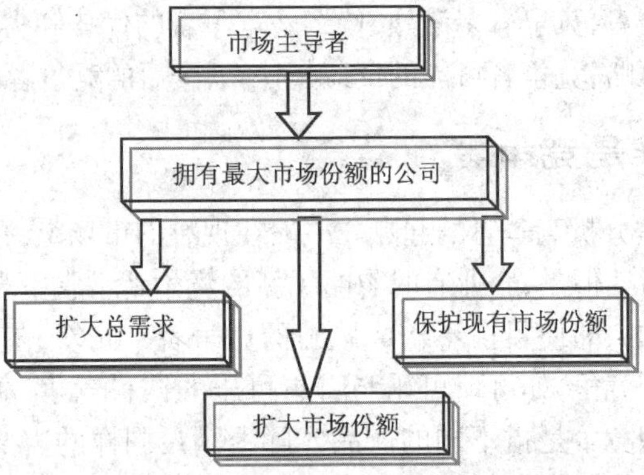

图 2－3　市场主导者的竞争战略

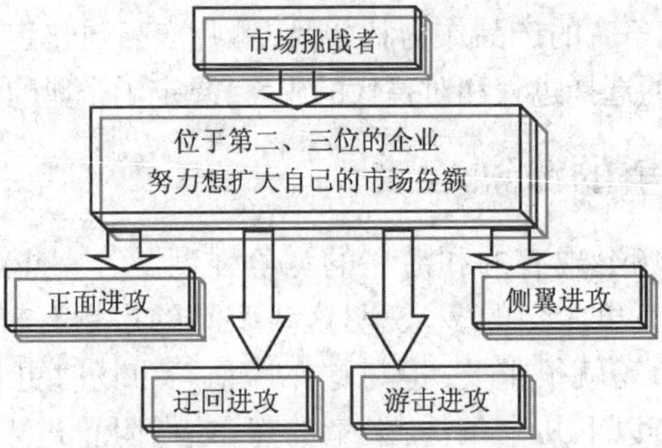

图 2－4　市场挑战者战略

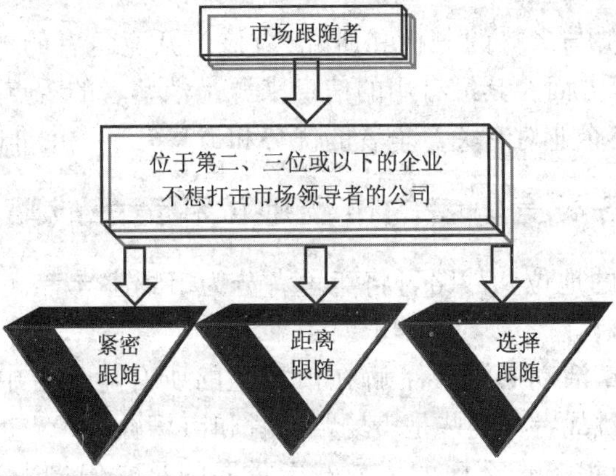

图 2－5　市场跟随者战略

这些调查能够提供战略思路，知道如何以更好的方式与竞争者打交道。例如，若能确定竞争者打算推出一种新产品，就可以采取措施减少这种影响或抢得先机。

五、调查竞争者可能的反应

即估计竞争者对我们在市场上行动的可能的任何反应。如一些竞争者是有选择地进行反应，可能只是在它们认为受到威胁，如降价时才做出反应；还有些竞争者可能对对手的反应是非常具有攻击性的。因此，调查竞争者可能的反应是十分必要的。

六、调查今后的竞争者可能是谁

市场，特别是竞争者，从来都不是一成不变的。就竞争者而论，现有的将会逐渐消失，新的将会出现。有时新的竞争者来自未曾预料的方面。例如新技术在企业作出反应之前，可能会威胁旧技术。在市场上经常也会看到，由于消费者的需要和购买方式的变化，而导致新的竞争者的产生。

第四节 市场营销实务调查

一、产品调查

对提供产品的任何一个企业来说，它的产品，不论是任何形式的产品都必须符合其消费者的需要，并且促使消费者以最快的速度接受自己的而不是竞争对手的产品，那么采取什么样的战略与策略才能做到这一点呢？这就需要对有关产品的许多方面进行调查。包括对产品实体、产品包装、产品使用价值和产品市场生命周期的调查。

（一）产品实体调查

1. 产品的规格

产品规格的大小会在不同的消费中产生不同的反应，对于企业所服务的目标市场，企业所提供的产品规格必须符合当地消费者的习惯或偏好。有些市场人们需要各种规格的产品，越齐全越好，但有的市场却只喜欢某一种或几种特别规格的产品。

2. 产品的颜色和图案

颜色和图案在不同地区、不同民族可能有不同的象征意义，消费者对颜色和图案的偏好也会因人因地区因民族而有异。在某些地方或民族受到欢迎的颜色或图案，在其他地区或民族可能是忌讳或不祥的象征。

3. 产品的式样和类型

不同消费者对产品的式样和类型可能有不同的要求，通过调查了解企业目标市场消费者对产品式样和类型的具体意见和要求。以便提供目标市场消费者所需要式样和类型的产品。

4. 产品的性能

产品性能是产品最基本、最主要的属性，是消费者最为关注的问题之一。产品的耐用性、安全性、使用和维修的方便性、有些产品使用时的能源损耗等都是消费者在购买时要考虑的问题。但不同的消费者对产品的某一个或几个性能的关注是不同的，企业需要通过调查了解哪些是主要的，哪些是企业在生产经营中应该特别注重的。

（二）产品包装调查

不同的包装有不同的作用，其调查的内容也不同。

1. 销售包装

销售包装主要起到美观、保护和促销商品的作用。这就需要调查以下内容：①产品的包装与当地的推销环境是否协调，或是否显得突出。②消费者对何种包装图案或颜色有特殊的偏好。③在同类产品中消费者认为最好、最受欢迎的产品包装造型是什么样的？④竞争产品的包装是什么样的？⑤包装上是否需要详尽的说明？⑥什么样的包装材料能起到保护商品的作用？⑦目标顾客对包装的材料有什么要求？等等。

2. 运输包装

在运输过程中，产品包装是否适应运输方式的要求以保证产品的使用价值不受损害、包装材料不破损；对不同的运输工具要求的包装形式、装卸方法、防盗、防晒、防潮、储仓形式以及包装成本等内容的调查，为决定采取何种包装材料和形式提供了有用的参考资料。

（三）产品使用价值的调查

产品的使用价值是产品的核心功能，是消费者最为关心的方面。不同的消费者对同一种产品的使用价值有不同的要求。比如对化妆品，有的消费者最关注的是它的美容作用，而有的消费者关心的是它能否保护皮肤。再比如果汁饮料，本来它原来的主要功能就是为了解渴健康，但现在也有追求时尚的女性把它当成美容食品。所以企业必须调查目标市场的消费者对本企业提供产品使用价值最关注的方面,以便采取相应的营销对策。

(四)产品市场生命周期调查

任何进入市场的产品都有市场生命周期。产品的市场生命周期包括导入期、成长期、成熟期和衰退期四个阶段。企业首先需要明确自己所生产经营的产品处于生命周期的哪一阶段,在不同的市场生命周期阶段应该采取什么样的营销策略,所以需要在产品的销售量、利润率、经营者和消费者对产品的兴趣等方面进行调查。

当产品在导入期时,作为一种新产品,带有一定的风险必须要消费者接受才能在市场上站稳脚跟。这时需要调查的是:①消费者为什么选择此种产品?②消费者对该产品价格的承受能力有多高?③市场上有无类似产品?④消费者对该产品的需求程度如何?⑤该产品有什么特殊优势?

当产品处于成长期时,市场上已经基本上接受了它,这时调查的重点转入:①产品受欢迎的原因。②产品在哪些方面还有不足,需要改进。③市场上是否出现了竞争产品,其竞争能力如何。④产品处于这个时期的时间有多长。

当产品进入成熟期时,产品已到了销售的最高点,市场上竞争激烈,销售量不仅难以提高,反而有下降的趋势。这时应该主要调查:①市场需求下降的原因。②本企业产品的优势与劣势。③竞争产品的优势。④何时可能进入衰退期。

当产品到了衰退期时,企业就不需要进行调查了,应该改变经营方向。

(五)产品的价格调查

产品的价格直接影响企业的产品销售和获利。企业如何确定产品的价格关系到企业的生存与发展,而产品价格的确定由受到多种因素的影响。因此,企业要成功地确定产品的价格,必须对这方面进行细致的调查。主要调查以下内容:①影响产品价格的因素。②目标市场不同阶层顾客对产品的需求程度。③竞争产品的定价水平及销售量。④采用浮动价格是否合适?提价和降价带来的反映。⑤目标市场不同消费者对产品价格的要求。⑥替代产品价格的高低。⑦产品最适宜的销售价格是多少?

二、分销渠道调查

产品要想从生产者手中转移到消费者或用户的手中,必须要通过一定的分销渠道才能够实现。由于生产者同消费者或用户之间不可避免地存在着时间、地点、数量和所有权等方面的差异和矛盾,因此,必须首先解决和克服这些差异和矛盾,才能在适当的时间、适当的地点,以适当的数量和价格,将产品从生产者手中转移到消费者或用户手中,并最终实现商品的价值。

(一)分销渠道类型

市场营销活动中,分销渠道按照有无中间环节和中间环节的多少,可分为四种基本类型(参见图2-6)。

1. 直接渠道

直接渠道,即生产者将产品直接卖给消费者或用户。它有推销员上门推销、邮寄销售、电话销售、网上销售、电视直销等多种具体形式。

2. 一层渠道

一层渠道,即生产者和消费者或用户之间,只通过一层中间环节,一般消费品是零售商,生产用品是代理商。

3. 二层渠道

二层渠道,即生产者和消费者或用户之间经过二层中间环节,一般消费品是批发商和零售商,生产用品则可能是总代理商和批发商。

4. 三层渠道

三层渠道,即在批发商与零售商之间再增加一道二级批发,因为,广泛分布于城乡各个角落的小零售门店,不可能直接从大批发商那里进货。

此外,如果生产者的产品是销往国外市场的,则还需要国内进口商和国外进口商的参与,因此,渠道层次可能会更多。

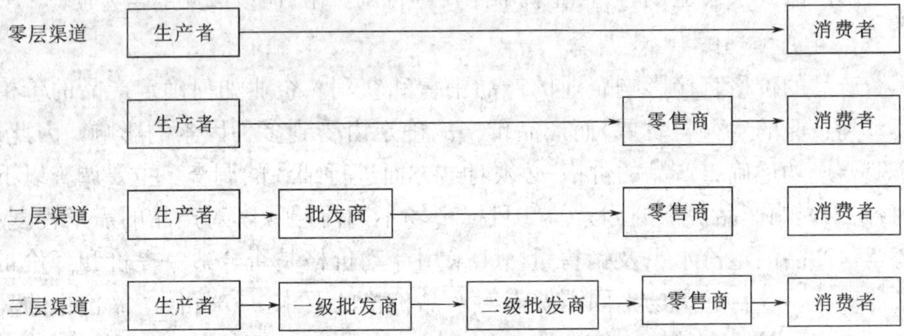

图2-6 消费品分销渠道的类型

以上4种类型是就分销渠道的长度而言的,也可概括为直接渠道和间接渠道两大类。直接渠道也称“零层渠道”,即产品从生产者流向最终消费者或用户的过程中不经过任何中间环节。间接渠道则是在产品从生产者流向最终消费者或用户的过程中需经过一层或一层以上的中间环节,消费者市场多数采用这种间接渠道。

渠道类型除长度问题外,还有宽度问题。不同层次环节的多少是长短问题，即产品流通所经过的中间环节愈多，则渠道愈长，反之则愈短。而同一环节上同种中间商数量的多少则是渠道的宽度问题。如饮料、冰淇淋、儿童食品、胶卷等在零售环节上的零售商数目很多，说明渠道很宽，而一些专用设备、机器、工具等只在一个地区设独家总代理，则意味着在批发环节的批发商数目是少到只有1个，显然渠道宽度是最窄的。

面对这样复杂的多元的分销渠道，企业究竟应该如何决策，就需要对分销渠道的各个方面进行调查。

（二）就渠道类型的选择所需要调查的内容

选择渠道类型时应进行以下调查：①影响此类商品分销渠道选择的因素有哪些？②对于本企业生产经营的产品来说，各类分销渠道有哪些优势与劣势？③此类商品最常见的分销渠道情况，是直接供应用户还是通过中间商？④现行分销渠道中最成功的类型。⑤市场上是否存在分销此种产品的权威性机构，如果存在，他们经销的商品在市场上所占的份额。⑥产品在每一环节上的加价或折扣是多少。⑦主要竞争对手是如何对其产品进行分销的？其效果如何？⑧企业是否有通畅的分销渠道？如果不通畅，其原因是什么？⑨分销渠道中各个环节的商品库存是否合理？能否满足随时供应市场的需要？有无积压或脱销现象？⑩分销渠道中的每一个环节对商品销售提供哪些支持？能否为销售提供技术服务或开展促销活动？

（三）就中间商的选择所需要调查的内容

1. 批发环节

（1）批发商分销渠道的参加者有多少？有哪些？各个批发商的规模、信誉、经销商品的能力与水平、各个批发商之间的竞争状况、特别是各批发商的未来发展趋势和经销本企业产品的意愿等。

（2）批发商业流转环节的层次多少，需要各个层次的必要性，影响流转环节层次的因素等。

2. 零售环节

（1）调查经销此类产品的零售商参加者数量，具体有哪些？各主要零售商的规模、信誉、顾客流动量、经销商品的能力与水平、各主要零售商之间的竞争状况、价格策略、特别是其发展能力和经销本企业产品的意愿等。

（2）调查零售商业企业网点的分布。

（3）调查零售商业市场的商品产销服务形式。

三、服务调查

在当今，众多产品都处于买方市场条件，市场竞争越来越激烈，服务已成为许多企业获得竞争优势的手段,而消费者也越来越重视企业对产品的服务,尤其是大件产品和技术性较强的产品。服务的手段和方式多种多样,而不同的消费者对不同的服务有不同的要求。这就要求企业必须进行服务方面的调查,有的放矢,针对不同的消费者和不同的产品设计和实施不同的服务项目,应用多种多样的服务手段。

企业在服务方面的调查应该包括以下内容:①消费者或供应对象希望在哪些方面得到服务?希望得到什么程度或层次的服务?对企业提供服务的具体要求有哪些?②消费者公认的服务良好的同类产品有哪些?他们提供的服务有什么特点?受到消费者欢迎的原因是什么?③主要竞争对手提供了哪些服务?其效果如何?有哪些不足的方面?④同类产品中,有无委托专业服务企业的?如有,其效果如何?如果本企业打算也委托专业服务企业提供消费者所需要的服务,有哪些专业服务企业可供选择?其服务的能力、信誉和水平等怎样?等等。

四、促销活动调查

企业的促销活动有广告宣传、人员推销、公关活动、现场演示、优惠或有奖销售等多种多样,而每一种活动又包括多种方式,这些活动可以组成各种各样的促销组合。另一方面,不同的市场、不同的产品以及同一种产品处于不同的市场生命周期阶段需要不同的促销。企业应该进行什么样的促销组合需要依据调查信息来进行决策。

(一)广告调查

广告活动调查包括以下几个方面的内容:

1. 广告信息调查

(1)广告主题调查。主要调查消费者的收入、知识水平、广告意识、接受广告的特点等,以此决定适当的广告主题,并测定广告主题的效果。

(2)广告文案调查。广告文案调查可通过广告文案测试进行。在广告文案测试中,是否讨人喜欢是测量设计方案是否有成效的一项重要标准,它能预测该广告是否能够带来更高的商品关注度,以及能否引起人们的交易兴趣。因为营销者知道,如果在测试中,消费者对于某个广告表现的偏好强于另一个广告,那么很可能预示着这个广告将在市场上表现得更出色。

2. 广告媒体调查

针对电视、广播、报纸、杂志等大众媒体及户外、海报等个别媒体,分析诉求对象的接触广告情形及媒体的特性。同时,也要掌握各媒体的到达范围。亦即是广告媒体调查包括媒体的质与量的调查。

3. 广告效果测定

广告效果测定指测定产品广告及企业广告的效果等。有关广告效果测定又可分成事前、事后、同时三种调查。由于广告属传播的一种,从传播的过程也可以体会出,广告调查牵涉的层面甚广。不过,为了考虑广告的效果性、经济性,广告调查的重要性已日渐受到肯定,尤其是正值广告费日益增加的今天,为了使广告活动符合目标管理的原则,广告主、广告代理商或有关人士,对于广告调查将会更热衷、更积极也更执著。

(二)人员推销、公共关系、现场演示等其他促销活动调查

(1)企业采用人员推销、公共关系、现场演示、有奖销售等促销活动后,消费者的反应。

(2)开展上述活动后有多少使用其他企业产品的消费者改用本企业产品?他们的反应如何?

(3)促销活动展开以后企业市场占有率的变化,在竞争中的是否发生变化?

本章小结

本章全面、系统地介绍了市场调查的基本内容。主要包括市场环境调查、市场供求状况调查、市场竞争状况调查和市场营销实务调查等四大方面。明确市场调查的内容,是开展市场调查的第一步,它比调查方式和方法的选择还重要。市场环境包括政治、经济、社会文化、技术和法律等,其调查的目的是从宏观上把握企业运营的外部影响因素及产品的销售条件等。对企业而言,市场环境调查的内容基本上属于不可控制的因素,它们对所有企业的生产和经营都产生巨大的影响,因此,每一个企业都必须对主要的环境因素及其发展趋势进行深入细致的调查研究。市场供求状况调查包括市场需求调查、市场供应调查它们在很大程度上决定企业的产品销售趋势,在这两方面进行详细的调查可以为企业预测未来、制订计划提供准确全面的信息。市场竞争状况调查可以使企业知己知彼,在越来越激烈的竞争环境中立于不败之地。市场营销实务调查是对企业具体的市场营销组合的调查,包括产品、分销渠道、服务和促销活动的调查。企业对其营销实务的调查能够使企业掌握其营销活动的实际效果和长远效果,并及时就出现的问题对营销策略进行调整和改进。

每一个企业进行任何一次市场调查,都是有其特定目的的。调查目的、要

求和条件决定调查内容。一次调查不可能涉及以上所有方面，只是其中的某一部分或某几个部分。

复习题

1. 市场调查的内容包括哪些方面？
2. 分析市场环境调查的意义及其有关内容。
3. 市场基本状况调查的内容有哪些？
4. 调查市场需求时需要调查哪些内容？
5. 举例说明市场调查内容的确定。

实训题

1. 假定你要开设一家零售商店，必须要进行一次具体全面、精确度高的市场调研，请为此设计市场调研内容。

2. 为了分析判断在熟悉你的人看来你最适合做什么样的工作，为你找到最适合的工作做充分的准备，你需要调查你在特别熟悉了解和比较熟悉了解，与你关系特别密切和比较密切的亲人、朋友和同学等人的心目中的具体形象，请为这样的调查确定具体的调查内容。

案 例

案例一　个人开设电子产品店的市场调研

第一，运用网络搜集有关个人开设电子产品店的相关手续及政府的有关政策与法规；在网上向有关人士征询个人开店的方式方法等。

第二，你对所在城市的主要电子产品市场做一个地图分析，就是在地图上标出来，分析一下市场的交通情况，进货、出货、购物和车辆进出等。

第三，自己客观地回忆或者走访 10 个经常使用电子产品的各年龄层次的消费者，问他们一般到什么地方购买、到什么地方选货，认为什么地方的产品质量最好，什么地方的价格最合适，服务最好，等等。回来对照地图，分析一下主要市场在顾客心中的地位。

第四，亲自进入上面分析得出比较优势的市场，在三个不同的时间段观察顾客人流分布，挑出最多、中等和较低客流的店，并将其销售量、产品、品牌和价格等登记下来，然后再做分析，得出每个市场一般的销售量、价格、品种等估测数据和每个市场里生意最好的店的价格、位置、店员形象、服务管理和公共交通设置等特点。

第五，对如上分析结果整理成菜单式表格，带着它逐个地再次去观察生意好的店，观察它的销售量、价格、品种、服务特点和店面特点等，进一步询问几个顾客，聊一聊对这个店的感觉，尤其是询问了产品价格却没有购买的顾客。然后再对调查结果进行整理、分析，你会产生基本的做什么产品、如何选择位置、如何定价和如何招用店员等一系列的招数。

第六，带着你自己基本的结论，去市场里认识一下主要店的老板，聊几句熟悉了就伸手帮他干点活，成为朋友，如果近乎了就花点小钱请大哥吃一顿，这时，你可以把自己想开店的想法告诉他，请他给你建议，你会发现他说的情况与你的调查很多地方是一致的，也有很多的不一致，可以与他讨论讨论。最后，带着所有的信息和问题，回家睡大觉，第二天，从梦境醒来自然就知道自己要干什么了！

资料来源：http://www.changemr.com/map.html。

思考讨论题：

你认为上述调研中所涉及的调研内容是否恰当？为什么？

案例二 市场调研内容的确定

某跨国公司研究出一种新的面向青少年的洗发水，准备在中国大城市市场上市，为了制定该产品的包装、价格、促销和营销渠道等方面的策略，该公司准备进行一次以青少年为调查对象的市场调查，这次调查的精确度要求很高，但调查的时间和经费比较宽裕。

假如这次调查的精度要求达到98%，且没有时间和经费限制。

思考讨论题：

请你为该公司确定这次调查的内容，并说明理由。

第三章

市场营销调查的方式

本章提要

确定调查中使用的调查方式是核定调查效果和调查成本的主要依据，不同的调查目的所对应的最佳调查方式是不同的。在有些情况下，采用不同的调查方式将产生不同的调查精度和调查成本，对此，企业需要科学选择。同时，不同的调查方式适用的范围也不同，一定条件下，企业应选择效率最高的市场调查方式。市场调查的基本方式主要有：市场普查、抽样调查、重点调查、典型调查和固定样本调查等。

第一节　市场普查

一、市场普查的特点

市场普查(Census)也称全面调查、普遍调查。是指对调查总体的全部单位无一例外地进行逐一调查。它具有全体性、全面性、精确性的特点。由于作为调查对象的总体有地域范围上的区分，如国家、省、市、区等，或者是行业范围上的区分，如农业、工业、金融业、商业等，因此，市场普查的“普遍”，只是指遍及某一调查对象的总体。

市场普查主要是用来调查某一时点上或某一时期内的社会经济现象的总量。例如,人口普查是现代世界各国广泛采用的收集人口资料的一种科学方法,是提供全国人口基本数据的主要来源,人口资料的取得主要来自人口普查、经常性的人口登记和人口抽样调查三个方面,人口普查是最基本的方法。人口普查是在国家统一规定的时间内,按照统一的方法,统一的项目,统一的表格和统一的标准时点,对全国人口普遍地逐户逐人地进行一次调查登记,通过这种普遍的调查登记,查清全国人口的数量、结构和分布情况;同时,还要查清全国人口的社会、经济、文化的特征。新中国成立后,我们先后于1953年、1964年、1982年和1990年进行了四次全国人口普查。2000年11月1日又进行了第五次人口普查,为推动我国的现代化建设和经济发展发挥了重要作用。从理论上讲,对调查总体进行无一遗漏的全面调查,所得到的资料是最全面的,也是比较可靠的,因而最有价值。

市场普查的意义在于:市场普查可以提供有关经济现象的全面、原始、可靠的数据资料等,为制定有关的方针政策提供科学的依据。如2000年11月1日进行的第五次全国人口普查,是世纪之交的一次重大国情国力普查,是国家科学决策的依据和前提。通过人口普查,了解我国各种文化程度人口的比重,就可以制定教育政策;了解各行业人口的分布,可以制定人口的就业政策;摸清就业人口的行业分布,可以为产业政策的制定和调整提供科学基础。此外,社会保障和福利政策、民族政策、老年人口政策等等,都需要根据人口资料进行研究。可见,人口普查是国家制定社会、经济、科教等各项发展政策所必需的。没有准确的人口数据,国家很多方针、政策及发展战略的制定,就缺乏足够的科学依据。此外,人口普查是21世纪发展的要求。第五次人口普查是世纪之交的普查。2000年是我国“九五”计划的最后一年,又是我们确定“十五”计划和新的远景规划的关键一年。在这个时候,开展人口普查,提供准确的人口数据,不仅可以为评价90年代人口状况以至经济和社会发展情况提供重要的依据,而且更为重要的是,对于制定21世纪初期经济社会发展规划和发展战略,具有重要的战略意义。

然而由于市场普查涉及调查对象的调查总体,工作量大,耗费大量的人力、物力和财力,并且需要较长的时间才能得到调查结果。仍以人口普查为例:人口普查是一项规模庞大的系统工程,经历机构建立、普查专项试点、培训普查员、户口整顿、普查摸底、普查登记、事后质量抽查、快速汇总、数据处理、分析研究、资料的编印出版等若干阶段。据前几次人口普查的经验,从制定普查方案,到普查数据的电子计算机处理,再到普查资料的最终发表和公布,前后需要持续五六年的时间，仅参加普查登记的现场工作人员全国就需 600 多万人。人口普查的大量工作，是由各级人口普查工作人员来做的。人口普查的登记，即原始资料的收集工作是由普查指导员和普查员来完成的。

所以，市场普查在实践中的应用范围受到了很大的局限，只适用于某些特定的或不必要经常进行的调查，即间隔时间较长而又必须全面掌握其数量状态的调查，如人口普查、工业普查、企业库存普查、各种资源普查等。这些调查所获得的资料是其他任何调查方式所无法得到的。对于制定一定时期内社会经济发展的长远规划和有关宏观政策具有重要的意义，对于企业生产经营的战略决策也是必不可少的。

二、市场普查的组织

确定普查的标准时间是市场普查的重要一环。一般选择在被调查现象变动最小的时期或是普查工作最方便的时期。普查的标准时间是登记调查单位项目所依据的统一时点，所有调查资料都必须是反映在这一时点上的情况。普查标准时间的选择还应注意一定的周期，应尽可能使调查资料连贯有序，以便于认识和把握事物的发展规律。如 2000 年 11 月 1 日零时是全国第五次人口普查的标准时间，凡是在这个时点以前死亡或以后出生的，都不能计入人口总数中。此外，普查的登记工作应在整个普查范围内，按标准时间同时进行，以保证普查资料的时效性、准确性。如 2000 年 11 月 1 日北京市共有 7 万余名普查员、普查指导员佩戴统一证件，手提人口普查专用袋，在全市 36 632 个调查小区同时进入居民家庭，开始进行第五次人口普查登记工作。普查登记工作于 11 月 10 日结束。

市场普查可以通过从上到下的专门普查机构来进行，也可以利用企事业单位本身的组织系统来完成有关资料的填报。市场普查工作复杂细致，必须缜密筹划，整个普查工作应包括制定和颁发普查方案；选调、培训普查人员；必要物资的准备；经费预算；普查登记与汇总；分析资料与总结等几个方面。一般情况下，在登记工作全面展开前，应进行试点，并严密监控，及时总结经验。如为搞好 2000 年 11 月 1 日的全国人口普查工作，北京市于 1999 年年底就开始筹备，到 10 月 25 日前，全市共组建了市、区县、乡镇街道和居村委会四级人口普查机构；划分普查区 8 395 个、普查小区 36 632 个；制定了北京市第五次人口普查工作 13 项细则；2000 年上半年在城区、城乡结合部、远郊区县进行了人口普查全过程试点，摸索了有益的经验；选调普查员、普查指导员、普查工作人员共计 10 万人，并对普查人员进行了市、区县、乡镇街道三级培训；全市人口普查所需各种表格 600 万张，资料 20 万本，普查员专用笔、本、手提袋 10 万套以及宣传材料

500 万份等各项物资已全部到位。此外,从 10 月 20 日到 29 日,约 7 万名普查员开始进行人口状况的入户摸底工作,为人口普查登记编制《户主姓名底册》,为最后进入人口普查的“冲刺”阶段——普查登记,即 11 月 1 日至 10 日的正式普查登记做好了一切准备。

普查人员的选调、培训和普查登记是市场普查工作最重要的环节。如 2000 年 11 月 1 日的第 5 次人口普查的普查员和普查指导员应当是具有初中以上文化水平、热心社会公益事业、身体健康、责任心强、能够胜任人口普查工作的人员。由县、市人民政府负责配备,可以从各级党政机关干部、企事业单位职工、中小学教师以及离退休干部中选调,也可以临时从社会招聘。普查工作人员、普查员的培训工作由市人口普查办公室负责,培训工作分两个阶段。第一阶段培训户口整顿的内容,第二阶段培训区域划分、绘制普查地图、摸底登记、复查议查、普查表编码、手工汇总等内容。上述人员经过短期训练并测试合格后,由县、市人口普查机构发给证件。各单位都要保证被选调人员在本单位的各种福利待遇。普查任务完成以前,不得调动普查员和普查指导员做普查以外的工作。人口普查的登记工作,采用普查员入户查点询问、当场填报的方式进行,普查员应当按照普查项目逐户逐人的询问清楚,逐项进行填写;每个公民都有申报普查项目的义务,申报人必须如实报告,做到不重不漏、准确无误。普查员每调查完一户,要将填写的内容,向本户申报人当面宣读,进行核对。

第二节 市场抽样调查

按一定方式从调查总体中抽取部分样本进行调查,用所得结果说明总体情况的一种调查方法,即为抽样调查。抽样调查是一种专门组织的非全面调查。随着数理统计理论的发展和现代计算机技术的普及,抽样调查成为现代市场调查中一种普遍采用的基本调查方式,也是目前国际上公认的科学的调查手段。市场抽样调查具有经济、及时、准确和高效等显著特点,可以节约大量的人力、物力和财力,同时又能够较快地取得同市场普查大致相同的效果,但也存在着调查结果易于产生误差的不足。市场抽样调查的关键在于如何抽选好样本,为此,要求研究者首先要正确地确定抽选样本的方法,使抽选出的样本具有较高的代表性;其次,要恰当地确定样本的数目,一般应与总体数量成正比例变动;最后,要加强抽样调查的组织工作,及时发现问题,及时纠正,确保调查工作的质量。市场抽样调查包括随机抽样和非随机抽样两部分内容。两者既有区别又有密切联系,并且各有其利弊,分别适用于不同的市场调查对象。

一、市场抽样调查的基本概念

(一)总体(Population)、样本(Sample)及抽样框(Sampling frame)

总体是调查总体的简称,是指调查研究者根据一定的调查目的而规定的所要调查对象的全体。一般用英文字母大写 N 来表示总体的单位数。总体的单位数通常是很大的,甚至是无限的,这样才有必要组织抽样调查。即无限的总体在每一次抽样调查中可以转化为有限的。当我们要进行一个有关"天津市中学生品牌消费现状"的调查时,"中学生"这个总体由于受到了"天津市"和"现状"这两个方面的限定,而成为一个有限的总体,这就是目前天津市所有中学的在校生总人数。这也是以后调查结果的应用范围。所以,总体是抽样调查的母体,是调查研究者限定的最大研究范围。

抽样总体简称样本,是指从调查总体中抽取的、作为直接观察对象的全部单位。样本的数目总是有限的,相对于调查总体单位数 N 来说,它的数目比较小,一般用英文小写字母 n 来表示样本的单位数。如对"天津市中学生品牌消费现状"的调查,可以在市内六个区及塘沽、汉沽、大港等所有中学生中随机抽取 4 500 名学生,这样样本总数就是 4 500 名中学生。在抽样调查中,样本单位数要有一定的数量才能保证抽样资料的准确性。一般说来,样本单位数达到或超过 30 个称为大样本,而在 30 个以下称为小样本。企业的市场抽样调查一般多取大样本。

抽样框是指供抽样所用的总体清单,是抽样的实际总体,也就是供抽样所用的所有调查单位的详细名单。每次调查的总体只有一个,但实际上可用于抽样的基础可能有许多。一般来说,抽样框有两类:

(1)从一个具有不同完整程度的调查单位总体中抽取样本,可称为一次性抽样框。如某中学在某一个班中按学号随机抽取 20 名同学,调查其日常零用钱的数额和支出结构等方面的情况,在此,该班级全体同学的名册就是一个一次性抽样框。

(2)抽样是多段的,要经过两个或更多的阶段才能最终完成,例如,对"天津市中学生品牌消费现状"的调查,第一阶段是在市内六个区及塘沽区、汉沽区、大港区的区内所有中学(第一个抽样单元,也是第一个抽样框)中,先各抽选 1 所中学;再在每所选中的中学的所有在校生(第二个抽样单元,也是第二个抽样框)中,随机抽取 50 名学生来作为样本。在这里,总体被划分为数个抽样单元,每个单元都有一个抽样框。

抽样框一般可以采用现成的名单,如户口、企业名录、职工或学生名册等。在没有现成名单的情况下,可由调查人员自己编制。应注意的是:在利用现有名单作为抽样框时,要现对该名单进行检查,避免重复、遗漏等情况,以提高样本对总体的代表性。

（二）总体指标和抽样指标

总体指标是指根据调查总体而计算的综合指标。在抽样调查中,总体指标是个未知数,即要推算的数。抽样指标是指根据所抽取的样本计算出的综合指标。常用的调查指标与抽样指标有平均数、成数、方差和标准差等。

1. 平均数

平均数即平均指标,分为总体平均数和样本平均数。总体平均数是指调查总体所研究标志的平均值。根据所掌握资料的情况,可有简单式和加权式两种计算方法。若用 X 表示变量,N 表示总体单位数,F 为各组权数,$\overline{X}$ 表示总体平均数,则总体平均数的计算公式为:

简单式: $$\overline{X} = \frac{\sum X}{N}$$

加权式: $$\overline{X} = \frac{\sum XF}{\sum F}$$

样本平均数的计算方法与此相同:

简单式: $$\overline{x} = \frac{\sum x}{n}$$

加权式: $$\overline{x} = \frac{\sum xf}{\sum f}$$

2. 成数

成数即成数指标,分为调查成数和样本成数。调查成数是指在调查总体中,具有某一特征的单位数占调查总体单位数的比重。若用 N 表示调查总体单位数,N_1 表示具有某种特征的单位数,P 表示调查总体的成数,则调查成数的计算公式是:

$$P = \frac{N_1}{N}$$

若用 N_0 表示具有相反特征的单位数,Q 表示具有另一特征的单位数占全体单位数的比重,则:

$$Q = \frac{N_0}{N}$$

由于 $N_1 + N_0 = N$,所以:

$$P + Q = \frac{N_1 + N_0}{N} = 1$$

因此,$Q = 1 - P$ 或 $P = 1 - Q$

样本成数的计算方法与此相同。若用 n 表示样本单位数,n_1 表示具有某种特征的样本单位数,n_0 表示具有另一特征的样本单位数,而 $n_1 + n_0 = n$,则样本成数的计算公式是:

$$p = \frac{n_1}{n}$$

$$q = \frac{n_0}{n}$$

所以,
$$p + q = \frac{n_1 + n_0}{n} = 1$$

则:$p = 1 - q$ 或 $q = 1 - p$

3. 方差和标准差

总体平均数的标准差用 σ 表示,方差 σ^2 用表示,计算公式为:

简单式:

$$\sigma = \sqrt{\frac{\sum (X - \overline{X})^2}{N}}$$

$$\sigma^2 = \frac{\sum (X - \overline{X})^2 F}{N}$$

加权式:

$$\sigma = \sqrt{\frac{\sum (X - \overline{X})^2 F}{\sum F}}$$

$$\sigma^2 = \frac{\sum (X - \overline{X})^2 F}{\sum F}$$

总体成数的方差为:$\sigma^2 = P(1 - P)$,总体成数的标准差为:$\sigma = \sqrt{P(1 - P)}$。

样本平均数的方差、标准差以及样本成数的方差、标准差计算方法与上述调查总体的有关指标的计算方法相同,故不再重复,只列表 3-1 以便于记忆。

表 3-1　样本特征统计方法计算表

	调查总体	抽样总体
单位数	N	n
平均数	$\overline{X}$	$\overline{x}$
成　数	$P = \frac{N_1}{N}$ $Q = \frac{N_0}{N} = 1 - P$	$p = \frac{n_1}{n}$ $q = \frac{n_0}{n} = 1 - p$

续表

	调查总体	抽样总体
方差	σ^2	s^2
标准差	σ	s

（三）市场调查研究中的误差

市场调查研究人员在评估调查的质量时，必须检测其准确性。图 3－1 列举了市场调查误差的各种形式。随机抽样误差和系统性误差是调查误差的两个最主要来源。

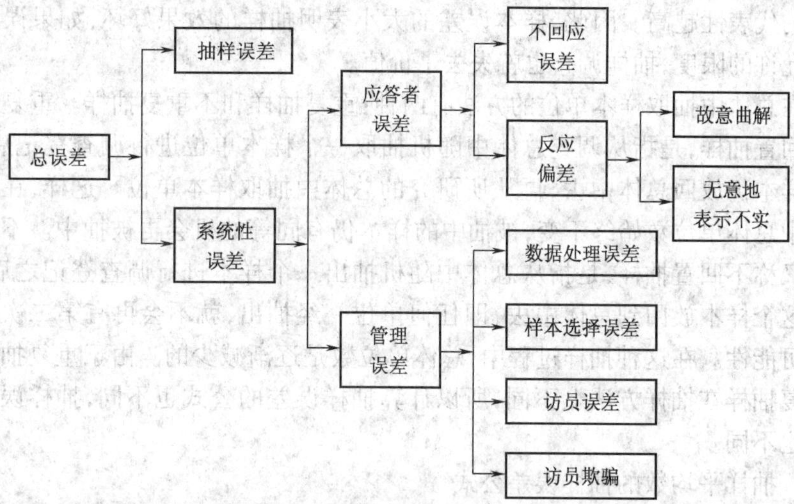

图 3－1 调查误差的类型

1. 抽样误差（Sampling Error）

所有的抽样调查都试图使其样本具有最大的代表性，但是由于机遇值的缘故，即使是具有最恰当的概率样本，抽样误差依然还是会出现。如果不增加样本，这些统计性抽样误差是无法避免的。

2. 系统性误差（Systematic Error）

系统性误差又称为非抽样误差，是调研设计或调研执行过程中的问题所引起的。

（1）应答者误差。市场调查时向被调查者寻求答案，如果被调查者能够积极合作，给出诚实的答案，则调查就可能实现目标。否则，就会出现应答者误差，而这种情况是经常出现的，可以说是难以避免的。应答者误差包括不回应误差和反应偏差。反应偏差由故意曲解和无意地表示不实造成的偏差所构成。

(2)管理误差。管理误差是指由于对调研任务不正确的管理或者执行而产生错误造成的偏差。产生这种偏差的原因有多种，主要有粗心、混乱、忽视、冗长或其他失误等。管理误差有四种类型：数据处理误差、样本选择误差、访员误差和访员欺骗。

（四）抽样误差的计算

抽样误差是指样本指标与调查指标之间的平均离差，即样本平均数与调查平均数之间的平均离差；样本成数与调查成数之间的平均离差。抽样误差大小与样本的代表性成反比，即抽样误差越大，表示所抽样本的代表性越低；反之，样本的代表性越高。因此，样本误差的大小表明抽样的效果好坏，如果误差超过了允许的限度，抽样调查也就失去了价值。

在总体中抽取样本单位的方法有两种：重复抽样和不重复抽样。重复抽样又称回置抽样，是指从调查总体中随机抽取一个样本单位进行调查登记后，把这个样本仍放回总体中去，再从所研究的总体中抽取样本单位。这样，在抽样过程中总体单位数始终不变，被抽中的样本仍有同等的机会再被抽中。不重复抽样又称不回置抽样，是指从总体中随机抽出一个样本进行调查登记之后，不再把这个样本放回到总体中去，即任何单位一经抽出，就不会再有第二次被抽取的可能性。在这种抽样过程中，总体单位数是逐渐减少的。由于重复抽样和不重复抽样在抽样方法上不同，所以计算抽样误差的公式也不同，抽样误差的大小也不同。

1. 抽样平均数的抽样误差公式

(1)重复抽样时：

$$\mu_X = \frac{\sigma}{\sqrt{n}}$$

式中：μ_X 表示平均数的抽样误差；

σ 表示调查总体标准；

n 表示抽样单位数。

(2)不重复抽样时：

$$\mu_x = \sqrt{\frac{\sigma^2}{n}\left(\frac{N-n}{N-1}\right)}$$

式中：σ^2 表示调查总体方差；

N 表示调查总体单位数。

当调查总体单位数 N 很大时，$N-1$ 接近于 N，即可用 N 代替，则上述公式可简化为：

$$\mu_X = \sqrt{\frac{\sigma^2}{n}\left(1 - \frac{n}{N}\right)}$$

2. 抽样成数的抽样误差公式

（1）重复抽样时：

$$\mu_P = \sqrt{\frac{P(1-P)}{n}}$$

式中：μ_P 表示成数的抽样误差；

P 表示成数；

n 代表抽样单位数。

（2）不重复抽样时：

$$\mu_P = \sqrt{\frac{P(1-P)}{n}\left(\frac{N-n}{N-1}\right)}$$

当 N 很大时：

$$\mu_P = \sqrt{\frac{P(1-p)}{n}\left(1 - \frac{n}{N}\right)}$$

抽样误差的大小与所研究现象的标准差成正比，与抽样单位数的平方根成反比。一般重复抽样的误差比不重复抽样的误差要大。

（五）极限抽样误差

极限抽样误差是从另一角度考虑抽样误差问题。抽样误差是说明样本指标与调查总体指标之间的离差的平均数。所说明的是一个可能的范围。根据概率原理，用一定的概率可以保证抽样误差不超过某一给定范围 Δ，这个给定的范围就是极限抽样误差。极限抽样误差的计算方法是用概率度 t 抽样误差之积求得，其计算公式是：

$$\Delta = t\mu$$

式中：Δ 表示极限抽样误差；

t 表示概率度；

μ 表示抽样误差。

这一公式是计算极限抽样误差的一般公式。但由于抽样调查所采用的抽样方法不同，计算样本的指标不同，极限抽样误差的计算公式可以具体化为：

1. 抽样平均数的极限抽样误差公式

（1）重复抽样时：

$$\Delta_x = t\mu_X = t\sqrt{\frac{\sigma^2}{n}}$$

（2）不重复抽样时：

$$\Delta_x = t\mu_X = t\sqrt{\frac{\sigma^2}{n}\left(1-\frac{n}{N}\right)}$$

2. 抽样成数的极限抽样误差公式

(1)重复抽样时：

$$\Delta_P = t\mu_P = t\sqrt{\frac{P(1-P)}{n}}$$

(2)不重复抽样时：

$$\Delta_P = t\mu_P = t\sqrt{\frac{P(1-p)}{n}\left(1-\frac{n}{N}\right)}$$

由此可见，极限误差取决于 t 值和抽样误差，随着 t 值的变化，极限误差可能大于或小于抽样误差，也可能等于抽样误差。当概率度 t 值小时，允许误差范围缩小，调查的精度提高，但把握程度降低；当概率度 t 值大时，允许误差范围扩大，调查的精度降低，但把握程度提高。在市场调查中，要根据所研究问题的性质来确定把握程度的高低。

（六）抽样数目的确定

在进行抽样调查之前，抽样数目 n 的多少，直接影响着抽样误差的大小。抽样数目过少，会使调查结果出现较大的误差，与预期目标相去甚远；而抽样数目过多，又会造成人力、物力、财力及时间的浪费。因此，科学地确定必要的抽样数目，可以使抽样误差控制在预先规定的范围内，以使抽样调查取得满意的预期效果。

抽样数目 n 的确定，可以由极限抽样误差公式演变而来，其计算公式为：

1. 简单随机抽样方式平均数的必要抽样数目

(1)重复抽样时：

由于
$$\Delta_x = t\sqrt{\frac{\sigma^2}{n}}$$

所以
$$n = \frac{t^2\sigma^2}{\Delta_x^2}$$

(2)不重复抽样时：

$$n = \frac{t^2\sigma^2 N}{N\Delta_x^2 + t^2\sigma^2}$$

2. 简单随机抽样方式成数的必要抽样数目

(1)重复抽样时：

$$n = \frac{t^2 P(1-P)}{\Delta_P^2}$$

(2)不重复抽样时：

$$n = \frac{t^2 P(1-P) N}{N\Delta_P^2 + t^2 P(1-P)}$$

抽样调查的必要抽样数目的多少,与方差 σ^2 或 $P(1-P)$ 的大小成正比,与概率度 t 的平方成正比,与极限抽样误差的平方成反比。同等条件下,重复抽样要比不重复抽样抽取的样本多一些。

例如,某市按照简单随机不重复抽样方式进行居民家居调查。

已知 $N=100\ 000, \sigma^2=10\ 000, \mu_x=5$ 元,要求计算在 $t=2$ 时的必要抽样数目。

$$\Delta x = t\mu_x = 2 \times 5 = 10(\text{元})$$

$$n = \frac{t^2\sigma^2 N}{N\Delta_x^2 + t^2\sigma^2} = \frac{2^2 \times 10\ 000 \times 100\ 000}{100\ 000 \times 10^2 + 2^2 \times 10\ 000} = 398$$

即需要抽 398 户。

如果在其他条件不变的情况下,计算 $t=3$ 时的必要抽样数目,则:

$$n = \frac{t^2\sigma^2 N}{N\Delta_x^2 + t^2\sigma^2} = \frac{3^2 \times 10\ 000 \times 100\ 000}{100\ 000 \times 10^2 + 3^2 \times 10\ 000} = 892$$

即需要抽 892 户。

可见,在允许误差和其他条件不变的情况下,把握程度由 95.45%($t=2$)提高到 99.73%($t=3$),需要增加的抽样数目为 1.24 倍。

二、随机抽样调查

随机抽样(Probability Sampling)调查是按照随机原理抽取样本,即在总体中抽取单位时,完全排除了人的主观因素的影响,使每一个单位都有同等的可能性被抽中。遵守随机原则,一方面可使抽选出来的部分单位的分布情况最大限度地接近总体的分布情况,从而使根据样本所做出的结论对总体具有充分的代表性;另一方面,遵循随机原则,有助于调查人员准确地计算抽样误差,并有效地加以控制,从而提高调查的精度。

随着调查对象的性质和研究目的的不同,随机抽样方式又有 4 种基本的形式,即简单随机抽样、等距离抽样、分层随机抽样和整群随机抽样。

(一)单纯随机抽样

单纯随机抽样(Simple random sampling)也称简单随机抽样、纯随机抽样,是所有抽样方法的基础。其原理是对调查总体不进行任何分组、排列,完全客观地凭借偶然的机会从中抽取调查单位加以调查。这样,每一个单位都以相同的概率进入样本。例如,对现阶段中学生的名牌消费情况或品牌消费意识的调查,可以对某学校的所有学生,通过随机抽取学号的方法进行选择,对于这个学校的所有同学而言,他们进入样本的概率是相同的。

单纯随机抽样调查(纯随机抽样)不等于随意抽样,所谓随机是指抽选过程与企业或调查人员的主观行为均不相关,而是单纯受客观因素的影响或决定。为此,应采用以下几种方法进行单纯随机抽样调查。

1. 抽签方法

当总体数量较少,并且有现成的可用于抽取的材料时,可选用抽签的方法。如上述对某校的学生进行抽样调查,由于每个学生均有学号,因此,可以由计算机产生 10 个或 20 个不重复的随机数,进入样本。此外,每个学生都有学籍卡,也可以将学籍卡的顺序打乱,在随机从中抽出若干张,作为调查样本等。但是,如果调查所涉及的总体数量很大,例如,若对全国 100 万户家庭进行某项调查,则不能直接采用抽签法。一般需要先划分出不同的阶段,减少所涉及的单位数,之后才有可能在某些阶段中采用抽签的方法。如首先在全国的每一个省和自治区、直辖市中,确定有代表性的城市,在选定的城市中的每一个市区中,随机抽取若干个街道办事处。即在这项调查的某个或某些阶段上,在总体数量较少的情况下,可采用抽签的方法。

2. 利用随机数骰子

随机数骰子是一种用均匀材料制成的正 20 面体,面上分别刻有 0 - 9 的数字各 2 个。使用时,先将总体单位进行编号,然后采用掷或者摇的方法,产生若干个 0 - 9 之间的数,按先后顺序排列后可得到一个任意大的随机数。

3. 使用随机数表

采用随机数表法,必须先将总体中的全部个体分别标上 1 至 n 个号码,然后利用随机数表随机抽取所需的样本。随机数表是一种利用随机方法,按双位编排的大小数互相间杂的数表,客观上为表内任何数码都提供了相等的出现机会,并且,所有同一行、同一列中任意一个数字或一组数字组合出现的概率也都是相同的。例如,下列的数字表(表 3 - 2)就是一个随机数表的一部分。

表 3 - 2　随机数表

28	46	53　35	74	92	13	45
20	67	42　15	20	57	80	90
04	36	28　19	26	64	37	15
55	01	26　64	98	56	71	49
72	58	43　57	89	64	27	54

使用随机数表需要事先确定按行使用还是按列使用,然后再确定从第几行或者第几列开始使用。从上面排列看,两个号码为一组,平行相邻的两个小组

为一大组,但使用时不受任何限制,可组成两位数或四位数的号码,也可组成三位数或五位数的号码。

例如,某居民区有620户居民,拟抽取15户调查其家庭收入情况。首先需要将居民根据其门牌号码重新编号为1-620。然后确定从随机数表的第二排第三列的数组开始自上而下、自左而右取样,则顺序取得的15个样本号为:421,281,266,435,574,520,926,498,789,921,578,643,567,642,345。由于926,789,921,642,643等都超过了620,所以,必须舍弃,再顺序抽取090,715,149,754,284。而715,754又大于620,故舍弃,再顺序抽取206,043。这样,15个样本才最后产生。为了节省时间,也可以用下列方法进行调整。

假如需要抽选的最大数字是620,则:

(1)当抽选的数字小于或等于620时,予以保留;

(2)当抽选的数字大于620,但小于或等于1240时,则用该数减去620,用其差作为抽选的有效数字。如上述926可调整为314,789可调整为451。等等。

(3)当抽选的数字大于1 240时,必须予以放弃。

4. 其他方法

如采用计算机产生随机数;使用普通骰子反复投掷,产生一组六进制数作为随机数;总体数量小于60的还可以使用数字显示的电子手表作为随机数发生器,将第一眼看到的秒数作为随机数;还可以用一枚硬币进行反复投掷,记正面为1,反面为0,将产生的数进行连续记录,得到若干二进制数后,再换算成十进制数,由此得到随机数等。

单纯随机抽样调查(纯随机抽样)具有简单明了的特点,在操作上也相对简单得多。但在有些情况下,对总体进行一些特定的处理,结合一些先验数据修改样本方法,则可以有效提高抽样效率,使得在同样的样本总量情况下,达到更高的抽样精度。当总体具有非常明显的分层特性时,可以采用分层随机抽样的方式。

单纯随机抽样的优点是:方法简单,易于理解,直接从抽样总体中抽取样本,抽取概率相同,计算抽样误差及总体指标比较方便。但在实际调查中,却很少单独使用。因为,采用简单随机抽样,一般必须对总体各单位加以编号,而实际所需调查的总体往往很大,而且有时不能事先确定,因此,逐一编号几乎是不可能的。总之,单纯随机抽样法适用于总体单位数量不大,或总体差别性不大且容易得到总体清单的较大总体的情况。

(二)等距离抽样

等距离抽样又称系统随机抽样或机械抽样,就是将总体各单位按一定标志排列起来,然后按照一定间隔和一定顺序来抽取样本单位的随机抽样方法。在理论上可以得到一个与简单随机抽样方式一样的调查结果。

在将总体各单位按某一标志排队时有两种方法。一是按与所调查的项目无关的标志排队。例如,抽样调查的目的是了解职工家庭的收支结构情况,而对总体各单位——家庭户按门牌号或户主姓氏笔画多少等标志进行排序,然后每隔若干个号码或笔画抽选一户进行调查。另一种是按与所调查的项目有关的标志排队。例如,同样是对职工家庭收支结构的调查,可以按家庭总收入的多少由高到低排队,再进行抽选。

在排队的基础上,还要计算抽选距离(间隔)。可以由总体单位数除以样本单位数,即:

$$抽选距离 = \frac{N}{n}$$

确定抽选距离后,可以采用简单随机抽样的方式,从第一段距离中抽取第一个样本单位,然后按照相等的间距抽选下去,直到抽够预先规定的样本单位数为止。例如从 600 名大学生中抽选 50 名大学生进行调查,可以利用学校现有的学籍卡按顺序编号排队,从第 1 号编制第 600 号,计算抽选距离为 12 人(600 ÷ 50)。如从第一个 12 人中用简单随机抽样方式抽取的第一个样本单位是 8 号,则以 12 为间隔,抽取的第二个样本单位数应是 20 号,以此类推的样本单位是 32 号,44 号,56 号,等等。

等距离抽样由于是在各单位大小顺序排队的基础上,再按某种规则依一定间隔取样,这样可以保证所取得的样本单位比较均匀地分布在总体的各部分中,所以,有较高的代表性,尤其是当被研究对象的标志变异程度较大,而在实际工作中,又不可能抽选更多的样本单位时,这种方式更为有效。因此成为市场调查中应用广泛的一种抽样方式。但是,等距离抽样也存在一些局限性。首先,运用等距离抽样的前提是要有调查总体每个单位的有关资料,特别是按无关标志排队时,就需要有更为详细的资料,这是一项很复杂和细致的工作。其次,无论是按什么标志排队,都应注意抽样间隔与事物本身的周期性相重合而引起的系统误差的问题。如对商业企业销售量及其变化规律的调查,如果抽选间距是 7 天,第一段距离中抽取的是星期六,则其抽取的所有样本单位都是星期六的较大的销售量,其最终的调查结果就必然缺乏代表性,产生较大的系统性偏差。

(三)分层随机抽样

分层随机抽样(Stratified Sampling),又称分类随机抽样或类型随机抽样。就是先将总体按一定标志分层(类),然后在各层(类)中采用单纯随机抽样或等距抽样抽取样本的一种抽样方式。

当总体具有非常明显的分层特性时,可以采用分层抽样的方法提高抽样效率。所谓分层特性是指总体中的单位可以较明显的分为若干层,不同层次之间在被调查的指标上具有显著的差异性,而同一层内部差异性不显著。分层抽样便是在每一层次中分别抽选一部分样本,对该层的数量进行估计,最后再进行汇总,获得总体情况。例如,调查城市居民消费水平,可以选用居民家庭收入水平作为分层标志,将总体划分为高收入、中等收入和低收入三层或三类,然后再在三层(类)中分别采用单纯随机抽样或等距抽样抽取样本。

分层抽样使样本在总体中的分布更加均匀,有助于提高样本的代表性。由于分层的原则是使各层内部差异较小,所以在分层中抽选出少数几个单位就可以代表整层的情况,而尽管各层之间存在明显差异,但在抽样时确保了每一层都有代表性,因此,每一层的信息都能够被反映出来,从而也就能够保证估计量是相对精确了。

分层抽样的具体形式有:分层比例抽样、分层最佳抽样、最低成本抽样。

1. 分层比例抽样

分层比例抽样是指按每一个层次占抽样总体的比例来确定每一层次样本数的分层抽样。

各层应该抽取的样本数的计算公式如下:

$$n_i = \frac{N_i}{N} \cdot n$$

式中:n_i表示第 i 层应该抽取的样本数;

N 表示总体中的子体总数;

N_i 表示第 i 层的子体数;

n 表示计划抽取的样本数。

例如,某企业准备应用分层比例抽样法调查其原材料供应商状况,已知:可供应其原材料的供应商共有 1 000 家,按规模可分成三种类型,其中大型的有 100 家,中型的有 400 家,小型的 500 家,计划共抽取 100 家作为样本,那么每一层应该抽取多少样本?

大型供应商应该抽取的样本为:

$$n_{大} = \frac{N_{大}}{N} \cdot n = \frac{100}{1\,000} \times 100 = 10(家)$$

中型的供应商应抽取的样本数为:

$$n_i = \frac{N_i}{N} \cdot n = \frac{400}{1\,000} \times 100 = 40(家)$$

小型的供应商应抽取的样本数为:

$$n_i = \frac{N_i}{N} \cdot n = \frac{500}{1\,000} \times 100 = 50(家)$$

确定了各层应该抽取的样本数后，就可以按单纯随机抽样原则抽取各层的样本，对每层供应商进行调查，然后推算每层供应商的状况，再汇总所有供应商状况。

在应用分层抽样法时，如果各层之间虽然有差异，但每层内部各子体之间差异较小，且各层差异在调查总体差异中所占比例大小差别不太大，这时应用分层比例确定各层应该抽取的样本数比较恰当。

2. 分层最佳抽样

分层最佳抽样是一种非等比例抽样法，它是在按各层所占比例分配样本数的基础上，再根据各层样本标准差的大小，调整各层样本数目的抽样方法。在这种抽样方法下，在各层差异过分悬殊，每层内部各子体之间差异较大，某些层的重要性大于其他层的情况下，这些层抽取的样本数就多，反之，抽取的样本数就少。这种同时兼顾层的大小和差异程度的大小的抽样方法，有利于调和、降低各层及其各层内部各子体之间差异，能够提高样本的代表性。

分层最佳抽样，各层样本数的计算公式如下：

$$n_i = \frac{N_i S_i}{\sum N_i S_i} \cdot n$$

式中：S_i 表示第 i 层调查对象的标准差估计值，其他的与分层比例抽样公式代表的含义相同。

例如，某汽车公司要进入一个新的国家市场，需要调查这个国家小汽车消费者的需求特点。准备应用分层最佳抽样法进行调查。已知：该国共有小汽车消费者有 50 万人，可按其收入的高低分成三个层次，其中高收入层有 5 万人，估计标准差为 400，中等收入的有 10 万人，估计标准差为 150，低收入的有 35 万人，估计标准差为 100，计划总的抽取 1 万人作为样本。那么，各层应该抽取的样本数是多少？

高收入层应该抽取的样本数为：

$$n_{高} = \frac{N_{高}\ S_{高}}{\sum N_i S_i} \cdot n = \frac{50\ 000 \times 400}{50\ 000 \times 400 + 100\ 000 \times 150 + 350\ 000 \times 100} \times 10\ 000 \approx 2\ 857(\text{人})$$

中收入层应该抽取的样本数为：

$$n_{中} = \frac{N_{中}\ S_{中}}{\sum N_i S_i} \cdot n = \frac{100\ 000 \times 150}{50\ 000 \times 400 + 100\ 000 \times 150 + 350\ 000 \times 100} \times 10\ 000 \approx 2\ 143(\text{人})$$

低收入层应抽取的样本数为：

$$n_{低} = \frac{N_{低}\ S_{低}}{\sum N_i S_i} \cdot n = \frac{350\ 000 \times 100}{50\ 000 \times 400 + 100\ 000 \times 150 + 350\ 000 \times 100} \times 10\ 000 \approx 5\ 000(\text{人})$$

从以上计算，我们可以看出高收入层次的消费者，虽然占总消费者的数目的比例较小，但由于其标准差较大，所以抽取的样本数占样本总数的比例相对于该层消费者占总消费者数量的比例大大地提高了。从理论上说,该层标准差大,说明在该层中,各个消费者之间的差异较大,那么就应该抽取更多的样本,这样才不至于降低调查信息的精确度。

从以上例题的计算以及分析,我们可以得出这样的结论:分层最佳抽样法主要适用于分层后各层内各个子体之间差异较大,且每一层差异在总差异中所占比例不同的抽样调查。

3. 最低成本抽样

最低成本抽样是在考虑各层所占比例大小和各层内各子体之间差异大小的基础上,再根据各层子体的调查所需费用调整各层应抽取的样本数。这种抽样方法既照顾了调查信息的统计效果,又兼顾了调查的经济核算。如果各层所需要的调查费用差异较大,则在不影响样本的代表性的前提下,调整各层样本数,使总的调查费用降低。

最低成本抽样各层应该抽取样本数的计算公式为:

$$n_i = \frac{N_i S_i / \sqrt{C_i}}{\sum N_i S_i / \sqrt{C_i}} \cdot n$$

我们仍以分层最佳抽样的例子为例,如果调查每个高收入层次消费者的费用为900元人民币,中收入消费者为100元人民币,而低收入的消费者为16元人民币,那么每个层次应抽取的样本调整为:

高收入层应抽取的样本是:

$$n_{高} = \frac{N_{高} S_{高} / \sqrt{C_{高}}}{\sum N_i S_i / \sqrt{C_i}} \cdot n =$$

$$\frac{50\ 000 \times 400 / \sqrt{900}}{50\ 000 \times 400 / \sqrt{900} + 100\ 000 \times 150 / \sqrt{100} + 350\ 000 \times 100 / \sqrt{16}} \times 10\ 000 \approx 611(人)$$

中收入层应抽取样本数:

$$n_{中} = \frac{N_{中} S_{中} / \sqrt{C_{中}}}{\sum N_i S_i / \sqrt{C_i}} \cdot n =$$

$$\frac{100\ 000 \times 150 / \sqrt{100}}{50\ 000 \times 400 / \sqrt{900} + 100\ 000 \times 150 / \sqrt{100} + 350\ 000 \times 100 / \sqrt{16}} \times 10\ 000 \approx 1\ 374(人)$$

低收入层应抽取样本数是:

$$n_{低} = \frac{N_{低} S_{低} / \sqrt{C_{低}}}{\sum N_i S_i / \sqrt{C_i}} \cdot n =$$

$$\frac{350\ 000 \times 100 / \sqrt{400}}{50\ 000 \times 400 / \sqrt{16} + 100\ 000 \times 150 / \sqrt{900} + 350\ 000 \times 100 / \sqrt{400}} \times 10\ 000 \approx 8\ 015(人)$$

将以上计算结果与分层最佳抽样法例题的计算结果相比较,我们发现高收入层和中收入层的样本减少了,而低收入层的样本增加了,这是因为对高收入层和中收入层消费者的调查所需费用较高,应用最低成本抽样法,使其调查样本减少,这符合经济效益原则。

分层抽样较之单纯随机抽样更精确,能够通过对较少样本单位的调查,得到较精确的推论结果。这是因为,通过对总体的分层,划分出同质性较高的各层次,从而减少了各层次内部的离散度。当研究者选择的分层标志与其他总值特征标志有较强的相关性时,如在消费者调查时,采用年龄标志对总体分层,而年龄与其他变量如收入、文化程度等高度相关时,采用分层抽样的优点更明显。

然而与单纯随机抽样一样,分层抽样严格要求抽样之前必须确定样本的总体数量,对总体单位的情况也要有较多的了解,否则难以作出科学的分层。这使分层抽样的应用范围受到很大限制。尽管如此,在实际工作中,只要有可能,还是尽量采用分层抽样,这是由精确、高效的优点决定的。

分层抽样适用于总体单位数较多并且单位之间差异较大的调查对象,如社会购买力调查、居民家庭收支调查以及商品销售量调查等。

(四)整群随机抽样

整群抽样,又称集团抽样。就是依据总体的特征,将其按一定标志分成若干不同的群(组),然后对抽中的群(组)中的单位进行调查的一种随机抽样方法。在实际操作中,整群抽样最重要的特征是组建样本的多阶段性。与前面介绍的方式不同,整群抽样不是从总体中直接选取最终的调查单位,而是首先随机抽取包括样本单位的群,最后再从中随机抽取出样本单位。例如,对某城市家庭消费状况进行抽样调查,就可以在该城市中先选出街道,然后再从选中的街道中选出居委会,最后在选中的居委会中再确定调查的家庭。

整群抽样在大规模市场调查中应用很广泛,特别是在不可能直接得到拟调查的样本总体数量时,整群抽样的优点最为明显。它可以使研究者得到一个随机的调查样本。从实际中看,整群抽样是对简单随机抽样和等距抽样的综合运用,在调查样本抽选和实施调查组织方面都有很大的方便性。但这种方便性是以整体抽样方案设计、抽样误差计算和总体推论的复杂性和严谨性为前提的,即正因为是以群为单位进行抽样,使抽样单位比较集中,明显地影响了样本分布的均匀性。整群抽样与其他抽样方式相比,在抽样单位数目相同的条件下,抽样误差较大,代表性较低。在抽样调查实践中,采用整群抽样时,一般都要比其他抽样方式抽选更多的单位,以降低抽样误差,提高抽样结果的准确程度。

当然,整群抽样的可靠程度,主要还是取决于群与群之间的差异性大小。

当各群间差异越小时,整群抽样的调查结果就越准确。因此,在大规模的市场调查中,当群体内各单位间的差异较大,而各群之间差异较小时,最适于采取整群抽样调查。

三、非随机抽样

概率抽样具有能够精确估计抽样误差的优点,但在很多时候,要进行概率抽样必须获得严格的抽样框和其他辅助条件,所有这些都会加大调查的成本。因此,实际工作中,非随机抽样的使用比纯随机抽样更多。

非随机抽样不遵循随机原则,它是按照调查人员的主观设立的某个标准,从方便出发来抽取样本。非随机抽样无法估计和控制抽样误差,无法用样本的定量资料,采用统计方法来推断总体,因此,在非随机抽样的条件下,事先无法确定一个单位进入样本的概率,也无法了解到一个单位以何种方式被抽中。但非随机抽样简单易行,尤其适用于做探索性研究。常见的非随机抽样方法主要有任意抽样法、判断抽样法、配额抽样法和滚雪球抽样法等。

(一)任意抽样法

任意抽样法也称偶遇抽样法或便利抽样法。是根据调查方便而抽取调查对象的一种方法。"街头拦人法"和"方位选择法"是任意抽样的两种最常见方式。记者在街上对行人的访问、市场调查人员在街头向行人散发宣传品或询问其某种看法或进行问卷调查,这都是属于"接头拦人法"的表现。"方位选择法"是对某聚集在一起的人群,从空间的不同方向选择被调查对象的一种方法,例如在大商场的各个楼层进行的任意抽样调查等。

任意抽样最大的特点是简便易行,能够及时获得所需的信息,省时、省力,节约调查费用。但是抽样偏差无法控制,而且,偏差一般较大,所以只能就调查样本本身得到推测性的判断。这种方式一般用于非正式的探索性研究。

(二)判断抽样法

判断抽样法也称目的抽样。是凭调查人员的主观意愿、经验和知识,从总体中选择被认为是具有代表性的样本进行调查。例如某次调查要求对象是"单位中对计算机采购有发言权的人",访问员就需要根据自己的判断,在一个单位的所有人员中进行选择,这种抽选样本的方式就称为判断抽样法。

判断抽样选取样本单位一般有两种方法:

第一,选择最能代表普遍情况的调查对象,常以"平均型"或"多数型"为标准。"平均型"是在调查总体中具有代表性的平均水平的单位;"多数型"是在调查总体中占多数的单位。如果研究的目的是为了发现造成异常的原因,则应选择“极端型”。

第二，利用调查总体的全面统计资料，按照一定标准，主观选择样本。判断抽样的意图在于选择更具有代表性的样本，当访问员具有判断的能力并且忠诚地工作时，判断抽样能够有效地提高调查效率，保证所调查的对象正确地反映总体的情况。与便利抽样相比，判断抽样可以要求访问员在选择样本时尽可能综合考虑各类人员的构成，不要集中于一类受访者，这就避免了系统性的偏差。但也正由于判断抽样对访问员的能力和工作态度要求较高，在实际操作中往往不能很好地实现，从主观上说，访问员可能仍然会有意地选择便于访问的受访者，而不考虑真实调查意图所要求的受访者身份；从客观上说，访问员人为的判断也可能存在偏差，比如当访问员访问到年龄较大的受访者时，可能会人为地认为这一类人不能满足某些调查要求，从而主动放弃这一受访者，因此，也可能造成偏差。在许多的调查中，使用判断抽样的效果并不好。判断抽样法在样本规模小、样本不易分门别类挑选时有其较大的优越性。

（三）配额抽样法

配额抽样也称定额抽样或计划抽样。是指将总体中的所有单位按一定的标志分为若干组（类、层），确定各组（类、层）样本分配的数额，然后在每组（类、层）中用任意抽样法或判断抽样法选取样本单位的一种抽样方式。配额抽样类似于随机抽样中的分层抽样，区别在于后者是按随机原则抽选样本，而前者则是由调查者由于方便或主观判断抽选分配的样本单位。配额抽样是非随机抽样中最流行的一种。

这种方法事先对样本的结构进行一些人为的规定，在调查时要求受访者身份的结构满足配额要求。例如在调查中，要求受访者中有20%为学生，40%为机关干部，40%为其他职业，则访问员在进行访问时，就需要严格按照这一配额进行，当接受访问的受访者中某一身份已经达到配额要求时，即不能再访问此身份的人员了。在非概率（随机）抽样中，配额抽样是最常见的一种方法。

配额抽样法简便易行，可以保证总体的各个类别都能包括在所抽样本之中，故与其他非随机抽样方法相比，样本具有较高的代表性。但也应注意到这种方法是具有一定的假定性的，即假定具有某种相同特性的调查对象。而这种假定性是否成立，在很大程度上取决于调查者的知识、水平和经验。按照配额的要求不同，配额抽样法又可分为独立控制配额抽样法和相互控制配额抽样法两种。

1. 独立控制配额抽样法

独立控制配额抽样法是指根据调查总体的不同特征，对具有某个特征的调查样本方便单独分配数额,而不规定必须同时具有更多特征的样本数额。这种方法的优点是,使调查者在判断抽选调查单位时,有比较大的机会去选择总体中的样本。缺点是调查人员可能因一时方便,过于偏向某一组别样本的选择,从而影响样本的代表性。例如,对某市化妆品消费需求的调查,确定样本总数是400人,选择按消费者的年龄、性别、收入三个标准分类。采用独立控制配额抽样方式,其具体的抽样分配比例及配额数见表3-3。

表3-3 独立配额抽样分配表

年龄(岁)	人数	性别	人数	月收入(元)	人数
25以下	80			500元以下	40
26-35	120	男	200	500-1 000	100
36-46	140	女	200	1 000-1 500	140
46以上	60			1 500元以上	120
合计	400	合计	400	合计	400

由表3-3可以看出,对年龄、性别和收入三个分类标准,分别规定了样本数额,而没有规定三者之间的关系。因此,在调查者具体抽选不同年龄段的消费者时,无需顾及性别和月收入标准。同样,在抽选不同性别或月收入的消费者时,也不必顾及其他两个分类标准。

2. 相互控制配额抽样法

相互控制配额抽样法是指对调查对象的各个特征的样本数额交叉分配。如上例中,仍按年龄、性别和收入三种标准分类,但对三项特征同时规定样本分配数,即实行交叉配额。具体分配情况如表3-4。

表3-4 相互控制配额抽样交叉分配表

		月收入								合计
		5 000元以下		500 -1 000元		1 000-1 500元		1 500元以上		
性别		男	女	男	女	男	女	男	女	
年龄	25岁以下	4	4	10	10	14	14	12	12	80
	26-35岁	6	6	15	15	21	21	18	18	120
	36-45岁	7	7	17	18	24	25	21	21	140
	46岁以上	3	3	8	7	11	10	9	9	60
小计		20	20	50	50	70	70	60	60	
合计		400		100		140		120		400

由表 3 -4 可见,相互控制配额抽样其样本配额比例是以各类单位在总体中所占比例为基础调整而定的,且调查面广,所以,调查人员只要按样本数额抽取调查单位,样本对总体的代表性就较强。

（四）滚雪球抽样法

滚雪球抽样法是一种非随机的多阶段抽样,它是在不知道总体的情况下,力求通过抽样调查来了解和估计总体的状态。调查的阶段越多,调查对象也就越多,就越接近对总体的真实的估计。滚雪球抽样方式源于滚雪球的类比,所取得样本开始时少,后来越来越多,具体的操作方法是:

第一,选取少量的样本。一般是具有某种与调查目标有直接关系特征的调查对象。例如进行黄金首饰市场调查时,人们所佩戴的首饰是重要的标志。

第二,对第一阶段的样本进行调查,然后请被调查者推荐其他的购有黄金首饰的人员,作为进一步调查的样本。

第三,对第二阶段的样本进行调查,然后再请被调查者推荐第三阶段的调查对象。依此类推,直到达到调查者认为满意的调查数量为止。

采用滚雪球抽样方式时,如果条件许可,还可配合使用判断抽样或配额抽样的方法抽选下一阶段的调查对象。

四、调查总体资料的推算

抽样调查要用抽样指标来推算调查总体指标。它不仅可以用样本平均数推算总体平均数,用样本成数推算总体成数,而且,可以利用样本指标来推算调查总体的总量指标。根据抽样调查任务的不同,推算调查总体总量的方法主要是直接推算法。

直接推算法是指利用样本平均数,乘以调查总体单位数,可得调查总体总量指标。具体的有点估计、区间估计两种方法。

（一）点估计

点估计是指用样本指标 $\bar{x}$ 或 p,直接代替调查总体指标 $\bar{X}$ 或 P 的推算方法,即以点代面的方法。例如,从 10 000 名消费者中随机抽取 200 名,对其月消费额进行调查,计算得到这 200 名消费者月平均生活消费支出 300 元。采用点估计,可以认为这 10 000 名消费者月平均生活支出就是 300 元,则总生活费支出 300 万元。

点估计方法简便,但由于未考虑抽样误差和可靠程度等因素,因而无法说明推算的准确程度和把握程度。

（二）区间估计

区间估计是指根据样本指标和极限抽样误差，来推算调查总体总量指标的可能范围。具体步骤是：首先利用极限抽样误差，推算调查总体平均数或成数的可能范围。

平均数：$\bar{x}-\Delta x\leqslant\bar{X}\leqslant\bar{x}+\Delta x$

成数：$p-\Delta p\leqslant P\leqslant p+\Delta p$

其次，利用调查平均数、调查成数的可能范围，推算调查总体总量指标 Q。其公式是：

$$(\bar{x}-\Delta x)N\leqslant Q\leqslant(\bar{x}+\Delta x)N$$

例如，从某地区 5 000 名消费者中随机抽取 100 名，对其生活费支出进行调查。样调查结果为：平均生活费指出为 300 元，平均抽样误差为 5 元，要求在 95.45% 的概率保证下，推算全部消费者的生活费支出总额。

已知：$\bar{x}=300$ 元，$\mu_x=5$ 元，$P=0.954\,5$，$t=2$，$\Delta x=t\mu_x=2\times5=10$ 元

$N=5\,000$ 人

求：全部消费者的生活费支出总额

$$(\bar{x}-\Delta x)\ N\leqslant Q\leqslant(\bar{x}+\Delta x)\ N$$

$$(300-10)\times5\,000\leqslant Q\leqslant(300+10)\times5\,000$$

$$1\,450\,000\leqslant Q\leqslant1\,550\,000$$

则全部消费者的生活费支出总额在 145 万元至 155 万元之间，而平均数则是 290 元至 310 元之间。

第三节 重点调查与典型调查

重点调查和典型调查都是非全面调查方式，严格地说，它们属于非随机抽样调查方式。它们的样本是以判断抽样的方式选取的。但它们的样本具有特殊性，或者是重点，或者是典型。

这两种调查方式一般用于政府部门和社会研究机构对社会政治、经济文化等多方面的调查，有时也用于企业的一些比较特殊的市场调查中。

一、重点调查

（一）重点调查的含义

重点调查是在被调查对象的全部单位中选择一部分重点单位进行调查。所谓重点单位是指在所研究的内容方面数量比较大，占有较大比重的单位。

（二）重点调查的特点

1. 重点调查方法多样化

在进行重点调查过程中可采用座谈、询问、查资料等多种调查方法，方法灵活多样，调查资料准确可靠。

2. 重点单位不是代表单位

重点单位指数量上占较大的比重的单位，重点单位的情况具有很大的特殊性，因此对总体无代表性。但这不等于说重点调查不可以推断总体。若干个重点单位调查可以反映总体数量上的基本情况，使调查者对总体有一个基本的大致的了解。

3. 重点调查投入少，速度快

重点调查易于组织，耗费的人力物力少，取得资料迅速准确。投入少，速度快，便于各级领导掌握基本情况，以采取相应对策。所反映的主要情况或基本趋势比较准确。

（三）重点单位的选择和应用

重点单位的选择是重点调查成功与否的关键。根据调查任务的不同，重点单位可以是重点行业、重点企业，也可以是重点城市、重点地区、重点机关、重点院校。

选取重点单位，应遵循两个原则：一是要根据调查任务的要求和调查对象的基本情况而确定选取的重点单位及数量。一般来讲，要求重点单位应尽可能少，而其标志值在总体中所占的比重应尽可能大，以保证有足够的代表性；二是要注意选取那些管理比较健全、业务力量较强、统计工作基础较好的单位作为重点单位。

实践中能否采用重点调查方式，是由调查任务和研究对象的特点决定的。一般来讲，它主要适用于那些反映主要情况或基本趋势的调查。当调查任务只要求掌握基本情况，而部分单位又能比较集中地反映所研究项目的总体情况时，就可采用重点调查。如黑龙江省企业调查队在对全省近百户亏损企业进行的专项调查基础上，选择其中10户由亏转盈的企业所进行的“10户由亏转盈企业的调查”这一重点调查。

重点调查必须在客观上有重点单位时才能采用，假如调查对象的基本单位之间差异不大，无重点单位，不分主次，就无法采用重点调查方式。

重点调查通常用于不定期的一次性调查，但有时也用于经常性的连续调查。

重点调查没有普查所特有的全面性，其重点也不具有普遍的代表性，但它可以通过对重点调查单位基本情况的调查估计，来对全部调查单位的情况作出判断与分析。

二、典型调查

（一）典型调查的概念

典型调查也是一种非全面调查，它是根据调查目的，在对被研究对象进行全面的分析的基础上，从众多的调查研究对象中，有意识地选择若干个具有代表性的典型单位进行深入、周密、系统地调查研究，探索其内在规律性，然后以具有代表性的典型单位的调查结果推论全面情况。

进行典型调查的目的不仅在于取得社会经济现象的总体数值，而且更要了解与有关数字相关的生动具体情况。

（二）典型调查的特点

1. 从本质来看

典型调查是一种选样调查。典型调查是在调查之前，用比较分析的方法有意识地选择若干代表事物本质的典型单位来进行调查。这种典型单位的选择不是按随机原则抽选，带有主观随意性。但典型单位的选择是在人们对事物总体有全面的、基本的认识的基础上进行的，所以典型单位对总体仍具有一定代表性，是科学的。

2. 从选择数量上看

典型调查是一种小型调查。一般来讲，典型调查所选调查单位数目少，少则一两个，多则三五个即可。这种调查多为小型调查，节约人力物力。

3. 从调查具体方法上看

典型调查是一种解剖麻雀的调查方法。进行典型调查时一般采用个别谈话，开小型座谈会等方法搜集资料。同时参看典型单位的历史资料。

4. 从调查结果上看

典型调查是一种侧重于定性分析的调查研究方式。

5. 从调查内容上看

典型调查要求调查的内容要全面，调查的项目比较多，调查比较深入，进一步发现新的问题，查明客观经济现象产生的原因。

（三）典型调查的类型

一般来说，典型调查有两种类型：

一种是一般的典型调查，即对个别典型单位的调查研究。在这种典型调查中，只需在总体中选出少数几个典型单位，通过对这几个典型单位的调查研究，用以说明事物的一般情况或事物发展的一般规律。

第二种是具有统计特征的划类选点典型调查，即将调查总体划分为若干类型，再从每类中选择若干个典型进行调查，以说明各类的情况。

（四）典型单位的选择

典型单位的选择带有一定的主观随意性，因此，选择的典型单位是否科学，是否具有代表性就成为典型调查的关键问题。倘若典型单位选的不科学，选偏了，或选的不具有代表性，极容易以偏概全，得到错误结论。

1. 典型单位的定义

所谓典型单位，即具有代表性的单位，也有“标本”之意，任何事物都可以找到其代表，对其代表的认识可以推广到对该类事物的认识，该代表就是典型单位。

2. 典型单位的划分

(1)一般典型。指当调查对象总体中各单位的状况比较均衡时，选取的能反映调查对象总体一般情况的一个或几个有足够代表性的单位。

(2)特殊典型。当调查对象总体状况差异性较大时，需要按实际水准把调查对象划分为若干层次，再从每一层次中选取具有代表性的单位，深入了解各层次的具体情况。这样选出来的调查单位就是特殊典型。

(3)综合典型。指当调查对象总体情况比较复杂，需要调查的内容比较多时，选取的在多种标志方面具有代表性的单位。

(4)定项典型。当调查对象总体发展过程波动性较大，不稳定的因素较多，需要从较长时间连续深入观察时，选取一个或几个固定基点进行连续调查，全面、系统地积累资料，才能有效地认识其发展真相，掌握其变动趋势。这时选取的调查对象就是定项典型。

3. 选择典型单位应注意的几个问题

(1)选择典型单位前应对所要调查的对象有一个概略的全面的了解和分析，以此作为抽取典型的基础，使调查者在确定典型单位时尽可能避免盲目性和主观随意性，保证所选择的典型具有代表性。

(2)要根据调查目的选择典型单位。调查目的不同，选择的典型单位也不同。

(3)要根据调查对象本身特点选择典型单位，使选出的典型具有客观代表性。

(4)要根据调查对象所包括的单位多少、差异大小选择典型单位。

(5)要根据需要及时更换典型单位。

（五）典型调查评价

典型调查是一种行之有效的市场调查研究方法。

1. 典型调查的优点

(1)典型调查的优点在于调查范围小、调查单位少、灵活机动、具体深入、节省人力、财力和物力等。

(2)典型调查资料可以对总体进行估算。这种估算，有以下两方面：一是利用典型资料作为推算全面数字的依据；二是可以利用典型资料推测未来。

2. 典型调查的局限性

(1)在实际操作中选择真正有代表性的典型单位比较困难。

(2)典型调查最易受人的主观因素的干扰，这是因为，第一，典型单位的选择是由人主观决定的。第二，典型调查调查目的和调查结论的主观倾向性较大。

(3)典型调查缺少科学的定量分析手段，不能科学地对现象总体进行定量分析。

(4)典型调查所代表的总体范围和调查结论的适用范围不易统一。典型调查时的典型是一定总体范围上的典型。这个典型一旦离开了它们所依托的总体范围，就失去了其代表性，变成了非典型。

(5)典型调查只适用于同质性较强的对象。所谓同质性指具有相同的性质。如果调查对象各单位具有的相同性质较多，同质性就强，选出的典型代表性也就大。如果调查对象各单位之间差异很大，同质性就较弱，典型的代表性就小。

3. 典型调查的应用

典型调查在应用上虽然具有一定的局限性，但由于它所需要的人力、物力、财力较少，取得资料较快，因此在调查总体庞大、内容复杂、人手不足、时间仓促的情况下，应用较多。

第四节 固定样本持续调查

市场抽样调查的样本，通过抽样确定后，即可进入实地调查。市场抽样调查可以是一次性调查，也可以是固定样本连续调查。固定样本持续调查就是把随机抽样选定的样本固定下来，对其进行相同项目的长期持续性调查。由于在实践中，所进行的常年全国性或地区性消费者家计调查都是属于这种调查，所以,固定样本持续调查也称为消费者固定样本持续调查或家计调查。实际上,固定样本持续调查也常用于其他调查,如公众舆论调查或电视节目收视率调查等。

固定样本持续调查属于抽样调查的一种特殊方式,从调查对象的选取来说,它是运用抽样方式去选定样本,但它又不像一般的抽样调查是一次性调查,而是持续性调查。

一、固定样本持续调查的特点

固定样本持续调查具有样本固定、长期连续、数据精确和回收率高等特点。

(一)样本固定

从数量上说,固定样本持续调查中的样本数一经确定,在整个持续性调查期间就不再作变动。从样本个体上说,一经确定是哪些具体单位或个体作样本,原则上在整个持续调查期间也不作变动,以使样本的数据有前后对照的可比性。

(二)长期连续

固定样本持续调查是一种多次定期对同一固定对象的持续调查,市场是一个动态的变动过程,固定样本持续调查也是一种动态的了解过程,正是这一动态的了解过程,使调查数据呈现出一种动态的变化趋势,以一个个连续的不同时点、时段的同质数据表现出时点调查所不能反映的数据发展趋向。样本及调查项目的同一,是数据同质性的前提。

(三)数据精确

固定样本持续调查所得到的数据,是一种对已发生的事实作客观记录的登记或数据,与一般的调查相比,具有精确性的特点。一般的调查或者是了解意向,或者是回忆已发生的行为。意向的变化性很大,回忆也不可靠,这些都会使调查数据与实际有较大的误差。固定样本持续调查则不同,对于与调查项目相关的每一事实,都要求调查对象作出如实的记录,由此而采集到的数据,自然比“意向”和“回忆”精确得多,只要经挑选的调查对象密切配合,就没有数据不真实的顾虑。

(四)回收率高

凡是市场调查,都存在一个回收率问题。所谓回收率,是指收回的调查问卷与发出的调查问卷的比率。固定样本持续调查在选择样本时,就已只选愿意配合的调查对象作样本,而在把印好的调查表或调查簿发给调查对象后,又以专人指导填写、不定期检查及定期收回,所以,回收率极高。而且,由于有专职调查员指导，且反复多次重复同样的操作，经过一个较短的适应期后，回收的问卷的有效性也极高。

二、固定样本持续调查的意义

固定样本持续调查作为一种动态调查，既有其独立存在的意义，又具有对其他调查方式的补充作用，其意义体现在：

（一）固定样本持续调查能对某些调查项目进一步细分

访问式的调查，受访问时间限制，常常不能作详细的询问，因此，在问卷设计中调查项目只能设置较宽的范围，而在固定样本持续调查中，没有访问时间的限制，则调查项目可细分为多个子项目，以获得更多有用的详细数据。

（二）固定样本持续调查能提供只有连续记录才能得出的数据

消费者对日用消费品的购买周期、购买频率、平均每次购买额等数据，不能凭一次观察就能得出，只有连续的记录，才能反映出购买的周期性、比率以及消费习惯及其规律。此外，连续性记录不仅能提供精确的绝对数数据，也可以提供相对数，尤其是累计性相对数数据。

（三）固定样本持续调查能反映出某些市场变化的因果关系

一次性调查所获得的某些数据，只是某种条件下的特定情况，所能说明的问题有限，但连续性的调查能反映出更多的问题。如耐用消费品的家庭保有量，各品牌的市场占有率等，只有不同时点的数据比较，才能更好地说明市场的变化。不仅如此，当人们把同期的各种数据加以比较分析后，还能从中发现引起变化的相关因素及相关程度。总之，固定样本持续调查以其数据多样、详尽、连续，为市场分析提供了更为广泛的研究项目和内容。

（四）固定样本持续调查能显示市场消费的变化轨迹及长期趋势

对市场变化趋势的研究，通常依据的是企业的销售实绩，因为企业有正常连续的统计数据。但是这只是一种折射式的反映，而且，也存在反映不准确、不全面的问题。有了固定样本持续调查，就能使市场研究拥有了供求双方的数据，并且研究的结果更翔实可信。连续性的数据，既反映出每一时点的现状，又反映出整个时段的变化，各时点的数据贯穿起来，可以勾画出事物变化的轨迹，显示其变化的倾向和趋势，以此为依据，就可以作出科学的预测，为政府、企业及有关方面的决策提供科学依据。

三、固定样本持续调查中应注意的问题

要使固定样本持续调查达到最佳的效果，保证数据资料的真实性是关键。

为此,要注意处理好如下问题:

(一)保持样本的稳定性

既然是固定样本持续调查,那么,样本的稳定是至关重要的。因为,样本的变化会影响到数据的真实性、可比性等。在长期持续的调查过程中,不可避免地会产生调查对象迁移或不愿合作等情况,为保持样本的稳定性,应首先了解原因,提供方便,尽可能帮助和说服,以减少样本的变动。不可挽回的样本变动,可以寻求与原样本大致相同的去更替。

(二)专人负责作过细的联络工作

在确定样本特性并抽样后,对抽出的样本要由专门人员上门做争取合作的工作。在正常的调查过程中,也应由专人负责联络,一方面是检查、督促及时、正确地登录,并按时、定期回收记录的资料,另一方面与被调查者建立密切的联系,巩固合作关系。在数据收据收集整理过程中,也要有专人分片负责,检核数据的质量,若发现异常,由联络人员核实并了解原因。对被调查者而言,配合调查是一种额外的负担。长久的琐碎登录会令人产生厌烦,无论漏登、错登或伪登,都不能保证数据的真实,这要靠联络人员去做深入细致的工作,从进行技术指导到思想、感情沟通,乃至提供必要的工具及物质奖励等,都要设身处地地去为被调查者着想,才能建立和维持良好的合作关系。

本章小结

本章主要介绍了市场调查的五种基本方式。市场普查是对调查对象的全部单位无一例外地进行逐一调查,因而所得到的资料最全面,也比较可靠,其所得信息最有价值,为国家和企业制定、调整有关的方针政策提供了重要依据。但是,它的工作量大,耗费大量的人力、物力和财力,并且需要花费较长的时间,因此,使其在实践中的应用范围受到很大的限制,主要是用于间隔时间较长而又必须全面掌握其数量状态的调查,如人口普查、工业普查、企业库存普查等。

大量的市场调查活动只能采用抽样调查的方式来进行。抽样调查是按一定方式从调查总体中抽取部分样本进行调查,用所得的结果说明总体的情况。抽样调查是一种专门组织的非全面调查,是现代市场调查中一种普遍采用的基本调查方式,也是目前国际上公认的科学的调查手段。具有经济、及时、准确和高效等显著特点,可以节约大量的人力、物力和财力,同时又能够较快地取得同市场普查大致相同的效果,但也存在着调查结果易于产生误差的不足。抽样调查分为随机抽样和非随机抽样两种方式。其中,随机抽样包括简单随机抽样、等距离抽样、分层随机抽样和整群随机抽样;非随机抽样包括任意抽样法、判断抽样法、配额抽样法和滚雪球抽样法等。

重点调查和典型调查是两种特殊的抽样调查方式,用于具有特殊需要,在特定条件下的市场调查。消费者固定样本连续调查是把随机抽样选定的消费者样本固定下来,对其进行长期的持续的调查。实践中,所进行的常年全国性或地区性消费者家计调查,就是属于这种调查。它是市场调查中最基本的调查,由此所获得的数据和资料是系统、完整和原始的,具有很高的应用价值。

确定调查中使用的调查方式是核定调查效果和调查成本的主要依据,不同的调查目的所对应的最佳调查方式是不同的。同时,不同的调查方式适用的范围也不同,一定条件下,企业应选择效率最高的市场调查方。

复习题

1. 市场调查的主要方式有哪些?

2. 分析市场普查的作用和局限性。

3. 什么是调查总体、样本和样本框?

4. 调查指标和抽样指标的概念及其计算。

5. 抽样调查的概念和种类是什么?

6. 随机抽样的概念及其种类是什么?分析比较各种随机抽样调查的特点。

7. 非随机抽样的概念和种类是什么?分析比较各种非随机抽样调查的特点。

8. 推算调查总体总量的方法是什么?

9. 固定样本调查的特点、意义及其应注意的问题是什么?

10. 典型调查与重点调查有什么区别?各用于什么情况?

实训题

1. 利用周末去你所在城市的调研咨询公司,参加一次实际调查中样本数目的确定。

2. 利用假期去你所在地某企业进行一次抽样调研方案的设计。

3. 冯女士在其父亲处继承了一亿元人民币,她不想做一个食利者,因为她非常喜欢珠宝首饰,所以她决定在天津开一个高档珠宝首饰店,但不知开在哪里最合适,为此委托你进行一次市场调查,为珠宝店地址的选择提供准确全面的信息。而冯女士为此次调研提供500万元人民币费用,时间可以到半年以上,但要求信息全面,准确度高。现在请你确定这次调查的方式。

4. 结合第二章第2个实训题,为你自己的调查确定最恰当的调查方式。

案 例

应该选择哪些调查方式?

某大型公司为了解普通居民对其开发的一种新产品的接受程度,需要在一个城市中抽选1 000户居民开展市场调查,在每户居民中,选择1名家庭成员作为受访者。

1. 总体抽样设计

由于一个城市的居民户数可能多达数百万,除了一些大型的市场研究机构和国家统计部门之外,大多数企业都不具有这样庞大的居民户名单。这种情况决定了抽样设计只能采取多阶段抽选的方式。根据调查要求,抽样分为两个阶段进行,第一阶段是从全市的居委会名单中抽选出50个样本居委会,第二阶段是从每个被选中的居委会中,抽选出20户居民。

2. 对居委会的抽选

从统计或者民政部门,我们可以获得一个城市的居委会名单。将居委会编上序号后,用计算机产生随机数的方法,可以简单地抽选出所需要的50个居委会。

如果在居委会名单中还包括了居委会户数等资料,则在抽选时可以采用不等概率抽选的方法。如果能够使一个居委会被抽中的概率与居委会的户数规模成正比,这种方法就是所谓概率比例规模抽样方法(Probability proportional to size,PPS)。PPS抽样是一种"自加权"的抽样方法,它保证了在不同规模的居委会均抽选20户样本的情况下,每户样本的代表性是相同的,从而最终的结果可以直接进行平均计算。当然,如果资料不充分,无法进行PPS抽样,那么利用事后加权的方法,也可以对调查结果进行有效推断。

3. 在居委会中的抽样

在选定了居委会之后,对居民户的抽选将使用居委会地图进行操作。此时，需要派出一些抽样员，到各居委会绘制居民户的分布图，抽样员需要了解居委会的实际位置、实际覆盖范围，并计算每一幢楼中实际的居住户数。然后，抽样员根据样本量的要求，采用等距或者其他方法，抽选出其中的若干户，作为最终访问的样本。

4. 确定受访者

访问员根据抽样员选定的样本户，进行入户访问。以谁为实际的被调查者，是抽样设计中最后一个问题。如果调查内容涉及的是受访户的家庭情况，则对受访者的选择可以根据成员在家庭生活中的地位确定，例如，可以选择使用计算机最多的人、收入最高的人和实际负责购买决策的人等。

如果调查内容涉及的是个人行为，则家庭中每一个成年人都可以作为被调查者，此时就需要进行第二轮抽样，因为如果任凭访问员人为确定受访者，最终受访者就可能会偏向某一类人，例如，家庭中比较好接触的老人、妇女等。

在家庭中进行第二轮抽样的方法是由美国著名抽样调查专家基什（Leslie Kish）发明的，一般称为 KISH 表方法。访问员入户后，首先记录该户中所有符合调查条件的家庭成员的人数，并按年龄大小进行排序和编号。随后，访问员根据受访户的编号和家庭人口数的交叉点，在表中找到一个数，并以这个数所对应的家庭成员作为受访者。

资料来源：北京宇江信息咨询公司 http://www.yjdata.com/。

思考讨论题

你认为上述案例中运用的是什么调研方式？是否恰当？为什么？

第四章 市场营销调查的方法

本章提要

要有效地组织市场调查，必须根据市场调查的目的、调查内容和调查对象的不同特点，选择恰当的调查方法。只有调查手段恰当，调查方法科学，所收集的资料才能及时、准确和全面。市场调查的方法多种多样，每种方法各有其特点，常用的市场调查方法有：访问调查法、观察调查法、实验调查法和文案调查法。

第一节 访问员的管理和督导的职责

在市场调查活动中，数据资料采集的主体是访问员，访问员工作的好坏直接影响到市场调查的质量，因此，对访问员的培训和管理也是非常重要的一个环节；另外，督导的能力更是关系到调查工作能否顺利进行关键。

一、访问员的培训

一个高素质的访问员应该具备：诚实、有强烈的责任心；擅长与人交流、言谈举止有影响力；思维敏捷、应变能力强；服从指令、时间观念强；热衷于市场研究等。这需要我们对访问员进行严格的培训和培养。

（一）访问员要了解自己工作的性质及自己的“权利、责任和义务”

“访问”是市场调研工作中采集数据、收集信息的最基础、最关键的环节，“访问”要根据公司提供的问卷进行；访问员的责任是保证按时完成工作，权利是遇到不公平待遇时有向公司申诉的权利和按时领取劳务报酬的权利，义务是自觉遵守公司的一切规章制度，维护公司的形象和保守商业秘密。

（二）访问员心理适应训练

在调查中经常会发生拒绝访问、访问员被盘问等情况。一个新的访问员往往对访问工作有很大的心理压力。怕被别人拒绝，怕打扰别人，有一种恐惧感和愧疚感。在这样的心理压力下，访问员会处于十分被动的地位，这对调查工作的质量影响很大。只有消除了这种心理负担才能把调查工作做好。

可以让新的访问员随着有经验的访问员一同去访问，看有经验的访问员如何入户，如何处理各种问题，在访问中可以对新的访问员给予指导，访问结束后可以一起总结经验教训。

（三）向访问员介绍问卷的设计思想和逻辑关系

在培训访问员时，只教他们做什么，如何做，是不够的，还要给他们讲清楚为什么要这样做。如果他们不理解为什么要这么做，他们在调查中往往是机械地工作，一旦遇到特殊的情况，调查质量就会受到很大的影响。另外，调查问卷中各个问题之间具有一定的逻辑关系，对于这一点调查访问员有了充分的了解，才可能在访问中注意被访者的答案的真伪，是否存在前后矛盾。这样，就可以使很多问题在调查现场得到解决。

（四）培养访问员掌握访问技巧

主要培养访问员如何进行自我介绍、如何选中合适的被访者、如何询问问题和如何记录等。

二、访问员的管理

（一）访问员管理目标

要做好访问员的管理工作，首先必须明确管理目标，这样才能够做到有的放矢地工作。

1. 管理规范化

访问员的管理必须规范，只有管理规范才能要求访问员在现场操作时具有规范性。管理规范化是指在管理时必须按照项目的模式要求而做，不可以随心所欲。

2. 管理制度化

因为访问员的工作具有一定的弹性，所以要管理好他们必须要一套切实可行的管理制度。比如，规定什么时间培训就必须按时到达，错过了只能参加下一次培训，一定要强化时间观念，因为市场调查具有很强的时效性。另外，访问员在日常工作中，什么应该知道，什么不应该知道必须明确规定。只有制度化的管理才能够极大地提高访问员的现场执行能力。

3. 管理科学化

科学化管理是提高管理效果的重要保证。首先，要具有科学化的管理思想。其次，管理手段必须科学化。

4. 管理全面化

访问员管理不是简单的招聘访问员、通知访问做什么、或通知访问员领取劳务费。访问员的管理是一个系统化极强的工作。在访问员的管理中，我们必须用全面化的思想来考虑管理中出现的问题。

（二）访问员的管理原则

在对访问员的管理中，一定要做到有专人负责和统一化管理，用最小的成本来取得最佳的效果。访问员的管理原则是：①保证访问员队伍的合理规模；②保证访问员队伍的统一管理；③保证访问员在工作中人尽其才。

（三）访问员协议

访问员协议包括的主要内容有：工作时间、工作定额、劳务费标准、访问员的职责等。

（四）访问员守则

访问员守则是对访问员素质的一些最基本要求。

1. 艰苦踏实的工作态度

访问员工作是一项十分艰苦的工作。由于市场调查具有很强的时效性，访问员的工作十分紧张。另外，有时市场调查的样本是特定的，有时为了取得一个合适的样本，往往要走街串巷付出艰辛的劳动，有时在实际收集资料时，要排除各种干扰才能取得。因此，为了完成任务，访问员应该具有艰苦踏实的工作态度。

2. 严格的求实精神

在市场调查中，绝不可以采集带有虚假成分的资料，更不可以凭借主观臆断。每位访问员必须具有严格的求实态度，这是作为访问员应有的职业道德。

3. 要具有熟练的访问技巧

访问的成功与访问员熟练掌握访问技巧有着很重要的关系。对于问卷所需要的答案，只有在访问员的正确引导下，才能完整的取得。访问员在日常的工作中要注意积累经验。

4. 要具有较强的沟通能力和表达能力

访问员大多是采用面对面的方式向被调查者征询意见和提出问题的，因此，作为一名访问员应具有与自己不认识的人进行沟通的能力。在访问时，应该注意访问的语气和态度，应该善于表达自己的意图，循循善诱，以达到访问的目的。

5. 要保守商业秘密和被调查者个人的秘密

商业信息具有保密性，所以，访问人员要保守商业秘密，不可以随意泄露有关的内容。另外，访问员有为被访者的个人背景资料保密的义务。

6. 访问员必须要有严格的组织纪律性

访问员要尊重督导的管理和遵守督导的要求，在整个调查活动中，必须严格遵守各项规定，严格按照要求去做，不可以无组织纪律性。

（五）访问员的奖惩罚制度

对于优秀的方人员要进行奖励，奖励的方式有多种多样，可以根据具体情况而定，在奖励的同时，对出现问题的访问员一方面要指出问题，另一方要进行批评，对造成损失的访问员要进行处罚，做到奖惩分明，这样才能提高访问员的工作积极性。

三、督导的职责

督导的能力关系到市场调研活动是否能够顺利、高效的进行。

（一）督导的基本素质

1. 管理能力

在现场收集数据资料的过程中，各种各样的干扰因素都会影响数据资料的采集进程和质量，为了获取满意的结果，科学地、有效地管理显得十分重要。一个督导管理能力的强弱决定了一个项目能否按时完成及完成的好坏，具体表现在对访问员的管理、信息资料的管理及对突发的意外事件的处理等方面。

2. 沟通能力

在调查活动实施过程中，督导会和各种与调查活动有关的人员有工作上的联系。督导必须具备与各种人员人交往和沟通的能力。具备这种能力能够有效地提高工作效率。比如，在调研过程中出现的问题时能够及时地解决，可以使工作按计划执行；与被调查者有效地沟通，找到合格的被调查者，可以大大降低现场工作的难度；与访问员保持良好的沟通可以缩短距离，便于工作等。

3. 培训能力

培训能力是督导的一项极为重要和基本的能力。访问员对市场调研活动的认识、对现场实施工作的理解和具体技能的掌握、对具体项目要求的理解，都是需要通过督导的各种培训获得。因此，良好的技术培训能力对于督导工作的有效开展是至关重要的。

4. 专业能力

专业能力是衡量一个督导是否合格的重要因素。作为一名督导，专业能力的高低可以决定其工作上的成就。如果没有扎实的专业能力，督导就无法对调查项目做出正确有效地规划、管理，对可能出现的问题无法做出超前判断及提出合理的解决方案。督导必须要具有良好的专业知识、过硬的访问能力、信息资料的分析处理能力、一定的外语能力和电脑操作能力及其他与现场实施有关的操作能力。

5. 良好的职业道德

良好的职业道德表现在具有职业感和工作使命感、必须具备基本的是非标准、及保守商业秘密和被调查者的个人资料的秘密。

6. 团队协作能力

要使调查活动顺利完成必须要有各个部门的通力合作，因此，督导的团结合作能力也是极其重要的因素。督导必须要学会倾听他人的诉说、建议，要站在他人的角度来看待问题和解决问题，必须学会知道别人需要什么，更要团结大家，齐心合力，顺利地完成调研活动。

（二）督导的分类和职责

1. 项目督导

项目督导负责整个项目的现场实施控制，其中包括与其他部门和项目直接有关人员的协调工作。

2. 访问员督导

访问员督导负责访问员的招聘、培训及更新等管理工作，即访问员的队伍建设。

3. 抽样督导

抽样督导负责提供项目所需要的样本的选取以及抽样员的管理工作。

4. 复核督导

复核督导负责对项目进行复核以及对复核员的管理。

第二节 访问调查法

访问调查法,也称询问调查法或问卷调查法,是指按事先拟好的调查问卷,通过询问的方式向被调查者了解并收集市场情况和信息资料的一种直接调查方法。访问调查法是在市场调研活动中运用最为广泛的一种获取第一手资料的方法。

这种方法的特点是:以调查问卷作为纽带,调查人员和被调查者是以直接或间接的方式进行接触。采用访问调查法进行调查,要根据所调查的问题,事先设计好调查问卷,调查问卷设计的好坏,会直接影响到调查的结果,有关调查问卷的设计会在后面的章节中具体阐述。利用这种调查方法不仅可以了解消费者的消费需求、消费心理、消费态度、消费习惯等情况,而且还可以对产品质量、价格、性能、技术服务等方面进行了解,以此作为基础来对市场进行分析。

访问调查法有多种具体的调查方法,根据调查人员同被调查者接触方式的不同,可分为:面谈调查、电话调查、邮寄调查、留置调查和网上调查等。

一、面谈调查法

面谈调查是指调查人员通过面对面地询问和观察被调查者以获取信息资料的方法。

(一)面谈调查法的优点

1. 方便、灵活

在调查中,如果发现被调查者不符合样本条件,可以立即终止访问。另外,对于被调查者不太了解的问题,调查人员可以进行解释,可以提高回答问题的准确度。

2. 调查问卷回收率高

从回收率可以判断被调查者的合作程度。

3. 可直接判断调查结果的真实性

由于调查人员和被调查者是直接面对面的接触,调查人员可以判断被调查者回答问题的真实程度。

(二)面谈调查法的缺点

1. 成本高、时间长

面谈调查法需要大量的人力进行访问,尤其大规模、复杂的市场调查活动采用面谈调查法来获取第一手资料，要花费比较长的时间才能完成，调查经费消耗比较多，所以，成本比较高。

2. 拒访率高

由于被调查者有时不愿意接受不速之客的来访，并基于安全等方面的考虑，有时会出现拒绝访问的现象。

3. 调查范围有限

不适合用于调查母体范围比较大，样本单位比较多的调查项目。

4. 易受调查人员的影响

调查人员的态度、提问方式、倾向性意见都会影响被调查者，从而影响调查结果。

（三）面谈调查法的询问技巧

1. 接触被调查者的技巧

正确进行自我介绍，准确表达访问目的，创造一个和谐的气氛，这是一个良好的访问开端。

2. 询问技巧

问话要尽量清楚而简短，语气要和谐，提问题的速度不能过快，当被调查者回答问题不明确、不完整的时候，可以通过追问的方式来请被调查者对其回答的问题做进一步的解释和补充。另外，提问问题时，要从简单的问题开始，不要从难题和关键性问题开始提问。

3. 对被调查者要做出积极的反应

当被调查者不知道需要花费多少时间来完成访问的时候，调查人员要做出积极的反应来鼓励被调查者继续回答问题，并表现出欣赏他们作为一个被调查者的表现。

（四）面谈调查法的具体形式

1. 入户访问

入户访问是指访问员到被访者的家中，利用事先准备好的问卷与被访者开展一对一的面访，逐个问题地询问，并记录回答。其特点是：当选择使用入户访问方法时，一般看重的是入户访问可利用最科学的抽样方法使所抽样本具有最大的代表性，所以，在使用入户访问的过程中，"抽样"是其中重要而关键的一环。

2. 定点拦截访问

定点拦截访问是指根据调研目的和被访者特点，在某些特定区域（可以是繁华街道、居民住宅区、大型商场、公园、报摊等）选择一个相对固定的拦截点和一个固定的访问点，访问员在拦截点拦截被访者，经过初步甄别后，把符合访问条件的被访者引导到固定的访问点完成访问。

其主要特点是：在被访者出入较频繁的场所拦截被访者，经过甄别合格后再到固定的访问点完成访问；对受访者的选择和访问在很大程度上取决于调研人员的经验和能力。

定点拦截访问的访问人员配备是非常重要的。

3. 小组座谈会

小组座谈会是指由经验丰富的调研人员作为主持人，以一种自然的形式与一个小组的受访者面对面地交谈，主持人负责组织讨论，从各个方面了解受访者。

小组座谈会的操作流程如表 4－1 所示。

表 4－1 小组座谈会操作流程

前期准备	座谈会召开	座谈会召开后
1. 与受访者联络预约 2. 甄别受访者 3. 邀约受访者 4. 通知培训笔录员 5. 准备座谈会设备与物品	1. 布置座谈会现场 2. 现场接待受访者 3. 现场甄别受访者 4. 主持“小会” 5. 向受访者发放礼金	1. 把现场录音交给笔录员 2. 笔录催收与审核

4. 深度访问

深度访问是一种直接的、一对一的深层次的访谈，在访谈过程中，通过掌握高级访谈技巧的调研人员对受访者进行深度地访谈，以了解掌握受访者对某些问题的潜在动机、信念、态度、看法和感情。

主要优点：探讨的话题可以相对较深，访谈的内容相对较多，能够探索受访者的内心思想及看法；能避免公开讨论敏感性话题可能引起尴尬的情况；深度访问是一对一的，可以将反应与受访者直接联系起来；深度访问可以消除群体压力，因而可以更自由地交换信息，受访者提供的信息更真实；不需要保持群体秩序，个人会谈更容易激发出偶然的思路，这常能对主要问题提供重要的思路；一对一的交流使得受访者感到自己是注意的焦点，从而认为自己的感受和想法是重要的。

主要缺点：对高素质、高层次的人群较难成功预约；难以确定所选取的受访者是否具有典型意义；深度访问通常比小组座谈会的成本高，尤其是在受访者人数较多的时候；调查结果十分容易受访问员自身的影响，其调查质量在很大程度上取决于访问员的技巧;由于占用的时间较长和花费的经费较多,因而在一个调研项目中深度访问的数量是十分有限的。

深度访问的步骤如图 4 –1 所示。

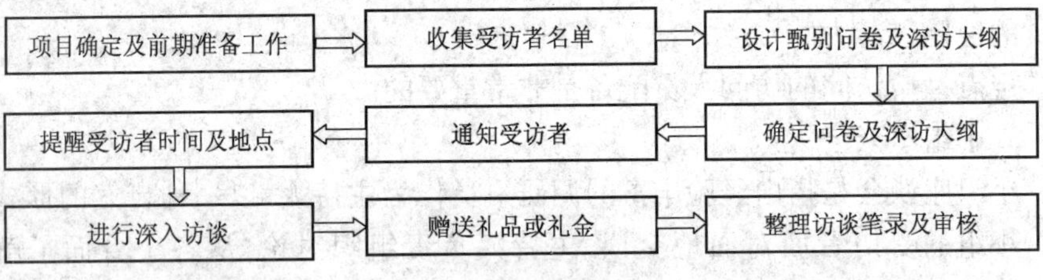

图 4 –1　深度访问的步骤

二、电话调查法

电话调查法是指通过电话向被调查者询问有关问题以获取信息资料的方法。使用这种方法进行调查,首先,必须确定一个有效的样本,设计一份结构严谨的、易于理解并且按照一定的逻辑顺序排列问题的调查问卷;其次,需要对电话访问员进行特别训练以确保他们能够和被访者有效地沟通,并能够清楚地陈述问题和准确地记录答案。

(一) 电话调查法的优点

电话调查法的优点是:①获取信息资料的速度最快,费用低。②调查的母体范围广,可以对任何有电话的地区、单位和个人进行调查。③被调查者不受调查者在场的心理压力,可以比较自由的回答问题,回收率较高。④适宜访问不易接触到的被调查者。

(二) 电话调查法的缺点

电话调查法的缺点是:①了解问题不够深入,只能了解一些比较简单的问题。②访时间不能过长。③被调查者只限于能通电话的地方与人员。

(三) 电脑辅助电话访问法

电脑辅助电话访问法(CATI)是由电话、计算机、访问员三种资源组成的访问系统,是电话调查法的发展,目前在国外比较流行。电脑辅助电话访问法是中心控制电话访问的"电脑化"形式,利用这种方法进行调研时,访问员坐在电脑前,头戴耳机式电话,用计算机拨通所要的电话号码,电话接通后,访问员就可以向被调查者了解情况了,而且,调查的问题还可以显示在电脑屏幕上。这种方法已经被越来越多地应用。

三、邮寄调查法

邮寄调查法是用邮寄的方法将设计好的调查问卷寄给事先选好的被调查者,请其根据要求回答填写后再寄回来,从而收集信息资料的一种调查方法。

(一) 邮寄调查法的优点

邮寄调查法的优点是:①调查成本低,不需要支付访问员的访问劳务费,投入的人、财、物力比较小。②调查的母体范围广泛,所有能够通邮的地方都可以作为被调查的对象。③被调查者可以充分的时间来回答问题,不容易受调查人员倾向性意见的影响。

(二) 邮寄调查法的缺点

邮寄调查法的缺点是:①回收率偏低,是这种方法最主要的缺点。②花费时间比较长,有时会影响资料的时效性。③由于没有访问员的指导,被调查者在回答问题的时候容易出现偏差。

(三) 运用电话调查法应该注意的问题

第一,由于这种方法调查人员与被调查者没有直接的接触,为了提高邮寄问卷的回收率,要对被调查者进行广泛的确认以获得一份有效的邮寄名单,并对其进行跟踪提醒。

第二,在寄出调查问卷的同时还应将回信信封贴上邮票附在其中,可能的话可以附上小礼品或和其他谢礼。

第三,调查问卷中提出的问题要便于回答,便于汇总,篇幅要短,以免因占用被调查者过多的时间而失去回答问题的兴趣。

四、留置调查法

留置调查是指将事先设计好的调查问卷当面交给被调查者,说明填写的要求并留下调查问卷,请被调查者自行填写,再由调查人员定期收回的一种获取信息资料的调查方法。它是介于面谈调查法和邮寄调查法之间的一种调查方法。

(一) 留置调查法的优点

留置调查法的优点是:①由于调查人员当面送交调查问卷,并说明填写要求和方法,因此可以减少误差,而且能够提高回收率。②被调查者有比较充分的时间来回答问题,不受调查人员的影响,能够做出比较准确的回答。

(二) 留置调查法的缺点

留置调查法的缺点是:①调查的母体范围比较小。②调查的费用比较高并且花费时间相对比较长。

五、网上调查法

进入21世纪以来,互联网已成为继报纸杂志、广播、电视之后的第四大信息传播媒体。近几年,互联网在中国得到了飞速的发展,出现了“网上营销”、“网上银行”等等,网上消费已逐渐成为时尚。互联网已成为人们相互沟通的重要工具,同时也为市场调研提供了一条新的途径,网上调查已成为一种趋势。现在,随着互联网的普及,网上调查法已经成为主要的调查方法之一。

(一)网上调查法的特点

1. 收集信息的快速性

网络的传输速度非常快,网络信息能迅速传递给连接上网的任何用户。

网上投票信息经过统计分析软件初步处理后,可以得到阶段性结果,而传统的市场调研得出结论需经过很长的一段时间。如人口抽样调查统计分析需3个月,而CNNIC(中国互联网络信息中心)在对Internet进行调查时,从设计问卷到实施网上调查和发布统计结果,总共只有1个月时间。

2. 低费用性

在网络上进行市场调研,无论是调查者还是被调查者,只需拥有一台计算机、网络宽带就可以进行。若是采用问卷调研的方法,调研者只要在企业站点上发出电子调查问卷,提供相关的信息,然后利用计算机对访问者反馈回来的信息进行整理和分析。这不仅十分便捷,而且会大大地减少企业市场调研的人力和物力耗费,缩减调研成本。

网上市场调研在收集信息过程中不需要派出调查人员,不受天气和距离的限制,不需要印刷调查问卷,调查过程中最繁重、最关键的信息收集和录入工作可分布到众多网上用户的终端上完成。这也大大地节省了调查费用。

3. 互动性

网络的最大优势是交互性。在网上调查时,被访问者可以及时就问卷相关的问题提出自己的看法和建议。

4. 具有较大的准确性

①调查人员与被调查者之间没有直接接触,这样被调查者不会受到调查人员主观因素的影响;②网络调查问卷可以附加全面规范的指标解释,可以消除因对指标理解不清或调查人员解释口径不一而造成的调查偏差;③为了确保网络调查问卷检验与控制的客观公正性,网络调查的复核检验是由计算机依据设定的检验条件和控制措施自动实施的,这样可以更有效地保证调查信息的准确

性;④网络问卷调查中被调查者有充分的时间进行思考回答;⑤运用对被调查者的身份验证技术可以在一定程度上防止信息收集过程中的作弊行为。

5. 无时空和地域的限制

网上市场调查可以 24 小时全天候进行,不受区域和时间的限制。

（二）网上调查法的基本方法

1. 网上问卷调查法

网上问卷调查法是在网上发布问卷,被调查对象通过网络填写问卷,完成调查。根据所采用的技术,网上问卷调查一般有两种。一种是站点法,即将问卷放在网络站点上,由访问者自愿填写。另一种是用电子邮箱发送问卷,被调查者收到问卷后,填写问卷,点击“提交”,问卷答案则回到指定的邮箱。被调查者在填写问卷时甚至不用上网:他们可以将电子邮件下载下来,在发送结果时上线提交即可。但电子邮件调查也有其局限性:问卷的交互性差,并且数据的处理比较麻烦,每份问卷的答案都是以邮件形式发回,必须重新导入数据库进行处理。网上问卷调查法是网上调查法中最常用的方法,它比较客观、直接,但不能对某些问题作深入的调查和分析。

2. 网上讨论法

网上讨论法可通过多种途径实现,如 BBS、ICQ、newsgroup、网络实时交谈(IRC)、网络会议(Netmeeting)等。主持人在相应的讨论组中发布调查项目,请被调查者参与讨论,发表各自观点和意见。或是将分散在不同地域的被调查者通过互联网视讯会议功能虚拟地组织起来,在主持人的引导下进行讨论。网上讨论法是小组讨论法在互联网上的应用。它的结果需要主持人加以总结和分析,对信息收集和数据处理的模式设计要求很高,难度较大。

3. 网上观察法

对网站的访问情况和网民的网上行为进行观察和监测。大量网站都在做这种网上监测。很多可供免费下载的软件,事实上也在做网上行为监测。使用这种方法最具代表性的是法国的 NetValue 公司,它的重点是监测网络用户的网上行为,号称“基于互联网用户的全景测量”。它的主要特点是,首先通过大量的“计算机辅助电话调查(CATl)”获得用户的基本人口统计资料,然后从中抽出样本,招募自愿受试者,下载软件到用户的电脑中,由此记录被试者的全部网上行为。Net Value 的独特之处在于:一般的网上观察是基于网站的,通过网站的计数器来了解访问量、停留时间等,而 Net Value 的测量则是基于用户的,可以全面了解网站和用户的情况。

网上调查的优点是提交速度快,样本容量大、人机之间增强了交互性、成本比较低并且具有一定的灵活性和趣味性。尽管网上调查具有很多的优点，但是仍然存在着一些缺点，比如，样本样式不全面并且具有很大的随机性，另外一个问题就是因特网的安全性。

网上调查应注意的问题是：调查问卷不宜太长，否则，被访者很难积极配合。

（三）网上调查法的步骤

网上调查法的步骤如图 4－2 所示。

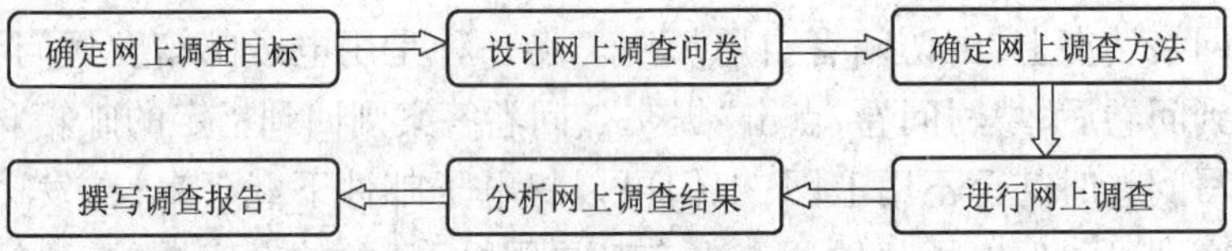

图 4－2　网上调查的步骤

（四）网络调查的局限性

虽然网络调查具有传统调查所不具有的优势，但也存在一定的局限。

1. 样本的代表性不够充分

首先，调查对象只是网民，不能代表所有的调查对象；其次，我国网民的结构性特点也使网络调查的样本缺乏一般代表性。据第十五次 CNNIC 调查结果显示，我国网民的分布极不均衡，从地域看，主要集中于中心城市和经济发达地区；从性别看，男性多；从年龄看，年轻人多；从职业和婚姻状况看，学生和未婚者多。我国网民的这种状况反映出网民所代表的仅仅是一种或几种类型的人群而不能代表所有的人群，网络调查的样本缺乏一般代表性。

2. 垃圾文件和病毒文件影响网络调查

网民常常因为垃圾文件和病毒文件而气得七窍生烟。为了减少这两类文件的干扰，许多网民，在参与各种网上活动时，不得不使用化名，这就使网络调查更难以识别被调查者的身份，也无法收集被调查者的背景材料。而通过电子邮件发送的调查问卷，可能未被看一眼就被“永久删除”，使调查问卷的回收率很低。

3. 难以获得样本的背景信息

通过网络进行的调查，不论是问卷调查还是在线访问，被调查者都隐藏在网络和电脑的背后，其真实背景，诸如年龄、性别、收入、财产等情况不易取得。但对于调查人员来说，有时样本的背景信息是需要了解的信息中的重要部分，样本背景信息的真实、有效与调查信息的真实性是紧密相关的。

4. 难以进行需要地域性要求的调查

任何人在任何有条件的地方都可以上网,也可以在任何地方参加网络调查,这样调查所得信息难以反映被调查者的地域所在。然而在市场调查中,有许多调查如居民收入调查、居民消费水平调查、消费品物价指数调查、恩格尔系数调查等,都需要不同地区的信息资料。没有被调查者真实的地域资料,这类调查就难以进行。

第三节 观察调查法

一、观察调查法的具体方法

(一)直接观察法

直接观察法就是派调查人员去商店、家庭、街道等现场进行实地观察。比如,观察商场中顾客选购商品时的表现,有助于研究购买者行为。

(二)亲身经历法

亲身经历法是调查人员亲自参与某种活动,收集有关的信息资料。通过亲身经历法收集的资料,一般是非常真实可靠的。比如,要考察顾客突然面对大幅减价商品的反应,调查人员亲自去逛商场,看看自己突然面对大幅度降价商品时会有什么反应。又比如,某超市委托某市场调查公司调查该超市营销人员的服务态度,该公司调查人员亲自去要调查的超市购买东西,并有意刁难营销人员,看看该超市营销人员如何应对。

(三)痕迹观察法

痕迹观察法不是直接观察被调查者的行为,而是观察被调查者留下的痕迹。

美国著名的雪佛隆公司重金聘请亚利桑那大学教授威廉·雷兹对垃圾进行研究就是典型的痕迹观察调查法。威廉·雷兹教授每天尽可能多地收集垃圾,然后按垃圾的内容标明其原产品的名称、重量、数量、包装形式等,获得了有关当地食品消费情况的准确信息。用雷兹教授的话说:“垃圾绝不会说谎和弄虚作假,什么样的人就丢什么样的垃圾。”雪佛隆公司借此做出相应决策而大获全胜,而其竞争对手却始终也没搞清雪佛隆公司的市场情报来源。

(四)行为记录法

行为记录法是借助于仪器(照相机、录像机、心理测定器等)观察被调查者的行为。比如,美国尼尔逊公司通过电子计算机系统,在全国各地千余家家庭的电视机里装上监视器,每90秒钟扫描一次,将每台电视机收视情况记录下来,为判断广告效果等提供依据。

二、观察调查法的优缺点

(一)优点

观察调查法的优点是:①直观性和可靠性。观察调查法可以比较客观地、真实地收集第一手资料。②由于调查人员与被调查者没有直接的接触,被调查者没有心理压力,被调查者的行为是一种自然的表现。③简便易行、比较灵活、可以随时随地地进行调查。

(二)缺点

观察调查法的缺点是:①不能了解被调查者的内在因素,只能观察现象,无法了解其原因;②受时间和空间的限制,只适用于小范围内的调查;③费用支出比较大。

三、运用观察调查法应遵循的原则

(一)客观性原则

一是观察者必须持客观的态度对市场现象进行记录,切不可按其主观倾向或个人好恶,歪曲事实或编造情况。二是进行观察时,最好不要让被调查者有所察觉,不要干扰其正常行为,否则有可能得不到真实和自然的反应。

(二)全面性原则

即必须从不同层次、不同角度进行全面观察,避免出现对市场片面或错误的认识。

(三)持久性原则

市场现象极为复杂,且随着时间、地点、条件的变化而不断地变化。市场现象的规律性必须在较长时间的观察中才能被发现。

另外,还要注意遵守社会公德,不得侵害公民的各种权利,不得强迫被调查者做不愿做的事,不得违背其意愿观察被调查者的某些市场活动,并且还应为其保密。

四、观察调查法的具体应用

观察调查法可用于:①消费者的需求调查。②零售企业经营状况的调查。可通过观察零售企业顾客的行为和顾客流量来了解零售企业的经营状况。③广告效果的调查。④库存情况的调查。⑤商品生产数量和质量的调查。

第四节 实验调查法

一、实验调查的概念和特点

实验调查是指在调查中,通过在一定条件下改变某些变量而保持其他变量不变,以此来衡量这些变量的影响效果,从而取得第一手资料的调查方法。实验调查既是一种实践过程,又是一种认识过程,并将实践与认识统一为调查研究过程。企业的经营活动中经常运用这种方法,如开展一些小规模的包装实验、价格实验、广告实验、新产品销售实验等,来测验这些措施在市场上的反映,以实现对市场总体的推断。

实验调查的特点是:通过实验调查所取得的资料,具有一定的可靠性、主动性和较高的精确度;但是它有一个最主要的缺点,就是花费的时间比较长,这样容易出现可变因素,并且费用比较高。这些缺点使实验调查法的应用具有一定的局限性,市场调查人员对此应给予充分的注意。

二、实验调查的常用方法

(一)实验组事前事后对比实验

实验组事前事后对比实验,是指事前对正常情况进行测量,然后再测量实验后的结果,并将二者进行比较,通过对比分析来了解实验变化的结果。这是实验调查法中最简单的一种方法。

例如,某烟酒公司对该公司所经营的五种牌子的白酒,用实验组事前事后对比实验的方法对白酒调价后有怎样的变化进行分析。其步骤:①选定的实验单位:A,B,C,D,E;②对实验单位在实验前的(即没有改变白酒的价格)一个月的销售量进行统计;③对实验单位改变价格;统计实验后的一个月的销售量;④测定前后不同时期销售量的增减量及其变化幅度;⑤计算:实验变数效果为 Y_2-Y_1。

通过表 4-2 可以看出:改变五种牌子白酒的价格以后,每种牌子的销售量和销售构成都发生了变化,其中 A 和 B 的价格降低了 2 元,其销售量分别增加了 15 箱和 9 箱,销售构成分别提高了 6.39% 和 4.01%;C,D 和 E 的价格分别提高了 1.8 元、1.4 元和 1.7 元,其销售量分别减少了 1 箱、2 箱和 11 箱,销售构成分别降低了 1.15%、1.67% 和 6.08%;总的销售量增加了 8 箱,销售额增加了 9%。

表 4-2 白酒调价后实验汇总表

白酒品牌	每瓶零售价(元)		销售数量(箱)		构成(%)	
	实验前 Y_1	实验后 Y_2	实验前 Y_1	实验后 Y_2	实验前 Y_1	实验后 Y_2
A	12.60	10.60	40	55	19.80	26.19
B	12.2	10.20	41	50	20.30	23.81
C	7.80	9.60	36	35	17.82	16.67
D	7.10	8.50	38	36	18.81	17.14
E	6.50	8.20	45	34	22.27	16.19
总计			202	210	100	100

由此可见,改变价格可以增加销售量,是有效果的。

需要注意的是:做这种实验是在不受季节性等因素影响的前提下进行的。

实验组事前事后对比实验主要用于了解没有明显季节变动的常年销售的产品,在调查精确度要求不高时,改变其包装、价格、广告等的效果。如:面粉加工厂要了解改变面粉的包装是否更有利,如果调查信息的准确性要求不很高,则可运用实验组事前事后对比实验法进行调查。

(二) 控制组与实验组对比实验

控制组(Control group)与实验组(Experimental group)对比实验,是指在同一时间内,控制组与实验组进行对比的一种实验调查法。在同一实验期内,把两组情况相似的实验对象,其中一组指定为实验组(改变某一个或几个条件),另一组指定为控制组(一切条件不变),两组按一定的实验条件进行实验;然后对两组的实验结果进行比较和分析。

例如,某百货公司决定用控制组与实验组对比实验的方法测量该公司经营的某牌子的洗发液的新包装效果,以加强消费者对该牌子洗发液的认识。其具体做法为:①选定 1 500 个家庭为实验组 Y_2,免费赠送该牌子的样品,并给予价格折扣券,到指定的超市去购买;②选定 1 500 个家庭为控制组 Y_1,不赠送该牌子的样品,也给予价格折扣券,到指定的超市去购买;③实验期为 1 个月;④测定两组的情况,分析实验结果;⑤求实验变数:免费赠送样品,实验变数效果为 $Y_2 - Y_1$。

实验结果是:实验组的家庭所用的折扣券为 500 张,而控制组的家庭所用的折扣券为 400 张。免费样品的实验变数效果等于 500 - 400 = 100(张)

由此可见,免费赠送样品可以增加消费者的购买量。

注意:实验组和控制组要在相同的时间内进行实验;实验组和控制组的情

况是相似的。

控制组同实验组的对比实验主要用于了解销售具有季节性的产品，在调查精确度要求不太高时，改变其包装、价格、广告等的效果的调查。

（三）有控制组的事前事后对比实验

有控制组的事前事后对比实验，是指在实验对象中选出两组，一组指定为实验组，按一定的实验条件进行实验；另一组指定为控制组，其情况是正常、没有变化。在事前、事后两段相同的实验期内，分别对实验组和控制组进行测量，然后对两组的实验结果进行比较和分析。这种方法要求对实验组和控制组分别进行事前测量和事后测量，然后进行对比分析。

例如：某食品公司决定用有控制组的事前事后对比实验的方法来测量该公司经营的某牌子食品新包装的效果，其具体做法为：①选定实验组，在1月内，不改变包装进行销售，用 Y_1 表示；②选定控制组，在1月内，不改变包装进行销售，用 X_1 表示；③再进行为期1个月的实验；实验组改变包装进行销售，用 Y_2 表示，控制组不改变包装进行销售，用 X_2 表示；④测定两组的实验情况；⑤实验变数：食品的包装，实验变数效果 $=(Y_2-Y_1)-(X_2-X_1)$。

通过表4－3可以看出，改变包装以后实验组销售额增加了5 000元，提高了33%，而没有改变包装的控制组其销售额只增加了500元，仅提高了3%，由此可见，改变包装能够增加食品的销售额，即改变包装是有效果的。

表4－3　改变食品包装实验汇总表　　单位：万元

组别	实验前销售额	实验后销售额	变动	实验效果
实验组	1.5	2.0	+0.5	0.45
控制组	1.55	1.6	+0.05	

这种方法避免了实验组事前事后对比实验容易受季节性等因素影响的缺陷。

注意：实验组和控制组是在相同的时间内进行实验；实验组和控制组的情况是相似的。

有控制组的事前事后对比实验主要用于了解销售具有季节性的产品，在调查精确度要求很高时，改变其包装、价格、广告等的效果。如：某空调公司要了解降低某款空调的价格是否更有利，如果调查信息的准确性要求很高，则应该运用有控制组的事前事后对比实验进行调查。

选择实验调查法进行调查，不论采用哪种方法，都要注意实验单位（实验组和控制组）、实验时间的选择，要注意一定具有代表性，严格掌握好实验条件，只有这样才能够保证实验效果的可靠性。

（四）新产品试销实验调查

新产品试销(Test marketing)实验调查是在开发新产品选定产品的规格、款式、型号时使用的一种小规模市场实验的方法。通过小规模市场实验、试销，在销售客户和使用对象中听取意见，了解需求，收集市场信息资料。它的具体做法是：第一，选定一个小规模的实验市场，它的条件、特性要与目标市场有较强的相似性。第二，选定新产品或新设计的产品规格、款式、型号，在这个小规模市场上试销。第三，进行销售结果分析。根据结果决定是投产扩大规模，还是放弃新产品或某种产品的新款式、新型号。这样有助于提高决策的科学性，明确生产经营方向。美国伊利诺思州的皮奥利亚市，就是一个最典型的"美国城市"，它的一些市场特征与美国整个市场有极大的相似性，在该城市进行的新产品试销实验往往能取得准确的市场信息，因此厂商纷纷将它视作新产品能否打开市场的"试金石"。

（五）用户试消实验调查

用户试消实验调查也是针对新产品进行的实验调查。顾名思义，用户试消实验调查就是当新产品研制出来后，在正式上市前，请潜在的用户进行尝试消费。当然这种消费一般是免费的。目的主要是通过用户的试消费发现产品存在的问题，以便加以改进。这种调查的关键是必须选好试消费用户，他们必须是企业这种新产品的目标用户的典型代表。

第五节　文案调查法

文案调查法，是指对现成的信息资料进行收集、分析、研究和利用的调查方法，是获取第二手资料的方法。

文案调查法与其他调查方法相比较，它的特点是：所获得的信息资料比较多，资料的获得也较为方便、容易和迅速，无论是从企业内部还是从企业外部，收集过程所花的时间比较短，而且调查的费用也比较低。

一、文案调查法的资料来源

文案调查法收集的资料即二手数据的来源非常广泛，它存在于各种相关的数据源里，调查者可以从中寻找对其市场调研有用的现成数据。二手数据分为内部数据和外部数据。

（一）内部数据的来源

内部数据主要是从企业内部的市场营销信息系统中所收集到的有关企业自身生产经营方面的数据以及其市场环境方面的数据。

1. 市场调查分析汇编的数据资料

一般大的企业自身都有一个市场信息研究机构，它的任务之一就是收集与本企业生产经营相关的数据。其中不仅包括在进行市场调研活动中所获得的数据，而且还包括报刊和其他文献的剪报数据等。它包括顾客方面、市场容量方面、竞争者方面以及宏观环境方面的相关数据资料。

2. 信息系统提供的统计数据

信息系统提供的统计数据有经营方面的，如客户订货单、销售额及销售分布、库存余额、合同、成本和价格等。有生产方面的，如生产作业完成情况、操作规程、产品检验和质量保证等数据资料；有产品设计方面的，有生产作业的完成情况、产品设计图纸及说明书和技术文件等；有财务方面的数据，包括利润、资金方面、及有关财务制度的规定文件等。

（二）外部数据的来源

外部数据主要是企业外部的机构所持有的数据。

1. 企业外部的机构

（1）公共机构。公共机构是指各类的官方、半官方和民间性质的公共机构。比如，图书馆和档案馆、国家统计机关、国际组织、行业协会、科研单位及信息中心等。例如，我国政府统计部门为营销调研者提供了详细的、极有价值的数据。两种极为有用的官方出版物是《中国统计年鉴》和各省市统计年鉴。另外，国家统计局和各地方统计局还提供如何获得特定产品和市场的统计数据的咨询服务。

（2）新闻、出版部门及商业性的调研公司。比如，我国全国性的报刊有：《经济日报》《人民日报》《光明日报》等。还有各类调研公司收集的各种信息。

2. 外部数据的收集

（1）有偿收集方式。有偿收集方式，是指通过经济手段获得的文献数据。通过正式渠道实行有偿征集和转让。这种方式实际上是实现信息、情报商品化，能够比较有效地获取高质量的信息数据。有偿数据收集要注意数据必须具有一定的针对性、可靠性、及时性和准确性。有偿收集具体有订购、交换、复制三种形式，其中订购形式包括现购、邮购、委托代购等。

（2）无偿收集方式。无偿收集方式不需要支付费用，是一种很经济的方式。企业可以利用交流会、洽谈会、展销会来无偿索取数据。比如，遇到有些企业为了推销新产品而免费赠送的产品目录、产品样本、说明书等数据，企业也可以根据自己需要通过书信的方式向有关部门索取免费数据。

3. 国际因特网、在线数据库

因特网将世界各地的计算机连接在一起，实现了数据资源的共享，它是获取信息的最新工具，对任何调查而言，互联网都是很重要的信息来源。此外许多在线数据库也能够为一些特定的市场调查提供许多二手数据。

二、文案调查法的具体方法

（一）文献数据筛选法

文献数据筛选法，是指从各类文献数据中分析和筛选出与企业生产经营有关的信息数据的一种方法。采用文献数据筛选法搜集情报数据，常常要根据市场调查项目的要求，有针对性地去查找有关文献数据。

文献数据筛选法的特点是所得情报数据记录方便、传播广泛、便于长期保存和直接利用。

（二）报刊剪辑分析法

报刊剪辑分析法，是指调查人员从各种报刊及杂志上所刊登的文章中，分析和收集信息数据的一种方法。报刊和杂志上往往刊登一些与企业生产经营有关的或者是相关的情报信息。报刊上的一条信息救活一个企业的事例有很多。

（三）情报联络网法

情报联络网法，是指企业在全国范围内和国外一些地区内设立情报联络网，使情报数据收集工作更加广泛。但是一个企业情报网的建立，要受到企业资金和人力的制约，一般企业往往达不到。

（四）网上下载分析法

随着 IT 技术特别是 Internet 技术的迅猛发展，互联网已不再是一个陌生的名词，已被世界上越来越多的人所了解和充分利用。人们可以从互联网上查阅和下载所需要的国内和国外的各种信息数据。它的特点是：涉及的范围非常广泛，可以说是世界各地，获得的信息量大，而且非常迅速，可以充分地节省人、财、物力。这种方法如今已被人们充分地采用，将是获取第二手数据的主要方法之一，是今后的一个发展趋势。

（五）购买法

主要是指全国或地方的经济年鉴、统计年鉴、地方志和企业名录等资料，各种专业信息机构和市场调查机构的一些数据，企业可以通过购买而获得。

三、文案调查法的步骤

文案调查法的运用必须按照科学的步骤进行。这种调查方法分九步进行，如图 4－3 所示。

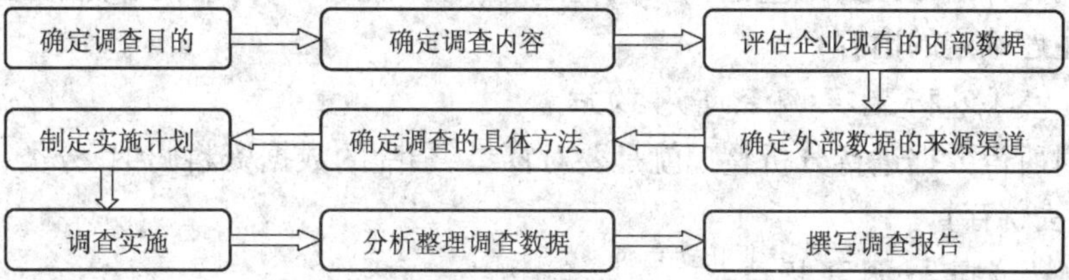

图 4－3　文案调查法的步骤

（一）确定调查目的

运用文案调查法必须首先明确调查的目的，是将这种调查作为主要的调查手段还是作为一手数据的补充；是为提高企业内部管理效率提供帮助还是为制定企业营销战略与策略提供信息；等等。

（二）确定调查内容

在正式开始调查之前需要根据调查目的确定具体的调查内容，将所有需要调查的项目详细列举出来。

（三）评估企业现有的内部数据

评估审查企业内部已经取得或已经积累起来的统计数据、财务数据、业务数据和其他数据是否能够完全满足本次特定调研课题的需要，如果是则不必再收集二手数据，如果能满足需要则还要进一步分析还差哪些信息，从而通过外部途径收集所欠缺的二手数据。

（四）确定外部数据的来源渠道

外部数据的来源渠道很多，调查者必须根据调查目的、内容综合考虑提供方的信誉、专业化程度和服务水平等，明确向谁获取、什么时间去收集等问题。

（五）确定调查的具体方法

如前所述，二手数据调查的方法有多种，每种方法都有其优缺点，调查者必须根据调查条件、目的要求进行综合评定，然后选择　种或几种恰当的调查方法。一般说来，外部数据需要多种方法组合运用才能收集到全面的数据。

（六）制订实施计划

主要是确定二手数据调查的日程安排、人员安排和调查费用预算等。

（七）调查实施

前面都是一些准备工作，在这些准备工作完全做好以后，就应该进行具体的二手数据的收集了。在这一步中，调查者必须随时注意调查工作是否严格按照计划在进行，如果有偏差，要分析是什么原因，若是由于客观条件的变化，则需要调整计划，反之，则应该纠正调查工作。另外检查调查的内容是否是根据调查主题确定的内容。

（八）分析整理调查所得数据

对所得数据进行分析整理就是要对零星、杂乱的数据资料归纳、分类；去粗取精、去伪存真。

（九）撰写调查报告

任何调查最后都必须形成调查报告。撰写调查报告的要求与注意事项同实地调查报告的撰写一样。

本章小结

在市场调查活动中，常用的市场调查方法有访问调查法、观察调查法、实验调查法和文案调查法。每种调查方法各有其特点，要根据调查内容和调查对象的不同，来选择恰当、实用的调查方法。市场调查中，数据资料的采集、审核和校验是由访问员和督导来完成的，一批具有高效率、反应速度快的访问员和具有专业知识及管理经验的督导是调查活动实施的保证。

访问调查法观察法和实验调查法是获取第一手资料的方法；文案调查法是获取第二手资料的方法。

访问调查法是各种调查方法中被广为采用的一种方法。其中面谈调查要注意找出合适的被调查者，进行有效的面谈，以获取准确、可靠的数据；电话调查已经被越来越多地采用，因为它方便，并且快速；电脑辅助电话访问（CATI）也日益增多；邮寄调查容易在实效上受到限制，要注意根据实际回收的有效问卷的成本进行评估；留置调查是置于面谈调查和邮寄调查之间的一种折中的方法。

复习题

1. 市场直接调查的方法有哪些？它们各有何特点？

2. 什么是文案调查法？它的资料来源是怎样的？

3. 什么是观察调查法？它有哪些特点？使用观察调查法应注意的问题是什么？

4. 什么是实验调查法？它的具体方法有哪些？

5. 利用实验调查法，调查某产品“降低价格”的效果。

6. 访问调查法的具体方法有哪些？请比较它们的特点。

7. 选择市场调查方法应注意的问题是什么？

8. 如何对访问员进行培训和管理？

9. 督导的职责是什么？

实训题

1. 与你的同学一起进行一次面谈访问的模拟训练。

2. 利用互联网调查了解你所学专业以往5届学长的就业状况，为你自己的职业规划做充分准备。

3. 参加一次你所在地企业的新产品试销调查。

4. 假设你家乡所在城市的旅游局为了了解当地居民的旅游消费行为，委托你进行一次调查。这次调查要求内容全面，精确度高。调查的条件是调查时间比较宽松但要求尽可能节省费用。该市共有500万常住居民。现在请你确定准确的调查方法。

5. 结合第二章的第2个实训题，为你自己的调查确定最恰当的调查方法。

案例

康师傅矿物质水消费者需求市场调研纪实

一直想把康师傅成功营销的方法介绍给国内的食品企业，特别是中小食品企业。由于与康师傅合作协议规定的保密期太长，所以直到今天才有机会把它写成案例，与大家一起分享。

康师傅矿物质水全国五城市消费者需求市场调研是2002年8月由北京精准企划的前身北京英昊亚太咨询有限公司（2008年8月更名为北京精准联合企划有限公司），在康师傅矿物质水进入市场前进行的一次专业消费者定性市场调研项目,调研的城市包括北京(代表华北)、沈阳(代表东北)、西安(代表西北)、昆明(代表西南)以及杭州(代表华东)五个城市。与此同时,该产品还做了一次全国范围的消费者需求定量市场调研。

当人们谈起康师傅品牌时,经常会有人问,康师傅为什么能做一个产品成功一个产品?康师傅为什么总能成功?在我们与康师傅合作的10多年中,得出的结论是康师傅正是运用了专业的营销方法,才能够快速做大、做强的。康师傅所有的新产品进入市场前都要聘请专业的公司做科学的市场调研,在市场调研的基础上来合理规划产品的品牌策略和市场策略。表面上看是浪费了时间和经费,但市场调研能使康师傅对消费者的潜在需求做到更精准地理解和把握,实际上都取得了非常好的效果。

北京精准企划第一次与康师傅的合作通过了层层的考核。康师傅在选择合作公司时一般都要在5-6家公司进行比较。当我们接到顶新集团饮品事业群企划部"包装水GI调研项目"的邀请时,听说该项目已经经过了第一轮筛选,剩下了3家公司。可能是因为饮品事业群企划的领导对这些公司的方案不太满意,我们才有幸成为参与竞争的第四家公司,但给我们做调研方案的时间只有一个下午加一个晚上。

由于当时精准企划的核心成员在食品市场调研和营销策划领域已经有了8年的实战经验,我与公司市场调研部的同事一个晚上没睡觉,做出了三套针对不同调研区域、不同样本量、不同费用的"康师傅矿物质水调研方案"。精准企划的调研方案有数10页的文件,我们的信念是在专业度上一定要做到最好。第二天早上8点半我们准时把调研方案发给了顶新集团饮品事业群企划部的该项目的具体负责人李娜。

当天下午我们就得到了企划部的反馈,邀请我们去天津顶新国际集团总部洽谈调研方案的具体细节。第二天上午10点,我们按照约定的时间来到天津经济开发区第三大街15号,顶益(开曼岛)控股有限公司,顶新集团饮品事业群的会议室,其实这已经是我第三次来到这里。接待我们的有该项目总负责人——顶新集团饮品事业群企划本部资深协理郑士诚先生。

一见面郑协理就认出了我,因为两年前我在其他公司上班的时候就与康师傅合作过"冰红茶产品"调研项目,而这一次我代表的是自己的公司。郑协理是台湾人,比我长几岁,当时就有10多年的食品营销策划经验。由于上次"冰红茶产品"合作时,我提出的一些观点郑协理非常认同,彼此都留下了比较深刻的印象,也许这正是能够再度与康师傅合作的基础。

康师傅矿物质水调研当时准确的名称是"康师傅包装水GI调研",即通过小组座谈会形式的消费者定性调研。调研的产品包括矿物质水(概念一和概念二)、加味水和水果水3种产品5个口味。主要调研内容包括11个部分:①热身、活跃会场气氛(5分钟);②饮用包装水的类别、品牌(8分钟);③包装水的饮用动机(8分钟);④包装水的口味差异(5分钟);⑤矿物质水的概念测试(22分钟);⑥纯净水与矿物质水之间的差异(6分钟);⑦矿泉水与矿物质水之间的差异(6分钟);⑧对矿物质水的接受程度、消费心理(26分钟);⑨纯净饮品加入成分测试(22分钟);⑩包装水的饮用习惯(6分钟);⑪包装水的包装类型(6分钟),每场座谈会的时间是120分钟。而且这11个部分下面每个问题、每个细节都要求清晰、合理,精确到每一分钟。

正是有以前"冰红茶产品"的成功合作,双方已经建立了信任关系,才会有这一次矿物质水产品的再度合作。但这是北京精准企划与康师傅的第一次合作,两个团队需要通过该项目进行磨合,为将来的长期、战略合作打下坚实的基础。

小组座谈会的定性调研方式是有两间办公室,一间大的作为开座谈会的房间,有20多平方米,能容纳10－12人;另一间小一点,大约10多平方米,是座谈会的观察室,能通过单面镜玻璃观看座谈会现场的情况,并能通过一整套的录音、录像设备,清晰地听到座谈会主持人和现场每一位被调研消费者的发言。开座谈会对办公室的要求较高,太大了不聚音,影响录音、录像效果;太小了会显得拥挤,同样会影响调研的质量。

上午8点,郑协理一行人准时从天津开车到达北京座谈会调研地点,精准企划的吴总和市场调研部人员陪同康师傅矿物质水项目组成员进入座谈会的观察室,随即所有的录音、录像设备打开,座谈会正式开始。上午的两场座谈会,郑协理除通过工作人员递进两张字条,希望对个别问题进行追问外,听说对我主持座谈会的方式和风格非常满意。

接下来沈阳和西安的调研是顶新集团饮品事业群企划部的李娜和白俊娟与我们同行。其实我们与康师傅协商的调研行程是,李娜和白俊娟陪同精准企划参与沈阳和西安的调研,我们坐飞机提前去沈阳和西安安排调研的具体工作,李娜和白俊娟坐火车随后赶到,参与调研,随时与我们保持对接和沟通。昆明与杭州的调研工作由康师傅当地分公司或办事处的人员参与。实际上与精准企划一路同行的是康师傅矿物质水和康师傅员工踏实、敬业的工作精神。

西安这座中国西部的历史名城注定要在本次调研中给我留下深刻的印象,是因为通过前面的调研过程,我们对康师傅矿物质水本次的调研目的、内容和方式有了更准确的理解和把握,座谈会的主持技巧也变得更加娴熟。当西安的最后一场座谈会结束,我对大家表示感谢时,会场响起了热烈的掌声,摄像机记录下了这精彩的瞬间。听说康师傅的调研人员也在单面镜那一边受到这种氛围的感染，也情不自禁地鼓起了掌，这是对精准企划辛苦努力的最好回报。

方圆五百里的滇池虽然受到了一定程度的污染，但依然与西湖一样，具有掩饰不住的美。我一直不喜欢城市的嘈杂，更愿意生活在宁静的田园，自然、真实才是最美的。10天的时间，我们与康师傅一起调研了北京、沈阳、西安、昆明和杭州五个城市，绕过了近大半个中国，真有点“坐地日行八万里，巡天遥看一千河”的感受。

了解消费者需求是成功营销的开始。通过科学市场调研的方式，准确了解消费者需求是康师傅矿物质水成功营销的开始。而对于国内食品企业，特别是中小食品企业，很少在新产品进入市场前做专业市场调研，这其实就为该产品成功营销带来了太多不确定因素和潜在的市场风险。

以下是精准企划对矿物质水概念测试中的一项调研结果，从中我们可以看出康师傅矿物质水市场调研的细致程度。消费者用来描述矿物质水特点的词语主要有：①对人体有益，补充人体所需的矿物质含量；②人工添加，价格略高于纯净水和矿泉水；③含微量元素比较多；④营养的、口感好的、有品位的和与众不同的；⑤添加了人体所需的矿物质及微量元素，把纯净水向前推进了一步。

康师傅矿物质水品牌和产品策略的每个关键点都来自市场调研的数据支持。产品品牌的定位、目标消费群体的界定、产品利益点的提炼、品牌广告语的创意以及品牌形象的建立等都来自于对消费者需求的准确把握。

一个月以后，北京精准企划提交了长达147页的“康师傅矿物质水全国五城市消费者需求市场调研与分析报告”，得到顶新集团饮品事业群企划部项目组的高度评价，一致认为，精准企划的调研报告能够站在营销策划的角度做消费者市场调研，比其他专业市场调研公司的报告更具前瞻性和实战性。该调研报告成为康师傅矿物质水品牌营销规划、产品营销规划和市场营销规划的基础和依据。“多一点，生活更健康”体现的就是康师傅矿物质水卖点与消费者对该产品买点之间的最佳连接点，是本次消费者定性市场调研的核心结论。也许对于康师傅来说，在矿物质水产品进入市场前，就已经做到了“长缨在手”。

资料来源：http://info.food.hc360.com/2010/03/120904228608-3.shtml。

思考讨论题：

上述案例中运用了哪些市场调研方法？是否恰当？为什么？

第五章

市场营销调研策划

本章提要

前面几章分别探讨了市场营销调查的几个重要方面，在实际应用中，仅仅了解这几个方面是很不够的，还需要对这几个方面进行整合，对整个营销调查工作进行全方位的策划。本章主要介绍调查问卷的设计、市场调查方案的设计、市场调查组织的选择和调查报告的撰写。

第一节　市场营销调查问卷设计

调查问卷，也称为调查表，它是一种以书面形式向被调查者了解情况，以获取所需资料和信息的载体。调查问卷是在市场调研中，取得第一手资料的技术手段，是实现调查任务的一种重要工具。它可以使调查内容系统化、标准化，它也是进行资料整理、统计、分析的基础。要做好市场调研，完善的调查问卷是获取好的市场调研结果的重要因素之一，调查问卷设计的质量直接影响到市场调研与市场预测的结果。

一、问卷设计的原则

设计调查问卷的目的是为了能够把所要调查询问的问题正确地传达给被

调查者，同时，设法得到对方的充分合作，让他们如实地、明白无误地针对问题做出回答，除了要正确地根据调查目的要求确定调查主题和调查项目之外，还要求我们在设计调查问卷时要遵循以下原则：

（一）联系性原则

调查问卷中的每一个问题必须是和调查主题密切相关的，那些可有可无的问题或者与调查主题有着一定的关系但是被调查者无法回答或者不愿意回答的问题，不宜列入调查问卷中。

（二）可接受性原则

调查问卷设计的要让被调查者容易接受。回答调查问卷中的问题对于被调查者来说是一种额外的负担，他们可以采取积极配合的态度来回答问题，也可以采取拒绝的方式回答问题或草率地、不真实地回答问题。所以，为了得到被调查者的配合，在设计调查问卷的时候，从文字到问题的编排都要考虑到能够吸引被调查者乐意参与，另外，问卷中的用词要亲切、温和、有礼貌和有趣味性，还要考虑到被调查者的身份、水平等。一般要采取一些物质奖励以获取被调查者的积极配合。

（三）逻辑性原则

在设计调查问卷时，要注意调查问卷中问题的排列顺序，同类问题放在一起，容易回答的问题放在前面，封闭式的问题放在开放式的问题的前面，以提高被调查者回答问题的效率。

（四）简明性原则

调查内容要简单明了，调查问卷中的问题不要过多，如果调查内容过多，所花费的调查时间过长，就会使被调查者反感，影响调查效果。一般来说，回答问题的时间应该控制在半小时之内。

二、问卷设计的程序

设计调查问卷的基本步骤如图 5－1 所示。

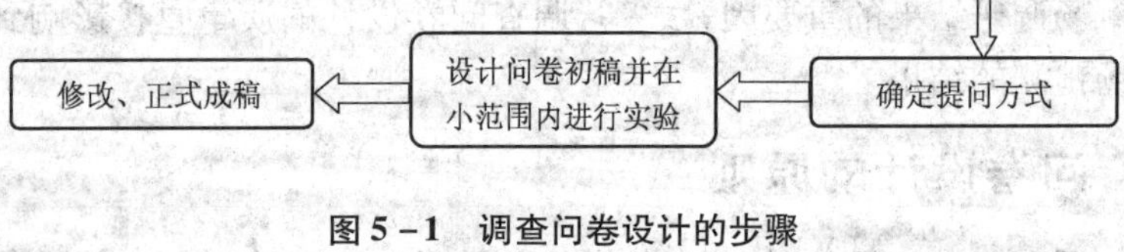

图 5－1　调查问卷设计的步骤

三、调查问卷的结构

调查问卷一般由六个部分构成:前言、被调查者项目、调查项目、结束语、填表说明、编号。

（一）前言，也称为说明词

前言是为了引起被调查者的注意和兴趣，以取得他们的配合。前言部分，文字一定要精炼并具有很强的吸引力，前言写得好坏与否，直接影响到被调查者的合作态度及合作程度，从而影响到调查的结果。以下三种前言仅供参考。

例1：将我们的心意奉献给您——一份精美的礼品！

将您的真诚送给我们——请您协助我们完成这份调查表，谢谢您的合作！

例2：一头秀发会让您拥有从头开始的自信，令您闪亮登场，把握自信！把握成功!! ——送给您一份精美的礼品，让您了解秀发动人的秘密，了解秀发动人的自信！

例3：我们是××大学的学生，我们正在进行一项××调查研究，耽搁您宝贵的时间询问一些问题，请您协助我们搞好这项调查工作，希望能够得到您的合作，谢谢！

（二）被调查者项目

被调查者项目也称为被调查者的基本情况。如姓名、性别、年龄、职业、文化程度、居住地区等有关内容。在设计调查问卷时，被调查者的基本情况究竟选择哪些，要根据调查的目的及要求而定。比如，对于电视机需求的调查，与被调查者的收入、年龄、职业及居住面积有关，对于被调查者所居住的地区关系不大。

（三）调查项目

调查项目是调查问卷最主要的部分，是指需要调查的具体项目和问题，如何确定好调查项目和命题是调查问卷设计的关键，也决定着调研的成功与否。首先，根据调查主题及调查内容来确定具体的调查项目，并对具体的调查项目进行分析，然后针对每一个具体的调查项目，根据要了解问题的深度的不同，来确定选用何种提问方式。调查问卷的提问方式有两类：封闭式提问方式和开放式提问方式。

1. 封闭式提问

封闭式提问，要求被调查者从事先拟定好的备选答案中选择一个或一个以上的答案。

(1)二项选择法。二项选择法是将提出的问题事先罗列出两个答案，由被调查者任选其一做出回答。例如：

请问您喝过可口可乐吗？

①是（ ）　　②否（ ）

(2)多项选择法。多项选择法是对提出的问题，事先准备若干个可供选择的答案，让被调查者选择其中的一个或几个答案。例如：

您购买家用电器通常在

①专营商店（ ）　　②超级市场（ ）

③百货商场（ ）　　④其他（请注明）______

(3)程度评定法。程度评定法是对提出的问题，给出程度不同的答案，由被调查者从中选择认同的一个做出回答。比如：

您在购买电冰箱时，认为品牌

①很重要　②比较重要　③一般　④不太重要　⑤很不重要

(4)语义差别法。被调查者在两个语意相反的答案中做出一个选择。比如：

请问您对××牌电视机的看法：

①式样新颖（ ）　　式样陈旧（ ）

②图像清晰（ ）　　图像一般（ ）

③耗电少（ ）　　耗电多（ ）

④音质好（ ）　　音质差（ ）

⑤价格便宜（ ）　　价格贵（ ）

(5)比较法。比较法是指采用对比的提问方式，把调查对象中同一类型不同品种的商品，每两个配成一对，要求被调查者进行对比分析并做出肯定回答。比如：

比较可口可乐和百事可乐的好喝程度，请您在空格处打"√"。

百事可乐好喝	非常	一般	不	不	一般	非常	可口可乐好喝

封闭式提问的优点是便于统计和分析，它的缺点是答案范围比较小，具有不同程度的强制性。

2. 开放式提问

开发式提问是指对所提出的问题，被调查者可以不受任何限制地自由回答。

(1)自由回答法。自由回答法是调查人员围绕着调查主题提出开放式的问题，被调查者可以不受任何约束，自由地回答问题。比如：

您认为软包装饮料有哪些优点和缺点？

(2)完成法。给出一个不完整的句子,由被调查者来完成。比如:

当您口渴时,您想喝________________。

(3)联想法。给出一个词汇,由被调查者回答出他所联想到的一个词或一句话。比如:

海尔空调(　　)

(4)顺位法。顺位法是在多项选择法的基础上,要求被调查者对所询问问题的各种可能答案,按照不同重要程度或不喜欢程度顺序排列回答。比如:

您选购电视机时,考虑的因素是(按重要程度排列回答并用12345……填在括号中)

①价格便宜(　　)　②外形美观(　　)　③维修方便(　　)

④品牌知名(　　)

(5)过滤法。指最初提出的问题比较广泛,然后根据被调查者回答的问题的情况逐渐缩小提问范围,最后有目的地引向调查的某个专题性问题。比如:

您毕业后是否考虑马上工作?

①是(　　)　②不是(　　)

如果是,请问您将选择

①国企(　　)　②私企(　　)　③外资企业(　　)　④合资企业(　　)

为什么?________________________________

开放式提问的优点是被调查者可以不受限制地回答问题,调查人员可以获得比较全面的答案,它的缺点是答案分散,不易统计。

3.态度测量表法。态度测量表法,就是通过一套事先拟定好的用语、记号和数目来测定测量人们心理活动的度量工具。

(1)评比量表。评比量表是由调查人员事先把所测事物或问题的不同态度答案按序列排出,让被调查任选其一来回答。

很喜欢	喜欢	比较喜欢	无所谓	不太喜欢	不喜欢	很不喜欢
1	2	3	4	5	6	7

表中的记分也可采用 -3, -2, -1,0,1,2,3。

(2)数值分配量表。数值分配量表分为等级数值分配量表和固定总值分配量表。

等级数值分配量表是一种由被调查者给所测事物或问题划分相对等级,用顺序数值作标记的一种态度量表。

表5-1对4种牌子的手机,按喜爱程度分别给予适当数值(1~4表示由低到高喜爱程度)。

表 5－1　等级数值分配量表

品牌	A	B	C	D
分配数值	1	2	3	4

固定总值分配量表是调查人员提出问题后给定总分数值，被调查者在此数值范围内，对所列事物或问题依次分配一定数值表示不同评价的一种态度测量表。

比如下列 3 种牌子的手机，按喜爱程度分别分配一定数值，其总值必须为 100 分（数值大表示喜爱程度强烈）。见表 5－2。

表 5－2　固定总值分配量表

品牌 项目	A	B	C	合计
质量	50	30	20	100
价格	30	30	40	100
外观	30	30	40	100
合计	110	90	100	

（五）填表说明

在调查问卷中，如果涉及有关公式计算、专有名词的含义、注意事项及要求等要进行解释说明，以便于被调查者的理解和合作。

（六）编号

包括调查问卷的编号和每一个具体项目的编号。有时一项调查工作需要涉及几份调查问卷，为了便于统计，通常把每份调查问卷进行编号；另外，每份调查问卷中的每个具体问题也要进行编号，这样是为了便于计算机的统计和分析。

四、设计调查问卷应该注意的问题

（一）力求简化，要最大限度地减轻被调查者的负担

市场调查必须要取得被调查者的积极配合，如果调查问卷设计得过于烦琐，会给被调查者带来额外的负担，影响被调查者的情绪，会使调查结果失真。

（二）调查表中的问题采用何种命题方式，要根据具体情况而定

根据调查人员对每一个具体的调查问题了解的深入程度的不同，采用不同

的命题方式。如果只是想简单的了解一个问题,可采用二项选择法和多项选择法等,如果想了解被调查者对一个问题的程度差别,可采用顺位法、比较法和自由回答法等。

(三)使用命题的用语要准确,明白无误,容易理解

在调查表的设计中,避免使用“经常”、“普通”“一般”等词汇,更不可以用模棱两可的词汇,这样会造成被调查者的理解偏差,从而导致调查结果的不准确。例如:

您是否经常购买××牌的化妆品?

被调查者很难理解这里所说的“经常”是指多长时间。

(四)避免提出诱导性的问题

我们在设计调查表的时候,不可以从自己的好恶角度出发,要客观地提问题,不可以提出带有诱导性的问题。例如:

大家都喜欢软包装饮料,您呢?

①喜欢(　　)　　②不喜欢(　　)

这样的提问会使被调查者产生一种“从众”心理,很容易将被自己置于喜欢的位置来回答问题。

(五)提出的问题应该是被调查者有能力回答的问题

避免提出一些专业性的问题及被调查者的能力所涉及不到的问题。例如:

您家里电视机的显像管的耗损程度如何?

这个问题对于一般人员来讲是很难回答的。所以说设计这样的问题只能增加被调查者的负担,而不会得到预期的效果。

(六)要考虑被调查者的心理因素

在设计命题的时候,除了要考虑到被调查者是否有能力来回答,还要考虑到被调查者的心理因素,避免提出那些有可能令被调查者难堪的问题。例如:

您没有购买大屏幕电视机的原因是:其中的一个备选答案是“没有经济能力”,再例如:

您没有订阅计算机报的原因是:其中的一个备选答案是“文盲”。这可能是一个原因,但有些被调查者往往不愿意承认这一点。

(七)注意问题之间的逻辑关系有助于提高回答问题的效率

在设计调查表的时候,要注意把同类的问题放在一起,并把简单的问题放在前边,这样有助于提高被调查者回答问题的效率。

(八)避免双主题问题

双主题问题即一个问题中含有两方面内容。

如：乘公共汽车上班和开私车上班，哪一个更方便和经济？

（九）问卷要完善

在拟订调查问卷的过程中，要反复检查、修改，力求完善，并在小范围内试用。当确认没有问题的时候，才可以正式定稿、打印和使用。

第二节 市场营销调查方案设计

一、市场营销调查方案设计的含义

市场营销调查方案设计，是指有关调查人员依据调查研究的目的要求和具体调查对象的特点，在进行实际调查前，对市场调查工作的各方面和全部过程进行全面的分析和安排，提出相应的调查实施方案，制定合理的调查程序，从而为科学的市场预测和决策奠定良好的基础。

每一次调查研究的目的和要求都会有所不同，每一次调查对象也会具有不同的特点，但不论有什么样的调查目的和要求，不论调查对象具有什么样的特点，任何一次具体的市场调查也都会涉及相互联系的各个方面和各个阶段。这里所说的调查工作的各个方面，是指进行市场调查时必须要考虑到市场调查所要涉及的各个方面的内容。如，对某产品市场生命周期的调查，就必须将该产品目前处于其市场生命周期的哪一阶段，在这个阶段里，它在销售方面、生产技术方面、市场方面、消费者反映方面等多方面内容列入市场调查问卷中，对各种相互区别又相互联系的各个方面进行全面整体的分析，以避免在调查内容上出现重复和遗漏。

这里所说的全部过程，是指市场调查工作所要经历的各个阶段和环节，也就是调查资料的收集、整理和分析等阶段。市场调查人员只有事先对调查的各个阶段进行统一的考虑和安排，才能确保调查工作稳定地、有序地进行，降低调查各个阶段的各种误差，从而提高调查质量。

二、市场营销调查方案设计的必要性

市场营销调查是一项复杂的、严肃的、技术性较强的工作。调查方案是否科学、是否可行，是决定整个调查工作成败的关键。具体说来，它的必要性主要体现在以下三个方面：

（一）它是统一所有有关人员认识的强有力工具

市场调查工作涉及委托调查的人员和被委托调查的人员。若是需要调查的机构决定由本机构自己进行调研，则它包括该机构的有关决策人员和直接参加调查的人员。若是需要进行调查的机构决定委托专职的调查机构进行，则除了该机构内部有关的决策人员外，还包括被委托的调查机构中的有关决策人员和直接参与调查的人员。不论是哪一种调查方式，所有有关人员都需要事先统一认识，以便统一行动。而在正式的市场调查工作进行之前所设计的调查方案正是统一所有人员认识的强有力工具。

（二）它具有使整个调查工作统筹兼顾、统一协调的作用

从整个调查过程来看，市场调查方案起着对调查工作的各个方面、各个环节和各类人员所进行的调查活动统筹兼顾、统一协调的作用。现代市场调查是一项复杂的系统工程，尤其是大规模的市场调查。在实际的市场调查过程中，各类人员之间可能会出现许多复杂的矛盾。例如，抽样调查中样本量的确定，按照抽样调查理论，可以根据允许误差和调查母体幅度的大小，应用公式计算出来，但这样计算出来的抽样数目是否可行，还受到调查经费和调查时间等条件的限制，样本数目是由直接参与调查人员所确定，而调查经费和调查时间一般是由调查机构的决策人员所决定的，这时在这两方面的人员之间就可能出现矛盾和问题。再如，在一项大型的市场调查中，它需要一个具有多功能的调查小组，既要有善于管理的组长，又要有擅长于进行具体调查工作的人员，还要有善于写作的人员，而这些人员都是在某一方面具有一定的特长，他们可能在调查工作中难以相互合作。但是，如果事先设计了调查方案，设置了调查工作流程，统一了认识，分清了各方的责、权、利，这类问题就都迎刃而解了。

（三）从发展趋势来看，市场调查方案的设计是适应现代市场调查发展的需要

现代市场调查已经由单纯的搜集资料的活动发展到把调查的各个方面、各个环节和各类有关人员进行有效的整合的系统工程。与此相适应，市场调查过程也被视为市场调查方案设计、资料搜集、资料整理和分析、调查报告撰写的一个完整的工作过程，而调查方案设计正是这个全过程的第一步。

三、市场调查方案设计的主要内容

市场调查方案设计涉及市场调查的各个方面和各个环节。一份完整的调查方案应该包括以下十六个方面的内容：

（一）确定调查的目

提出一项调查要求时，总是有一定目的的。有的是想了解出现某种现象的原因，以便采取相应的对策，有的是准备采取某种行动，但缺乏事实依据，不敢贸然行动，试图通过市场调查来判断行动的效果，也有的已经采取了某种行动，但不清楚效果如何，希望通过调查加以了解。作为调查人员必须了解委托者的真正调查意图，否则，将会是一种无效的调查。确定调查目的实际上是要弄清楚以下几个问题：①这次调查的原因是什么？②这次调查的主题是什么？③这次的调查结果有什么用？④这次调查的重点是什么？

（二）明确调查的要求

一般来说，调查的要求包括对调查精确度、调查时间和调查费用的要求。本来，这些要求是由委托方提出的，但有时委托方仅仅提出一个大概的要求，如精确度高、时间快、费用低。这时，调查人员就必须将这些要求具体化，如精确度达到百分之多少，调查时间是一个月还是更多、具体费用预算为多少人民币或美元，同时还必须征得委托方的同意。只有在这样明确、具体的要求下，才能确定具体有效的调查范围、调查内容、调查方式、调查方法和调查组织，也才能搜集到全面有效的市场信息。

（三）确定调查内容

总的来看，市场调查的内容很多，包括市场环境、市场基本状况和市场营销实务等多方面内容，而每一个方面又包含着众多的子项目。是不是每一次调查都需要对所有这些方面进行调查呢，显然，答案是否定的。那么在一次具体的市场调查中究竟应该调查哪些内容呢？又如何来决定某次调查的具体内容呢？

一般来说，某一次调查的具体内容的确定应该根据该次调查的目的、要求、条件以及需要进行调查机构所处的市场环境和所经营产品或项目的特点等来决定。

例如，某日用品公司是世界市场上同行业的巨头之一，为了进入一个人口众多，资源丰富，土地辽阔但比较贫穷的国家市场，准备进行一次大规模的市场调查，主要的调查目的是了解该市场消费者对日用品的需求特点为公司确定营销策略，提供全面准确的市场信息。这次调查要求的精确度为98%，但没有时间和经费的限制。在这样的条件下，该公司这次调查的主要内容应该是什么呢？①市场基本状况调查：特别是消费者的可支配收入、支出模式以及对日用品的需求特点和购买心理。这是由这次调查的目的所决定的。②市场营销实务中的分销渠道调查：主要调查经销日用品的中间商数量、规模和信誉等。这是由日用品这种生活必需品常常是经由中间商进行密集分销这个特点所决定的。③竞争者的促销和产品状况调查。④市场环境调查:人口环境包括人口数量、家庭构成;政治法律:对日用品销售的鼓励或限制政策法规;经济环境、社会文化环境等。最后两点是由这次调查的要求和条件所决定的,要求精确度为98%,这是很高的要求了,所以调查的内容必须全面,而没有时间和经费的限制使全面深入的调查成为可能。反之,如果该次调查的要求和条件相反,则调查的主要内容就只是前面两方面了。

(四)确定调查范围

调查范围是指调查的具体的地理区域范围,或特定群体单位。而调查范围的确定就是根据调查目的、要求、条件和特点等决定在某次具体调查中是调查全国范围,还是某一个或几个地区,是调查全世界,还是某一个或几个国家地区;又或者是某一个或几个大群体又或是某一个大群体中的某一个或几个小群体。

(五)确定调查方式

市场调查的方式(详见第三章)主要是市场普查和抽样调查,抽样调查又分为随机抽样(包括单纯随机抽样、分层随机抽样、整群随机抽样和等距离抽样)和非随机抽样(包括任意抽样、判断抽样和配额抽样)。每一种具体的调查方式都有其优缺点和适用范围,进行某一次具体调查时,我们必须根据该次调查的要求、条件、特点,结合每一种调查方式的优缺点和适用范围,进行取舍选择。

(六)确定样本量

确定了调查方式后,就需要确定所要调查的样本数量。如果调查方式是市场普查,则自然调查范围内的所有对象都是要调查的。如果调查方式是抽样调查,则需要考虑多种因素,确定适当的样本数量。(详见第三章)

(七)确定调查对象

调查对象指具体要调查的单位,它可能是一个一个的组织群体,如对中间商的调查,其调查对象就是各个批发商、零售商和代理商等,也可能是单个人或家庭。

调查对象主要是根据调查方式来确定,如确定的调查方式是市场普查,则所确定的调查范围内的每一个个体或组织都是调查对象。如果确定的调查方式是抽样调查,则其调查对象是根据不同的抽样方式在调查范围内所抽取的某些个体或组织。

(八)设计调查问卷

详见本章第一节。

(九)确定调查方法

市场调查的方法(详见第四章)包括间接资料调查法(文案法)和直接资料

调查法(实地调查法)。直接资料调查又包括访问法(面谈调查法、邮寄调查法、电话调查法、留置调查和网上调查法)、实验法(事前事后对比实验、控制组同实验组对比实验、有控制组的事前事后对比实验和新产品试销实验等)和观察法(直接观察法、亲身经历法、痕迹观察法和行为记录法)。每一种具体的调查方法也都有其优缺点和适用范围,在具体的市场调查中,我们要充分发挥各种调查方法的优势,在实践中必须熟悉各种调查方法的特点,综合考虑多方面的因素,在不同的调查方法中进行对比分析,选择合理、恰当的市场调查方法。

1. 影响调查方法选择的因素

一般来讲,影响市场调查方法选择的因素主要有以下几个方面:

(1)收集信息资料的能力。虽然每一种方法都能够达到收集信息资料的目的,但是不同的调查方法在收集信息资料的能力方面是不同的。比如,访问调查法中,面谈调查法就具有较强的收集信息资料的能力,其质量也比较高,而邮寄调查,其收集信息资料的能力相对比较弱。

(2)调研经费。调研经费是制约调查方法选择的另一个重要因素。受调查经费的限制,有时不得不选择一种简单的调查方法,从而影响了调查的质量和效果。就调研经费而言,观察调查法和访问调查法中的电话调查法、邮寄调查法和网上调查法所花费的费用相对比较少,而实验调查法和访问调查法中的面谈调查法留置调查法所支出的费用相对比较高。

(3)时效性。由于受到调研活动的时间限制,在调查方法的选择上的侧重也有所不同。如果时间较短,一般选用观察调查法、访问调查法中的电话调查法、面谈调查法等,如果时间允许可以考虑使用邮寄调查法、留置调查法和实验调查法。

(4)调查对象。根据调查对象的范围的不同,相应地选择不同的调查方法。如果调查总体的范围比较大,一般选择访问调查法中的电话调查法和邮寄调查法,反之,可以选择其他的调查方法。

另外,是否有一支经过培训的访问员和具有专业知识及管理经验的督导队伍,也是选择调查方法时考虑的一个因素。

2. 调查方法的选择

在市场调查中,没有一种调查方法是在所有情况下都是最好的。要综合考虑各种因素,结合实际情况,可以选择一种方法也可以选择多种方法。市场调查的方法还可以相互配合使用,彼此取长补短,我们也可以将这些方法综合成一种新的方法。例如,在一次市场调研中,访问员向被访者发放需要填写的调查问卷以及回信的信封,所选用的方法是访问调查法中的留置调查法,然后再采用电话调查法进行追踪,这两个方法结合使用,收到了良好的效果。得到了

97%的被访者的电话合作,同时,82%的调查问卷也被邮寄了回来。下面这个例子就是关于调查方法选择的事例。

百货公司顾客调研事例家庭当面采访(面谈调查法)

在百货公司顾客调研项目中,采用家庭当面采访的理由很多,例如,可以提出许多不同的问题、提出的问题很复杂而且必须收集大量的资料、收集的信息不敏感且不具有威胁性、用受过培训的学生来做访问员可以降低成本;另一个关键问题是进行当面询问不用将资料收集工作转包给专业服务机构。

电话采访通常不被选择,原因在于调查问题复杂或需要收集信息资料的数量较多。电话采访只能询问一些比较简单的问题。邮寄调查被排除的原因在于回收率太低,或需要收集的信息资料比较复杂。

奥斯卡梅尔公司新产品开发调研事例

奥斯卡梅尔公司为开发新产品,首先使用实际资料和初步调研形成下列几个调研问题:

谁是你的目标购买者?

这个目标购买者目前在使用什么产品?

购买者使用产品的最大问题是什么?

怎样解决这些问题?

考虑了这些问题以后,公司设计了新产品的模型并用核心群体来进行测试,这些群体反馈回来的意见使公司对产品作了调整并完善了设计思路。接下来,公司又进行了定性调研,将调查问卷邮寄给不同的家庭,使用邮寄调查的原因在于它能使公司花费较小的成本而获得所需的信息资料,同时可以减少产生被访者偏见的可能性。为了弥补回收率比较低的缺点,公司还采用了适当的物质刺激。从这些消费者那里收到信息以后,公司将这些资料和初期调研的标准资料进行比较并做出评价,然后再利用这些信息设计出结构、包装、规格和形状不同的产品。公司邀请了200名目标市场消费者来到营销调研场所,请求他们对这些产品发表自己的看法并分别做出评估。这样做的理由是可以采用实物刺激,同时可以让被访者观看、触摸甚至尝试产品。在这个阶段收集到的信息可以帮助公司在各种可能的产品构型中做出选择。

总之,采用何种调查方法,主要取决于调查者把具体方法运用于实际场合的技巧。要根据调查项目的要求和调查方法的特点,对各种调查方法进行综合评定和选择。文案调查法是获取第二手资料的方法,实验调查法是一种比较复杂、费用较高的调查方法,观察调查法只能了解被调查者的表面现象,要配合其他的调查方法来使用。访问调查法因其使用面广、相对容易被接受而成为广泛应用的调查方法。

(十)确定调查人员的构成

如果企业自己进行调查,需要组织一个调查小组。如果是委托外部调查组织进行,那么这个被委托的组织也需要为这一次特定的调查组织一个调查小组。

一个有效的调查小组必须包括进行市场调查所需要的各方面人才,见表5-3,且他们还必须具有与他人高度合作的精神。

表5-3 一个中型调研团队的市场调查人员构成表

承担任务	人数	年龄	特 长
组长	1	40	管理技能
策划	2	30-40	方案设计
访问员	6	22-30	交际、性格外向 语音美、容貌酷、认真、说话风趣幽默
资料分析整理 撰写调查报告	2	35-45	认真、细致、精于计算、电脑技能
	1	35	电脑技能、善于写作
督导	2	40-50	正直、敢于直言

在确定市场调查人员时应注意:

(1)要根据调查的目的和范围,确定参加人员的多少。

(2)要以专业调查人员为基础,根据需要,组成专业人员与非专业人员相结合的调查队伍。

(3)调查人员的基本素质要达到:①熟悉业务,善于发现和分析问题。②要有实事求是作风,沉着稳重。③思维敏捷、口齿清楚,善于表达。

(4)调查小组中应该既有富于管理经验、管理技能的人员作组长,又要有善于策划的人员进行市场调查方案的设计,还要有丰富的公关经验、较高交际能力的人员进行实地调查,以及写作水平较高的人员撰写调查报告,还要有严肃认真、敢于直言的督导。

在设计调查方案时应该将某次调查所选择的小组成员以表格的形式列举

出来。在表格中将每一个成员的姓名、年龄、性别、所承担的调查工作具体任务、基本素质、特长等详细地列举出来。

（十一）确定调查工作的监督方式

为了保证调查的质量，必须对调查工作进行必要的监督。要使监督真正有效，就需要在设计调查方案时确定具体的监督方式，然后上传下达给每一个参与调查的人员，使他们每一个人都心中有数。

对调查工作的监督主要由督导进行。一般地，如果是直接调查，则可应用现场督导、电话督导和网上督导的方式；如果是间接调查，则一般只是应用现场督导。

（十二）确定资料的整理和分析的方法

采用实地调查方法搜集的资料大多是零散的、不系统的，只能反映事物的表象，无法深入研究事物的本质和规律性，这就需要对大量原始资料进行加工汇总，使之系统化、条理化。目前这种资料处理工作已由计算机进行，这在方案设计中也应给以考虑，包括采用何种操作程序以保证必要的运算速度、计算精确度以及一些特殊目的等。

随着经济理论的发展和计算机的运用，越来越多的现代统计分析手段可供我们在分析时选择，如回归分析、相关分析、聚类分析等。每种分析技术都有其自身的特点和适用性，因此，应该根据调查的要求，选择最佳的分析方法并在调查方案中加以规定。

（十三）确定调查时间和调查资料所属的时期

规定调查时间是指规定调查工作从开始到结束的时间段。

对于调查资料所属的时期，如果所要调查的是时期现象，就需要明确规定资料所反映的是调查对象从何时起到何时止的资料。如果所要调查的是时点现象，就要明确规定统一的标准调查时点。

（十四）调查费用预算安排

任何一项市场调查前，都必须对其总的费用进行预算安排，将其分解到调查的各项工作、各个环节中。调查费用安排的原则是，在保证实现调查目标的前提下，力求调查费用支出最少，或在调查费用有限的情况下，力求取得最好的调查效果。

般来说，调查活动中发生的费用包括调查人员的工资、奖金，培训费，交通费，调查费，交际费，资料费，数据资料统计处理费，调查报告制作费，通信费，给被调查者的礼品等。为了详细估计全部费用，使参与调查的各类人员心中有数，估算时最好用表格形式把所有可能的费用列举出来。如表 5 -4 所示。

表 5-4 调查费用预算表

调查题目		调查地点		样本数量	
项目	数量	单价	金额(元)	备注	
调查人员工资					
培训费					
调查费					
交际费					
资料费					
数据处理费					
调查报告制作费					
……					
总计					

(十五)拟订调查活动进度表

调查活动进度表既是调查活动进行的时间依据,也是提高工作效率、控制调研成本的手段。通常,调研活动进度表要将调研过程分为几个阶段,并说明各阶段要完成的任务和所需要的时间。在实际调查中,由于调查的目的不同,调查的内容多少的不同,时间安排也就有长短之分。需要指出的是,调研活动进度表也不是一成不变的,它可根据调查过程中出现的某些问题进行调整。

例如,某次市场调查总计划一个月,可拟订调查活动进度表如表 5-5 所示。

表 5-5 调查活动进度表

项目		计划时间(天)
准备阶段	人员挑选与培训	2
	设计调查方案	2
	抽取样本	1
实施阶段		20
分析与处理资料阶段		3
撰写与提交调查报告		2

上例只是一个简单的调查活动进度表例子,在市场调查的实践中,其调查活动进度表要复杂得多。主要反映在市场调查的实施阶段,它可以根据调查内

容的分类,将调查实施阶段的总时间分配给每类调查内容;也可以按照调查对象的分类,将调查实施阶段的总时间分配给每类调查对象;还可以根据调查的不同区域,将调查实施阶段的总时间分配给每个调查地区;等等。

(十六)确定提交调查报告的方式

主要包括调查报告书的形式、份数、基本内容和报告书中图表量的大小。

四、调查方案的可行性分析与评价

调查方案常常不是唯一的,需要从多个方案中选取最佳方案。同时,调查方案的设计也不是一次就能完成的,需要通过必要的可行性分析与评价,再对方案进行试行和修改,这是使调查方案具有科学性、实效性的必经步骤。

(一)调查方案可行性分析的方法

1. 逻辑分析法

逻辑分析法是指分析所设计的调查方案的内容是否符合逻辑和情理。比如,要求总的调查期限是一个月,而调查方案所确定的调查时间进度表中规定调查报告的撰写时间为 10 天。我们知道,调查工作主要由准备阶段、实施阶段和资料的分析处理阶段。按照一般的逻辑和情理,在三个调查环节中,实施阶段所占用的时间应该占最大比例,而调查报告的撰写只是资料的分析与处理的一部分,它只占用 1/3 的时间显然不合情理。

2. 经验判断法

经验判断是指组织一些具有丰富调查经验的人士,应用他们的知识、经验和判断能力对调查方案进行初步的判断和研究,以说明方案的可行性。这种方法简便易行,费用低,时间短,但它具有较大的局限性,因为人们的知识、经验和判断能力是有限的,而且人们对事物的认识也是有偏差的。

3. 实验检验法

实验是调查方案可行性分析的重要步骤。对于大型调查更是必要的步骤,它可以真正检验出调查方案是否切合实际,哪些部分具有较大的可行性,哪些部分可行性较小,必须进行修改。

进行实验检验法需要注意:建立一支具有实干精神的实验团队;选择一个规模较小的具有典型代表意义的实验区域;必须认真分析实验的结果,找到方案成败的真正原因,充实和完善原调查方案。

显然,与前面两种分析方法相比,这种分析方法更科学,更有效,但它也更费时间和金钱。在实践中,往往是对于中小型调查,仅仅应用前两种方法进行分析,而对于大型调查则将三种方法结合起来应用。

（二）调查方案的评价

对于一个调查方案的优劣，可以从以下几方面进行评价：①方案设计是否体现了调查目的和要求；②方案是否科学、合理、完整和适用；③方案设计能否提高调查质量；④调查实效检验，即通过实践检验评价调查方案。

第三节 市场营销调查组织

市场调查组织是指接受本部门或外部门，本企业或外企业委托，专门从事市场调查与分析的机构。

一、市场营销调查组织的主要类型

市场调查组织可以是企业或某机构的一个职能部门，也可以是一个专门提供市场营销调研服务的独立组织。其主要类型有：

（一）企业内部市场调查组织

市场调查是市场营销的主要职能之一，受到了各种机构的重视，尤其是以利润最大化为主要目的的各类企业。

由于各企业对市场调查重视程度不同和调查任务多少的不同，各企业内设置调查组织的方式也不同。从目前来看，主要有以下几种：

1. 企业设立市场调查部门

企业内部设立专门的市场调查部门，专职负责企业内或接受外部的委托，专门从事市场营销调查的设计、组织、计划、协调、管理等工作。目前国外许多大中型企业，大都设立了专门的调查组织。在我国，也有许多大企业逐渐设立了市场调查部门。

图 5－2 展示了一家大型企业营销调研部门的组织情况。

需要指出的是，即使是设立了专门的市场调查部门，也不一定必须将本企业所有的市场调研工作都交由这个部门来承担，它同样可以委托企业外部的市场调查专业公司进行，如何取舍取决于哪一种方式更符合经济性原则。

2. 企业没有设立市场调查部门

企业内部没有设立专门的市场调查部门，但有一些相关部门的专人承担企业的市场调研职能。一般由市场部、广告部、销售部等设立专人负责与本部门业务相关的调查任务。

3. 企业没有市场调查组织和人员

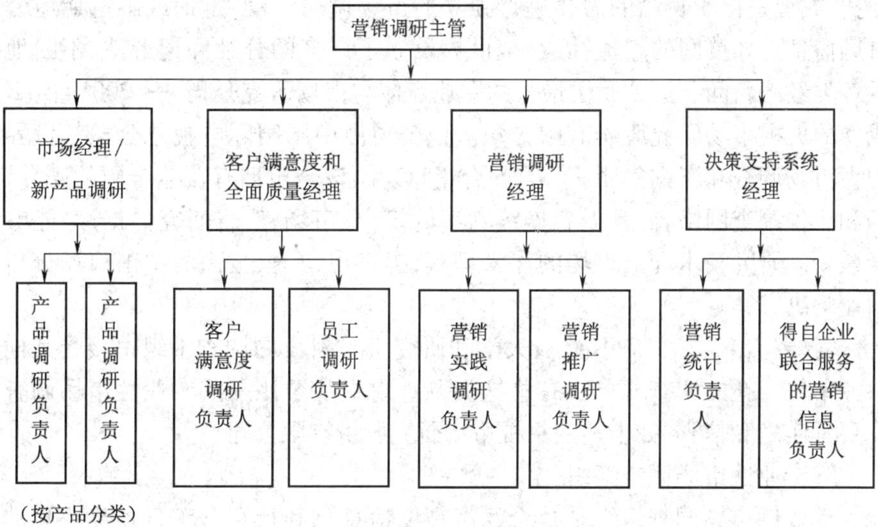

图 5－2　营销调研组织图

企业内部既没有专门的市场调查组织，也没有专人负责市场调研工作，而是当需要进行市场调查时，组成一支临时的调研队伍，调查工作一旦结束就立即解散。其成员可能完全来自于企业内有关部门，也可能由企业内一名经验丰富的人员从社会上招聘而来。这往往是一些中小型企业采用的一种市场调查组织形式。由于较小，没有设立专门的机构或人员，而委托外部专业公司又成本太高，不得已而采用了这样一种花费少，而调查效果也可能不高的组织形式。

（二）企业外部市场调查组织

企业外部的市场调查组织，根据其隶属关系和独立程度不同，又分为以下三种：

1. 各级政府部门的调查组织

在美国，各级政府部门的调查组织通常是由美国联邦政府主持，负责一些旨在发展政府经济工作的调查研究，具体调查由政府各部门所属的调查机构实施。我国最大的政府部门市场调查组织是国家统计部门。为了适应市场经济的发展，国家统计部门相继建立了城市社会经济调查队、农村社会经济调查队、企业调查队和人口调查队等。除统计部门外，各级财政、银行、工商等职能部门和行业管理机构也设有各种形式的市场调查组织。这些组织在完成国家的调查任务后，也接受一些企业委托调查业务。

2. 新闻单位、大学和研究机关附设的调查组织

新闻单位、大学和政府机关附设的调查组织或者是接受政府部门或企业的

委托,或者是由于自己的需要进行独立的市场调研活动,定期或不定期地公布市场信息。如英国的路透社,在全世界设立了许多的分社和记者站,不断地提供各类经济新闻。又如我国最大的专业媒体与市场研究公司——2001 年 12 月成立的央视市场研究股份有限公司。该公司由中国国际电视总公司与世界第四大市场调查和咨询集团——TNS 合资组建。该公司拥有覆盖全国的媒介、市场和广告调查网络,而且拥有连续六年的媒介、市场、广告研究数据库,能够结合最新的研究技术和对市场的深入理解,提供出快速、全面的中国市场分析或商业解决方案。

需要指出的是,新闻单位、大学和研究机关附设的调查组织也接受其他企事业单位委托的调查业务。有些这类调查组织甚至比一些专业性市场调查组织更具实力和信誉,如上述的央视市场研究股份有限公司。

3. 专业性市场调查组织

专业性市场调查组织是社会经济高度信息化和社会分工日益专业化的产物。目前世界上这类组织很多。根据行业专家的估计,欧洲的市场调查组织最少拥有 2 500 多家专业性调查机构。美国有 1 000 多家。中国内地约有 500－600 家专业性的调查机构,但业内公认比较有规模的专业性调查机构不会超过 50 家,大都集中在北京、上海和广州三城市。

就目前在中国市场运作的调查公司来说,如果细分的话,大型的企业主要是国际性企业,如 AC 尼尔森(外资)、泛亚 AMI(外资)、华南国际(民企)等四五家,年营业额突破 1 亿元人民币,雇佣人数一般在 200－500 人,这类型企业的业务范围比较集中在某一个领域;第二类企业业务比较广泛,年营业额在 1 000 万元人民币左右,主要有东方、现代国际、致联、达通、零点、大正等,人数在 50－100 人之间;第三类企业主要是小型的十几个人的公司,年营业额在两三百万元。

专业性市场调查公司,一般拥有经验丰富,技能高超的市场研究专业人才,具备先进的设备,能够以较快的速度进行有效的市场调查,任何组织或个人都可以委托它们进行各类市场调查活动。但是,它们的收费往往也较高。

(三)市场信息网络

市场信息网络是一种新的市场调查形式,也可算是一种特殊的市场调查组织。市场信息网络可分为宏观和微观两种。宏观信息网络是为整个市场服务的信息系统。如,纺织系统信息网,就是一个专门进行纺织系统信息交流的网络。微观市场信息网络是以企业为典型代表的企业市场信息系统,不断地为企业提供各种市场信息。

市场信息网络在国外发展非常快速。比如美国,它的各种信息网络覆盖了全世界,能在几分钟内了解世界各地的市场信息。随着世界各国信息高速公路的建设,市场信息网络会越来越普及和适用。

我国自 20 世纪 80 年代起逐步建立各种市场信息网络,主要有以下几种形式:

1. 行业性市场信息网络

行业性市场信息网络是以行业为主体,广泛建立信息点组织调查、收集信息,进行综合分析。如中国人民银行、国家计委信息网。

2. 产品市场信息网

产品市场信息网是以产品为龙头,广泛组织有关单位参加,互相交换信息的信息网络。如全国汽车信息网,电子产品信息网。

3. 联合性市场信息网络

联合性市场信息网络不受行业和产品的限制,按照市场活动自动联合、交流信息。如中国商业信息网。

4. 临时性市场信息网络

临时性市场信息网络主要是通过会议或展览的形式,组织有关人员参加会议,沟通信息所建立形成的市场信息网络。

市场信息网络构成一个整体,具有经常性、广泛性、灵活性和开放性等优点,但同时它由具有深度低、针对性差的缺点,所以需要与其他形式互相配合、补充、协调发展。

二、企业如何选择外部的市场调查组织

如果企业内没有市场调查组织,或企业的市场调查部门无能力或不方便承担某项市场调研活动,企业就需要借助外部的市场调查组织。

(一)明确需要解决的问题,锁定市场调查目标

企业要想解决营销中遇到的问题,就必须有明确的方向和目标,一般来说,需要明确以下几点:

第一,希望外部调查组织提供何种调研活动。企业外部的调查组织能够提供的活动多种多样,包括衡量市场需求潜量、确定目标市场特征、市场占有率分析、竞争对手研究、产品市场生命周期分析与预测、产品价格、流通渠道、促销调查、企业的长期或短期预测等。

第二,希望提供综合性服务还是某种专门或特定性服务。

第三,希望长期合作还是短期合作。

第四，在调查时间上有什么要求，提交调查报告的最后期限。

第五，对调查信息精确度的要求和衡量精确度的方法或标准。

第六，调查预算费用是多少。

第七，调查资料是归企业独有，还是与委托的调查组织共享。

第八，目前有哪些调查组织，如何与他们联系，他们的信誉、能力、经验、软件与硬件设施等如何，他们的收费是否合理等。

（二）企业选择外部市场调查组织时应该遵循以下几个原则

1. 专业对口、特长对路

市场调研组织的专业特长各有不同，天下没有包医百病的医生，也没有无所不能的市场调研组织，一般可分为很多专业类型，各调研组织对行业的认知深度也各不相同，这些都是企业在选择市场调研组织时必须做出正确判断的，目前很多市场调研组织内部都有明确的分工，比如，内部设立了按照行业的专业研究事业部，或者有些市场调研组织只从事某一些行业的市场研究，这样的市场调研组织在解决的问题的有效性和针对性方面都比较强。因此，关系到企业重大营销决策的长远的或综合性调研问题，就需要选择实力强大的或著名的在各方面都较强的市场调查组织。而对于专业性较强的市场调研问题，就应该根据各调查组织的特长，选择最擅长于该调研问题的调查组织。

2. 距离就近原则

要求在国外或国内其他地区调查的问题，就最好选择与该国家或地区距离最近的调查组织。这样一方面便于调查工作的开展，另一方面也可节省费用。

3. 选择能够为自己提供最满意服务的调查组织

同一调查项目，不同的组织所需要的投入是不同的。一般地，知名度越高、实力越雄厚的市场调查组织，收费的报酬越高，但不一定对某一特定的市场调查任务能够提供的服务就越好。因为实力越雄厚、知名度越高的调查组织越倾向于接受大的市场调查项目，这些项目的报酬更高、挑战性更强。如果企业提供的调查投入有限，就难以引起这类组织的重视，所配备的调查力量也会受到限制。反之，如果企业将这类项目委托给实力较小的组织，这个项目对所选的组织来说可能是一个很大的项目，必然会引起他们的高度重视，这些组织就会配备精兵强将来为企业服务，所进完成的调查项目可能比实力强大的组织更好。

可见，企业应该根据自己的调查费用预算，选择能够为自己提供最满意服务的调查组织。

4. 所选择的市场调查组织的信誉、能力与调查项目相匹配

市场调查组织的信誉和业务能力是保证企业调查活动获得准确市场信息的前提条件。调查组织的信誉是指该调查组织在同行业和客户中的声誉和知名度,对客户的责任和职业道德等。调查组织的能力是指调查组织内专业人员拥有的进行市场调研工作所需要的各种能力,他们是否具备创新观念、系统观念和营销观念。分析和评价市场调查组织的业务能力可以从该组织曾经承担过的市场调研项目完成情况和质量,所提交的调查方案和调查报告,该组织调查人员的专业水平和业务能力,该组织所拥有的硬件设施以及所使用的工具,比如能够使用什么样的模型和方法来简单明了的解决和阐释问题等方面进行考察与评价。

企业在选择调查组织时,应该选择信誉和能力都与企业要进行的市场调查项目相匹配的组织。需要特别指出的是,实力最强大的调查组织不一定是最适合负责企业调查任务的组织。

5. 将市场调查组织过去的经验作为参考

主要考察调查组织创建时间的长短、主要人员在市场调研方面的服务年限,已完成的市场调查项目的性质、范围和质量等。

6. 综合分析、全面衡量

上述几个原则要求的是企业在选择市场调查组织时要考虑的几个方面。而实际上,上述每一个方面都或多或少地影响着企业对市场调查组织的选择,所以企业在选择时,必须对上述几个方面进行综合分析,全面比较衡量,在有限的费用和时间约束条件下,选择到能够以最好的质量完成企业的市场调查任务的组织。

第四节 市场营销调查资料的科学处理

通过市场的直接与间接调查所获得的资料是凌乱的,不能直接用来撰写调查报告,必须对其进行科学的整理与分析,这就是市场营销调查资料的处理。

一、市场营销调查资料的整理

(一)市场调查资料整理的含义

市场调查资料整理就是运用科学的方法,对调查所得的各种原始资料或二手数据资料进行审查、检验和初步加工,即对资料进行审核和分类汇总,使之系

统化和条理化，从而以集中、简明和科学的方式反映调查对象总体状况的过程。

不论直接的调查，还是间接的调查所得的资料都是分散的、零星的和不系统的，是难以直接运用的，只能反映各个被调查者的单个状况，只反映出事物的表面现象，而不能说明被调查总体的全貌和各被调查者之间的内在联系。例如，我们对居民消费状况的调查，通过问卷或面谈调查可以获得每个调查样本的每月或每年消费支出数额、每项支出数额。但所有调查样本的总的支出数额和总的每项支出数额，以及每项支出占总支出的比例是多少就必须通过对资料的整理才能获得。

（二）市场调查资料的审核

通过市场调查获得所需资料后，首先要对资料进行审核。对调查的每一个项目都要进行审查，如果资料不齐全、有遗漏、有重复要及时补充和删改；对含糊不清的资料或记录不准确的地方，要及时要求调查人员进行辨认和更正；如果调查问卷的答案前后矛盾、不一致，或删除不用，或要求调查人员重新调查。

1. 调查资料审核的内容

调查资料审核的内容主要包括以下四个方面。

（1）全面性。主要是通过审核调查资料，检查所收集到的信息资料是否全面，要调查的内容是否都已经调查了，需要的信息是否都已经收集到了。如果是问卷调查则要审核两个方面：一是检查收回的调查问卷的份数是否齐全，是否达到了调查计划规定的样本量的要求。如果调查问卷份数不够，则必须告知调查组织查明原因，采取补救措施。二是检查调查问卷中的各个项目是否都填写齐全了，剔除无效问卷。那种无回答或即使有回答但可以明显看出是敷衍了事的回答达到30%以上的就是无效问卷，必须剔除出去。如果无效问卷太多影响样本的代表性，则必须告知调查组织补充样本再调查收集信息。对那种少数问题未回答，则应该视为有效问卷，未回答的问题待后续工作采取补救措施。对同一个问题有许多问卷未回答的，可能是被调查者不能或不愿回答的问题，则问卷还视为有效，而删除该问题即可。

（2）准确性。这是对经过全面性审核后留下的有效问卷，进行有无填答错误影响调查信息准确性的审核。首先要对那种回答错误较多的问卷进行废卷处理。然后再对留下的有效问卷检查回答错误的不同情况，可根据不同情况做不同的处理。如果是逻辑性错误，即某些答案明显地不符合事实或前后不一致或答非所问，对这种情形应该尽量进行再核实，如确实无法核实的则废弃这个问题。如果是被调查者缺乏兴趣而回答的错误，则需要仔细分析看是否是问卷设计的问题，对这类问卷在资料分析时给予适当的注意。

(3)时效性。主要检查调查资料是否是按时收集起来的,收集的调查资料是否是最新的资料,从而避免将失效的、过时的信息引入决策中。

(4)真实性。这方面的审核主要针对实地访问调查,主要检查调查问卷是否都是真实的,有无调查人员伪造的调查问卷。一般采用抽样复查的策略,从收回的全部调查问卷中随机抽取一部分,然后与调查对象联系,核实调查人员是否真正进行了问卷调查。如果发现有伪造,则必须将伪造的调查问卷废弃。

2. 调查资料审核的方法

调查人员对调查资料的审核需要运用一定的方法,一般来说主要有以下三种方法。

(1)经验法。经验法就是调查资料审核人员运用自己以往对调查资料的审核经验对所收集的资料进行审核。比如,调查资料审核人员根据自己的经验知道男性学生类的被调查者的耐心较差,也不够细心,就重点检查这类被调查者所填写的问卷有无漏答或填写错误,尤其是检查其问卷的后半部分是否有大面积的无回答。很明显,这种审核方法是最简单、最容易运用的方法,但必须是具有丰富经验的调查资料审核人员才能运用,否则就容易出现偏差。

(2)逻辑法。逻辑审核法是根据调查项目指标之间的内在联系和实际情况对调查资料进行逻辑分析判断,检查是否有前后矛盾或不合情理的地方。如对某市粮油生产企业的生产成本的调查。众所周知,2007 年粮食产品的价格在大幅度上升,但调查资料显示企业的产量未变,而产品原料成本在降低,这与实际情况不符,显然存在偏差,需要纠正。又如,一份调查问卷中受教育程度填写为“小学”,而职业却填为“大学教师”,显然有一项是错误的。

(3)计算法。计算法是对数据资料的计算和各指标之间的数字关系进行检查,看各项数据在计算方法、计算口径、计量单位和时间属性等方面是否有误。如分项相加是否等于小计,小计相加是否等于合计,数据之间该平衡的是否平衡等。

3. 调查资料审核时应该注意的问题

进行调查资料的审核应该注意以下三个问题。

(1)参加审核的人员。参加调查资料审核的人员最好是非参加资料收集的人员。因为调查资料中的有些错误是由于资料收集人员的失误所带来的。一个人找出别人的错误比找出自己的错误要容易得多。况且人类还有一个劣根性,就是自觉或不自觉地掩盖自己的错误,当然责任心强的人除外。

(2)开始审核的时间。调查资料的审核工作应该在调查工作结束后的第一个工作日就开始。由于调查工作刚刚结束,调查者和被调查者都还处于调查后状态,对调查主题、调查项目还有较深的印象,这样如果发现错误,纠正和补救相对容易一些。此外，及时发现错误、及时纠正，对调查资料时效性的影响也较小。

(3)出现错误的原因。审核中一旦发现错误，必须进一步分析出现这种错误的原因。分清楚是调查方案设计的问题、是收集资料人员的工作失误，还是被调查者的问题。如果是方案设计问题，还需要进一步分析是调查内容确定的问题、调查时间确定的不当或是调查方法或抽样方法不当，还是样本选择的不当等。如果是收集资料人员的工作失误或被调查者的问题必须再追根索源。总之，只有找到出现错误的非常具体的根本原因，才能对症下药地采取补救措施。

(三)市场调查资料的分类

资料审核后，需要根据调查内容要求，对资料进行分类汇编，并以文字或数字符号编码归类，以便于将问卷中的数据资料转换并存储到计算机中，然后根据需要对数据资料进行分析。

1. 市场调查资料的分类标志

市场调查资料的分类就是要把调查资料按一定的标志进行分门别类，以便于统计汇总。

(1)根据市场调查研究的目的与要求标志进行分类。市场调查研究的目的不同，所收集的调查资料应该有不同的分类标志。比如，如果调查研究的目的是了解当代大学生的消费状况，对收集来的调查资料就应该按照大学生每月消费支出的数额进行分类，可分为月支出在300元以下的、300－500元的、500－800元的、800元以上的四类资料进行汇总和分析。而如果是对居民购买力的调查研究，则应该对收集来的调查资料按居民家庭的月收入进行分类。

(2)根据反映事物本质的标志进行分类。有些调查研究项目会有多个标志都符合调查目的要求，这时就需要选择。选择的原则是哪一个或哪几个更能够反映所调查研究事物的本质。比如，我们调查研究影响大学生消费支出的因素，大学生的家庭年收入、大学生自己的收入、大学生的性别和大学生所处的年级等都对其消费支出有影响，也就是说都符合调查研究的目的。但很显然每个因素的影响程度是不同的，即对事物本质的反映程度是不同的，我们又不可能运用所有的因素进行分类，所以需要选择影响程度较大的因素进行分类，在这里显然影响最大的因素是大学生的家庭收入，我们当然应该运用大学生的家庭收入来进行分类。

2. 市场调查资料分类应该注意的问题

(1)分类标志的多少。不论是能够反映研究事物的本质，还是符合调查研究目的的标志都不可能只有一个,因此,运用一个标志还是几个标志进行分类是我们必须作出决策的。运用一个标志进行分类固然简单容易,但不一定符合要求。所以我们必须根据调查研究的目的、条件和要求,以及调查资料本身的特征确定是运用一个还是几个标志进行分类。

(2)按数量标志分类时要注意每一类的数量间距。这里说的每一类的数量间距是指按数量标志分类后,各类中最大值与最小值之间的差。这种数量间距的大小与分出的类别数成反比。数量间距越大,分出的类别数越少。分类时究竟应该确定多大的数量间距需要根据调查研究事物的本质特征来决定。比如,对居民消费状况的调查,将调查资料按居民个人月收入分类,可分为:1 000 元以下、1 000 - 2 000 元、2 001 - 3 000 元、3 001 - 4 000 元、4 001 - 5 000 元、5 001 - 6 000 元、6 001 - 7 000 元、7 001 - 8 000 元、8 001 - 9 000 元、9 001 - 100 000元和 10 000 元以上。也可分为:3 000 元以下、3 001 - 6 000元、6 001 - 9 000元、9 001 - 12 000 元和 12 000 元以上。还可以有多种分法。我们知道,第一种数量间距小,分出的类别数多,第二种数量间距大,分出的类别数少。究竟哪一种分类更科学合理呢？我们需要看这种收入差距对居民个人的消费支出影响的大小。如果我们研究的被调查者的收入只要有一点差距,其消费支出就有较大的不同,那么就应该按较小的数量间距分类,反之则按较大的数量间距分类。

二、市场调查资料的分析

市场调查资料整理好以后,需要对其进行进一步的分析,才能够形成撰写市场调查报告所需要的数据资料。

(一)市场调查资料分析的含义

市场调查资料分析的本质是要把事物、现象和概念分成较为简单的组成部分,找出这些部分的本质属性和彼此之间的关系。市场调查资料的分析就是以某种有意义的形式或次序把收集的资料重新展现出来。分析实际上是告诉人们,每组资料里到底隐藏了哪些有用的信息,并以恰当的形式表现出来。这种工作一般要求市场调查人员必须具备一定的统计基础知识和技能。

市场调查资料分析是一项综合性很强、内涵丰富的工作。包含五点内容。

第一,要对本次调查的核心目的进行分析,确定此次调查分析的方向和最终目的,以及资料分析的重点等情况。

第二,要确定市场调查资料收集的具体方法是否适合调查的总体目标,是否具有针对性。

第三,要对收集资料的可靠性和代表性进行分析。

第四,选用适当的分析方法,对市场调查资料的数据进行分析,总结资料所反映的问题。

第五,得出综合的分析结论。

(二)市场调查资料分析的作用

市场调查资料分析的主要作用是揭示调查研究事物的本质,实现调查目标。市场调查的总的目的是针对某一特定的目标,获取相关的实质性信息以帮助决策者做出正确的决策。而这种能够帮助做出正确决策的信息不是调查所得的表面信息,而是通过对市场调查资料进行分析,找到调查研究事物的内在联系、变化趋势和影响程度等更深层次的信息。

例如,调查研究民营企业家对现代企业制度的认识。只有通过对调查资料的分析才能得出如下结论:相当一部分民营企业家对现代企业制度的认识是比较模糊的。表现在对有限责任公司和个体企业大部分只能分清形式上的区别,而对其本质的差异认识较模糊。并且由于社会传统文化的影响和社会对有限责任保护不力,很多企业家对于现代企业制度的有限责任并不认可,在传统意识中,很多人认为公司比企业规模大,企业一定比个体户大,都是认识上模糊的反映。这种模糊认识和社会对有限责任保护不力,强烈地制约着民营企业向现代公司治理转型。

(三)市场调查资料分析的原则

1. 针对性原则

针对性原则是指要采用与调查目的、调查资料性质和现有资源相适应的分析方法,对调查资料进行分析。任何一种分析方法,都有各自的优点和不足,各有不同的使用范围和分析问题的角度。某一种情况可能就需要某一种或几种特定的统计分析方法,所以分析人员就需要对各种分析方法的特点和作用有准确地把握,将多种与调查目的相匹配的方法组合应用,形成最准确、恰当的方法系统,取长补短,相互配合,从而得出全面和准确的结论。

2. 完整性原则

完整性原则是指对调查资料进行多角度的、全面的分析,以反映和把握调查资料的总体特征。它不是对资料进行局部的分析,而是全面考察各种相关因素的现状和趋势,分析现象之间的关系。

3. 客观性原则

客观性原则是指必须以客观事实和调查的资料为依据进行分析。不能受到外来因素或内部主观倾向的影响,否则,就会使前面各阶段的努力化为乌有,更重要的是会误导企业决策者做出背离实际的决策,而使企业陷入困境。

4. 动态性原则

动态性原则是指对调查资料的分析,不但要分析把握其现状,更要分析把握其变化趋势。要注意分析各相关因素的变化特点,用发展的观点、动态的方法来把握问题,从而正确地引导企业的发展。在具体的操作中,要主动掌握并合理运用科学的预测方法,得出符合市场变动趋势的分析结论。

(四)市场调查资料分析的方法

1. 定性分析法

(1)定性分析的特点。定性分析是市场调查资料的基础分析方法之一,它具有五个特点。

第一,定性分析注重整体发展的分析。定性分析的目的在于把握事物本质的规律性,因此,必须立足于对研究对象的整体分析,获得对研究对象的完整透视。

第二,定性分析的对象是描述性资料。定性分析以事物的描述性资料为研究对象。这些资料通常以书面文字或图片等形式表现,而不是精确的数据形式;这些资料是在各种自然场合,以定性研究的方法(如通过参与观察和深入访谈)得来的资料,带有很大程度的模糊性和不确定性;定性分析的资料来自小的样本以及特殊的个案,而不是随机选择的和大的样本。正由于此,决定了定性分析有自己独特的分析方法,且需要定量的资料来进行补充。

第三,定性分析的研究程序具有一定弹性。在分析程序上,定性分析也不同于定量分析。定量分析有一个标准化程序,使用数学方法获得定量的结果,用数学语言表示事物的状态、关系和过程,在此基础上加以推导、演算和分析,以形成对问题的解释和判断,具有逻辑上的严密性和可靠性。而定性分析是一个不太严格的研究程序,前一步搜集资料的数量与质量往往决定下一步应该怎么做,其原因是调查对象作为一个不断变化的主体所具有的动态性,使定性分析过程常出现变动,具有很大的灵活性和弹性。

第四,定性分析是对搜集资料进行归纳的逻辑分析。归纳分析有着不同于演绎分析的一般程序。演绎分析是先有一个假设,然后搜集能检验假设的资料或者事实,将事实与假设加以比较分析后得出结果。而归纳分析却是先列出事实材料,将这些资料与事实加以归类,然后从中得到一些启示,抽象概括出概念和原理。这是一种自下而上的分析路径。定性分析的客观性取决于所研究对象是否有丰富的合乎实际的材料,它不仅可以从各个不同的事物经验中找出共同性的联系,而且也可以从许多不同的观察事例中找出共同的特点,同时研究事物的特例，找出相异之处及其原因。

第五，定性分析中的主观因素影响及对背景的敏感性。定性分析是一种价值研究，一方面很容易受到研究者和被研究者的主观因素影响，如研究者的能动性、独立性和创造性，若干差异的存在，以及较强的主观体验色彩，从而影响分析的客观性。另一方面，市场调查对象的表现状况又总是与特定的情境相关联，离开这一特定情境，一定的市场现象就不会发生，这就是背景的敏感性。因此，定性分析很注重对背景的分析。

(2)定性分析的主要方法。定性分析有归纳推理和演绎推理两种方法。

第一，归纳推理方法。归纳推理法是把一系列分离的事实或观察到的现象放在一起研究从而得出结论。归纳推理方法首先产生一系列个别的前提，然后把这些前提与其他前提组合在一起，得出结论。这些个别的前提可以从观察、实验、调查中获得。例如，某市在卷烟消费品牌调查中表明，在500个被调查者中，有200人购买A牌卷烟。根据这200个个别的发现，可以得出约有40%的消费者购买A牌卷烟的结论。在归纳推理法中，任何结论都是从观察、实验或调查的事实中得出的。市场调查中通过对大量个体的调查和研究得出一般性结论的方法，就是归纳推理方法。

第二，演绎推理方法。演绎推理方法是从一般的前提推出个别结论的方法。其结论取决于大前提和小前提。例如，烟草含有害物质（大前提），烤烟是烟草（小前提），烤烟含有害物质（结论）。演绎推理过程包括一系列的语句，其中最后一句是结论，它是从前提逻辑地推理出来的。前提的正确性决定结论的正确性。又如，某市40%的消费者购买A牌卷烟（大前提）。预计明年该市卷烟消费量为100万大箱（事实预测，小前提），明年该市A牌卷烟销售量可能是40万大箱（结论）。在上述两个例子中，结论是从大前提和小前提逻辑推理出来的。但实际结果常与上面的结论有一些差别，有时甚至差别很大。例如，虽然存款利率下降，但人们对未来预期不乐观，在医疗、保险、教育和住房等方面需要很大的支出，因此，银行的存款可能不会下降，反而会上升。又如，由于A牌卷烟竞争对手实力的增强、卷烟质量的提高、产品价格的下降，结果使得在100万大箱的卷烟消费量中，A牌卷烟消费量只有30大箱。因此，尽管演绎推理法可用在资料分析中，但必须明白其使用的前提常是较脆弱的，不能作为制定经营决策的唯一参考依据。

归纳推理方法和演绎推理方法常是相互作用、相互补充的。演绎推理法中的前提常是从归纳推理中得出的。比如，通过归纳推理得出的结论“第一季度是卷烟消费旺季”可以作为演绎推理的前提，因为这个归纳结论是通过观察数年来每年各季度卷烟销售量而得出的。

第三，对比法。对比法是将不同的事物和现象进行对比，找出其异同点，从而分清事物和现象的特征及其相互联系的方法。在市场调查中，就是把两个或两类问题的调查资料相对比，确定它们之间的相同点和不同点，或是对反映同一事物的调查资料进行历史比较，以揭示其发展变化趋势和特点。在运用对比法时要注意以下几点：①对比可以在同类对象间进行，也可以在异类对象间进行；②要分析可比性；③对比应该是多层次的。

例如，我们通过对比A和B卷烟厂在K市历年卷烟市场占有率及平均价格走势（见图5－3、图5－4）可以得出以下结论：

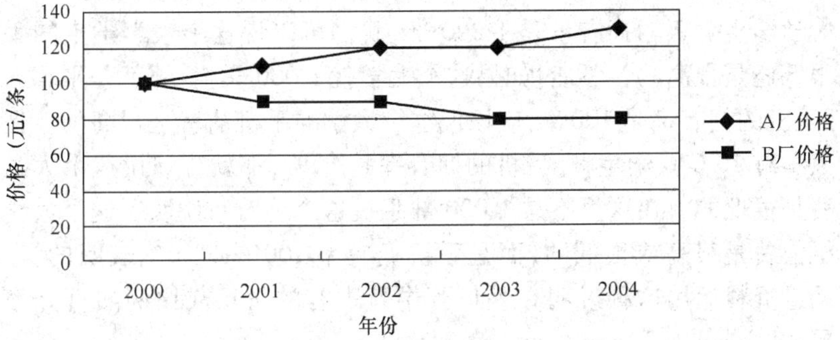

图5－3

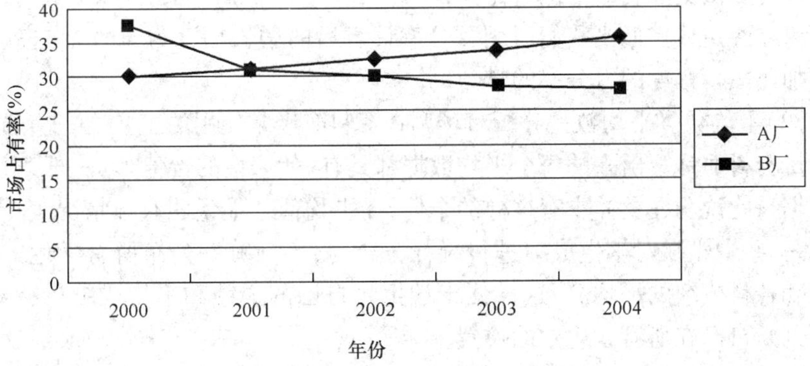

图5－4

第一，B厂卷烟在K市价格逐年下滑，而A厂卷烟则逐年上升，说明B厂卷烟已进入成熟期，A厂卷烟则处于成长期。

第二，B厂卷烟在K市的市场占有率逐年下降，至2004年已不到30％，而A厂卷烟的市场占有率逐年上升，至2004年已达约35％。A厂卷烟的实力地位已超过 B 厂卷烟。A 厂卷烟已取代 B 厂卷烟,在 K 市卷烟市场占主导地位。

2. 定量分析法

定量分析法主要指以下三种方法。

(1)使用百分率。定量分析的资料,很多时候只有在与其他的资料进行比较时才会显出它的重要意义。常用的形式是使用“百分率”进行的。百分率的用途主要有两个:

第一,说明在整体当中所占有的份额或比例。说明在整体当中所占有的份额或比例是一种相对数,有时绝对数能够说明问题,但有时基本上不能说明什么,而只有这种相对数才能说明所调查事物的本质特征。比如,我们调查某大学学生手机的拥有量是 1 000 部,我们可以说这个大学学生的手机消费是很低还是很高吗?不能,如果这个大学就 1 000 学生,那就是平均人手一部,即手机的拥有率是 100%,应该说这个大学的手机消费是很高的。但如果这个大学有 10 000 学生,即手机的拥有率是 10%,那就应该说这个大学的手机消费是很低的。在这里不是 1 000 部手机这个绝对数说明了这个大学学生的手机消费是很高或很低的,而是手机拥有率 100% 或 10% 表明的。可见,分析调查资料运用这种说明在整体当中所占有的份额或比例的百分率是很有必要的。

第二,说明增加或减少的幅度。运用百分率说明增加或减少的幅度有时能给决策者提供更准确的信息。比如,调查玉米的价格今年与去年相比涨了 0.20 元/斤,才两角钱。但当我们运用百分率计算后的增长幅度为 20%。这就是说明增加或减少幅度的百分率的魅力。

(2)平均数。平均数是分析市场调查资料时经常使用的工具之一。通过总结大量资料而计算出来的每个平均数据都具有“代表性的价值”。一般来说,个体数据只能说明在整体中有这样的个体,而平均值才能说明整体情况。正因为如此,一些中学在对学生成绩进行统计分析时,要计算并公布所有学生的总平均分和各科成绩的平均分,这样便于学生将自己的成绩和平均成绩进行对比,从而判断自己在所有学生中的位置。

(3)表格法和图示法。表格法是将调查问卷中答案的统计结果以表格的形式表现出来。图示法是将调查问卷中答案的统计结果以各种图形的形式表现出来。见图 5 – 5。表格法和图示法可以更直观形象地表明每一种情况。

3. 定量分析与定性分析相结合

市场调查资料的分析需要将上述两种方法结合运用,才能起到应有的作用。

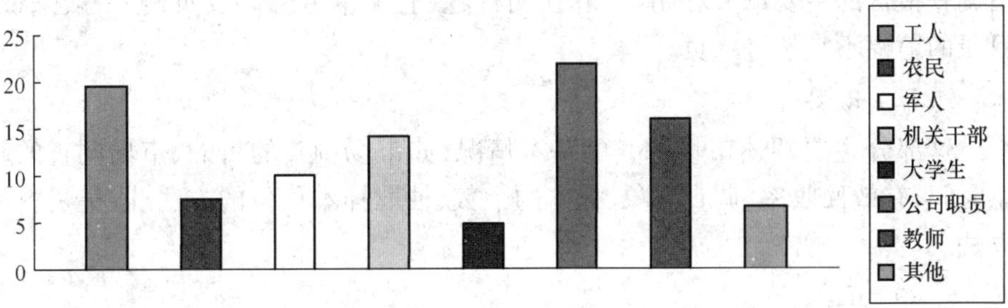

图 5－5

第五节 市场调查报告的撰写

市场调查从制订调查方案、收集资料、资料的统计分析，到撰写调查报告，是一个完整的活动过程。

一、调查报告的结构

调查报告一般是由：题目、目录、概要、正文、结论和建议、附件等几部分组成。

（一）题目

题目必须准确揭示调查报告的主题。调查报告还可以采用正、副标题形式，一般正标题表达调查的主题，副标题则具体表明调查的单位和问题。标题的形式有三种：

1. 直叙式标题

直叙式标题是反映调查意向的标题。例如："关于电视机市场的调查报告"，这种标题简明、客观，一般市场调查报告的标题多采用这种标题形式。

2. 表明观点式标题

表明观点式标题是直接阐明作者的观点、看法或对事物的判断、评价的标题。比如："电视机销价竞争不可取"。

3. 提问式标题

提问式标题是以设问、反问等形式，突出问题的焦点，以吸引读者阅读，并促使读者思考。比如："××牌电视机为何如此畅销？"

（二）目录

如果调查报告的内容比较多，为了便于阅读，应当使用目录和索引形式列出调查报告的主要章节和附录，并注明标题、有关章节号码及页码，一般来说，目录的篇幅不宜超过一页。

（三）概要

这部分主要阐述市场调查的基本情况，如市场调查的目的、市场调查的起止时间、有效回收率、调查对象、样本的个数、抽取样本单位的方法、收集资料的方法。

（四）正文

正文是市场调查报告最重要的部分。主要内容有统计结果的分析、发现的问题和解决问题可供选择的建议。正文部分是根据对调查资料的统计分析结果所进行的全面地、准确地论证，包括问题的提出到引出的结论。下面这个案例是一篇儿童食品消费调查分析报告正文中的一部分：关于儿童食品消费对象年龄结构的分析。

关于此问题的调查结果（见表5-6）。

表5-6　儿童食品消费对象年龄结构分析表

年龄段	%	年龄段	%
8-12月	2.5	7-8岁	23.5
1-2岁	2.5	9-12岁	25.2
3-4岁	5.5	12岁以上	3.1
5-6岁	35	未发表意见	2.7

这一组数字趋势表明：儿童食品的主要消费对象是5-12岁年龄段的儿童。为这个年龄段的儿童购买儿童食品的人数占被调查人数的84%。这一数据表明5-12岁的儿童将是儿童食品厂家的主要目标市场。这种状况的出现，我们认为是有以下一些具体原因造成的：一是一般孩子在比较幼小的年龄（5岁之前），从其生长发育的特点看，饮食量较小，而且不同程度的存在的偏食、厌食的情况，孩子的肠胃及身体素质较弱。因此，一般这一年龄段幼儿家长都非常精心合理地调配幼儿的饮食结构，以保证幼儿身体发育所需要的各种营养价值的配比，一般对幼儿食用零食持限制态度。再有，幼小的儿童与年龄大些的儿童相比，顺从性较强，自我意识相对较弱，因此，对家长的安排表现出更多的是顺从性。由此决定了这一年龄段的幼儿对儿童食品（特别是零食类）的消费是有限的，就整体儿童食品市场而言，其消费不是最大的细分市场。

表中的数据表明：5-12岁的儿童是儿童食品的主要消费对象，即最大的细分市场。这一年龄段儿童对儿童食品需求迅速增长的状况，主要是由以下原因造成的：一般而言，儿童在5－6岁以后，随着身体发育及活动量的增加，饮食量大大增加，身体逐渐健壮起来，饮食结构也逐渐趋于成人。消费者访问调查还表明，年龄稍大的孩子，食用一定数量的儿童食品，一般不会影响其正常饮食。加之这一年龄段的孩子，特别是较大一些上小学的孩子，随着年龄的增加，其自主意识日益明显，在许多情况下有自己明确的意识和要求，对家长也不再趋于完全顺从，加之各种广告媒体的影响，构成了这一年龄段的儿童对儿童食品持非常积极的态度。他们中大多数人对于每一种新型的儿童食品都保持浓厚的兴趣，并以得到更多新型的儿童食品为快事。

（五）结论和建议

结论和建议是撰写调查报告的主要目的。结论和建议与正文部分的论述要紧密对应，既不可以提出没有证据的结论，也不要没有结论性意见的论证。如上例：

上述各种原因决定了5－12岁的儿童是儿童食品市场最大的细分市场，也是最有发展潜力的市场。当然在这个年龄段跨度内，根据儿童的年龄，以及与不同的年龄段相适应的儿童的心理、价值观、家庭经济收入等不同因素，对儿童食品的选择也有差异性。上述分析对于儿童食品厂家选择目标市场、产品设计、广告制作及媒体选择均有一定的参考价值。

（六）附件

附件是指调查报告正文包含不了或没有提及，但与正文有关必须附加说明的部分。它是对正文的补充或更详尽的说明。他包括数据汇总表、原始资料、背景材料和必要的技术报告等。

二、撰写市场调查报告应注意的问题

撰写市场营销调查报告应注意以下问题：①论证部分必须与调查报告的主题相符；②调查报告要突出重点，切忌面面俱到、事无巨细地进行分析，适当选用多种不同类型的图表，具体说明和突出调查报告中的重要部分和中心内容；③语言要求自然流畅、逻辑严谨、用词恰当，避免使用专业技术性较强的词语；④要根据调查目的和调查的内容来确定调查报告的长短，调查报告的篇幅应该是宜长则长，宜短则短；⑤应将全篇调查报告打印成正式文稿，以方便阅读。

本章小结

企业在进行实际的市场调查之前,必须对市场调查工作进行策划,设计市场调查方案。市场调查方案的设计是本章的重点,我们需要着重掌握调查方案设计的主要内容,主要有:确定调查目的、确定调查要求、确定调查内容、确定调查范围、确定调查方式、确定调查样本数量、确定调查对象、设计调查问卷、确定调查方法、确定调查人员的构成、确定调查工作的监督方式、确定调查资料的整理和分析方法、确定调查时间和调查资料所属的时期、调查费用预算、拟订调查活动进度表和确定调查报告的提交方式等方面。其中调查问卷的设计是重点之一,调查问卷设计的完善与否直接影响到调查活动是否能够顺利、准确、圆满地完成。一份完整的调查问卷是由前言、被调查者项目、调查项目、结束语、填表说明和编号组成的。其中被调查者项目和调查项目构成了调查问卷的核心部分,是必不可少的内容。这部分的关键是确定需要调查的问题和每一个具体问题要采用的恰当的命题方式。市场调查方案的设计使企业的调查工作能够协调统一,确保调查信息的准确性。

任何一项调查工作都必须有一个具体的调查组织来承担,市场调查组织选择的成功与否决定着市场调查工作的成功,所以企业需要遵循专业对口特长对路、距离就近、选择能够为自己提供最满意服务的调查组织、所选择的市场调查组织的信誉、能力与调查项目相匹配、将市场调查组织过去的经验作为参考、综合分析、全面衡量等原则,选择恰当的市场调查组织,以保证市场调查取得满意的效果。

在这一章我们最后介绍了调查报告的撰写。调查报告是以书面形式反映整个调查活动的结果,是调查活动的最终成果的体现,也是获得调查结果的最主要的形式。在撰写调查报告时要坚持实事求是的原则,以调查资料作为依据,使调查资料与所阐明的观点相统一。调查报告的正文部分是重点也是难点,要充分、有效地利用资料的统计分析结果及图表等进行全面、准确地论证。

复习题

1. 常用的市场调查询问技术有哪几种？它们各有何特点？如何运用？
2. 调查问卷的构成是怎样的？
3. 设计调查问卷应注意的问题有哪些？
4. 撰写调查报告应注意的问题有哪些？

5. 以《大学生的毕业去向》为调查主题，进行一次调查活动。

要求：

①假设一些所需要的条件和要求，设计调查方案包括调查问卷

②用随机抽样的调查方式抽取样本单位

③获取第一手资料的方法：询问法

④获取第二手资料的方法：文案法

⑤利用计算机对所收集的资料进行分析处理

⑥撰写调查报告

6. 如何选择市场调查组织？

实训题

1. 利用互联网调查了解中国目前排名前 10 位的市场调研公司有哪些？了解每个公司的优势与劣势。

2. 结合第二章的第 2 个实训题，为你的调查设计一份可行的调查问卷。

3. 结合第二章的第 2 个实训题，运用在第三章实训中确定的调查方式和第四章实训中确定的调查方法进行实际的调查。

4. 将本章第 3 个实训题中进行调查所获得的问卷资料进行认真、全面、深入的整理分析。

5. 运用本章第 4 实训题所整理分析的资料撰写一份结构完整的、科学的调查报告。

案例

案例一　这个问卷设计的科学吗

亲爱的朋友，为了更好地明确本人的自身优势与劣势，以便更进一步地了解今后自己适合从事什么样的职业，作好职业生涯规划，而进行此次调查。感谢您抽出宝贵的时间对我的职业生涯做清晰明细的问卷调查，谢谢您的配合！

一、关于您

1. 您的性别（　　）

A. 男　　　B. 女

2. 您和我的关系(　　)

A. 同学　　B. 普通朋友　　C. 挚友　　D. 亲人

3. 您和我认识的时间(　　)

A. 不到一年　　B. 一年以上　　C. 五年以上　　D. 十年以上

二、关于我

(一)关于性格

1. 您认为我的性格是(　　)

A. 活泼开朗　　B. 沉默寡言　　C. 两者兼有　　D. 其他

2. 我给您的第一印象是(　　)可多选

A. 稳重　　B. 幽默　　C. 友善　　D. 冷淡

(二)关于人品

1. 在路上遇见熟人时,我会(　　)

A. 在很远处就招手　　B. 走近时微微一笑

C. 走近会聊上几句　　D. 装作没看见

2. 我和您出去见到乞讨者时,我会(　　)

A. 无论什么人都给钱　　B. 先观察下再给钱

C. 看别人给不给　　D. 根本不理睬

3. 您认为我有时会撒一个善意的谎言吗(　　)

A. 会　　B. 不会　　C. 视情况而定　　D. 不了解

(三)关于能力

1. 如果上司交给我一项非常困难的工作,这时的我会怎么想(　　)

A. 啊! 这么难,我肯定做不了　　B. 要不然找几个合作者吧

C. 既然领导相信我,我肯定完成　　D. 直接和领导表明这个做不了

2. 您认为以下几个能力哪个最能在我身上体现出来(　　)可多选

A. 随机应变能力　　B. 敏锐的观察能力

C. 准确的判断力　　D. 清晰的表达能力

(四)关于工作

1. 您认为我适合在台前还是幕后工作(　　)

A. 台前　　B. 幕后　　C. 两者均可　　D. 无所谓

2. 您认为我对工作的态度是(　　)

A. 当成生活的一部分　　B. 只是赚钱的一种工具

C. 两者均有　　D. 对这个问题没有太多了解

3. 您认为我适合在哪工作(　　)

A. 政府部门　　B. 公司企业　　C. 商场百货　　D. 自己创业

4. 当我和领导在工作时发生很大冲突或是争吵时,您认为我会(　　)

A. 顶着压力继续工作　　B. 果断辞职

C. 走一步算一步　　D. 和上司道歉

5. 您对我的意见或建议或忠告

再次谢谢您的配合,祝您学业有成,工作顺利!

资料来源:天津商业大学营销1102级王静同学的作业。

思考讨论题:

这个问卷设计的科学吗? 如果你认为不科学,那么存在哪些问题?

案例二　××大药房石家庄店调查问卷分析

针对石家庄店销量提升较慢、单价不高、客流量徘徊不前和"振幅"较小等情况,石家庄店自发组织了1次较为全面的门店顾客调查。

时间:2003-10-25至2003-10-31

地点:××大药房石家庄店

调查方式:现场发收问卷

问卷数量:发出问卷1 015份,收回有效问卷1 015份

1. 您是通过何种途径知道××大药房的?

①电视(212　15.93%)　②报纸(339　25.47%)

③电台(64　4.8%)　④户外广告(189　14.2%)

⑤药房的宣传资料(219　16.45%)　⑥别人告知(308　23.14%)

分析:通过报纸媒体得知到××大药房消费的占25.47%,别人告知的占23.14%,电视传播占15.93%。

说明:开业前期和开业期间的报纸广告、新闻报道、电视广告和新闻是公众认识××大药房的重要途径。别人告知占23.14%,说明××大药房在消费者眼里认同程度比较高,口碑传播是仅次于报纸新闻广告的,消费者是很认同××大药房的。

2. 您来××大药房是否很方便? 利用何种交通工具?

①方便(578　38.98%)　②不太方便(135　8.96%)

③不方便(54　3.59%)　④公共汽车(68　4.52%)

⑤出租车(23　1.2%)　⑥自行车(416　27.62%)

⑦摩托车(21　1.39%)　　⑧私家车(20　1.33%)

⑨步行(182　12.84%)

分析:来××大药房很方便的占38.98%,使用自行车作交通工具的占27.62%,步行占12.84%。“很方便”说明在商圈范围内的比例是最大的,主要交通工具自行车和步行前来。

说明:地理位置不佳,交通不便利(坐公交车的仅占4.52%),3公里商圈外的消费者群体的比例较少(主要是公交车、出租车和摩托车)。

3.您家住石家庄哪个区?

①桥西区(101　9.96%)　　②桥东区(450　44.38%)

③裕华区(93　9.17%)　　④新华区(105　10.36%)

⑤长安区(265　26.13%)

分析:消费群体主要来自桥东区(高达44.38%)和长安区(26.13%)。

说明:消费者基本上是商圈范围内或来××大药房较便利的长安区,其他区域的消费群比例基本上一致。

4.您来××大药房消费几次了?

①1次(131　13.95%)　　②2次(116　12.35%)

③3-5次(189　20.13%)　　④6次以上(503　53.58%)

分析:6次以上所占比例53.58%,3-5次占20.13%,说明惠顾的消费者忠诚度较高。

5.您认为××大药房商品价格比石家庄其他大药房的价格:

①普遍低(534　55.05%)　　②部分低(345　35.24%)

③相差不多(70　7.15%)　　④普遍高(6　0.61%)

⑤部分高(15　1.53%)

分析:价格优势十分明显,认同“普遍低”的消费者占55.05%,部分低占35.24%,这部分消费者认为,价格低只是部分说明一部分商品不存在价格优势,必须加强市场调查。

6.您感觉××大药房服务:

①好(726　79.69%)　　②一般(177　19.43%)

③差(8　0.88%)

服务差主要表现在:

①接待不热情(49　21.88%)　　②介绍不详细(43　19.20%)

③对产品位置不熟悉(68　30.36%)　　④不礼貌(3　1.34%)

⑤无问候语(21　9.38%)　　⑥无人引导(33　14.73%)

⑦敷衍了事(7　3.13%)

分析:消费者对××大药房的服务评价较高,但认为服务一般的也达到19.43%,说明服务意识有待加强是不容忽视的问题。

主要表现在:①介绍不详细、接待不热情:要求营业员的专业知识和主动服务意识必须加强。②对位置不熟悉比例为30.36%,说明营业员对货物摆放位置不熟悉,货架排号没有起很大作用,主动服务意识不强。

7. 在××大药房能否买到所需的药品?

①能(368 37.51%) ②基本上能(593 60.45%)

③不能(20 0.1%)

分析:在××大药房基本能买到所需药品占60.45%,说明还有一部分药品买不到,应根据石家庄市场特点及消费者的用药特点、用药习惯进行调查分析,进一步完善产品结构。

8. 您认为我们还需补充哪些药品才能满足您的需求?

①抗感冒类(244 28.31%) ②心脑血管类(240 27.84%)

③滋补类(140 16.24%) ④肝胆类(80 9.28%)

⑤其他________(158 18.33%)

分析:消费者认为应该补充的药品种类,抗感冒类28.31%,心脑血管类27.84%,这两类所占比例较大,说明:①产品结构有待完善;②不同层次的消费者需要不同价格层次的药品。

9. 您常购买的商品类:

①抗感冒类(607 46.62%) ②心脑血管类(322 24.73%)

③滋补类(176 13.52%) ④肝胆类(60 4.61%)

⑤其他________(137 10.52%)

分析:来消费的顾客主要购药为抗感冒病毒类,这跟季节转换有一定的关系,这也是单价一直徘徊不前的一个重要原因。

心脑血管类占消费者购药比例为24.73%,比例较高,滋补类、肝胆类和其他类比例较少,必须加强营销手段促进这些品类销售。

10. 您觉得××大药房的商品价格是否适合不同层次的消费者?种类比重如何?

①是(516 55.9%) ②部分合适(401 43.45%)

③不合适(6 0.65%)

④多一些知名厂家品牌药(169 43.78%)

⑤多一些普通厂家品牌但适合普通消费者的(217 56.22%)

分析:商品价格"部分适合不同消费者"的比例达43.45%,这与第7题类似,说明不同价格层次的药品结构有待完善,必须做市场调查。

消费者要求多一些普通厂家品牌但适合普通消费者的药品，比例达56.22%，增加知名厂家品牌43.7%。说明××大药房主要是普通大众来消费的药房，所以产品结构二三线品种与一线品种的比例必须调节好，合理采购配置。

11. 您在××大药房是否碰到过质量问题？

①有（84　9.94%）　　②没有（716　90.06%）

分析：碰到质量问题的消费者比例9.94%，质量问题是不容忽视的一个重要问题，必须认真对待，质量是企业的生命，特别是药品。

12. 您除了自己来××大药房消费，还经常给别人代购商品吗？

①是（365　40.74%）　　②没有（233　26%）

③偶尔（298　33.26%）

分析：来××大药房消费的顾客给别人带药的比例有33.26%，说明价格有优势，品种有优势，交通不是很方便。

综合分析：

宣传：注重DM和其他宣传资料的综合利用，多制造一些新闻卖点，引起媒体关注，多做新闻，尽可能以最少的费用制造出最佳广告效应。加强社区活动、厂商推介宣传和口碑宣传，巩固商圈内的消费群，合理挖掘商圈的消费群体。

价格：必须勤做市场调查，价格体系合理化，根据零售市场动态科学化地调整价格体系，让消费者敏感的产品必须具有价格优势。

服务：充分提高员工的服务素质，多培训考核。加强主动服务意识，"法制"必须落实常抓不懈，人性化的管理要科学，只是"法制"的辅助，管理无情，严格要求遵守制度，从管理人员开始。

质量：不容忽视，近来的质量投诉已敲响警钟，各部门必须配合好才能减少事故的发生率。

活动：科学化的设计，多市场调查，根据时令季节和消费者不同的消费习惯，创造性合理布置，分配促销活动，力争活动产生最佳效应。

产品结构：必须进行"扎实"的市场调查，数据要真实，尽可能科学合理地调节产品结构，符合消费者用药特点、用药习惯。

"处方市场"的攻坚：想尽一切办法扩大这一"市场份额"，集思广益，全员皆兵。

资料来源：http://wenku.baidu.com/view/50422b25dd36a32d72758107.html。

思考讨论题：

1. 上述案例中的市场调研问卷分析运用的是什么分析方法？

2. 从上述案例对调查问卷的分析中我们学习到关于市场调研问卷分析的哪些技巧？

案例三 大学生职业生涯规划调研报告

一、调研背景

随着近年各大高校的扩招，全国总体就业压力严峻，毕业生就业压力前所未有。及早规划自己的职业生涯，对决定职业生涯的主客观因素进行分析，总结和测定，确定奋斗目标，才能在竞争激烈的就业环境中处于不败之地。

二、调研目的

一是对职业生涯规划的发展作一个新的描述；二是通过对影响就业因素的调查，更好地调节用人单位与毕业生之间的供需关系；三是帮助大学生尽快认识自我，学校为学生提供就业引导，使学生能谋取理想职业。找工作最重要的就是要人岗匹配，适合自己。每个工作都有长处和短处，每个人都有优势和劣势。分析、定位是职业生涯规划的首要环节，它决定着个人职业生涯的方向，也决定着职业生涯规划的成败。求职之前先要进行职业生涯规划，进行职业生涯规划之前先要进行准确的自我定位。先要弄清自己想要干什么、能干什么，自己的兴趣、才能、学识适合干什么。

三、调研内容

第一，对自己的性格、人品、能力进行准确、全面的剖析和认识。

第二，了解适合自己的工作岗位的定位和对待工作的态度。

四、调研对象

从家人、朋友和同学中各选择一定的人数进行调查，共调查 20 人，其中，家人 5 人，朋友 10 人，同学 5 人。

五、调研方法

采用问卷调查的方式进行。

六、调研问卷剖析

（一）关于被访者情况

（1）被调查者的性别，20 人中男性 8 人，占总人数的 40%，女性 12 人，占总人数的 60%。

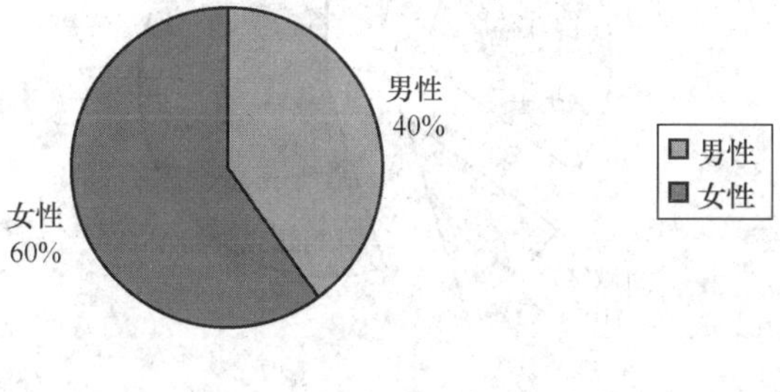

(2)在20人中,5人和我认识5年以上(25%),3人认识3年以上(15%),8人认识1年以上(40%),4人和我认识的时间不到1年(20%)。

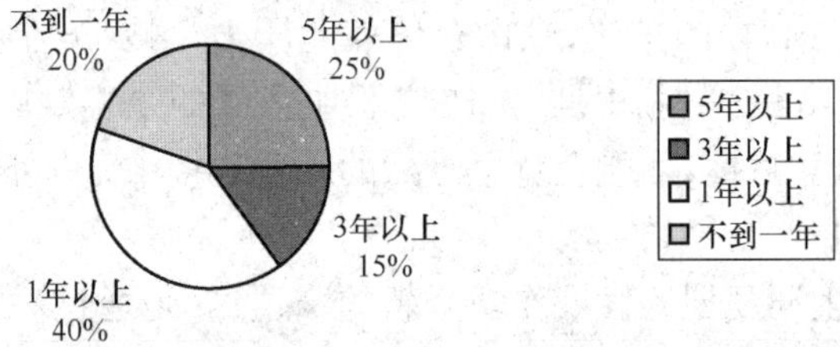

(3)20人中5人是我的家人,挚友3人,普通朋友6人,同学6人。

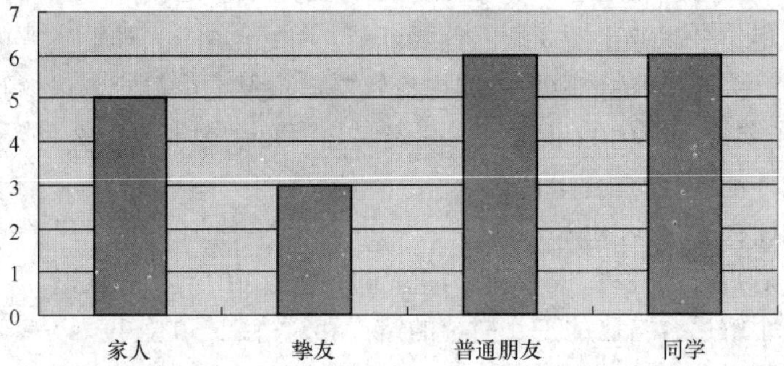

(二)关于我

1. 关于性格

(1)在我的性格方面,有11人认为我是活泼开朗的,占总体的55%,认为我沉默寡言的有2人,占总体的10%。有6人认为我两者兼有,占总体的30%,认为其他性格只有1人,占总体的5%。

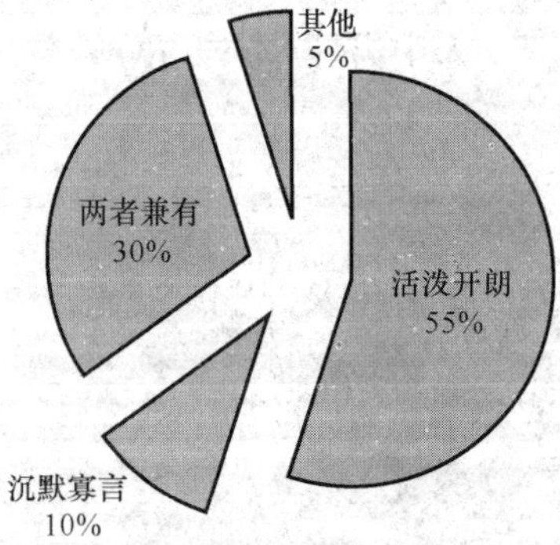

(2)关于我给人的第一印象,认为我稳重的有5人,有7人认为我很幽默,6人认为我很友善,仅有2人认为为人冷淡。

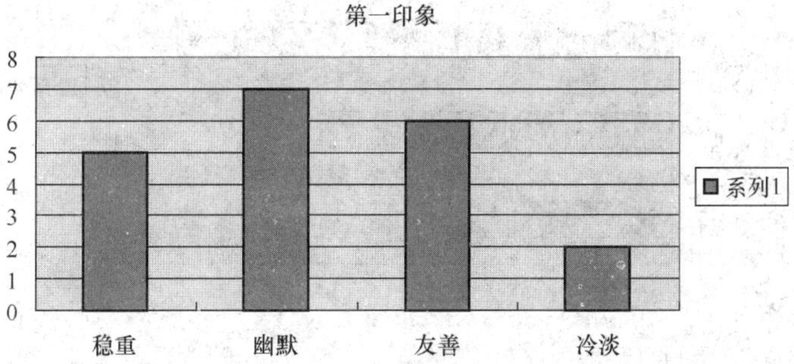

2. 关于人品

在针对我的人品方面的调查中,我采用了情景模拟问题的方式进行调查,加入了生活中常会遇到的情景,我认为这样会让调查结果更准确,同时也会使问卷显得不枯燥。

(1)针对我如果在路上偶遇您时,我的表现会是什么样,做了以下分析。认为我会在很远处招手和聊上几句的人分别有6人,各占总体的30%,有8人觉得我会走近时微笑,占总体的40%,没有人认为我会装作没看见。

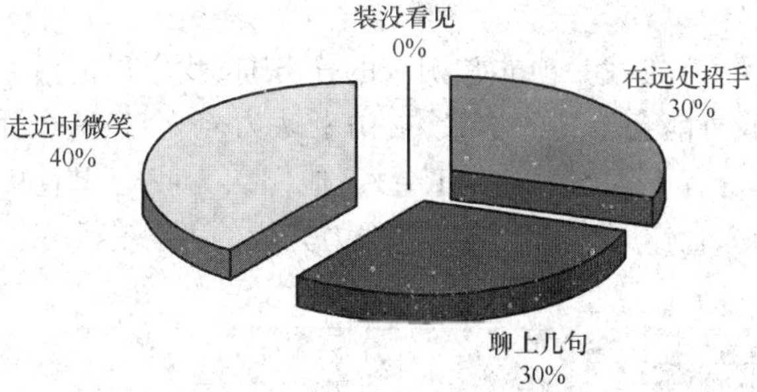

(2)如果和被访人出去的路上遇到乞讨者,认为我不会理睬的和看一下再决定的分别有5人,无论是谁都会给钱的为3人,而有7人认为我会看其他人的态度。

(3)关于我是否会撒一个善意的谎言,认为我会或是不会分别占到了25%,其中有35%的人认为我会视情况而定,有15%的人不了解。

3. 关于能力

同样,在针对我的能力方面的调查中,我所调查的问题依然是生活中可能会遇到的问题,提高了对我全面了解的准确性。

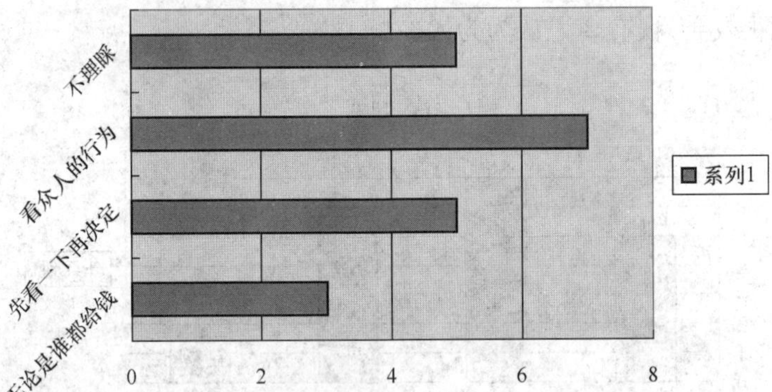

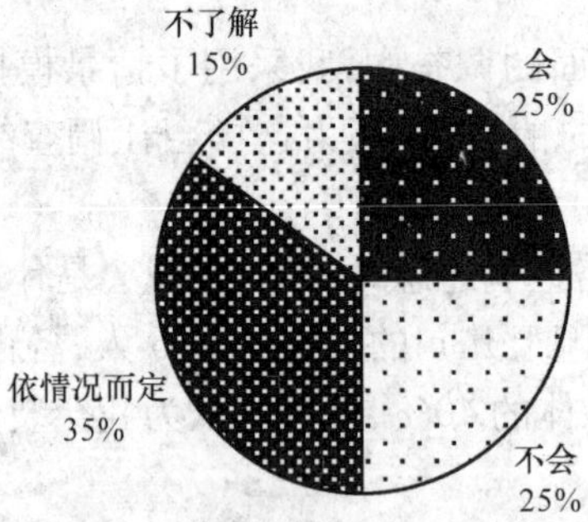

(1)如果上级交给我一项非常困难的任务时,我心里的潜台词将会是怎样的?针对这个我可能会遇到的情景,被访者认为,我会想这个任务我应该不行的人占最高人数,有 6 人,最低的有 4 人,他们认为我会想直接和领导说做不了,认为可以与人合作完成和全力以赴努力完成的人各有 5 人。

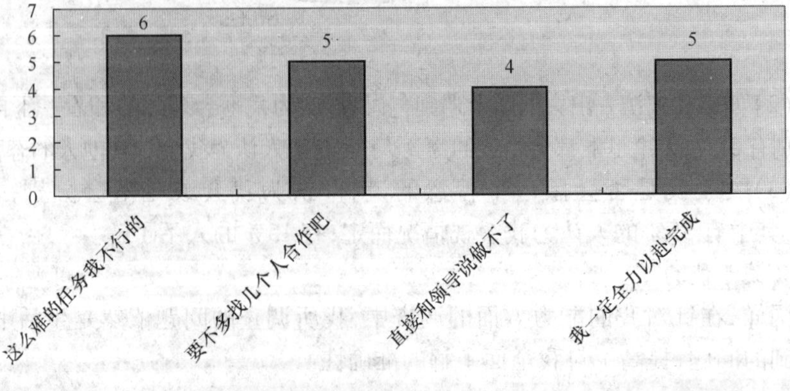

(2)关于4个能力中哪个最能在我的身上体现出来,清晰地表达能力占到了35%,居于最高比例,有25%的人认为我有敏锐的观察力,随机应变能力和准确的判断力分别占到20%。

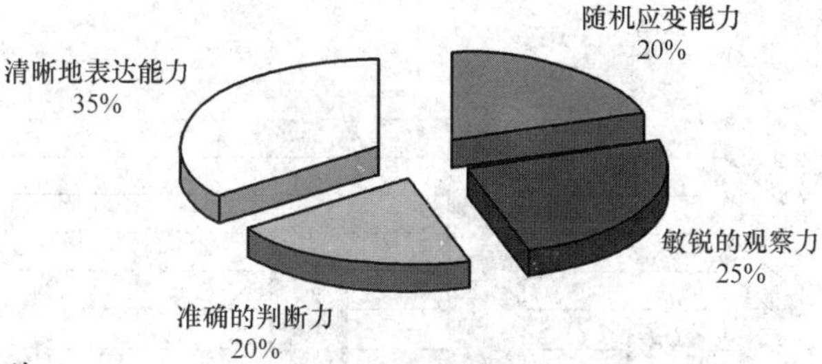

4. 关于工作

(1)调查被访者关于我的工作适合在幕前还是幕后的问题中,认为适合幕前和两者均可的人数都是5人,占到了总体的50%,而认为比较适合在幕后的人有6人,占总体的30%,其余4人认为无所谓,占20%。

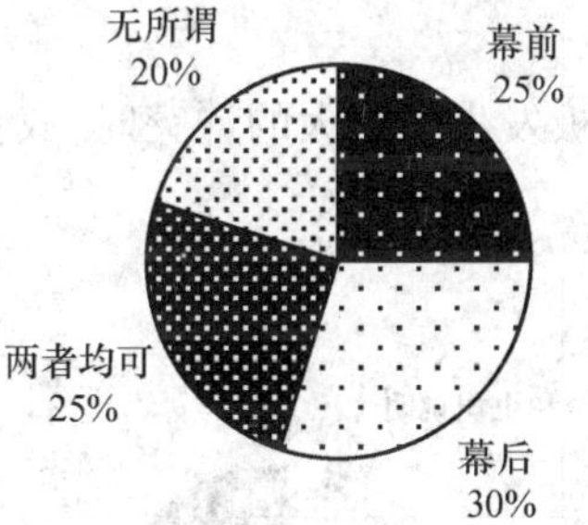

(2)关于我对工作的态度这一问题,有7人认为我把工作当成生活的一部分,认为只是赚钱的一种工具的有8人,认为两者兼有的有5人,没有人对这个问题表现出无所谓的态度。

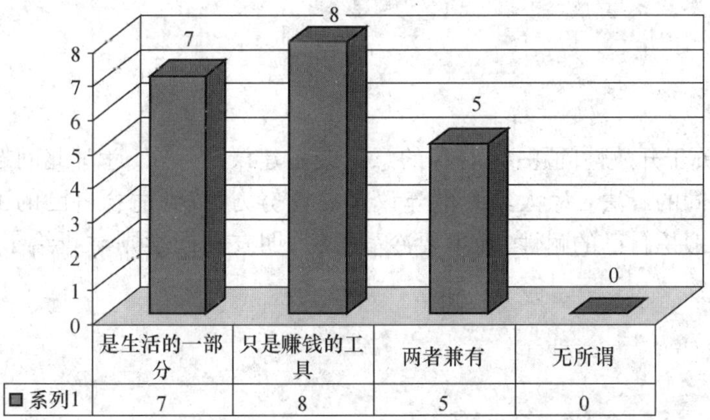

(3)我比较适合在哪工作的问题,有4人认为适合在政府部门,占到20%,最高的是有9人认为适合在公司企业,占到总体的45%,认为适合在商场百货的有6人,占30%,较少人认为我适合自己创业。

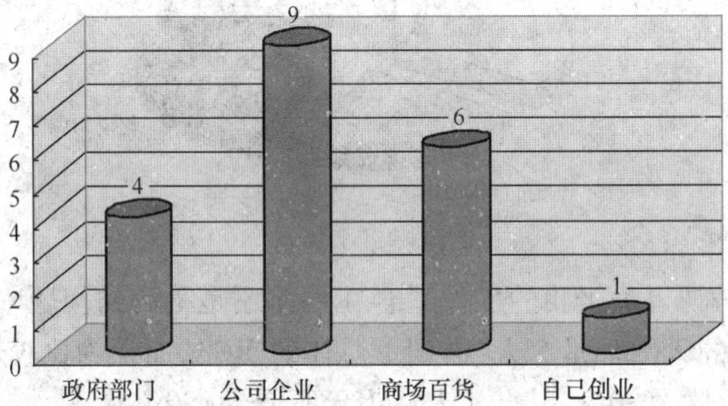

(4)我在工作时和老板发生了很大的冲突时,我会怎么做,具体情况如图1所示。

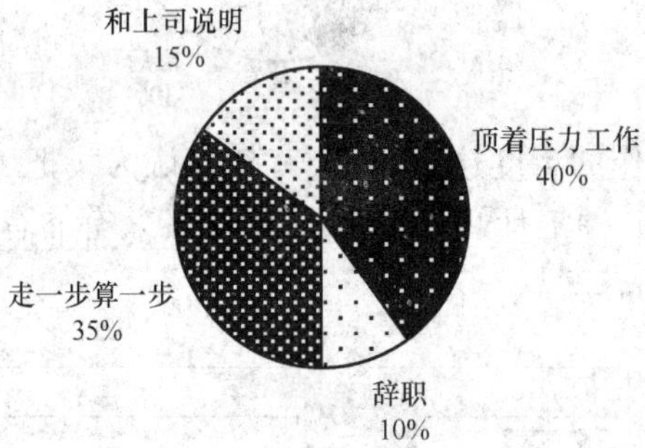

(5)关于开放性问题:您对我的意见或是建议是什么,针对此问题,不同的人给了不同的看法。家人给我的建议是要更努力,找到适合自己的工作,挚友则建议我锻炼自己的耐性,凡事要冷静思考,朋友和同学则对我给予了好的希冀和祝愿。

七、关于自己的 SWOT 分析

优势	劣势
做事比较认真,有浓厚的学习兴趣和一定的实力,乐观积极的生活态度,富有极强的责任心,喜欢思考问题,有一定的书面表达能力,逻辑思维性和条理性较强	做事有时拖拉,不够雷厉风行,总是拖到最后时间才紧急处理,做事不够果断,尤其事前作决定的时候老是犹豫不决
社会形势给个人提供了更多的机会,可以在更宽广的舞台展现个人优势,多方面考虑自己的职业方向	每年的毕业生及社会求职人员数量逐步提升

八、调研结论

通过此次调研,我充分地了解了自己,并知道了不同的人对我的不同看法。为此,我会在以后的学习和工作中谨记大家给我的意见和建议,充分了解自身的特点和需求,并结合大家对我的了解,进行透彻的分析,依据自己的性格特点在公司企业找到一份好工作,并且是适合自己并且自己喜欢的工作。

资料来源:天津商业大学营销 1102 级王静同学的作业。

思考讨论题:

1. 市场调研报告与非市场调研报告有什么本质的区别吗?
2. 本案例中对调查问卷的分析是否存在问题? 如果是,存在哪些问题?
3. 本案例中的调研报告在撰写方面是否存在问题? 如果是,有哪些?

第六章

市场预测概述

本章提要

市场预测是在市场调查获得的市场信息和各类统计资料基础上，对市场中的各种现象进行分析、推测和判断，进而为政府或企业制订规划和经营决策提供可靠依据的活动。市场预测是企业决策的重要依据。市场预测强调科学性、连续性、低成本和及时性等原则，市场预测方法分为定性分析方法和定量分析方法两大类，这些方法的合理使用，将非常有助于提高市场预测的质量。

第一节　市场预测的含义及作用

一、市场预测的含义

（一）预测的含义

市场预测是预测学科的一个分支。在阐述市场预测的概念和特点之前，我们先介绍预测及其学科的含义。

预测（Forecasting）是指人们对未来不确定事件的推断和预见，是对事物未来变化趋势以及对人类实践活动的后果事先所作的估计和测定。客观世界中许多事物的发展具有不确定性，它们在一定的时间和空间范围内能否发生，如何演变，产生何种影响，往往是不确定的，人们很难预先完全肯定。然而，人们为了达到认识世界和改造世界的目的，必须探求客观事物未来的发展变化趋势，将未来事物发展变化的不确定性减少到最小，使其对人类的不利影响程度尽可能降到最低。也就是说，在人们行动之前，使其认识能最大限度地接近事物未来发展的客观实际，在把握事物发展变化趋势的基础上，制订行动计划，以便指导目前的行动，趋利避害，引导客观事物朝着有利于人类发展的方向发展。所以，简单地说，预测就是人们根据客观事物的过去和现在推测其未来发展情况的活动和过程。

预测学是综合哲学、社会学、经济学、数理统计以及工程技术等方面的理论和方法而形成的一门方法论科学。它研究的范围极为广泛，几乎涉及自然科学和社会科学的各个领域，如气象预测、生态环境预测、科技发展方向预测、军事预测、社会发展预测、政治预测、文化教育预测和经济预测等。虽然各类预测有其各自的预测领域、对象、方式和手段，但它们都有着共同的研究特征，即依据各自领域研究对象的长期变动规律来估测和推断未来的变化情况，由此来把握研究对象的未来变化趋势。另外，它们各自研究所遵循的基本原理也有着共同之处。

（二）经济预测的含义

所谓经济预测是指人们对未来不确定的经济过程或经济事务的变动趋势作出合乎规律的推测和预见，并揭示经济现象错综复杂的内在联系及发展变化趋势的活动和过程。经济预测包括政府机构对整个国民经济发展的综合性预测；各类经济部门、各个行业经济发展的预测以及各类经济目标的专项预测；也包括各个企业对其商品的生产、销售等具体市场营销活动后果的预测。

经济预测是目前预测研究领域中相当重要的一项内容，它已成为世界各国政府实施国民经济管理的重要手段，也成为现代企业微观经济行为管理的重要工具。

（三）市场预测的含义

市场预测是一门研究市场现象的发展过程、未来状况以及变动趋势的学科。具体来说，它是指根据市场发展过程的历史和现实，以准确的调查统计资料和市场信息为依据，运用定性分析和定量分析的科学方法，研究市场发展过程中的客观规律，对各类市场现象之间的联系以及作用机制作出科学的分析，并揭示各类市场现象未来发展的可能途径和变化程度的方法。

市场预测是经济预测的重要组成部分。在市场经济条件下，市场预测是经济预测中最基本的、最主要的内容，是经济预测的核心。

市场预测是一门实践性很强的学科。研究市场预测，要以经济学理论为基础，借鉴市场学、管理学、计划学、统计学等理论，坚持理论联系实际，这样，才能掌握这种现代管理手段，为企业科学决策提供依据。

二、市场预测的发展简史

早在市场预测成为一门独立的学科之前，人类就开始了这方面的实践活动。最早的市场预测行为，可以追溯到商品经济发展的早期阶段。

在最早期的简单商品经济条件下，人们的商业活动一开始就包含了对商品交换方面的预测行为，但是那时的预测仅仅是人们在经济活动中自发产生的、凭感觉意识到的一种简单的估计和判断活动。

随着商品经济的发展，大规模的商业活动的兴起，预测的重要性日益凸显。特别在18－19世纪，随着资本主义机器大工业的产生和迅速发展，生产规模和贸易日益扩大，生产社会化程度不断提高，市场预测受到了许多企业的重视，不少企业经营人员都进行了这方面的工作，积累了不少的经验。但是，由于当时资本主义正处于上升时期，正在向全世界扩张，世界市场还在不断扩大，市场总体表现为供不应求，危机和竞争的压力不很明显，所以市场预测仍然停留在经验摸索阶段。而且，当时的科学技术能力和经营管理水平也无法满足系统研究的要求。在这种情况下，市场预测仅表现为各企业分散进行的活动。

20世纪初，科技的进步和管理水平的提高，如科学管理引发的生产效率的大幅提高和科技创新导致的生产能力的重大突破，使产品销售成为企业面临的重要问题。此时各国之间、各企业之间的市场竞争日益加剧，市场开始了从卖方市场向买方市场的转变。为了更有效地推销产品和使新产品的生产更适合于市场，一些大企业、大公司和学术机构开始成立专门的市场预测机构，广泛开展市场预测研究活动。随着经济统计资料的收集和统计方法的改进以及关于经济周期和危机理论的探索，到了20年代，各种预测未来经济和市场情况的方法应运而生，如综合经济指数法、趋势延伸法等。同时，一些学者利用积累的经济统计资料，以及对经济周期理论的认识，开展了市场预测的较深入的研究，并收到了一定的效果。如20年代初期，风行一时的巴布生图表就是早期的市场预测资料。它分别将美国和加拿大两国的主要商品的批发物价指数、全国工业生产产品指数、股票价格指数、公债收益统计等，编成美国巴布生图表（Babson Chart of U. S. Business）和加拿大巴布生图表（Babson Chart of Canada），以供工商企业作为参考，预测市场。哈佛大学商学院也编成哈佛每月指数图表，提供给商品市场、证券市场和货币市场。但是，这些预测都未能预测出1929年经济大危机的爆发，使工商界深感失望。这一蓬勃兴起的市场预测热潮就此冷却下来。此后，西方经济学家和预测工作者逐渐从挫折中吸取了教训，开展了深层的、长期的经济周期运行规律的分析和预测。从此,经济发展的总体趋势、循环性和周期性分析(Trend and Cycle Analysis)受到了人们的重视,在预测技术上也有了较大的发展和提高。

第二次世界大战后,军事技术的成果逐渐转为商用,带动了生产力的迅速发展,商品数量快速增长,市场问题,或者说营销问题,几乎成为企业生存的头等重要问题。同时,在新的经济理论(如凯恩斯主义)指导下,各国政府都加强了对国民经济的干预和调控。从政府机构、学术机构到企业都开始认识到市场预测的重要价值。这一切使市场预测的实践和研究活动普遍展开,预测技术在欧美广为传播,特别是在美国得到了广泛的重视和应用。更值得提出的是,1946 年世界第一台电子计算机在美国宾州大学诞生后,电子计算机应用的日益推广和杰出功能,使得经济计量学、市场信息管理以及市场预测技术的研究和应用都进入了一个新的阶段。许多市场预测技术和方法都有所创新和发展。

20 世纪 60 年代以来,西方各国建立了大量的市场预测咨询机构。到 70 年代初,世界各国已有 2 500 家专业预测咨询机构,其中美国 600 家,英国 84 家,法国 70 家,联邦德国 35 家,意大利 22 家,前苏联和东欧各国共 600 家。由于经济统计资料的不断积累,统计、预测方法的不断完善,电子计算机及网络技术的应用,使市场预测进入了一个新天地。

在市场预测领域,美国预测咨询机构的数量和开展预测活动的规模,都处于领先地位。每年各政府部门借助大量的预测智囊机构和活动,公布全国经济活动的主要预测结果,作为制定和执行政策的依据。这些预测咨询机构特别致力于研究全球经济发展趋向、战略问题及其深远影响,以及高深的未来预测方法和技术,如举世闻名的美国兰德公司、斯坦福国际咨询研究所、英国伦敦战略研究所、日本野村综合研究所、人类 2000 国际协会、世界未来学会,以及由 12 个国家组成的国际应用系统分析研究所等。

中国在解放初期,也曾开展过一些市场上的预测工作。从 50 年代后期开始,在高度集中的计划经济体制下,企业是各级行政机构的附属物,既无经营自主权,又不关心市场,更谈不到要进行市场预测了。到了“文化大革命”时期,市场预测更处于被取消的地步。由于我国长期以来就不重视市场预测工作,所以市场预测的学术研究一直未能独立,而是同国民经济计划学、社会经济统计学结合在一起,发展十分缓慢。直到 70 年代末 80 年代初的改革开放以来,管理科学受到重视,市场预测工作才开始走上正轨。1978 年,国家计划部门开始用数学模型作宏观经济预测。1979 年,我国成立了未来研究会,社会—经济预测工作是该会经常研究的课题之一。而且,围绕当时如何实现国民经济翻两番和制定科技发展规划,国家科委组织有关专家就科技优先发展作了预测。国务院技术经济研究中心和中国科协联合组织全国一级学会就各领域的“2000年的中国”作了预测。市场预测也从计划学、统计学中独立出来,成为一门应用科学。

从80年代初以来,预测科学在中国得到广泛的发展和普及。全国各地信息咨询、信息研究等预测机构如雨后春笋般地相继成立。小到企业、公司的预测,大到地方政府、中央政府长远发展规划的预测,都得到了广泛的开展。如国家信息中心经济预测部就是我国宏观经济监测、预测和研究的权威机构。

国家信息中心经济预测部的职责是运用数量经济分析技术,客观、准确、及时地对国民经济发展进行预测监测和分析研究,为国家实施有效的宏观调控提供决策支持。它有知识密集、专业齐全的研究队伍;覆盖全国的预测监测系统:全国工业生产监测系统、全国消费者意向调查系统、全国工业企业景气调查系统、全国消费市场监测系统、宏观经济预警系统等;功能齐全的预测模型:季度预测模型、年度预测模型、中长期预测模型、投入产出价格模型、世界经济模型等;它设有宏观预测处、经济监测处和市场预测处等具体预测部门,还编辑出版有《经济预测与分析》刊物及其他信息资料。

三、市场预测的作用

近几十年来,由于受到电子计算机和信息技术等科学技术方面的重大突破的影响,商品经济迅速发展,市场规模空前广阔,市场竞争日趋激烈,商品交换已打破地区、国家和洲际界限。因此,无论从宏观还是微观上讲,控制和影响市场的因素都增多了,市场结构及其运作规律变得更复杂。相应地,对作为决策依据的市场预测方法和市场预测结果的要求就更加严格,更加迫切。也就是说,专业化、社会化、国际化的商品经济的发展和现代企业的运作,都更加离不开科学的市场预测。

中国自改革开放以来,国民经济持续迅猛发展,逐渐从独立的封闭式经济结构和市场体系转变成开放型的面向世界的市场经济体系。世界新技术革命特别是电子计算机和信息技术突破带来的社会、经济、市场全面发展,为我国政府、各行各业和各类企业制订规划和决策创造了一个与过去截然不同的崭新局面。经济工作者和市场从业人员以及企业管理人员,都必须在自己的工作中,科学地和客观地研究掌握市场预测的理论和方法技术,学会判断未来,避免走向错误的发展方向。中国过去几十年经济发展缓慢,甚至出现大起大落的情况,其根本原因虽然是指导思想有误和管理体制某些弊端所致,但管理科学方法受排斥,片面强调定性分析,没有建立科学的市场预测体系也是重要原因之一。无数历史事实业已证明,不论是宏观经济还是微观经济,不论是国有企业还是私有企业,搞不搞市场预测工作,对于组织生产活动和经济生活都有明显不同的效果。所以市场预测工作是非常必要的。

市场预测对宏观经济和企业经营都有着非常重要的意义:

第一,市场预测是发展生产、满足需求的重要手段。利用市场预测,国家或企业可以根据市场已有的信息资料和其他影响需求变动的因素,对未来一定时期的市场需求作出预测,以需定产,最大限度地满足市场需求。

第二,市场预测是制定经济计划的重要依据。宏观上,国民经济计划只有建立在科学的市场预测基础上,才能有效解决供需间的总量矛盾、结构矛盾、时间矛盾和空间矛盾,保证国民经济按计划、按比例、高效率地发展。微观上,企业只有通过市场预测,才能根据消费者对其生产经营的商品的规格、品种、花色、性能、质量、数量的具体要求,制定合理的生产经营计划,保证产销协调平衡地发展和企业再生产的良性循环。

第三,市场预测是充分发挥市场调节作用的重要保证。在市场经济中,供需之间的严重不平衡和不同形式的竞争格局,必然引起商品价格与价值的背离,通过科学的市场预测,判断市场供需和竞争格局的变动趋势,国家就可运用经济手段,如价格、税收、信贷、工资和利率等经济杠杆调节市场供求矛盾,调整产业结构和产业政策,充分发挥市场调节的积极作用,繁荣我国的经济。

第四,市场预测是企业改善经营管理的重要措施,是企业在市场中运作的指南针,是提高企业素质、增强企业应变能力和竞争能力的重要途径。企业管理者通过市场预测,可减少经营决策中主观性、盲目性和随意性以及由此产生的决策失误,掌握市场竞争的主动权,克服“滞销”“脱销”“流通受阻”等不良状态,提高劳动生产率,降低成本和流通费用,加速商品流通和资金周转,从而实现企业最大的效益。

综上所述,市场预测是宏观经济管理和微观经济决策的重要职能,是科学组织社会化大生产,有计划指导经济活动,有效利用市场机制,合理配置资源,提高经济效益的重要手段,是企业按市场经济发展规律,科学制定企业市场营销发展战略和营销计划的客观依据。随着经济的发展、市场的创新,市场预测将在经济决策和企业经营管理中发挥愈来愈重要的作用。

第二节 市场预测的类型和内容

一、市场预测的类型

市场预测的类型很多,可按不同的类型加以区分,常用的有:按时间划分和按空间划分、按方法划分和按性质划分等。

（一）按市场预测时间的长短分类

按市场预测项目预测未来的时间长短不同分类，市场预测可分为近期市场预测、短期市场预测、中期市场预测和长期市场预测。

1. 近期市场预测

近期市场预测，一般是指以周、旬或月为时间单位（或预测周期）的市场预测。它的结果可以用来编制月份或季度的各种生产或营销计划，而且要求其预测结果必须做到及时、准确，对市场的各种变化要有敏感的反映，使商品生产和经销企业能够及时地了解市场近期内的发展变化情况，以便适当安排商品生产数量和组织市场营销。

2. 短期市场预测

短期市场预测，一般是指一年以内的市场预测，它可适用于制定年度、季度和月计划的工作，其结果可以用来编制生产企业购进原材料计划及生产计划，编制营销企业组织货源和销售计划等，它是企业编制各种年度计划的重要依据之一。

3. 中期市场预测

中期市场预测一般是指一年以上、五年以下的市场预测，它是制定年度计划和修订长期计划的依据。在我国一些企业生命周期和商品生命周期普遍较短的情况下，中期市场预测尤其显得非常重要。

4. 长期市场预测

长期市场预测一般是指五年或五年以上的市场预测，它适合于对市场长期趋势的分析和规划工作，如我国的每一个五年计划，就是在长期市场、经济预测的基础上制定的。长期市场预测主要是对市场未来的发展变化趋势和运行规律作出综合性的分析和判断，以此为依据来明确宏观经济或企业发展的方向和具体目标。现在长期市场预测的周期都在加长，不少国家、地区或企业都在进行十几年甚至几十年的市场预测。如清华大学中国经济研究中心的潘文卿等学者对21世纪前20年中国经济增长前景作出了GDP、资本存量、消费、劳动力等方面的预测，得出了21世纪前20年中国经济的GDP年均增长率将可能为6.88%的结论。

（二）按市场预测的空间范围划分

按市场预测的空间范围分类，市场预测可分为宏观市场预测和微观市场预测。

宏观市场预测是研究整体市场需求的发展变化及趋势，其内容涉及国民经济全局的市场预测，其空间往往是全国性的市场预测。宏观市场预测，以调节国民经济的产供销关系，安排国民经济综合平衡中各种比例关系，合理配置各种资源等为目的，为国民经济宏观决策提供必要的、可靠的依据。

微观市场预测一般是指企业所进行的市场预测。从空间范围来看，表现为当地市场或企业产品或业务所涉及地区的市场预测。微观市场预测的范围比较小，其预测的过程及其内容也非常具体、细致，如企业对某个市场商品需求的数量、品种、规格、质量等所作的预测，为企业根据市场变化合理安排生产和经营活动提供准确、具体的市场信息。

（三）按市场预测的方法划分

按市场预测的方法分类，市场预测可分为定性分析预测法和定量分析预测法。

定性分析预测法是依据预测者对市场有关情况的了解和经验及分析，主观判断作出的市场预测。

定量分析预测法是根据大量的历史观察值，用数理分析手段建立数学模型，进行市场预测的方法。

总之，市场预测类型多种多样，在研究实际问题时，要根据研究对象的主要特点，根据市场预测目的的要求，选择适当的市场预测类型，以满足预测者分析总量的需要。上面所述的市场预测的分类，每一种类型都不是独立存在的，它们是相互联系的，如对全国大市场的预测可能包含了某一行业或某一类企业的预测项目；又如企业的长期预测项目涉及了各个具体阶段或各个短期预测的内容等。所以，在每一项具体市场预测工作中，预测者都必须确定预测时间的长短，预测范围的大小，预测的内容，预测的方法，也就是说，要对市场预测的各种分类综合考虑，才能确定一个具体的市场预测过程，进行具体的操作。

二、市场预测的内容

市场预测的内容十分广泛。从国家宏观经济管理部门角度进行的宏观市场预测，主要包括季度宏观经济形势及预测、季度工业企业景气预测、季度地区经济的分析及预测、年度国民经济发展预测、中长期国民经济发展战略研究、宏观经济调整政策模拟研究、宏观经济模型建立与应用、市场模型与市场变动趋势预测、居民消费水平与结构研究、价格模型及价格改革方案的测算与研究、重点行业分析及发展趋势预测、国内国外主要商品供求预测等等。从企业角度进行市场预测，则主要是根据已有资料预测企业目标市场的未来发展趋势，预测企业的市场占有率变化,以便及时调整企业的经营发展方向,作出正确的经营决策,使企业在激烈的市场竞争中立于不败之地。由于不同经济管理部门和不同企业的决策和计划的具体要求不同,其市场预测内容有不同的侧重点,因此,市场预测的内容既广泛又繁杂。下面从企业角度介绍具有普遍含义的市场预测内容。

(一)市场需求预测

市场需求预测是指在一定时期、一定的市场范围内,关于消费者和社会集团对某种商品或某种生产资料的有支付能力的需求的预测。市场需求预测大致分成消费品市场需求预测和生产资料市场预测两大类。

消费品市场需求预测,主要是针对消费者和社会团体对消费品未来的需求和需求变化的原因及其变动趋势的预测。它主要包括消费品的结构和具体消费品的数量、品种、规格、花色、型号、款式、质量、包装、品牌及所需时间等方面的预测。由于消费者的消费水平受到收入水平、人口数量、价格水平、教育程度、心理活动等多种因素的影响,所以消费品需求预测首先要做好消费者平均消费水平的预测,如人口增长速度的预测、商品价格水平变动的预测、人均收入水平变化的预测,以及消费结构变动趋势的预测等。而社会集团对消费品的需求也同样受到其购买水平、赢利能力、员工人数等方面的影响,所以也需要对社会集团的消费结构变动趋势等作出预测,然后才能对具体的消费品目标,如对某种商品的所需数量、时间、品种等进行预测。

生产资料市场需求预测,主要研究物质资料生产部门(如工业和农业)对生产资料未来的需求,分析影响需求变化的原因及其变动趋势。从工业方面看,它主要包括对工业发展规模、结构变化、基建投资、劳动生产率、技术进步、固定资产使用年限、管理水平等方面的预测。从农业方面看,它包括对可耕地面积、农业内部结构变化、农民收入水平、农业贷款、农用生产资料价格、农业新产品和新技术的发展等方面的预测。

(二)市场供应预测

市场供应预测,是对在一定时期内可以投放市场以供出售的商品的品种、数量、质量和时间的预测。这些商品资源主要来自生产部门,其次是进口,此外还有国家储备、商业部门的储存商品以及社会潜在物资(如废旧物资)。市场供应预测主要包括了对进入市场的商品资源总量及其构成和各种具体商品的市场可供量的变化趋势的预测,具体说,它包括对可供市场销售的商品资源的预测;对商品生产能力的预测;对企业预期的利润的预测,对同行业、同类产品生产能力及竞争能力的预测;对企业产品销售量及市场占有率的预测;对国家进出口商品的变动趋势的预测。它同市场需求预测结合起来,可以预见未来市场供求矛盾的变化趋势。

预测商品生产的发展及其变化趋势,要了解掌握有关产品历年的产值、产量、成本、销售情况,以及生产企业的数量、生产能力、原材料供应、生产设备、生产技术、产品质量、运输能力以及研究开发水平(能力及速度)等情况,并在预测生产结构的基础上,研究各种产品在预测期内可能提供商品资源的企业及其生产能力和销售能力及市场需求动向等,进而测算出商品资源量、市场需求的程度及其发展趋势。

(三)市场商品销售情况预测

市场商品销售情况预测,是指对市场商品的价格、销售量、商品的市场生命周期及其变动趋势的预测。

市场商品销售情况预测,首先是对重要商品市场供求关系方面的预测,这是指对列入国家指令性计划和指导性计划的市场供求变动趋势的预测,对关系国计民生的重要商品(如粮食、汽车等)的品种、规格、花色、功能等具体需求变动趋势的预测。通常,国家或地区经济预测机构公布的经济信息和预测资料中包含了这方面的内容。其次,对具体企业来说,市场商品销售情况预测,主要是针对本企业具体经营的商品或竞争商品所进行的价格、销量、成本、利润、市场生命周期及其市场占有率等方面的预测,并研究它们的变动趋势。

(四)科学技术发展前景预测

科学技术发展前景预测,是关于现代科学技术的未来发展和重大突破所引起的对社会、经济、市场等生产、生活各方面造成的影响所做的分析和预测。

当前,世界科学技术迅猛发展,最新科技成果向商业应用方面的转移周期愈来愈短,给人们的需求带来越来越广阔的天地,也使大部分产品的市场生命周期明显缩短,这给企业经营带来了相当大的难度。在这迅速变化的社会中,科学技术发展前景预测可帮助企业把握科学技术发展的方向,特别是掌握与本企业产品有关或与其原材料、工艺、设备等有关学科的科技发展水平、发展方向、发展速度和发展趋势等方面的情况,为企业制定科学技术决策及产品长远发展规划提供依据。而且新技术的突破和应用(如电子计算机和信息技术)可能对人们的生活和生产方式产生重大影响,通过科学技术发展前景预测,有助于企业了解市场、分析市场和预测市场,并进行科学决策。

(五)经济政策调整动向预测

经济政策调整动向预测,是指对国家或地区未来的经济政策调整变化趋势和变化程度方面所作的预测。

国家和地方各级政府、企业管理部门(如工商管理部门和环保部门等)的政策法令或经济措施或体制改革等,会对企业生产经营带来巨大的影响。例如,国家开发西部的政策、北京奥运会的规划建设、国家税制方面和会计制度的改革、住房贷款政策的变化、教育领域的改革措施以及汽车等商品的关税政策调整等,都会对市场、企业和消费者产生影响。企业经营者应对这些新政策、法令的颁布和重大经济改革措施出台的前兆作出反应,预测它们正式启动的时间和效果,并在经营等各方面尽快做好准备。

(六)外贸进出口的发展和变化预测

外贸进出口的发展和变化预测,是指关于对外贸易进出口商品总额、重要商品进出口数量、价格及其贸易收支变动趋势的预测。

随着我国国内市场与国外市场的联系愈来愈密切,外资企业的进入和外国商品的涌入将使国内市场的竞争愈来愈激烈。另外,我国加入WTO后,国内外市场的互动效应将愈来愈明显,许多企业必须在几年内完成重大的调整或改革,以适应国际运营的环境和规则。企业通过外贸进出口方面的发展和变化预测,特别是对本行业或同类产品进出口数量等方面的预测,可掌握市场需求和供应的结构变化,从而制定相应的经营对策。

此外,政治形势的变化、文化教育事业的发展、就业人员的比例、社会风俗习惯等的变化,都是影响市场未来变化的重要因素,也都应当作为市场预测的内容。但企业在具体项目预测时,不能包罗万象,应全面分析市场预测项目的性质,将影响预测目标的重要因素或基本成分作为市场预测的内容。

第三节　市场预测的原理和过程

一、市场预测的原理

市场预测的基本原理,是以预测学科的理论和方法为基础,以市场情况为对象,阐明人们运用各种预测方法对市场中各种现象未来的发展趋势作出预测的根本道理。所以它对市场预测领域的预测原则和预测方法具有普遍的指导意义。在市场预测中所应用的预测原理有如下的内容:

(一)可知性原理

可知性原理是指市场预测对象的未来发展趋势是可知的,人们可以通过对市场现象的分析研究,发现和找出其内在的变化特征,提示其发展变化的规律性，据此认识和判断它们未来的变化趋势。可知性原理是市场预测的理论基础。如果市场现象的发展变化的规律性不可知或无法认识，那么市场预测就没有任何意义了。但是，由于影响市场现象变化规律的因素很多、很快、很复杂，使我们认识它具有相当大的难度，但只要认真探求，善于分析，就会揭开被大量复杂因素掩盖着的变化规律，利用它来进行市场预测。

（二）系统性原理

系统性原理是指将市场预测对象视为一个与其他市场事物存在普遍联系的系统，用系统论原理指导市场预测活动。系统论认为，每个系统内部各个组成部分之间相互联系、相互作用、相互制约，并且同其他事物系统之间也是相互联系的。它强调系统的目的性、整体性和层次性，强调运用系统分析的方法对所要解决的问题加以综合性的分析和研究。根据系统性原理，市场预测无论其项目范围的大小和内容的多少都不是孤立的、封闭的，必须把预测对象放在社会、经济、市场的大系统中加以研究，将市场预测与人口预测、工业预测、农业预测、科技预测、国际市场预测等有机地结合起来分析。另外，还须把预测对象与企业内部的各系统联系起来进行分析（如企业的财务、销售、研究能力情况等），才能得出客观的、科学的预测结果。

（三）连续性原理

连续性原理是指市场现象的发展具有合乎规律的连续性，人们可在认识它的过去和现在的基础上探知它的未来。市场现象同客观世界事物一样，其发展变化具有连续性，未来情况是过去和现在发展的结果，是过去和现在的延续，所以人们可以依据市场现象的过去和现在来预测它的未来。但运用连续性原理进行市场预测应注意，它适应于预测对象具有明显规律性的情况，若预测对象变化规律不明显，或具有很大的偶然性或随机性，则运用此原理将难以保证预测的准确性和可靠性。另外，市场现象的变化规律的延续发展是在其客观条件不变的前提下得出的结论，如果客观条件发生了变化，如某项经济政策的颁布对企业的商品销售产生了巨大影响，则市场现象将会发生本质上的改变，其规律性就会中断或发生转折。此时仍使用连续性原理就会造成重大的预测失误。

（四）类推性原理

类推性原理是指市场不同现象之间存在着某种类似的结构或发展模式，人们可以根据已知市场现象的结构和发展模式，来类推某个未知市场现象的结构和发展模式。市场中许多事物之间具有相似性，可以采用类推原理进行预测，如同类商品之间的类推预测，地区市场类推全国市场的预测，典型样本类推市场总体的预测，国外市场类推国内市场的预测等。一般来说，越相似的事物，市场类推预测的效果越好。

（五）因果性原理

因果性原理是指市场中的各种因素、各种现象之间存在着一定的因果关系，人们可以从市场因素或市场现象变化的原因推测变化的结果。因果关系广泛存在于世界万物之间，在市场和经济现象中也普遍存在，发现市场预测对象与其他市场因素之间的因果关系，并利用这种关系进行预测是一种较为可靠的预测方法。

二、市场预测的原则

市场预测的基本原则是在市场预测的原理指导下，充分考虑了实际预测中的操作问题和准确性问题而得出的基本规则。进行市场预测一般应遵循下面的原则：

（一）科学性原则

市场预测的科学性原则是指在市场预测的全过程中应遵循科学的思维方式和操作方法。具体来说，市场预测应是在调查研究、科学实验和广泛收集客观信息资料的基础上，运用一定的程序和数学方法，掌握市场现象的发展变化规律，并对可能出现的情况、结果和水平作出客观的、科学的描述。科学的市场预测是在市场预测基本原理的基础上进行的，不是主观的随意猜测。缺乏逻辑性思维的经验估计，临时拼凑出来的数据，应付上级检查作出的"官"样文章以及充满水分的"预测报告"，都是不科学的、不健康的预测行为，这对企业的市场预测结果，甚至对企业的经营会产生难以估量的恶果。

（二）连续性原则

由市场预测的连续性原理出发，在具体市场预测中强调对预测对象及其相关因素的过去和现在资料的全过程的收集和分析，以便据此推测未来。这些历史资料的缺少或中断都会对市场现象变化规律的研究产生不利影响。所以企业在平时的经营活动中应注意市场有关信息数据的收集积累和加工处理，以便为某一时刻的市场预测做好准备。

（三）低成本原则

市场预测是一项复杂的超前性研究工作，必然耗费一定的人力、物力、财力和时间。按照低成本原则进行市场预测，就是在保证预测结果精确度要求的前提下，合理选择样本容量、预测方法和预测工具，以最低的费用和最短的时间，获得最佳的预测结果。市场预测项目如同企业其他经营项目一样，也应在预测之前做好计划，核算成本，切忌过于追求精确度，而不顾成本的消耗。

（四）及时性原则

市场预测具有很强的时效性，即在一定时间内得出的预测值，对企业具有很高的参考价值，过了预测时段，或预测时间过长，其作用就逐渐削弱。及时性原则强调在市场预测中按照具体预测目标的要求，合理地安排预测各个阶段的工作，把握它们的时间进程，以便在规定的时间内完成预测结果，实现市场预测的经济价值。另一方面，及时性原则还体现在时间上的连续性预测，如周、月、季、半年、年度或三年、五年预测。这种规范化的市场预测将对企业的现代化管理和运作极为有利。

（五）定性分析与定量分析相结合的原则

市场预测的方法很多，大致有定性分析和定量分析两大类（详见本章第四节），每一类方法都有各自的优点和不足。实际市场预测中应考虑从多个角度分析预测问题，这就涉及可能需要用多种方法进行预测。通常把定性分析预测的结果与定量分析预测的数值进行比较和论证，也就是说把两类方法结合起来使用，才会收到更好的预测效果。

总之，市场预测是一项科学性、实践性很强的工作，搞好市场预测工作的根本在于，预测者要有科学的、客观的态度，认真负责的精神，广博的知识和应用能力，以及科学的方法和技术，这样才能使预测工作顺利展开，并使预测结果准确、可靠，从而可以有效地防止企业经营决策的失误。

三、市场预测的过程

虽然各企业市场预测项目可能不同，预测的内容、方法、条件等也可能不同，但为保证市场预测的质量和效率，都应遵循科学的工作程序。通常，市场预测的过程见图6－1。

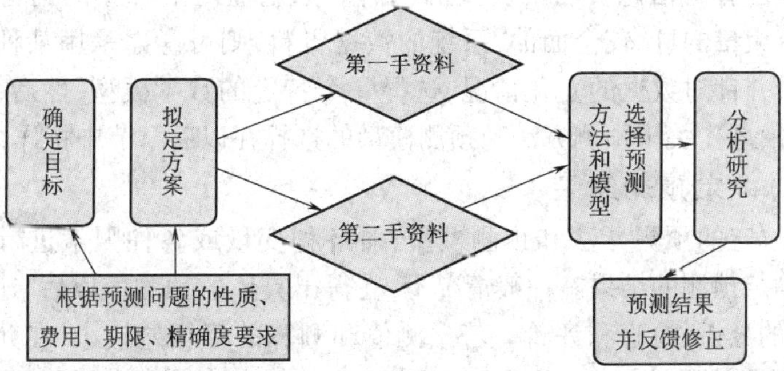

图6－1 市场预测的过程

市场预测具体步骤如下：

（一）确定预测目标

确定预测目标，就是要确定预测的内容、范围、要求和期限。预测目标是整个预测工作的主题，因此，确定预测目标要准确、清楚和具体。例如，要明确描述：预测什么；通过预测解决什么问题；是对一种产品的预测，还是对几种产品的预测；是中期预测，还是长期预测；是地区性预测，还是对企业产品涉及范围的预测等。

（二）拟订预测方案

企业进行市场预测应是一种有组织、有计划、有核算的经济行为，如同企业的其他业务工作一样。所以预测组织者应根据预测目标的内容和要求，制定市场预测工作的整体计划，它包括人员的安排、任务的布置、阶段的目标和资金的投入等，为全面开展预测工作做好组织上、行动上和财力上的准备。

（三）收集整理资料

市场预测中使用的信息、数据资料是指与预测目标有关的所有历史的和现实的资料。它包括通过各种调查形式得到的第一手资料和通过报纸、杂志、政府或学术机构公布的统计资料或研究结果获得的第二手资料，以及企业自身积累、汇总得到的内部资料。值得注意的是，市场预测并非把收集到的原始资料（文件、文章、数字、消息等）全盘吸收，而是要整理、筛选、分析，去粗取精，去伪存真，全面、客观、真实、准确地占有有关资料。由于对市场预测对象的基本变化规律的识别依据的就是这些资料，所以它们的质量和可靠性是提高预测效果的关键。

（四）选择预测方法，建立预测模型

市场预测方法的选择，一是看预测目标的性质和费用、期限、精确度等要求；二是看占有的信息资料的类型和内容。如企业对下一年的销售量进行预测，现拥有大量的、比较全面的、系统的数据资料，则可考虑采用某种定量分析预测方法，并针对数据的变化情况，选择一个特定的数学模型，然后分析参数，建立预测模型。关于预测方法和预测模型的选择在以后章节中将详细介绍。

（五）确定预测结果

利用选定的预测方法和预测模型，对各种变量或各种因素进行计算或分析，即可确定预测的结果。一般情况下，在得出具体的预测值以后，还应对其进行进一步的分析、检验和评价。若预测值和测算的值相差较小，在允许的范围之内，则预测效果较好，可以采用，否则不能使用，或经调整后再使用。对预测值的评估，还可以考虑采用其他预测方法进行基本判断，如由定量分析数学模型得出的预测结果，可以再结合定性分析的某种方法进行逻辑推理判断，由于双方侧重点不同，相当于从不同角度看待同一个问题，若能得出较为一致的结论，说明预测效果较好。

在企业实际进行市场预测时，预测人员最后还应写出预测报告。预测报告的主要内容有：预测的目标、预测的内容、预测的人员、预测的具体方法、预测的结论及评价意见，最后还应附上所使用的原始资料及记录。

第四节　市场预测的方法及精确度分析

一、市场预测的方法

市场预测的方法大致分为两大类：定性分析预测法和定量分析预测法，并且每一大类中又包含一些具体的预测方法（见图 6－2），它们各有自己的预测特点和用途。本章只对定性预测方法和定量预测方法做大致的介绍，以后章节再对其他预测方法做详细解释。

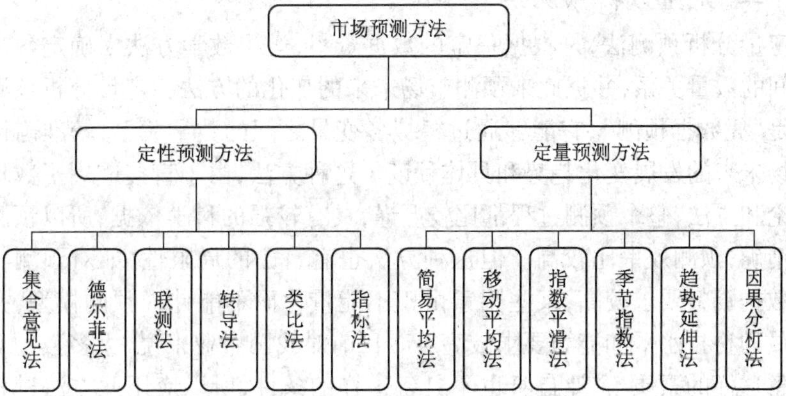

图 6－2　市场预测方法

（一）定性分析预测法

定性分析预测法，又称判断分析预测法，是凭借预测者在市场活动实践中获得的经验、知识和综合分析能力，通过对有关资料的分析推断，对未来市场发展变化趋势作出性质上和程度上的估计和测算的方法。这种方法有着非常显著的特点：节省时间、节省费用、灵活多变，如果运用得当，极具实用价值。判断分析预测法是一种传统的预测方法,在过去商品经济不够发达,预测技术和手段比较落后的情况下,判断分析预测法在市场预测中占据着主要地位。随着社会、经济、市场的发展和科学技术的进步,市场竞争异常激烈,行情变幻莫测,信息交流快捷,仅靠一个或几个人的经验和知识等进行判断分析得出预测结果,显然存在着明显的不足。但是,现代的判断分析预测法,已突破了传统的定性分析方法的局限性,它将不再是依靠一个或几个人,而是靠一个掌握着现代经济理论、科学技术和先进预测方法的群体,这个群体借助于一整套科学的预测方法,如德尔菲法、联测法、转导法、扩散指数法等,进行逻辑推理性思维和预测。判断分析预测法虽是定性分析的方法,但其中隐含了深刻的数理统计学和行为科学等学科的思想和方法,所以用现代判断分析预测法进行市场预测具有一定的可靠性和科学性,它在市场预测中仍占有十分重要的地位。特别是在市场数据资料不够充分,预测项目的历史资料欠缺的情况下,这种方法具有很重要的应用价值。判断分析预测法也有明显的弱点,如过分依赖于预测者个人或群体的素质(知识、能力、经验等),所以如果使用该方法独立进行市场预测,特别是对大领域、长周期或企业战略性规划项目进行预测,其预测的范围、深度和精确度都受到一定的限制。

(二)定量分析预测法

定量分析预测法,是根据一定的数据资料,运用数学方法来确定各市场变量之间的数量关系,并据此来预测市场未来的变化的方法。定量分析预测法的特点是“凭数据预测”,它能够通过模拟各变量之间的数量关系,较准确地测算出市场未来的发展变化趋势和具体程度。这种方法,由于直接应用了数理统计的理论和方法,整个预测过程都比较严谨,具有较强的科学依据,所以预测结果比较精确,预测效率比较高。但这种方法也有自己的局限性,如对预测项目的历史数据资料要求较高,某些因素由于不能量化而不能计入预测模型,并对预测人员的科技水平和能力要求较高等。目前对我国企业来说,大多数预测人员不具备这样的素质,企业自身也不具备这样的条件,所以应用此方法进行普遍的、经常性的或重大项目的市场预测有一定的难度。定量分析预测法大致分为两大类:时间序列分析法和因果关系分析法。时间序列分析法中有常用平均法和趋势延伸法;因果关系分析法中有回归分析预测法和经济计量预测法。

在市场预测的实践中,经常将定性分析市场预测法与定量分析市场预测法结合起来应用,这更能增加市场预测的灵活性和准确性。定性分析预测法和定量分析预测法,各自都有一定的优点,并具备相当程度的科学性,但它们在独立进行市场预测时,难免受到自身弱点的限制。如定量分析预测法,在根据市场现象的历史资料和现实资料对市场现象的变化进行预测时，只能根据市场现象过去的发展变化数据和影响市场的一个或几个主要因素的数据，去推断市场现象未来的发展变化数量。这当然是具有一定科学性的，也是市场预测中十分需要的。但市场现象未来的表现毕竟不会与过去和现在的发展变化规律完全一致，也毕竟存在着一些对市场现象有比较重要影响的因素无法量化或难于收集到量化资料，这些都会对定量市场预测法的预测结果准确性产生不利的影响。而如果用定性市场预测法与定量市场预测法相结合，充分发挥各种方法的优势，如预测者能发挥其主观能动性，根据他们的实践经验和判断分析能力，对难于量化的影响市场现象的因素，以及市场现象未来发展变化特点与其过去和现在的不一致之处，进行深入细致的分析研究，据此对定量市场预测法所得到的预测值，加以适当调整或补充，这对于提高市场预测的精确度显然是非常有利的。

二、市场预测的精确度

在实际市场预测中，提高预测的精确度，即降低预测的误差是每个市场预测工作者所特别希望的。准确的市场预测结果可为制定科学的宏观经济计划或微观的企业经营策略提供可靠的重要依据，从而为企业带来巨大的经济效益。相反，偏离太大的预测值将为企业带来难以估量的经济损失。下面对市场预测误差产生的原因、精度的测定及提高市场预测精确度的途径作出分析。

（一）市场预测误差产生的原因

影响市场预测效果的原因很多，其中有客观的原因，也有主观的原因。市场处于错综复杂的变化之中，由于受供给能力与需求结构、人口及其素质、价值观念、收入与价格、经济政策等因素变化的影响，市场预测值往往与市场实际运行结果之间出现一定的偏差，这就是市场预测的误差。此外，市场预测是对未来的市场变化情况作出的推测，它本身就存在着极大的不确定性，而预测对象又是一种受许多因素影响不断变化着的事物，所以对它的预测结果必然存在着误差。再考虑到预测人员的数量、代表性、业务素质、实际经验、工作态度、互相配合的程度及预测方法和具体模型的选择等情况，也会导致市场预测产生误差。

（二）市场预测精确度的测定

市场预测的结果是否与预测对象未来发展情况相吻合，一方面取决于预测对象本身的发展进程及影响其发展的各种因素的作用效果；另一方面，取决于预测者和决策者认识客观市场现象和自觉控制市场现象发展方向的能力。人们能否自觉而准确地认识市场现象发展变化的内在联系即规律性，是预测结果是否符合市场现象未来发展实际的决定性因素。科学的市场预测绝不是随心所欲的主观估测，更不是拍脑门的凭空想象，而是根据历史的和客观的资料，运用科学分析方法，探求市场现象的内在联系和发展规律，明确其发展的方向，分析和推测未来的变化趋势和程度。

市场预测的精确度就是市场预测值与实际值相接近的程度。市场预测的误差，是指预测值与实际值之间的偏差。预测误差的大小表示了预测精确度的高低。实际的市场预测误差或精确度必须要在依据市场预测值作出的计划或决策实施以后，通过跟踪监测预测值与实际值的比较才能得到。也就是说，通过实践的验证来确定市场预测的精确度，这是一种事后行为。常用的市场预测精确度的指标为：

$$\text{预测的精确度} = 1 - \frac{|y - \hat{y}|}{y} \times 100\%$$

式中：$\hat{y}$ 表示预测值或理论值；

y 表示实际值。

通常，预测精确度达到 90% 以上，就为高预测精确度，低于 70% 为预测不准，介于二者之间则为预测基本准确。但对不同的问题有不同的衡量标准，如我国证监会规定，若企业年度报告的利润实现低于预测数的 10% –20% 的，发行公司聘任的注册会计师应在指定报刊上作出公开解释并致歉。若比预测数低于 20% 以上的，除要作出公开解释和致歉外，中国证监会将视情况实行事后审查。所以这项预测精确度的指标要求必须控制在 90% 以上，此值也应作为目前企业进行市场预测的重要参考标准。

在实际市场预测中，预测人员或企业的各方面总是力求预测结果与实际情况接近一些，即预测误差小一些，保证在允许的误差范围之内。所以人们往往在选择预测方法和进行预测的过程中，通过数学模型自身的检验方法或一些统计误差计算方法，预先估算出使用某种预测方法得出的预测值的理论误差，然后进行比较，选择误差最小的预测方法进行预测。常用的评价数学预测模型预测误差的指标有：平均误差、平均绝对误差、均方误差和标准误差。对一些数理统计方法数学模型，一般都有一套独立的误差评价检验方式，如回归模型的各种检验，可直接应用预测模型得出的估计值（或理论值）与历史实际值比较算出误差。

（三）提高市场预测精确度的途径

在市场预测中，人们非常关心的是预测的精度有多大，这个问题是难以回避的,也是衡量预测人员工作业绩的标准。现实地说,市场预测误差是客观存在的。市场因素变化的复杂性、市场资料的不够完整或系统、预测方法的不合适,甚至预测人力或资金投入的不足等,都可能导致较大的预测误差。这无疑会对市场预测的精确度产生不利的影响,致使预测结果不能被采纳。市场预测误差虽然是不可避免的,但预测者却可以通过各种努力将它控制在最低限度。这是因为预测工作除了应具备各种条件和消除主观因素造成的预测误差之外,从根本上说,市场现象的变化本身是由其客观规律所决定的。只要预测人员认真研究市场现象的历史变化特征,发现它的规律性,选择适当的方法来最佳地模拟这种规律,并利用这种规律对未来进行预测,就可将预测误差限制在合理的误差区间范围内,从而实现市场预测的真正价值。当然,超出此区间的“误差”则是一种不合实际的错误判断,也就失去了市场预测的意义。提高市场预测精确度通常有如下做法:

1. 提高预测人员的素质

企业进行市场预测,其预测精确度的大小与预测人员的素质高低有重大关系。只懂数学计算不懂市场的人做不了市场预测,反过来,只有市场经验,不了解现代预测方法和技术的人也难成功。所以出色的市场预测人员应具备多学科的知识和市场工作经验以及综合分析判断问题的能力。对于大型预测项目,要求预测者除具备良好的学科知识、工作经验、心理素质之外,还须具备同事之间相互协作、共同探讨交流的能力。拥有高素质的预测人员,是企业提高市场预测精确度的重要途径。

2. 保证数据资料的系统性、可靠性和全面性

掌握全面、系统、可靠的市场信息数据资料,是提高市场预测精确度的基础。数据资料不全,或数据资料失真,都会导致较大的市场预测误差,甚至导致市场预测的失败。现代企业管理应注意建立规范的数据库,长期积累和保存与企业市场预测有关的信息数据资料。

3. 选择合适的预测方法和预测模型

市场预测方法和具体预测模型的确定、变量的选取、样本容量的大小,以及计算过程中的误差,都可能造成预测结果较大的偏差。所以在实际预测中,对预测方法、预测模型等的选择,尤其要特别慎重。

4. 预测误差的控制和修正

市场现象如同其他事物一样,存在着一种内在的、固有的、客观的规律性。市场预测就是根据它的规律性来对其未来进行预测的。但一般来说,市场发展规律发生作用的条件不变,此规律才会延续,也就是说,市场现象才会发生重复,而且它并不是简单的重复。所以这就要求预测人员根据市场条件的变化及

时修正预测的误差,如核对数据资料,及时补充最近的信息,适当修改模型等,从而控制和调整预测误差,保证预测值的真实可靠程度。

5. 分段预测

若要求预测的时间跨度很大,则最好分段预测。

第五节　企业市场预测方法的选择

市场预测中可供采用的预测方法有很多,每种预测方法都有自己适用的不同的市场现象表现出的发展变动规律。企业进行市场预测时所选用的预测方法是否合适,一方面表现在预测方法本身是否具有科学的依据;另一方面表现在预测方法的适用性是否得到了发挥。如果企业选择的预测方法不适合所预测的市场现象的发展变化规律,则取得的市场预测结果必然是不准确的。所以企业在进行市场预测时,挑选预测方法必须十分慎重。一般情况下,企业进行市场预测时,应根据以下几个条件选择预测方法。

一、选择预测方法的条件

市场预测项目的基本要求,如预测的目的、内容、时间和费用及占有的资料等是选择预测方法的重要条件。尽管对不同的市场预测领域,或不同的预测目标,可以有多种不同的预测方法,但从实用和科学的角度来一一分析,再考虑到预测时间的限制和预测费用的约束以及占有的资料情况,实际可操作的预测方法类型就可以较明确地选择出来了。如企业对预测问题拥有充分的数据资料,则可选择定量分析预测法;若企业对其未来发展方向和总体规划问题进行预测,且有较为宽裕的时间和费用,则可考虑采用定性分析法中的德尔菲法进行预测等等。

二、预测人员的水平

企业市场预测人员的水平或素质如何也是选择预测方法的重要依据。如果预测人员是多年从事市场经营活动的业务人员,有着丰富的市场工作经验,对客观市场现象本质及规律的认识深刻,并且善于对模糊的市场现象进行透彻的分析,则采用定性分析方法将有利于企业迅速地得出预测结论。对于那些具有较高的现代预测技术分析应用能力的预测人员来说,采用定量分析预测方法,可对大范围的复杂的中长期的市场现象变化规律进行更为精确的预测。

三、各种预测方法或模型的特征

在市场预测中,同一种预测方法也可以适用于不同的预测领域或不同的预测目标,但在定性分析法中,每一种具体方法都有较为明显的应用领域或适用特征,一般比较容易分辨;而在定量分析法中,许多预测方法大同小异,企业若要选择适用性最佳的预测方法或预测模型就必须进行更为细致的分析。下面我们介绍常用的预测模型的选择方法。

在定量分析法中,为预测变量配合一个符合实际发展变化规律的模型是科学预测的关键。由于可以近似地用作市场现象发展变化的数学模型是无穷的,市场现象本身的演化规律也是千姿百态的,因此,我们不可能穷尽各种方法来描述它。所以,企业预测者既可以结合自己的实践,运用一些数学方法创造性地开拓预测目标变化规律曲线描述和延伸的方法;也可以参考常用的预测模型的识别方法,如经验法、图形识别法和差分法。

经验法是选择模型最直接、最简易的方法。它是预测者根据本人的经验或专家集体的经验,给常见的市场现象的发展变化规律确定数学模型。经验法是一种主观的方法。要使经验法更加符合客观实际,就要靠预测者平时正确的观察积累。运用经验法选定模型包含了预测者对市场现象发展的定性预测。所以定量和定性的关系总是不可偏废的。这里预测者可以考虑这样一些因素:①预测变量过去的变化过程曾用过哪一种经济理论描述,其规律是什么;②类同的市场现象已知是依什么规律变化的;③预测变量是否是单调递增的,递增的条件今后是否存在;④预测变量的极大值、极小值情况,以及极值的限制;⑤预测变量发展过程是否有外界条件和时间上的限制。总之,预测者要深刻理解市场现象在一定条件下的发展趋势,才能正确地把市场、经济与数学结合起来,延伸预测市场现象的未来。

图形识别法是较为典型的统计方法。预测者将样本的时间数据绘制为以时间 t 为横轴,以预测变量值为纵轴的曲线图,注意一般是要先将一些孤立的点连成平滑的曲线,然后将所绘图形与已知各种数学曲线模型进行比较。此时应注意两点:①所绘图形与数学模型只是近似接近,不可能完全重叠。②如果所绘图形变化不明显,可以调整坐标轴的长度单位,调节图形各部分的比例,重新描点连图。实际的预测变量的变化曲线往往不可能依靠直接观察就确认为属于某种模型,而是同时与几种模型所描述的规律或曲线接近。这样可以先选几个模型,或者是进行进一步的分析确定应选用哪一个模型,或者是同时用几个模型计算,最后比较各模型的精度来确定。

差分法是一种数学常用方法。其特点就在于较为准确,精度较高,但是其计算量较大。一般这些计算对于后来的参数估计还是有用的。差分法是计算时间序列的阶差,根据不同阶差的特征来识别不同的模型,常用的具体方法有一阶阶差和二阶阶差判断方法。

本章小结

市场预测是在市场调查的基础上,对市场现象的未来发展变化趋势和变化程度所进行的估计和测算。市场预测是政府机构制定经济政策和调控市场的重要依据,也是企业进行现代化经营管理和科学决策的重要手段。市场预测的内容主要有市场供应情况预测、需求情况预测、科学技术发展预测和经济政策变化情况预测等。市场预测人员应理解预测的可知性原理、系统性原理、类推性原理、连续性原理和因果性原理,并以此指导具体的预测工作。市场预测是一种理论性和实践性都很强的工作,应遵循科学性原则、系统性原则、连续性原则、及时性原则和低成本原则,坚持科学的操作程序;确定预测目标、制定预测计划、选定预测方法、建立预测模型、进行实际预测,并检验评估预测结果。

市场预测的方法大致分为定性分析和定量分析两大类型,但实际预测中为保证预测的效果,通常采用二者相结合的方法进行预测。另外,企业可根据其市场预测项目的具体内容及要求选择预测方法类型,然后根据数据资料的变化特点选择具体预测模型,以争取最佳预测效果。

复习题

1. 市场预测对宏观经济和微观经济的意义是什么?
2. 目前企业在市场预测中存在着什么问题?
3. 如何提高市场预测的精确度?
4. 市场预测中应遵循的基本程序是什么?
5. 简述市场预测的主要内容。
6. 企业进行市场预测应具备什么条件?
7. 如何收集市场预测所需的基本资料?
8. 对具体的市场预测项目,应选择哪种预测方法?

实训题

1. 调查你校内一个小超市管理与营销状况，为其未来发展前景确定科学的预测过程。

2. 选择一个经典的预测案例，分析其预测结果的精确度。

案 例

案例一 2013 年中国经济走势预测：分化严重

大公财经综合，近日对 2013 年中国经济走势的预测各家观点出现比较大的分歧，部分研究机构将预测值调高，部分观点将预测值调低。最为乐观的预测认为，2013 年中国经济增长能达到 9% 以上；最为悲观的预测认为，中国经济增长有可能在 7% 以下。

9.3%：最乐观的预测

从目前各家机构对明年的预测来看，9.3% 的增速预期是目前预测最高的。

刘元春是在中国宏观经济论坛上代表课题组介绍《中国宏观经济分析与预测报告(2012－2013)》时进行如上表述的。他说，存货周期逆转、消费持续增长、外需小幅回升和投资持续加码等多因素的作用下，中国宏观经济重返复苏的轨道。

对于明年的经济形势，刘元春指出，2013 年不仅是中国宏观经济完成由“复苏”向“繁荣”的周期形态转换的关键期，也是中国迈向新结构、超越新常态的关键年，也是多重因素叠加充满不确定性的一年，更是全面确立和落实新经济发展战略的一年。

“利用模型预测，我们认为 2012 年由于第四季度超预期的状态，今年 GDP 将达到 8%，物价水平 2.6%。明年中国经济将重返 9 时代，达到 9.3%，CPI 出现反弹，达到 4.1%。”刘元春说。

另据汇通网 10 月 9 日讯，荷兰国际集团(ING)驻新加坡首席亚洲经济学家康迪天(Tim Condon)认为，中国 2012 年经济增长放缓是政府为配合政策转型的人为影响，而 2013 年政策影响将放宽，因此预计届时经济增长将加快。因此，荷兰国际集团分析师团队预计，中国 2013 年 GDP 增幅将加快至 9.0%。

8%左右：相对仍乐观的预测

据财经网报道，10月12日，中国社会科学院发布了“中国经济形势分析与预测”2012年秋季报告。报告预计，2012年中国经济增长速度将比上年有明显回落，全年GDP同比增速可能为7.7%，比上年回落1.6个百分点；2013年，中国经济将实现平稳增长，GDP增长率为8.2%左右。

据汇通网报道，美银美林经济学家陆挺在10月30日发布的最新报告中上调中国2012年和2013年经济增长预期，目前预计中国经济将分别在2012年和2013年增长7.7%和8.1%。

清华大学中国与世界经济研究中心预计2013年上半年中国GDP增速为8.2%，全年增速为8%。

7.5%：市场普遍预测

据经济之声《天下财经》报道，媒体报道，2012年中央经济工作会议将于12月在北京召开，而市场关注的2013年中国GDP增速目标，可能将设定为7.5%。

据新闻网报道，瑞银证券将2012年和2013年中国GDP增长预测分别从8%和8.3%下调至7.5%和7.8%。

9月19日，渣打银行发布2013年中国宏观经济预测报告，预计2013年GDP增长为7.8%。

据新浪财经报道，华泰证券于11月26日在三亚举办题为“改革谋求新转机”的会议上表示，未来央行货币政策的弹性宽松空间，2013年GDP增长率预测为7.5%。

7%以下：比较悲观的预测

中国宏观经济学会秘书长王建2012年初接受和讯网访谈时发出警告，2013年中国经济增速或存在破六可能。王建认为，中国经济增长的内生因素均出现剧烈收缩，宏观经济三年下行趋势已定，未来两年经济增长年均下降1－2个百分点，直到2013年才能见底，在欧美进入衰退的情况下，不排除2013年有破6%的可能。

资料来源：大公财经，2012－11－26 11:51:25http://www.takungpao.com/finance/content/2012－11/26/content_1392323.htm 2013.12.5

思考讨论题：

1.查找2013年中国GDP等实际实现的经济数据，与文中各种预测值进行比较，计算它们的预测误差。

2.查寻更多的相关资料，试分析研究预测偏差较大的原因。

3. 理解经济预测、市场预测的复杂性,分析在未来的市场研究工作中怎样避免出现较大的误差。

案例二　消费者信心指数

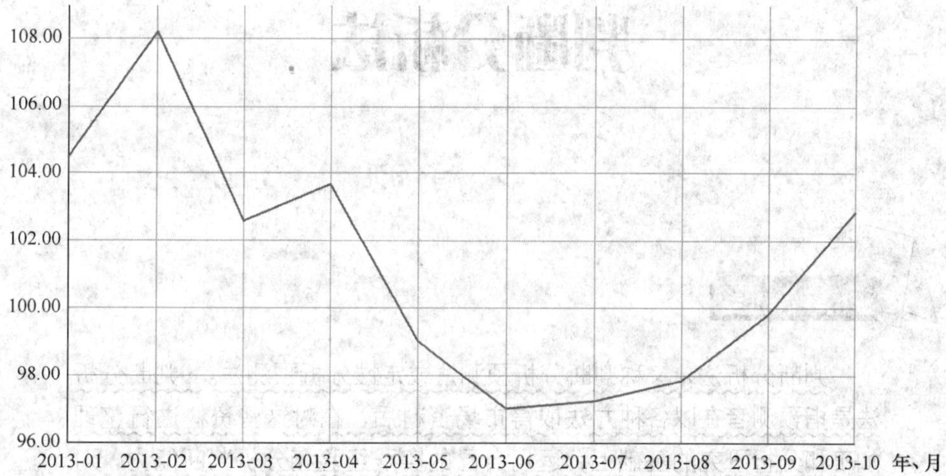

消费者信心指数

思考讨论题:

1. 查找更多的相关资料,思考 2013 年 6 - 7 月份消费者信心指数走入低谷的原因。

2. 理解宏观趋势和具体指标对市场营销调研的影响。

第七章

判断分析法

本章提要

判断分析法，又称判断分析预测法或定性分析预测法。判断分析法是指预测者在以各种方法取得市场资料后，在对这些资料进行整理加工和分析研究的基础上，运用自己的实践经验和分析判断能力，对市场未来的发展变化趋势作出估计，并测算出预测值的方法。判断分析法又称定性分析预测法，是一种很重要的预测方法，其中包括许多具体的预测方法和预测技术。在市场预测实践中，判断分析法是对各种市场现象和影响市场变化的各种因素进行综合预测所必不可少的重要方法。本章从判断分析法的基本原理和特点出发，介绍它的一些具体方法，如德尔菲法、联测法、转导法、类比法以及指标预测法等。

第一节　判断分析法的原理与特点

一、判断分析法的预测原理

（一）判断分析法在实际市场预测中的必要性

判断分析法又称作定性分析预测法，是从市场现象变化的性质上来对市场未来的发展变化趋势作出判断估计。虽然它只能对市场未来的发展变化提供一个大致趋势，但实践证明，它是一种不可缺少的预测方法。众所周知，定量的方法是科学的预测方法，但是运用定量的预测方法需要具备一定的条件。当不具备定量分析的条件时，就需要通过对市场发展变化性质的分析，来对未来的市场作出判断，由此来推测市场未来的发展趋势。例如，商品的历史资料不完备，数据不确切，这样就难以完全运用定量的分析方法，而只能运用定性的分析方法，通过判断、推理来确定市场预测值。另外，有些市场经济变量很难定量测量，如消费者心理的变化对公司某商品销售额的影响；某宏观方针政策的变化对市场未来的影响等。这些只能通过定性的分析手段来帮助预测者作出判断。除此之外，判断分析预测法还可以作为一项辅助工具，对定量分析预测作出补充。如在定量分析中需要对变量的选择和模型的合理性作出经济意义方面的检验时，判断分析法就可以对此作出非常有效的逻辑性的判断。因此，即使在现代科学技术条件下，定性分析预测法仍然是市场预测的客观需要。

（二）判断分析法的预测原理

判断分析法虽然主要是依据预测者对社会、市场、经济的知识、经验、智慧，以及分析判断能力来进行预测，但这种预测并非是盲目的、主观武断的和头脑发热得出的结论。它也是在遵循了一般市场预测的基本原理的基础上，发现并探索市场、经济运行或变化的规律，找出其内在的本质的变化特征，从它们的性质上发现和推断变化的趋势和方向，由此得出预测的结论。对于一些关系或结构明显的市场现象运行模式，以及经济规律性很强的市场预测问题，判断分析法更易于得出预测结论。

二、判断分析法的预测特点

历史上有不少人凭着个人敏锐的观察分析能力、积累的经验、少量的数据，对市场、经济的方方面面作出了杰出的预测。直到科学技术高度发达、预测方法更加严谨的今天，无论其作为一组独立的方法，还是作为定量方法的补充，判断分析法仍在被广泛运用着。这是因为它有着独特的优势。

（一）判断分析法的优势

1. 预测时间短

判断分析法对预测者个人的素质要求很高，其中直觉的作用是经验判断的重要方面。在市场预测中，直觉是对突然出现的市场现象变化的一种迅速的识别、敏锐而深入的洞察、直接的本质理解和综合性的整体判断。但应注意，直觉是在经验积累的基础上产生的。这种判断不是分析性的，不是按部就班地进行逻辑推理得出的。因此,它不需要太多的时间就可得出结论。现代企业面临着激烈的竞争、千变万化的市场环境,这种环境不允许企业花费很长的时间从事市场调查和市场预测,而判断分析法恰恰可以满足现代企业市场预测的需求。特别是在确定一些市场现象变化的方向性、趋势性预测问题上,判断分析法更有其独特的优越性。

2. 灵活性强

由于判断分析法是根据以往的经验总结出来的方法,又由于各个行业、各个企业有自己不同的特点和发展规律,所以,判断分析法在运用方面是非常灵活的,是多种多样的。企业完全可以根据自己的特点和规律创造出适合自己的市场预测方法。判断分析预测法的这一优势是定量预测法无法比拟的。

3. 节省费用

由于这种方法是建立在以往经验的基础上的,不必花费大量的资金从事市场调查、数据处理、建立模型和复杂运算等,所以其费用比定量的方法要少得多。

(二)判断分析法的弱点

1. 差异性

由于经验是一种没有统一规则,没有固定格式或模式的知识积累和思维活动,又由于个人的经历、感受和知识结构的差异,会形成不同的思维习惯、方法和模式,从而形成了个人经验的差异性。这种差异性可以被看作判断分析法进行预测的主要特征。一位有着多年经营经验的业务主管同一位刚刚参加工作的业务员对市场的判断肯定是不同的。同样,即使是多年在同一行业从事同一类业务的人员,对该行业前景的判断也未必完全相同。所以,差异性是判断分析预测法的一个突出的弱点。如果预测人员对此法应用不当,可能招致巨大的预测偏差,对企业决策带来极度不利的影响。

2. 预测范围有限

市场环境越复杂,经验判断的能力就越低。当预测问题涉及广泛的区域、多重的目标市场以及多项政策法规时,仅靠判断分析预测法从事预测很难得出科学结论,必须结合定量预测方法进行预测。

3. 预测精度有局限性

由于判断分析法只使用很少的数据资料,主要依靠经验和主观概率判断得出预测结论,所以,一般情况下,它只能给出一个大概的估算范围和基本的判断内容,或指出一个总体变化方向和趋势。当然有时基于预测者对预测对象的充分观察与了解,周密细致的分析研究,充分考虑了各种客观因素对市场现象已产生的和可能产生的影响,对市场发展变化的程度和可能达到的水平、规模,以及发展变化中将会出现的转折点等,得出较为科学的数值测定的结果。但通常情况下,它很难给出一个非常有说服力的确切的预测范围,只有与定量预测方法结合起来,方能得出更为精确的预测值。

第二节 集合意见法和德尔菲法

一、集合意见法

用判断分析法预测时,预测者根据自己的经验和知识及能力直接得出结论,称为个人判断分析预测法。目前在我国的许多企业预测决策中,这种情况比较常见,特别是企业主管、部门主管或业务主要负责人作为预测者时多采用这种方法。当然,在企业运营中,企业主管必须时时对一些市场问题作出预测决策,但如若对一些企业重大问题进行预测,仅依赖于个人经验时,则难免出现漏洞。现在我国一些企业生命周期很短,如许多上市公司一年绩优,二年绩平,三年绩劣,从预测方面来看,确实存在着相当大的问题。

集合意见法又称集合经营与管理人员意见法,是集合企业主管、管理人员和业务人员三方面的预测方案,加以归纳、分析、判断,确定企业预测方案的预测方法。其过程是,首先由经理根据经营管理的需要,向下属管理部门(如销售部、生产部、财务会计等部门)和业务人员提出预测项目和预测期限的要求,然后下属部门和业务人员根据经理指示提出各自的预测方案,最后再对经理的预测方案、管理人员和业务人员的预测方案进行综合分析判断,最后得出企业的市场预测值。

这种预测方法,避免了个人判断分析法对个人素质的过分依赖,广泛采纳了多方面的意见,并吸取了各类人员的才智,上下多层多角度结合可以制定出能反映客观实际的预测方案。显然,这对企业来说是一种较为实用的、比较有效的市场预测方法。

二、德尔菲法

(一)德尔菲法的含义

德尔菲法(Delphi method)又称专家意见法,它是由美国的兰德公司(Rand)于1946年首创和使用的。20世纪50年代以后,在西方盛行起来。德尔菲是古希腊一座城市的名字,该城有一座太阳神阿波罗的神殿,因阿波罗能预卜未来,故后人借用德尔菲比喻神的高超预见能力。后来有不少预言家,都曾先后在此发表演说,提出各种预言。从此德尔菲就成为专家提出预言的代名词。

德尔菲法最早出现在第二次世界大战后,是当时美国为了预测在其"遭受原子弹轰炸后,可能出现的结果"而发明的一种方法。1964 年美国兰德(RAND)公司的赫尔默(Helmer)和戈登(Gordon)发表了"长远预测研究报告",首次将德尔菲法用于技术预测中,之后德尔菲法便迅速地应用于美国和其他国家。除了科技领域之外,德尔菲法几乎可以用于任何领域的预测,如军事预测、人口预测、保健预测、经营和需求预测、教育预测等。此外,它还用来进行评价、决策和规划工作,在长远规划者和决策者心目中享有很高的威望。据《未来》杂志报道,从 20 世纪 60 年代末到 70 年代中,专家会议法和德尔菲法(以德尔菲法为主)的使用在各类预测方法中的比重由 20% 增加到 24.2% 。20 世纪 80 年代以来,我国不少机构也采用德尔菲法进行了预测、决策分析和编制规划工作。

在德尔菲法提出和应用之前,人们常用专家会议法来广泛征询专家的意见,进而作出预测。专家会议法是根据市场预测的目的和要求,向有关专家提供一定的背景材料,请他们就市场未来的发展变化作出判断和估计,并在专家会议上提出和解释各自的看法,最后经组织者统计专家意见而得出预测值。这种方法使专家有面对面交流、争论、探讨的机会,所以,它至今仍是一种在国内外广泛使用的预测方法。

德尔菲法虽然也是一种由专家参与市场预测的方法,但它与专家会议法在操作方法和预测步骤上有明显的不同。它是由各位专家用书面形式独立地回答预测者提出的问题,并经过多次反复修改各自的意见,最后由预测者进行综合分析,确定出市场预测值。正是由于这种独特的预测手段和过程,使德尔菲法成为市场预测判断分析法中最重要、最有效的一种方法。德尔菲法应用十分广泛,可用于预测商品供求变化、市场需求、产品成本、价格、商品销售、市场占有率、商品生命周期等方面。这种方法不但可在企业预测中发挥重大作用,还可在行业预测、宏观市场预测中采用。它不仅可用来进行短期预测,还可用来进行中、长期预测,尤其是当预测中缺乏必要的历史数据,应用其他预测方法有困难时,采用德尔菲法更能收到较好的效果。

(二)德尔菲法的特点

1. 匿名性

各位专家在整个预测过程中,完全不知道还有哪些人也参加了这项预测工作,所以他们只是根据预测组织者所给的统一背景资料和自己的经验、知识等,在不受其他人意见(如权威或上司意见)影响的情况下,独立地作出预测结论。所以,德尔菲法的匿名性特征,可使各类专家充分发挥自己的才能和坦率地发表自己的见解,避免了会议交流中各种因素对专家个性和心理状态干扰的不利影响。

2. 反馈性

德尔菲法要经多次收集和反馈意见,每次征询都把预测组织者的要求和经过整理统计的各位专家意见的资料又反馈给各位专家。经过多次反馈,使每位专家既能充分表述自己的意见,又能参考他人观点作出修正。这样使预测意见愈来愈集中,也就是说预测结果愈来愈准确。

3. 代表性

在进行预测的专家中,包括了各类企业、各种行业、专家研究机构、学者及政府官员等对市场问题素有研究和对市场预测富有经验的人士,他们的预测融合了大量的信息,具有很强的专业代表性,所以可靠性很高。

德尔菲法也有其不利的一面,如预测过程耗时较长,专家咨询费用较高等。但对企业的重大预测问题,采用此方法进行预测还是极为合算的。

(三)德尔菲法的预测步骤

1. 选择专家

选好专家是预测成败的关键,预测的准确性在很大程度上取决于参加预测的专家的水平。在选择专家时,要针对预测主题,从专家的人数、职业及经验方面考虑。人数过少,缺乏代表性,信息量不足;人数过多,组织工作困难,成本增加。经验表明:在预测专家的规模不足15人时,专家人数愈多,预测精度愈高;当专家人数超过15人时,专家人数增加,对预测结果的精度影响不大。因此,选择专家人数一般以不低于15人,通常以15-25人为宜。

2. 准备资料

根据预测的目的和要求拟定需要调查了解的问题,列成预测意见征询表,并准备好有关问题的背景资料。

3. 初步预测

向各专家发去有关预测咨询问卷和资料,请专家在互不知情的情况下对所咨询的问题作出初步的独立的预测,并按规定期限收回。

4. 反馈修正

对收回的专家预测意见进行归纳、综合,再将经统计整理后的信息反馈给各位专家,请其比较自己与其他人的不同意见,对自己的意见作出修改或补充,并请其作出关于修正意见的说明,再按期收回。如此形式的反馈修正一般应有3－4次,使各位专家的意见趋于集中和稳定。

5. 确定预测值

在各专家判断意见稳定的基础上,对各专家的意见加以综合,得出市场预测结果。

(四)德尔菲法的应用

例如,某企业用德尔菲法对其年商品销售量作预测。请各方面专家共15位。各位专家的各次反馈意见如表7－1所示。试运用统计方法作出最后综合预测结果。

表7－1　商品年销售量专家判断意见表　　万件

专家小组成员	第一次意见			第二次意见			第三次意见			
	最低销售量	最可能销售量	最高销售量	最低销售量	最可能销售量	最高销售量	最低销售量	最可能销售量	最高销售量	
生产专家	A	50	120	140	50	130	150	50	140	154
	B	70	140	120	70	130	150	70	130	148
	C	40	100	160	60	110	130	60	120	134
市场研究专家	A	60	110	140	60	100	160	62	110	160
	B	80	120	150	70	110	140	68	128	140
	C	60	100	130	60	110	150	64	124	150
批发专家	A	80	110	170	70	110	160	66	108	148
	B	60	100	160	60	120	160	80	120	156
	C	32	80	140	50	100	130	56	102	130
零售专家	A	40	80	90	50	100	120	52	104	116
	B	60	100	110	70	80	110	68	86	112
	C	50	90	120	60	90	110	64	84	114
消费代表	A	36	50	60	40	60	80	44	64	80
	B	40	60	80	48	64	100	48	60	100
	C	32	40	60	50	56	90	52	66	90
合计								904	1 546	1 932

对表中15位专家的第三次意见,分别计算其简单算术平均值,以此作为最低、最可能和最高三种销售量的估计值或预测值。计算公式为:

$$\hat{y} = \frac{\sum y}{n}$$

式中：$\hat{y}$ 表示专家的销售量估计值或预测值；

n 表示专家人数。

可取 15 位专家判断意见的平均值，作为销售量的预测值。

计算得出：

最低销售量预测值：$\hat{y}_a = 904/15 = 60.27$（万件）

最可能销售量预测值：$\hat{y}_m = 1\ 546/15 = 103.07$（万件）

最高销售量预测值：$\hat{y}_b = 1\ 932/15 = 128.8$（万件）

根据三个销售量预测值，再进行加权算术平均，即可确定该商品年销售量的综合预测值。对三个销售量预测值分别给予 0.1，0.8，0.1 的权数，则该问题的综合预测值为：

$$\hat{y} = \frac{60.27 \times 0.1 + 103.07 \times 0.8 + 128.8 \times 0.1}{0.1 + 0.8 + 0.1} = 101.36 \text{（万件）}$$

第三节　联　测　法

一、联测法的含义及特点

联测法又称比例推算预测法，是指以某一个企业的普查资料或以某一个地区的抽样调查资料为基础，进行分析、判断、联测，确定某一行业以至整个市场的预测值的方法。简单地说，联测法就是运用一部分或局部的市场、经济资料及有用的相关比率来预测另一部分或全局的市场预测值的方法。

在进行市场预测时，要获得一个大范围或大领域的预测值，必须得到该地区或该领域的尽可能详尽的资料，这就必须进行大范围的市场普查或抽样调查。显然，对一般企业来说，进行这样的调查存在着很大的难度（时间、资金、人力等）。而联测法可为解决此类问题提供有效的工具。联测法预测的基本思路是，首先选取一个与预测主题有关的小范围，对此进行普查或抽样调查，以求获得全面的、系统的、客观的资料。然后研究此小范围或局部情况与大范围或全局情况的关系，发现它们之间的相关比率。最后，根据局部的实际资料数据和相关比率联测大范围或全局的市场预测值。

运用联测法进行市场预测，关键在于局部普查或抽样调查得到的资料应具有典型性或代表性，它应是大市场或全局情况的缩影，也就是说，它应能代表或反映大范围或全局情况的面貌，不然，会出现难以估量的误差。另外，还要保证局部情况与全局情况的相关比率的正确性，这需要深刻分析市场经济量的内在的经济含义来确定，即在从事各种经济工作的实践中、在市场营销活动中，注意分析、总结有关重要比例。如在社会商品零售额中，食品、服装、日用品、文娱用品、报纸杂志、医药、燃料等各类销售额的比重是有规律的；企业商品销售与商品库存是有一定比例的；居民收入水平与购买某种商品的数量是有一定比例的。这种比例关系在市场现象中还能总结出很多。

由于联测法借助于对局部的调查资料来推断全局的市场预测值，使整个预测过程和操作手段大大简化，也使一些在市场预测中难以处理的问题迎刃而解，所以，它对企业进行市场预测是一种省时省力的好方法。

二、联测法的应用

假设某公司的商品主要在五个城市销售，而且研究发现，此商品与就业人数密切相关。公司记录今年的各城市市场销售量如表 7－2 所示。试预测明年这五个城市该种商品的需求量。

表 7－2　公司今年的商品销售量

城市	1	2	3	4	5
实际销售量(件)	19 000	3 600	2 800	7 800	4 000
就业人数(千人)	2 000	1 800	1 300	4 900	2 100

经过对城市 1 市场的就业人员的抽样调查发现，明年该市就业人员将对公司这种商品的购买量为每 100 人 4 件，即需求率为 0.04。

由此可得，明年公司这种商品在该城市的需求量将达到：

$$2\,000\,000 \times 0.04 = 80\,000(\text{件})$$

下面的问题是如何对其他四个城市的需求量作出预测。因现在只有一个城市的资料，在这种情况下，可以考虑用联测法，即以城市 1 的市场调查资料和今年的实际销售量数据为基础，并根据销售量与需求量之间的相关比率，联测其他四个市场的需求量。具体过程如下：

（一）计算销售率

由表中资料看出，各地市场实际销售量差异是很大的，除了需求水平的差异之外，显然与就业人数也有很大关系，为消除就业人数对此商品需求量的影

响,可引入销售率的概念。销售率是销售量与就业人数的比率,反映的是各地市场的消费水平,其公式为:

$$\text{销售率}(S)=\frac{\text{销售量}(Y)}{\text{就业人数}(N)}$$

如城市 1 市场的销售率为:

$$S_1=\frac{19\ 000}{2\ 000}=9.5(\text{件/千人})$$

城市 2 市场的销售率为:

$$S_2=\frac{3\ 600}{1\ 800}=2(\text{件/千人})$$

(二)计算销售率比

以城市 1 市场为准,计算各市场的销售率比,即计算以城市 1 市场为基准的销售率指数。如城市 2 市场的销售率比为:

$$\frac{S_2}{S_1}=\frac{2}{9.5}=0.211$$

(三)计算需求率

销售率反映着各地市场的消费水平。各地市场销售率差异,可以近似地反映各城市市场之间需求水平的差异。这样,就可以根据各地市场销售差异,以城市 1 市场为基准,预测其他各城市的市场需求量。以 D 表示需求率(即需求量与就业人数的比值),则各市场以城市 1 市场为基准的需求率比为:

$$\frac{D_i}{D_1}$$

由于销售率比约等于需求率比,即

$$\frac{S_i}{S_1}\approx\frac{D_i}{D_1}$$

所以第 i 城市市场的需求率近似为:

$$D_i\approx D_1\cdot\frac{S_i}{S_1}$$

因城市 1 的市场需求率为 0.04,其他各城市销售率也可根据上表中的数字算出,代入上式,即可得到各地市场的需求率。

(四)计算需求量

根据各城市市场的需求率和就业人数,就可计算出各地市场的需求量预测值。有关计算见表 7 -3。

表 7-3　明年各城市的商品需求量预测表

城市	今年实际销售量 Y(件)	就业人数 n(千人)	销售率 $S=Y/N$	销售率比 S_i/S_1	需求率 $D\approx D_1\cdot\frac{S_i}{S_1}$	明年需求量 $D\times N$(件)
1	19 000	2 000	0.009 50	1.000	0.040 0	80 000
2	3 600	1 800	0.002 00	0.211	0.008 44	15 192
3	2 800	1 300	0.002 15	0.226	0.009 04	11 752
4	7 800	4 900	0.001 59	0.167	0.006 68	32 732
5	4 000	2 100	0.001 90	0.200	0.008 00	16 800
合计	37 200	12 100				156 476

由表中计算可知,明年第 1-5 个城市的该商品的需求量分别为:80 000,15 192,11 752,32 732,16 800 件,共计 156 476 件。当然对这些预测值还需要进一步作出综合分析判断,通过调整后确定出最后的预测值。

第四节　转导法和类比法

转导法和类比法,都是利用企业所掌握的与预测项目或预测内容间接有关的资料,经过分析、判断,并进行简单运算而确定市场预测值的方法。

运用转导法和类比法进行预测,必须通过一些有用的中间数据(或某种比例关系),在间接资料与预测项目和预测内容之间建立起联系,从而使利用间接资料推算市场预测值成为可能。从所利用的间接数据的性质来看,可分为利用宏观数据的转导法和利用异质同类数据的类比法。

一、转导法

(一)转导法的含义和特点

转导法(Derivation method),是根据政府公布或调查所得到的经济预测指标,转导推算出预测结果的市场预测方法。所以,转导法又称为经济指标法。

在多数情况下,转导法是利用大类经济指标转导推算出较小类项目的市场预测值的方法。所谓大类经济指标,通常是指一些宏观的经济指标,如国家的某行业或某领域的预测指标、实际业绩指标或增长率指标。这类指标往往由政府有关部门予以公布,或由大型市场研究机构发布。由于这些数据是宏观的广域数据,因此在预测时要经过一系列中间比率的运用,才能转导推出所需要的市场预测值。这些中间比例关系,可根据历史资料的统计数据计算得出,如某企业的商品零售额占该城市商品总零售额的比例,可由往年企业的数据除以该市公布的总零售额算出。

这种方法以某种经济指标为基础进行预测,不需要复杂的数学计算,因而是企业常用的一种简便易行的方法。特别是这种方法经常以国家宏观经济指标作为企业预测的基本数据,所以得出的预测值反映了国家政策和宏观经济对本企业预测项目的要求。在我国宏观经济指导作用仍很强的情况下,这一预测值更有其独特的意义。

(二)转导法的应用

例如,某商业企业主要经营小家电商品,现打算对明年的销售额作出预测。

根据国家统计部门发布的资料,今年上半年社会消费品零售总额达11 439亿元,从历年情况看,上半年零售总额平均占全年零售总额的42%,预计明年零售总额在扣除物价上涨因素影响后将比今年递增19.3%;再依据去年资料,家用电器销售额占社会零售总额的0.2%,小家电销售额占家用电器销售额的15%,而该企业所在城市小家电销售额占全国小家电销售额的2%,该企业的小家电销售额占该城市小家电销售额的50%。

由上列数据和各种比例关系得出,该企业明年小家电的销售预测值为:

$$
\begin{aligned}
\text{预测值} &= 11\,439 \div 42\% \times (1 + 19.3\%) \times 0.2\% \times 15\% \times 2\% \times 50\% \\
&= 27\,235.714\,92 \times 1.193 \times 0.002 \times 0.15 \times 0.02 \times 0.5 \\
&= 32\,492.207\,14 \times 0.002 \times 0.15 \times 0.02 \times 0.5 \\
&= 64.984\,414\,28 \times 0.15 \times 0.02 \times 0.5 \\
&= 9.747\,662\,143 \times 0.02 \times 0.5 \\
&= 0.194\,953\,242 \times 0.5 \\
&= 0.097\,476\,621(\text{亿元})
\end{aligned}
$$

在这一预测值的转导计算中,企业依据的基本数据(或广域数据)是上半年的社会消费品零售总额,但通过一系列的比率,在社会零售总额与本企业小家电销售额之间建立起联系,从而能够根据社会零售总额这一宏观数据推算出该企业的小家电销售额预测值。

其中:

27 235.714 29(亿元)为本年全年社会零售总额预计值;

32 492.207 14(亿元)为明年全年社会零售总额预计值;

64.984 414 28(亿元)为明年全国家用电器销售预计值;

9.747 662 143(亿元)为明年全国小家电销售额预计值;

0.194 953 242(亿元)为明年该企业所在城市小家电销售额预计值;

0.097 476 621(亿元)为明年该企业小家电销售额预测值。

在上述一系列的比率计算中,除企业市场占有率的变化会较为明显外(与市场竞争激烈程度和企业经营有关),其他比率的变动即使有也比较微小,因此,由此得到的企业预测值有相当的可信度。不过,转导法是借用宏观指标转导推出企业预测值的方法,除了中间各比率一般比较稳定之外,宏观指标是否正确对企业预测值的准确性影响也比较大。

二、类比法

(一)类比法的含义和特点

类比法是应用相似性原理,把预测目标同其他类似市场问题的变化加以对比分析,推断其未来发展趋向的一种定性预测方法。具体说,类比法就是根据事物、市场及其环境因素的相似性,从一个已知的事物、市场及其环境因素的发展变化情况出发,类比推测其他类似的事物、市场未来的变化趋势的一种判断分析预测方法。

市场中存在着许多类似的现象和问题,它们的变化规律非常相似,或者有着共同的变化特征。人们利用这些共同点或相似性,从已知的一个问题的变化情况去推断另一个未知问题的变化趋势。如当企业要投入一种新产品的生产和销售时,因新产品不可能有历年的销售资料,无法进行历史数据变化规律的分析,这时可以用同类型或相近似的产品的历史与现实资料类比、推断,从而预测新产品的生产和销售情况,也就是说用类比法进行预测。

正是由于类比法可从已知事物或现象推断未知事物和现象的特征,使其在市场预测中具有广泛的应用性,而且手段简便,适用性和论证性强,对企业来说是一种极为有效的预测工具。

但是,从另一方面来说,类比法的应用广泛性和灵活性特点,对一些市场现象了解不深的预测者来说,却容易出现较大的预测偏差。所以,运用类比法进行预测,要求预测人员具有丰富的实践经验,对预测目标及其关联内容有深刻的了解和透彻的研究,掌握比较全面的信息资料,有较强的分析、综合、逻辑推理能力,只有这样,才能保证预测结果符合市场变动的实际规律,为企业的市场运作提供真实可靠的依据。

(二)类比法的类型

在市场预测中类比法应用渠道很广,类型很多,有产品类比、行业类比、地区类比等预测法。

1. 产品类比预测法

产品类比预测法，主要是依据产品之间在功能、构造、原材料、规格等方面的相似性，来推测产品市场发展中可能出现的某些相似性。

产品类比预测法，常常用于企业对新产品的销售情况预测。例如，根据彩色电视机与黑白电视机产品的相近性，以黑白电视机的发展规律，推断出彩色电视机市场的大致发展趋势；又如，根据录音机的变化趋势，推测组合音响的市场需求变化规律；再如，依据电冰箱的市场变化趋势，推测冰柜的市场需求变化规律，等等。由于新产品无历史销售规律可借鉴，直接将其投入市场，有着很大的盲目性，所以通过同类产品的销售情况类比，可使企业把握新产品的整个销售过程，如新产品的市场前途、市场占有率的变动趋势，以及产品的生命周期等。掌握这些情况，对企业经营来说是极为有利的。所以，用类比法来预测新产品的发展方向和变化趋势是一种非常简便而有效的方法。

2. 行业类比预测法

有不少产品的发展是从某一个行业市场开始，逐步向其他行业推广，而且每进入一个新行业，往往要对原来的产品做一些改进或创新，以适应新行业的市场需求。根据这一点，运用行业类比法对产品的新行业市场进行预测有一定的可靠性。如，根据商用电脑的应用发展情况，推测家用电脑的市场销售变化情况。

3. 地区类比预测法

同类产品的市场不仅在同行业之间存在着时差，而且在不同地区之间也存在着明显的领先或滞后关系。因此，预测者可以根据领先地区的市场变化规律，类比推测滞后地区市场的变化。例如，高科技产品，如电脑、DVD、数码相机等，总是最先在上海、北京、深圳等地流行，然后才向全国其他大城市推广。据此，可根据先行地区的发展规律，类比推测滞后地区的可能变化情况。地区类比预测，一般说来，往往是先沿海，后内陆；先城市，后农村。当然，也要考虑不同地区市场需求的差异性。

地区类比预测法的另一种形式是国内外情况类比预测，即根据领先国家的市场发展情况，类比推测滞后国家的市场发展情况。显然，这种类比推测更为复杂，它不仅要考虑人口、风俗、文化和消费心理的影响，还要考虑不同国家的经济增长、经济结构、经济体制、政治制度和法律法规等方面的差异。例如，预测我国的家用轿车市场，可参照某个或某几个国家的轿车市场的发展规律。但是，如果在这种类比推测中不注意我国的具体国情，如现时的公路交通水平、国家轿车市场政策、汽车工业及相关产业的发展状况，以及居民的收入水平及居住条件等，则这种推断就没有实际价值。

因此,使用类比法预测尤其要注意的是,要充分考虑不同市场目标的相似程度,不能简单地将一种市场现象或市场目标的变化套用到另一种市场现象或市场目标的变化上面。例如,不能把一种饮料的市场销售规律直接套用到另一种新饮料的销售情况上面。又如,不能把电脑在美国的销售规律直接套用在我国的销售趋势上。这是因为,各种产品或各个区域都存在着一定的差异,所以不能只注意类比对象某一方面或某几方面的相似性,还应考虑其他相关因素和相关程度的影响,应对类比的程度加以调整和修正,使预测值更接近于实际情况。

另外,使用类比预测法还应注意类比对象的时间跨度,原用做类比依据的产品可能在数十年前就已投入市场,而新产品虽然与老产品基本功能可能相近,但投入市场的时间却相差太久,那么新产品未来的变化规律就未必与老产品相似。所以我们不能简单地沿用老方法或手段进行市场操作。

（三）类比法的应用

假设某商业企业建立的连锁店 A,在最近 6 年中的市场销售额的历史统计资料如表7－4所示,以此资料来分析类比该公司新建连锁店 B 的市场销售发展趋势和销售额。

表 7－4　连锁店 A 的销售额资料

年份	第一年	第二年	第三年	第四年	第五年	第六年
销售额(百万元)	3.2	3.40	3.74	4.56	6.43	11.77
环比指数	1.00	1.06	1.10	1.22	1.41	1.83

根据销售量数据,可以求出环比指数,如表中第三行所示,并可画出连锁店 A 的销售额变化曲线图,如图 7－1 所示。

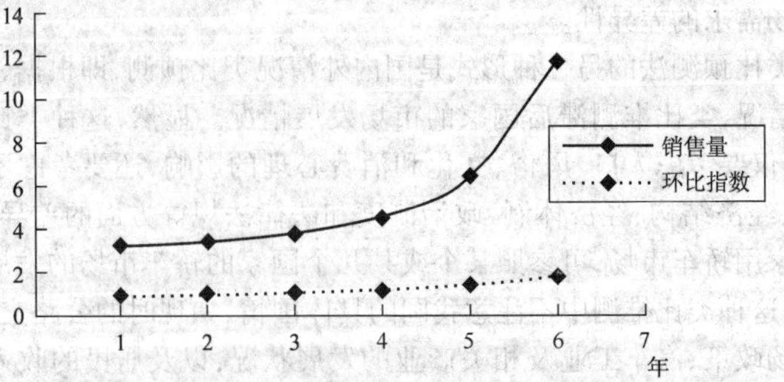

图 7－1　连锁店 A 的销售量曲线图

由图7－1分析看出，连锁店A在开业后其销售额呈逐步增长的趋势，其增长幅度分为三个阶段：前两年，增长幅度在4%－6%之间，第四年增长幅度为12%，最后三年增长速度呈成倍变化，即第四年比第三年增长22%，第五年比第四年增长41%，增幅多了近一倍，第六年比第五年增长83%，增幅又多了一倍。因此，连锁店A的销售额变化规律为：前两年为企业生命周期的诞生期的前段，第四，第五年属诞生期后段，从2003年起，开始进入成长期。

根据企业和市场研究资料，连锁店B与连锁店A经营业务基本相同，其他配货送货方式也基本相同，只是连锁店B建立在较繁华的区域，估计客流量比A店所在地区高出约50%，其居民收入平均水平也高出约30%，而且该市平均家庭收入第六年比第一年增长约2倍，但经营成本将会增加20%。综合考虑上述情况，估算出连锁店B的销售额可能是连锁店A的销售额的2.1倍。因此，可类比连锁店A的发展规律预测连锁店B的销售情况。

未来第一年连锁店B的销售额预测值为：

$$3.2\times2.1=6.72（百万元）$$

未来第二年连锁店B的销售额预测值为：

$$6.72\times1.06=7.12（百万元）$$

未来第三年连锁店B的销售额预测值为：

$$7.12\times1.1=7.83（百万元）$$

还可计算出以后的数据。但需注意，用类比法得到的预测对象的变化规律或预测值，具有可借鉴性，可参考性，但其借鉴参考的程度，还须作进一步的市场研究。

第五节 指标预测法

一、指标预测法的含义和特点

指标预测法是根据经济发展中各种经济指标的变化，来分析判断市场未来发展变化趋势的方法。

企业进行市场预测，不仅要注意企业本身的生产经营状况和产品本身的生产和销售情况变化，而且还要注意整个经济形势的变化对市场的影响。因为，企业是处于一定的市场环境和经济环境中的，经济形势的变化必然会对市场、企业产生影响，而且这种影响有时表现得非常突出。如有时市场上商品销售量停滞或下降（有时是普遍性的，有时是某个行业的），这并不是由商品的生产质量、商品的销售手段或商品本身的其他方面所引起的,而是由众多指标反映出的经济形势所决定的。所以企业在市场预测中应注意宏观指标的变化,根据各种指标之间所反映的经济变化规律来进行预测,或修正、调整用其他方法得到的市场预测值。

指标预测法的主要做法是在研究分析历史经济形势波动的主要原因和特点的基础上,设计经济指标体系(或给出预警界限)。当体系内的市场、经济指标发生变化时(或超过这一界限时),预示近期内的经济形势或市场行情运行可能发生重大变化,这时企业或其他机构应注意并考虑采取相应的对策。指标预测法最突出的特点是简单、迅速、敏感、直观地反映市场、经济形势的波动。

指标预测法一般分为领先落后指标法和扩散指数法。

二、领先落后指标法

领先落后指标法是根据经济发展有关指标的变化同市场变化之间在时间上的先后顺序,来分析、判断、预测市场发展前景的一种预测方法。

市场是宏观经济的综合反映,宏观经济发展中的许多经济指标的变化,都会先后影响市场趋势的变化,进而影响到企业的生产经营。当国家经济发展,市场需求旺盛时,企业就景气;当国家经济增长缓慢,市场疲软时,企业就不景气。所以市场或企业的经济运行是否景气,可以用一系列的指标来衡量。按照经济发展指标同市场变化的时间先后顺序来划分,经济发展指标大致分为三大类:领先指标、一致指标和落后指标。

(一)领先指标

领先指标又称先行指标。在时间上,领先经济指标的变化是先于市场变化的,即经济指标先变动,经过一段时间后,市场才发生变化。例如,建设计划中基建投资的增加、企业研究开发项目的投入、住宅建筑拨款的增加等,都是经济指标变动在先,市场变化在后。在基建过程中固然会引起对建筑材料和个人消费品等市场需求量的增加,但更重要的是要预见到,经过基建过程,基建项目的投产,及企业研究开发项目实现后,能够为市场提供更多的商品资源,可能引起市场商品供应量的增加。同时,住宅竣工使用后,又会引起家具、装修材料及其他有关商品的需求量的迅速上升等。在市场领域,这种具有领先特征的经济指标有很多,如商品价格是市场需求量的领先指标;货币发行量是通货膨胀的领先指标;家电销售量是民用电量的领先指标;合同订单数是市场景气的领先指标等。其他如价格指数、人口数量等都对市场需求量的增减起到预先警示的作用。

通过市场调查,掌握并分析领先指标的变动程度及其方向,是对市场景气情况预测的重要内容。领先指标也是企业经济运行景气指标系统中的一项重要指标。

(二)一致指标

一致指标又称同步指标。在时间上,这类指标的变动与市场的变化几乎同时发生。例如,农副产品的收购价格的上升,会促使农业和生产单位迅速改变对农副产品自给部分与商品部分的分配比例,从而使当年市场的农副产品供应量有较大的增加;有些商品的批发价格变动,会立即涉及零售价格的变化,以至快速影响到市场需求量的变化等等。也就是说,前者的变动与后者经济活动的变化,几乎是同时发生的,这就是同步指标的预测作用。另外,一些宏观经济政策和法律的变化和执行力度,都可能对市场产生这种一致发生的作用。

(三)落后指标

落后指标又称迟行指标。这类经济技术的变动在时间上落后于市场经济活动。例如,以分期付款方式销售汽车、商品房、高档家用电器等价值较高的耐用消费品,消费者为支付到期货款而动用存款,使银行储蓄减少。又如,启动教育消费,一般居民对子女教育的投入,都可能对市场总体商品消费产生影响,但由此引起的市场需求变化要落后于市场现象的发生时间。也就是说,这些都属于市场经济活动在先,而经济指标的变化在后的情况,即经济指标的变化落后于市场经济活动的变化。

分析各项经济指标在时间上同市场变化之间的规律性,并通过市场调查深入了解各项经济指标的发展变化,能够预测企业未来的变化及其发展前景。

三、扩散指数法

(一)扩散指数法的含义及特点

扩散指数法(DI)是一种非常流行的预测市场景气情况的方法。它是根据一批领先经济指标的升降变化,计算出上升指标的扩散指数,以扩散指数为依据来判断市场未来的景气情况。这里的“扩散”,是指不局限于运用某个或某几项经济指标,而是扩散到一批经济指标,即运用一批经济指标的变化来预测市场未来的发展趋势。所以,扩散指数法是经济变化和市场行情运行的晴雨表,它比任何单一指标都更具有可靠性和权威性。

市场并不总是沿着完全平衡的路径运行的,宏观经济的增长或下降引起的市场变化常常与波动相伴随,呈现出波动发展的趋势。市场波动是经济和市场发展中的不稳定因素,它严重阻碍着市场、经济的正常运行,影响着企业的发展。但从另一方面来说，市场的这种波动现象又是市场发展中必然存在的，它是宏观经济政策与市场需求、企业运作、科技发展等因素相互作用的结果，是对市场和经济的一种修正和调节。市场景气情况的预测就是对这种波动规律进行的预测。这对企业的经营决策（或宏观经济管理、调控）是十分重要的。

首先，企业通过分析市场景气情况，能了解整个市场变化对企业经营活动的影响。今天，处于信息社会的现代企业是一个开放系统，其生产经营活动总是在一定的市场环境中进行，与市场环境的各个方面有着千丝万缕的联系，宏观经济环境的变化，市场景气情况如何，必然会对企业经营决策产生影响。企业决策层如果不研究未来市场的变动方向，难免会制定错误的决策，使企业遭受损失，甚至危及企业的生存。同样企业预测人员，如果不注意分析宏观经济和市场的变动情况，就有可能使企业的销售预测发生趋势性错误，同样对企业产生严重的后果。所以，市场景气情况预测对企业的重要性显而易见。

其次，企业利用景气情况预测能比较准确地把握未来市场发展的趋势，在市场行情发生重大转折前，及时发出预警，并能对自己的预测目标作出调整。

最后，企业利用景气情况预测，能正确评价当前市场运行的状态、市场形势的程度或正常与否，从而为预测者提供企业具体预测项目的依据。

（二）扩散指数法的应用

用扩散指数法进行预测时，要预先选择能反映整个市场景气情况的领先发生变化的重要经济指标，设为 C 个，并在对各个经济指标循环波动进行测定的基础上，确定在某一时点上呈现上升趋势的指标（“+”号指标）的个数，设为 A 个，然后由下列扩散指数的计算公式，算出该时点的扩散指数：

$$\mathrm{DI}=\frac{A}{C}\times 100$$

据国外的经验，当 DI＞50，达到 60 以上时，表示市场处于上升状态，即市场未来会出现景气情况。当 DI＝50 时，便认为市场已到达转折点，即市场未来的发展由上升而下降，或由下降而转入上升。当 DI＜50 时，达到 40 或以下时，表示市场处于下降状态，即市场未来会出现不景气情况。

例如，某城市研制了一套经济监测系统，经济指标总数为 200 个，上个月应用此系统得出扩散指数为 55。本月监测发现，这些指标中有 120 个呈现上升趋势。根据扩散指数计算公式，即可得本月的扩散指数为：

$$\mathrm{DI}=\frac{A}{C}\times 100=\frac{120}{200}\times 100=60$$

由此说明，该市场经济上升指标数大于下降指标数，市场仍处于上升状态，处于景气空间的前期，下期市场仍将上升。

用扩散指数法进行预测，首先必须建立一套景气指标体系，然后才能根据这套系统监测的结果，再通过以上的分析，最后得出市场景气情况的结论。

从宏观方面来看，建立在经济周期理论上的景气指标体系，是美国经济学家最早开始使用的，其主要目的是用于研究经济周期的波动情况。这种方法后来在发达国家得到普遍的运用。不过，由于在建立景气指标的内容和方法上的差异，各国的景气动向信息缺乏可比性。我国目前也用一套指标体系来预测国家的宏观经济发展状况，如“中经”指数。

“中经”指数是中国经济景气动向指数的简称，由国家信息中心编制，因此也称 SIC 景气动向指数。目前该指数包括“中经”扩散指数和“中经”合成指数两个系列，每个系列分别由先行、一致和迟行三类指数组成。

“中经”指数的先行指标为：钢产量、水泥产量、化肥产量、10 种有色金属产量、国家银行企业存款、国家银行短期贷款余额、出口商品总值。

“中经”指数的一致指标为：工业总产值、社会消费品零售总额、银行工资性现金支出、预算内工业销售收入、狭义货币、进出口总额、基建投资额。

“中经”指数的迟行指标为：财政预算支出、商品零售物价总指数、海关进口总额、国家银行商业贷款。

“中经”扩散指数(DI)反映不同时点上升指标的比例，如果 DI 低于 50%，则表示构成 DI 指数的经济指标中有半数以上出现下降；反之，则表示经济活动上升。当 DI 曲线从上往下穿越 50% 线时，表示经济运行已经超过景气的“峰”，开始进入“收缩”阶段；反之，DI 曲线从下向上穿越 50% 线时，则表示经济景气由“谷”开始回升。该指标的特点是能够反映景气在各部门的涉及和渗透，较准确地反映我国经济波动中的转折点，但不能反映景气变动的幅度。

（三）合成指数法

扩散指数法虽然能有效地预计经济形势和市场行情波动的转折点，但却不能明确地表示经济形势和市场行情波动的强弱，为了弥补这一不足，可编制合成指数。合成指数法(CI)，是既能分析经济形势或市场行情变化的转折点，又能在某种意义上反映经济形势或市场行情波动振幅的一种关于市场景气情况的预测方法。例如，“中经”合成指数(CI)，就是主要用来反映景气变动的方向和幅度，并对经济景气局面进行判断和测度的一类指标。

对企业进行市场预测来说，“中经”指数是一些非常有价值的宏观经济状况指标。通过观察研究这些指数，可把握国家经济和全国市场的变化动向，这对企业具体项目的预测是非常有参考价值的，而且对企业的市场运营也有很重要的提示作用。当然，对一些对市场研究具有一定实力的企业来说，可建立一套企业所在地区或所属行业的经济指标监测体系,从而对企业运作的具体市场领域进行市场景气情况的分析和判断,这就更具针对性和准确性了。但对一般企业来说,借用"中经"指数来判断市场景气情况,不失为一种节时省力的好方法。

本章小结

判断分析法是定性分析预测法。它是指预测者凭借在市场工作中积累的经验、知识、少量的数据和主观分析等,对市场现象的发展趋势作出判断式估计的方法。判断分析法主要包括德尔菲法、转导法、联测法、类比法和扩散指数法等。转导法一般是利用政府或市场研究机构公布的宏观经济数据转导推出企业的市场预测项目的预测值,或从广域的预测值出发,利用各种比率推算出企业的预测值。类比法则是用同类产品或其他地区的市场变化情况类比推断新产品或本地区的市场未来情况。德尔菲法是一种非常有价值的专家判断预测法,适用于企业的大型预测项目,如发展方向或战略性规划问题的预测。它具有匿名性、反馈性和代表性等特点。联测法可利用一个小范围抽样调查获得的资料去联测一个大范围的市场情况,既节省时间,又节省费用。扩散指数法是一种非常流行的预测市场景气情况的方法,它根据选取的一系列反映市场景气情况的指标的变化情况来判断未来市场的发展情况。

复习题

1. 什么是判断分析预测法？它主要包括哪些具体方法？

2. 定性分析预测法的特点是什么？

3. 德尔菲法预测的特点是什么？应用此方法预测时应注意什么问题？

4. 类比法预测的特点是什么？列举同类可比的预测项目。

5. 如何利用一个小样本的资料,联测一个大范围的预测目标？举例说明。

6. 如何用经济指标的变化来推测未来市场的变动趋势？

7. 扩散指数法对企业从事市场预测的重要性是什么？如何以国家经济景气动向指数来判断企业未来的市场运营方向和效果？

实训题

1. 用集合意见法预测你将来最适合做什么样的工作?

2. 用德尔菲法预测你将来最适合的职业。

3. 用扩散指数法预测你所学专业所对应行业的未来发展前景,为你的职业规划做充分准备。

4. 运用类比法预测你的未来学习和工作状况,预测你将来可能遇到的问题和困难,发现你应该吸取的教训,找出你将来能够运用的经验。选择一个你周围比较了解的10年或5年前和你在专业、性格、家庭背景、能力、优势与劣势等方面极为相似的学长,仔细调查分析他学习和工作表现与成绩,他遇到的问题与困境及他的解决方法,分析他学习和工作的时间、空间与你将来学习和工作的时间、空间差异对你的影响大小,结合以上两方面的调查与分析,预测你将来学习的表现及成绩,吸取他的经验与教训,使你的未来少走弯路。

案例

案例一 三季度中经服装产业预警指数

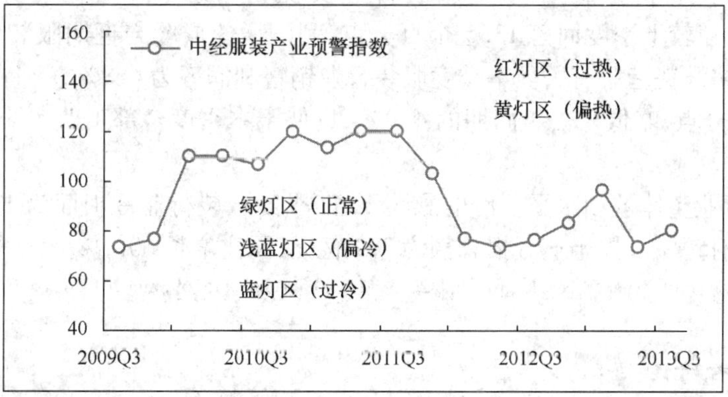

预警指数小幅回升

三季度,中经服装产业预警指数为80.0,较上季度回升6.7点。服装行业继续在偏冷的“浅蓝灯区”运行。

生产温和增长

经初步季节调整，三季度服装产量为72亿件，同比增长0.6%，而上季度为同比下降24.3%。

本季度服装行业出口形势良好，企业的生产积极性有所提高，然而服装行业生产要素成本高企的压力长期存在，在一定程度上也抑制服装企业的生产，产量增速难以加快。

销售收入增速降至历史低位

经初步季节调整，三季度服装行业主营业务收入为3 796亿元，同比增长7.5%，增速较上季度回落5.2个百分点，连续两个季度呈现下行态势。

出口需求有所回升

经初步季节调整，三季度服装出口额为516亿美元，同比增长10.0%，增速较上季度回升4.6个百分点。

价格涨势继续趋缓

三季度，服装行业生产者出厂价格较去年同期上涨1.0%，涨幅较上季度减少0.3个百分点，延续了2011年四季度以来涨幅持续回落的态势。

去库存化进程仍在延续

经初步季节调整，三季度末，服装行业产成品资金为697亿元，同比增长6.3%，增速较上季度放缓1.7个百分点，延续了7个季度的放缓态势，表明服装行业去库存化进程仍在进行中。

利润增速明显回落

经初步季节调整，三季度服装行业实现利润总额181亿元，同比增长4.2%，增速较上季度回落13.5个百分点，利润增速放缓与近期服装内销市场疲弱、价格涨势趋缓有关。本季度服装行业销售利润率为4.8%，较上季度回落0.5个百分点，略低于去年同期的4.9%，也低于本季度全部工业5.5%的销售利润率。

在行业整体盈利水平下滑的影响下，三季度服装行业亏损面为17.0%，与去年同期持平；亏损企业亏损总额为7.2亿元，同比增长60.1%。

资料来源：http://paper.ce.cn/jjrb/html/2013 - 10/30/content_175769.htm 2013.12.5

思考讨论题：

1. 查询并理解中经服装产业预警指数图中各种标志的含义。

2. 试分析研究当前服装行业的景气情况。

3. 调查你校所在城市服装企业的经营情况，研究它们的过去，判断它们的未来。

4. 你打算将来在哪个行业就业呢？调查该行业的经济景气指数，试分析这些指标意味着什么？如果你在此行业就业，应该做哪些准备。

案例二 2013 天津二手房房价走势

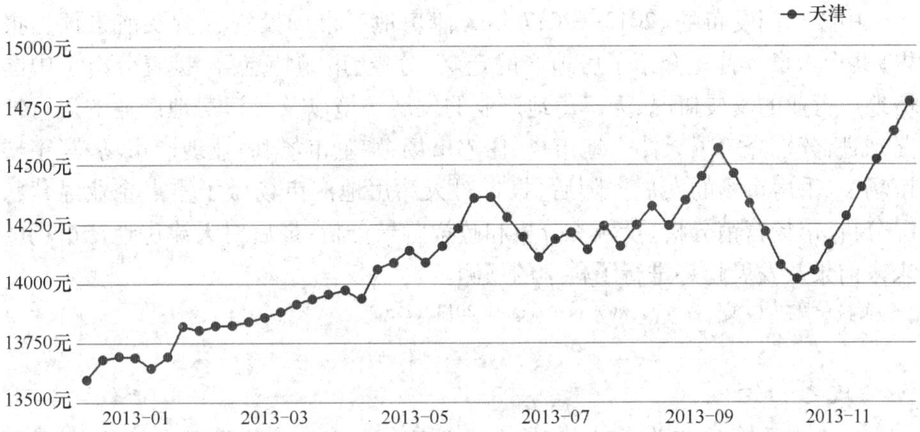

2013年全年天津房价走势图，截止2013-12-01二手房均价：14765元/平米（纠错）环比上周上涨0.86%

注：本站"均价"数据统计来自物业顾问发布的数据。

资料来源：房价网 http://tj.fangjia.com/zoushi 2013.12.5

2013－2017 年天津房地产市场投资分析及前景预测报告

2011 年，政策趋紧，楼市进入深度调控期，购房者陷入观望。天津全年成交商品住宅 85 420 套，同比下降 11.89%。从成交均价上看，也在继前两年分别上涨 7.13% 和 25.40% 后首次停涨，全年均价为 9 346 元/平方米，与 2010 年基本持平，同比小涨 0.52%。

2012 年，天津市从限购、保障等方面继续巩固已有调控成果，全市房地产开发投资平稳增长，投资结构逐步调整，商品房销售小幅回暖，保障性住房建设步伐加快。但受调控政策影响，全市房地产投资增速趋缓，商品房交易市场略显平淡，开发企业建设资金仍然紧张。

2013 年上半年，由于天津商品住宅市场成交量大于新增供应量，天津商品住宅库存压力得到一定程度的缓解，截至 6 月 30 日，天津市场库存的出清周期依然处于 22 个月的高位，与历年相对低位 10 个月水平相比，增加了 12 个月，天津商品住宅库存压力依然巨大。

未来天津房地产还有较大发展空间。天津作为中国北方经济中心,第三个增长极——环渤海经济带的核心城市,同时也担负着首都北京的一些重要的交通、配套等功能,其重要性不言而喻,而天津市的发展,也将是中国经济的一个新的引擎。预计天津在未来十年内,仍将保持快速发展的趋势,这将对当地房地产市场起到重要支撑作用。

中投顾问发布的《2013—2017 年天津房地产市场投资分析及前景预测报告》共十六章。首先介绍了房地产的定义、分类、市场特点等,接着分析了中国房地产行业的发展概况、天津房地产业的发展环境以及天津房地产业的运行情况;然后分别介绍了天津土地市场、住宅市场、别墅市场、商业地产市场、写字楼市场、二手房市场的发展。随后,报告对天津房地产市场做了重点企业经营状况分析、市场营销分析、投融资分析和政策背景分析;最后对天津房地产市场的未来前景及发展趋势进行了科学的预测。

资料来源:中国投资咨询网,www.ocn.com.cn 2013.12.5。

思考讨论题:

1. 查询更多的相关资料,分析天津新房和二手房房价的变化趋势,判断它们变动的相关性。

2. 试选择合适的预测模型或方法,对天津房地产业未来几年的发展变化趋势做出大致预测。

3. 查找上述预测报告的原文,学习理解预测报告的基本内容、框架结构和研究思路等。

习　题

某企业主要在五个地区销售化妆品,今年的销售情况如表所示。现在对第五个市场做了抽样调查,发现该市场明年对此商品的需求率为 0.25%。为计划好明年的生产和销售,试用联测法预测明年这五个市场的销售量。

各地商品的销售情况

市　场	一	二	三	四	五
实际销售量(盒)	21 000	5 600	3 800	9 800	6 000
就业人数(万人)	300	280	230	590	310

第八章

时间序列分析法(一)——常用平均法

本章提要

时间序列分析法又称为时间数列分析法。它是利用预测目标的历史时间数据，通过统计分析研究其发展变化规律、建立数学模型，据此进行外推预测目标的一种定量预测方法。

第一节　时间序列分析法的一般问题

时间序列又称为动态序列。它是将某种经济变量在不同时间发展变化的数值，按照时间先后顺序排列所形成的序列，时间可以是以周、月、季度和年等为单位。例如，某种商品的销售量或销售额按月排列起来的数列就是时间序列。

时间序列分析法是以连续性原理作为依据，假设预测目标过去和现在的发展变化趋势仍然会按照原来的样式延续到未来，它撇开了事物发展变化的因果关系，只是从预测目标的时间序列统计数据中找出其自身的发展变化规律，并根据这一规律来推断其未来的发展变化趋势，作出定量的预测。

一、时间序列的种类

（一）绝对数时间序列

绝对数时间序列是指由绝对指标所构成的序列，可以反映经济现象的绝对水平和规模的发展变化过程和趋势。如公司历年的销售量时间序列或产量时间序列等。

（二）相对数时间序列

相对数时间序列是指由相对指标所构成的序列，可以反映经济现象数量对比关系的发展变化过程和趋势。如全国 CPI 同比上涨指数的时间序列。

（三）平均数时间序列

平均数时间序列是指由平均数指标所构成的序列，可以反映经济现象一般水平的发展变化过程和趋势。如餐饮企业每小时客流量的平均数构成的时间序列。

二、时间序列的基本模式

时间序列模式是指时间序列所反映的某种可以识别的事物变动趋势形态。某种经济变量的时间序列模式，是受各种不同因素同时作用后的综合结果。利用时间序列分析法进行预测，首先要分析时间序列的模式，根据数据模式所反映出来的规律性，来选择恰当的预测方法进行预测。

（一）趋势变动型模式

时间序列在一段较长的历史时间内呈现出持续的水平趋势、直线上升趋势、直线下降趋势、曲线上升趋势、曲线下降趋势。这种变动表现为一种长期趋势。长期趋势变动量一般用 T 表示。

（二）季节变动型模式

时间序列按照季度、月份排列，以一年为一个周期，呈现出随着季节的变化，每年反复地、有规则地变动形态，见图 8 - 1。季节变动指数由 S 表示。

（三）周期变动型模式

周期变动型模式也称循环型模式，是指时间序列在为期较长的周期内（1 年以上至数年），呈现出有规则的交替循环变动形态。循环变动指数由 C 表示。图8 - 1中的季节变动形态也具有周期性变动的特征。

（四）不规则型

不规则型变动，也称为随机变动，时间序列呈现出忽高忽低无规律性的变动。这是由于受到随机性因素影响而引起的，如战争、自然灾害等因素的影响。不规则变动指数用 I 表示。

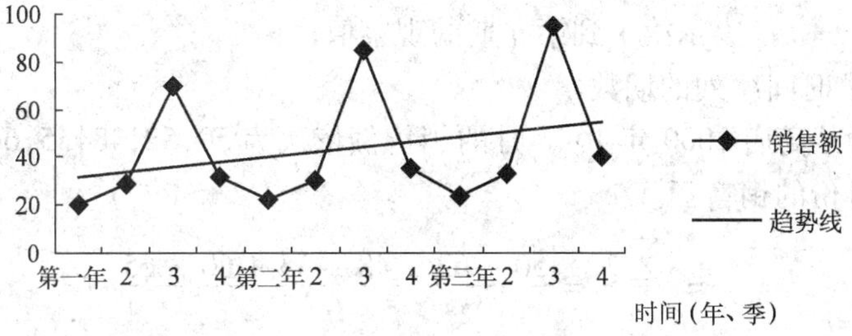

图 8－1　某农产品的销售量变化

在市场预测中,各种经济变量的时间序列所反映的实际变动形态,不一定是一种模式,而往往是几种模式的综合,是各种因素共同作用的结果。通过对时间序列的分析,可以从某个经济指标的时间序列中分解出长期趋势形态、季节变动形态、周期变动形态和随机形态等,对各种形态进行具体分析,运用时间序列分析法进行预测。

第二节　简易平均法

简易平均法是指根据预测目标的历史时间序列求出其平均数,并以平均数作为基础来求得预测期的预测值的一种预测方法。简易平均法包括算术平均法和加权平均法和几何平均法等。

一、算术平均数法

算术平均法,是以预测目标的历史时间序列的平均数作为预测期的预测值的一种预测方法。

设一组时间序列为 $y_1, y_2, \cdots, y_n$。算术平均数的公式为:

$$\bar{y} = \frac{y_1 + y_2 + \cdots + y_n}{n} = \frac{\sum_{i=1}^{n} y_i}{n} \qquad (8-1)$$

其中:$i = 1, 2, \cdots, n$

公式(8－1)可缩写为:

$$\bar{y} = \frac{\sum y}{n}$$

式中：$\bar{y}$ 表示算术平均数，即预测值；

$y_1, y_2, \cdots, y_n$ 表示第 1 到第 n 期的观察值；

n 表示时间序列的期数。

【例 1】某商店 2000 年 1～6 月的销售额依次为 50，52，48，55，60，65 万元，试预测 7 月份的销售额。

$$\bar{y} = \frac{\sum y}{n} = \frac{50+52+48+55+60+65}{6}$$

$$= \frac{330}{6} = 55（万元）$$

即 2000 年 7 月份的销售额为 55 万元。

算术平均法简单易行，适合于求解比较稳定形态的商品供求等的预测值，也就是说，时间序列中的每个数据是围绕着某个平均值（稳定值）上下波动。当时间序列中的数据呈现出一种趋势性变动的时候，如果其增长量大致相同时，我们可以用算术平均法求出其平均增长量。

设一组时间序列为 $y_1, y_2, \cdots, y_n$。

第一步：计算观察期内各期的增加量 Δy_t

$$\Delta y_t = y_t - y_{t-1};$$

第二步：计算各期增长量的平均值 $\Delta \bar{y}_t$；

$$\Delta \bar{y}_t = \frac{\sum_{t=2}^{n} \Delta y_t}{n-1}$$

第三步：进行预测。预测模型为：

$$\hat{Y}_{t+1} = Y_t + \Delta \bar{Y} \qquad (8-2)$$

【例 2】某企业固定资产投资总额历史资料如表 8－1 所示，试预测下一年度的固定资产投资总额。

表 8－1　固定资产投资总额　　　亿元

期数	固定资产投资总额 Y_t	增长量 ΔY_t	理论值 $\hat{Y}_{t+1}$
1	58	—	—
2	62	4	61.5
3	65	3	65.5
4	68	3	68.5
5	72	4	71.5
6	75	3	75.5
7	79	4	78.5

$$\Delta\bar{y}_t = \frac{\sum_{t=2}^{n}\Delta y_t}{n-1} = \frac{4+3+3+4+3+4}{6} = 3.5$$

$$\hat{Y}_{7+1} = T_7 + \Delta Y = 79 + 3.5 = 82.5(\text{亿元})$$

即下一年度的固定资产投资总额为 82.5 亿元。

二、加权平均法

在市场预测中,时间序列中的每期数据对预测值的影响及重要程度是不同的,近期数据包含着更多关于未来情况的信息。而算术平均数法只反映一般的平均状态,不能体现重点数据的作用。加权平均法是根据时间序列中每期数据的重要程度的不同分别加以不同的权数,其加权平均数作为预测期的预测值。

设一组时间序列为 $X_1, X_2, X_3, \cdots, X_n$;相对应的权数为 $W_1, W_2, W_3, \cdots, W_n$。加权平均数的公式为:

$$\bar{y}_W = \frac{y_1 W_1 + y_2 W_2 + y_3 W_3 + \cdots + y_n W_n}{W_1 + W_2 + W_3 + \cdots + W_n} = \frac{\sum_{i=1}^{n} y_i W_i}{\sum_{i=1}^{n} W_i} \qquad (8-3)$$

可缩写为:

$$\bar{y} = \frac{\sum yW}{\sum W}$$

式中:$\bar{X}$ 表示加权平均数,即预测值;

$y_1, y_2, \cdots, y_n$ 表示第 1 到第 n 期的观察值;

$W_1, W_2, W_3, \cdots, W_n$ 表示第 1 到第 n 期的权数;

n 表示时间序列的期数。

运用加权平均法,关键在于确定适当的权数。权数主要是根据时间序列的波动情况、预测者对预测目标未来变化趋势的定性分析及经验确定的。一般来讲,距离预测期较近的观察值加以较大的权数;距离预测期较远的观察值加以较小的权数。采用的形式为:①等比数列;②等差数列;③令 $\sum W = 1$;④根据时间序列中每个数据的重要程度的不同分别加以不同的权数。

【例 3】某公司员工月基本工资情况如表 8 - 2 所示。

表 8 - 2　月基本工资统计表　　元

组别	基本工资 y_t	员工人数 W_t	每组工资 y_tW_t
1	400	15	6 000
2	500	22	11 000
3	600	32	19 200
4	800	10	8 000
5	1 000	5	5 000

$$\bar{y}_W = \frac{\sum yW}{\sum W} = \frac{6\,000 + 11\,000 + 19\,200 + 8\,000 + 5\,000}{15 + 22 + 32 + 10 + 5}$$

$$= \frac{49\,200}{84} \approx 585.7(\text{元})$$

该公司员工的平均基本工资为 585.7 元。

【例 4】某商场历年销售额分别为 202,205,197,200,204,210 万元,试用加权平均法预测下一年度的销售额。(权数分别为 1,2,3,4,5,6)

$$\bar{y}_W = \frac{\sum yW}{\sum W}$$

$$= \frac{202 \times 1 + 205 \times 2 + 197 \times 3 + 200 \times 4 + 204 \times 5 + 210 \times 6}{1 + 2 + 3 + 4 + 5 + 6}$$

$$= \frac{4\,283}{21}$$

$$\approx 203.95(\text{万元})$$

即该商场下一年度的销售额为 203.95 万元。

三、几何平均法

当预测目标的历史时间序列的逐期环比速度大致相同时,我们可以用几何平均法计算出平均发展速度,以此为基础求出预测期的预测值。

设一组时间序列为 $y_1, y_2, y_3, \cdots, y_n$,其环比(发展速度)分别为 $G_1, G_2, G_3, \cdots, G_{n-1}$。几何平均数的公式为:

$$\bar{y}_g = \sqrt[n-1]{G_1, G_2, G_3, \cdots, G_{n-1}} \quad (8-4)$$

式中：$\bar{y}_g$ 表示几何平均数；

$y_1, y_2, \cdots, y_n$ 表示第 1 到第 n 期的观察值；

$G_1, G_2, G_3, \cdots, G_{n-1}$ 表示发展速度；

$n-1$ 表示发展速度的期数。

【例5】某市近5年灯具商品销售量资料如表8－3所示，试预测下一年度灯具的销售量。

表8－3　5年灯具销售统计表　　万架

期数	销售量 X_t	环比速度 G_{n-1}	理论值 $\hat{Y}_{t+1}$
1	18.7	—	—
2	20.6	1.10	21.1
3	23.3	1.13	23.3
4	26.5	1.13	26.3
5	30.6	1.15	30.0

$$\begin{aligned}\bar{y}_g &= \sqrt[n-1]{G_1, G_2, G_3, \cdots, G_{n-1}} \\ &= \sqrt[4]{1.10 \times 1.13 \times 1.13 \times 1.15} \\ &= \sqrt[4]{1.6152785} = 1.13\end{aligned}$$

$$\hat{Y}_{t+1} = Y_t \cdot \bar{y}_g = 30.6 \times 1.13 = 34.6(\text{万架})$$

该市下一年度灯具的销售量为34.6万架。

第三节　移动平均法

移动平均法是在算术平均数法的基础上发展而来的。算术平均数法是对时间序列的全部数据求平均数，而移动平均法是采取分段、移动平均的方法，即从时间序列的第一期数据开始，数次按一定的观察期数（跨越期）由前向后有序地移动求出每个跨越期的平均数，通过比较误差，以确定一个最佳的跨越期，即一组最佳的数据来求预测值。

移动平均法的特点是，通过移动平均消除异常值的一些影响，从而有效地描述时间序列的变动规律。它是一种非常简单易用的预测方法。

常用的移动平均法有一次移动平均法、加权移动平均法和二次移动平均法。

一、一次移动平均法

一次移动平均法,对时间序列按一定的观察期数,顺序移动,平均只计算一次移动平均数作为预测值。它适用于预测目标时间序列长期趋势基本呈现出水平样式,即每期数据是围绕着某个稳定值上下波动。一次移动平均法的预测模型为:

设一组时间序列为 $y_1, y_2, \cdots, y_n$,跨越期数为 N,

$$\hat{Y}_{t+1} = M_t^{(1)} = \frac{y_t + y_{t-1} + y_{t-2} + \cdots + y_{t-N+1}}{N} \tag{8-5}$$

其简化公式为:

$$\hat{Y}_{t+1} = M_t^{(1)} = M_{t-1}^{(1)} + \frac{y_t - y_{t-N}}{N}$$

式中:$\hat{Y}_{t+1}$表示第 $t+1$ 期的预测值;

$M_t^{(1)}$ 表示第 t 期的一次移动平均值;

$y_t + y_{t-1} + y_{t-2} + \cdots + y_{t-N+1}$表示跨越期数据;

N 表示跨越期数据个数。

【例6】有这样一组历史销售数据资料如表8-4 所示,试用一次移动平均法预测第12 期的预测值。

表8-4　一次移动平均法计算表　　吨

期数 n	销售量	$N=3$		$N=5$	
		预测值	绝对误差	预测值	绝对误差
1	2 000	—	—	—	—
2	1 350	—	—	—	—
3	1 950	—	—	—	—
4	1 975	1 767	208	—	—
5	3 100	1 758	1 342	—	—
6	1 750	2 342	592	2 075	325
7	1 550	2 275	725	2 025	475
8	1 330	2 133	833	2 065	765
9	2 200	1 533	667	1 935	265
10	2 770	1 683	1 087	1 980	790
11	2 350	2 090	260	1 915	435

第一步:利用已知销售数据资料绘制散点图,如图8-2 所示。从散点图中我们可以看出,该组时间序列中的数据是围绕着2 000 吨这个数据上下波动的,我们可以利用一次移动平均法来进行预测。

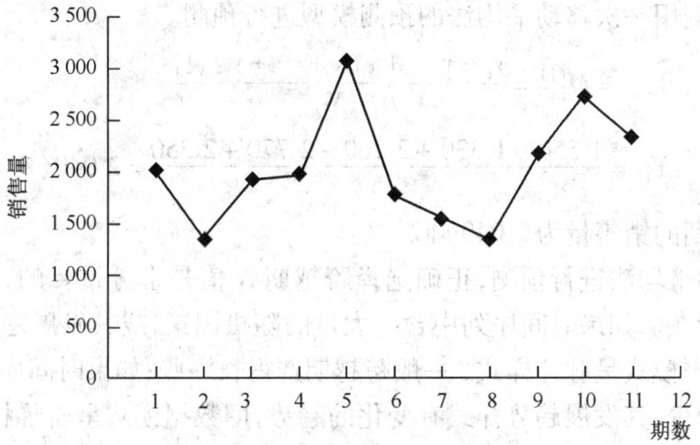

图 8-2　散点图

第二步：选用若干个 N 值，计算一次移动平均数及误差，如表 8-4 所示。

第三步：确定 N 值。分别计算平均绝对误差，选择平均绝对误差较小的 N 值。

当 $N=3$ 时，

$$|\bar{e}|=\frac{208+1\,342+592+725+833+667+1\,087+260}{8}=714$$

当 $N=5$ 时，

$$|\bar{e}|=\frac{325+475+765+265+790+435}{6}=509$$

因为当 $N=5$ 时平均绝对误差较小，故选用 $N=5$ 进行预测。

第四步：绘制拟合图。如图 8-3 所示。

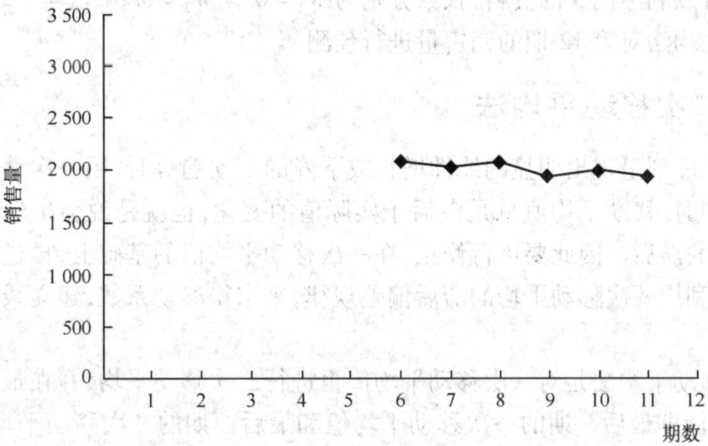

图 8-3　拟合图

第五步:利用一次移动平均法的预测模型进行预测。

因为 $$\hat{Y}_{t+1}=M_t^{(1)}=\frac{y_t+y_{t-1}+y_{t-2}+\cdots+y_{t-N+1}}{N}$$

所以 $$\hat{Y}_{12}=\frac{1\ 550+1\ 330+2\ 200+2\ 770+2\ 350}{5}=2\ 040(\text{吨})$$

即第 12 期的销售量为 2 040 吨。

利用移动平均法进行预测,正确选择跨越期 N 值是十分重要的,也是这种方法的关键所在。如果时间序列中含有大量的随机因素,或其发展趋势样式变化较小,即数据模式呈脉冲样式, 一般跨越期选得长一些;如果时间序列中含有的随机因素较少,其发展趋势样式有变化的趋势,即数据模式呈阶梯样式,一般跨越期选得短一些;如果时间序列发展趋势呈现出水平样式,其趋势大致保持一个稳定的水平,一般跨越期长短关系不大。在此分析基础上,通常选取出若干个不同的 N 值进行计算,通过比较其误差,从中选择误差较小的 N 值用于预测。

二、加权移动平均法

加权移动平均法是指在时间序列中,对于跨越期中每个数据分别加以不同的权数,计算出加权移动平均数作为预测值的一种预测方法。其预测模型为:

设一组时间序列为 $y_1,y_2,y_3,\cdots,y_n$;跨越期数为 N;每组跨越期的权数分别为 $W_1,W_2,\cdots,W_N$

$$\hat{Y}_{t+1}=M_{tW}^{(1)}=\frac{W_1y_t+W_2y_{t-1}+W_3y_{t-2}+\cdots+W_Ny_{t-N+1}}{W_1+W_2+W_3+\cdots+W_N} \qquad (8-6)$$

我们可以利用例 5 的资料,权数分别为 $W_1=0.5,W_2=0.3,W_3=0.2$。运用加权移动平均法对第 12 期的销售量进行预测。

三、二次移动平均法

当时间序列呈现出明显的线性增长或下降的变动趋势时,用一次移动平均法进行预测时,移动平均值总是滞后于实际值的变化,也就是说会出现滞后偏差,即一定的滞后。因此要进行修正,在一次移动平均值的基础上,再进行二次移动平均,利用两次移动平均的滞后偏差规律,来求得移动系数,建立线性预测模型。

二次移动平均法是对一次移动平均值再进行二次移动平均,并在最后两个移动平均值(即最后一期的一次移动平均值和最后一期的二次移动平均值)的

基础上,求得参数并进行预测。二次移动平均法的预测模型为:

$$\hat{Y}_{t+T}=a_t+b_t\cdot T \tag{8-8}$$

式中:$\hat{Y}_{t+T}$表示第 $t+T$ 期的预测值;

a_t,b_t 表示移动参数;

t 表示观察期的期数;

T 表示预测的期数。

$$a_t=2M_t^{(1)}-M_t^{(2)}$$

$$b_t=\frac{2}{N-1}\cdot(M_t^{(1)}-M_t^{(2)})$$

$$M_t^{(1)}=\frac{y_t+y_{t-1}+y_{t-2}+\cdots+y_{t-N+1}}{N}$$

$$M_t^{(2)}=\frac{M_t^{(1)}+M_{t-1}^{(1)}+M_{t-2}^{(1)}+\cdots+M_{t-N+1}^{(1)}}{N}$$

要注意的是在二次移动平均法中,一次移动平均值和二次移动平均值只作为本期的移动平均值,不可以直接作为预测值,它是用来求移动参数的。另外,在二次移动平均法中,仍然有一个确定 N 值的问题。

【例7】某公司的库存余额数年的历史数据资料如表8－5所示,试用二次移动平均法预测下一年度的库存余额。

表8－5　二次移动平均法计算表　　万元

期数	库存余额	$M_t^{(1)}$ $N=4$	$M_t^{(2)}$ $N=4$	a_t	b_t	$\hat{Y}_{t+T}$ $(T=1)$	$\lvert e_t\rvert$
1	140						
2	159						
3	136						
4	157	148.0					
5	173	156.3					
6	131	149.3					
7	177	159.5	153.3	167.7	4.1		
8	188	167.3	158.1	176.5	6.1	171.8	16.2
9	154	162.5	159.6	165.4	1.9	182.6	28.6
10	179	174.5	166.0	183.0	5.7	167.3	11.7

第一步:选取若干个 N 值(这里我们只计算一个 N 值,$N=4$),计算一次移

动平均值、二次移动平均值；

第二步：计算参数 a_t，b_t；

第三步：求出观察期的理论值并比较其误差，如表 8－6 所示；

第四步：求出预测期的预测值。

$$\hat{Y}_{t+T} = a_t + b_t \cdot T$$
$$= 183.0 + 5.7 \times 1 = 188.7(\text{万元})$$

即下一年度的库存余额为 188.7 万元。

第四节　指数平滑法

利用移动平均法进行预测，在求预测值的时候只考虑到了离预测期最近的 N 个数据，而且对 N 个数据是同等看待的，这是移动平均法的缺点。而指数平滑法在进行预测的时候，考虑到了全部的观察值数据，并且根据每个数据对预测值影响的不同，分别加以不同的权数，指数平滑法克服了移动平均法的缺点，其应用范围更为广泛。指数平滑法分为一次指数平滑法、二次指数平滑法和三次指数平滑法。

一、一次指数平滑法

一次指数平滑法，是以预测目标的本期实际值和本期预测值（理论值）为基础，分别给予二者以不同的权数，计算出一次指数平滑值作为预测值的一种预测方法。一次指数平滑法的预测模型为：

$$\hat{Y}_{t+1} = S_t^{(1)} = \alpha y_t + (1-\alpha) S_{t-1}^{(1)} \qquad (8-9)$$

式中：$\hat{Y}_{t+1}$ 表示第 $t+1$ 期预测值；

$S_t^{(1)}$ 表示第 t 期的一次指数平滑值；

α 表示加权因子，$(0 \leqslant \alpha \leqslant 1)$；

y_t 表示第 t 期的实际值；

$S_{t-1}^{(1)}$ 表示第 $t-1$ 期的一次指数平滑值，t 期的预测值。

一次指数平滑法的预测模型来源：

在一次移动平均法中，我们曾经得到一个简化公式：

$$M_t^{(1)} = M_{t-1}^{(1)} + \frac{y_t - y_{t-N}}{N}$$

$$= M_{t-1}^{(1)} + \frac{1}{N}y_t - \frac{1}{N}y_{t-N}（用\ M_{t-1}^{(1)}\ 近似地代替\ X_{t-N}）$$

$$= \frac{1}{N}y_t + (1 - \frac{1}{N})M_{t-1}^{(1)}$$

令 $\quad S_t^{(1)} = M_t^{(1)} \qquad \alpha = \frac{1}{N}$

$$S_t^{(1)} = \alpha y_t + (1-\alpha)S_{t-1}^{(1)}$$

（一）指数平滑法加权的性质

我们首先看指数平滑法的预测模型的展开式：

$$\begin{aligned}
S_t^{(1)} &= \alpha y_t + (1-\alpha)S_{t-1}^{(1)} \\
&= \alpha y_t + (1-\alpha)[\alpha y_{t-1} + (1-\alpha)S_{t-2}^{(1)}] \\
&= \alpha y_t + \alpha(1-\alpha)y_{t-1} + (1-\alpha)^2 S_{t-2}^{(1)} \\
&= \alpha y_t + \alpha(1-\alpha)y_{t-1} + (1-\alpha)^2[\alpha y_{t-2} + (1-\alpha)S_{t-3}^{(1)}] \\
&= \alpha y_t + \alpha(1-\alpha)y_{t-1} + \alpha(1-\alpha)^2 y_{t-2} + (1-\alpha)^3 S_{t-3}^{(1)} \\
&= \alpha y_t + \alpha(1-\alpha)y_{t-1} + \alpha(1-\alpha)^2 y_{t-2} + (1-\alpha)^3[\alpha y_{t-3} + \\
&\quad (1-\alpha)S_{t-4}^{(1)}] \\
&= \alpha y_t + \alpha(1-\alpha)y_{t-1} + \alpha(1-\alpha)^2 y_{t-2} + \alpha(1-\alpha)^3 y_{t-3} + \\
&\quad (1-\alpha)^4 S_{t-4}^{(1)} \\
&\cdots\cdots \\
&= \alpha y_t + \alpha(1-\alpha)y_{t-1} + \alpha(1-\alpha)^2 y_{t-2} + \alpha(1-\alpha)^3 y_{t-3} + \\
&\quad \cdots + \alpha(1-\alpha)^{t-1} y_1
\end{aligned}$$

其权数为：$\alpha, \alpha(1-\alpha), \alpha(1-\alpha)^2, \alpha(1-\alpha)^3, \cdots, \alpha(1-\alpha)^{t-1}$ 是一个依次递减的等比数列。

权数之和：$S = \alpha + \alpha(1-\alpha) + \alpha(1-\alpha)^2 + \alpha(1-\alpha)^3 + \cdots + \alpha(1-\alpha)^{t+1}$

$$\cdots\cdots$$

$$= 1 - (1-\alpha)^t$$

当 $t \to \infty$ 时，$(1-\alpha) \to 0$ 　即 $S \to 1$

指数平滑法求得的预测值实质上是预测目标的全部历史数据的加权平均数，即指数平滑法，实质上是一种以特殊的等比数列为权数的加权平均法。

（二）指数平滑法的特点

第一，对近期的观察值给予较大的权数，对远期的观察值给予较小的权数，权数呈依次递减的等比数列。

第二，当实际观察值数目很大时，权数之和接近于1，是一种特殊形式的指数权数。

(三)初始值的估计和加权因子的确定

1. 初始值 S_1 的估计

当 $t=1$ 时,$S_1^{(1)}=\alpha y_1+(1-\alpha)S_{1-1}^{(1)}$,$S_0^{(1)}$ 并不存在,当时间序列的数据较多时,初始值 $S_1^{(1)}$ 对于预测结果的影响很小,通常用最早一期的观察值 X_1 来代替初始值 $S_1^{(1)}$。

2. 加权因子 α 的确定

利用指数平滑法进行预测,选择恰当的 α 值是十分重要的,这直接影响到预测结果的准确性。一般来说,虽然预测目标的时间序列中的数据上下波动,但整个发展趋势比较稳定时,α 取较小值;当预测目标的时间序列中的数据呈现明显且迅速上升或下降趋势时,也就是说波动很大时,α 取较大值。在此基础上,我们通常选取若干个 α 值进行计算,通过比较其误差,选取误差较小的 α 值,用于求预测期的预测值。

【例 8】某自行车生产厂自行车生产量的历史资料如表 8-6 所示。

表 8-6 一次指数平滑法计算表 千辆

期数	生产量 y_t	$\alpha=0.2$			$\alpha=0.5$		
		$S_t^{(1)}$	预测值 $\hat{Y}_{t+1}$	绝对误差 $\|e\|$	$S_t^{(1)}$	预测值 $\hat{Y}_{t+1}$	绝对误差 $\|e\|$
1	50	50			50		
2	52	50.4	50	2	51	50	2
3	47	49.7	50.4	3.4	49	51	4
4	51	49.9	49.7	1.3	50	49	2
5	49	49.7	49.9	0.6	49.5	50	1
6	48	49.4	49.7	1.5	48.8	49.5	1.5
7	51	49.7	49.4	8.2	49.9	48.8	2.2
8	40	47.7	49.7	9.6	45	49.9	9.9
9	48	47.8	47.7	0.3	46.5	45	3
10	52	48.6	47.8	4.3	49.3	46.5	5.5
11	51	49.1	48.6	2.4	50.2	49.3	1.7
12	59	51.1	49.1	9.9	54.6	50.2	8.2

第一步:利用已知销售数据资料绘制散点图。如图 8-4 所示。

第二步:选用若干个 α 值,计算一次指数平滑数及误差,如表 8-7 所示,试用一次指数平滑法预测第 13 期的预测值。

第三步:确定 α 值。分别计算平均绝对误差,选择平均绝对误差较小的 α 值。

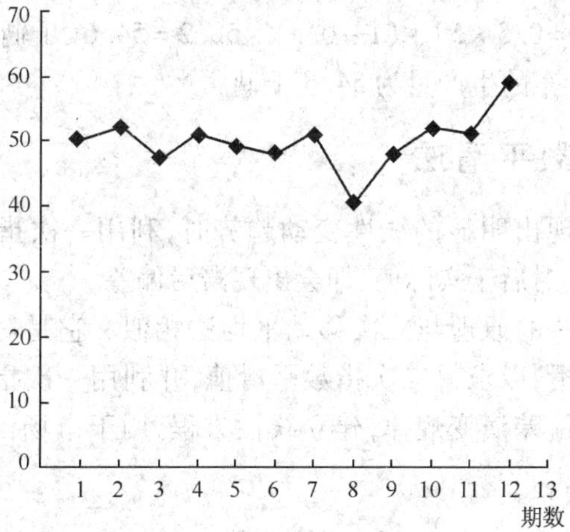

图 8-4 散点图

当 $\alpha=0.2$ 时,

$$|\bar{e}|=\frac{2+3.4+1.3+0.6+1.5+8.2+9.6+0.3+4.3+2.4+9.9}{11}\approx 4$$

当 $\alpha=0.5$ 时,

$$|\bar{e}|=\frac{2+4+2+1+1.5+2.2+9.9+3+5.5+1.7+8.2}{6}\approx 3.7$$

因为当 $\alpha=0.5$ 时平均绝对误差较小,故选用 $\alpha=0.5$ 进行预测。

第四步:绘制拟合图。如图 8-5 所示。

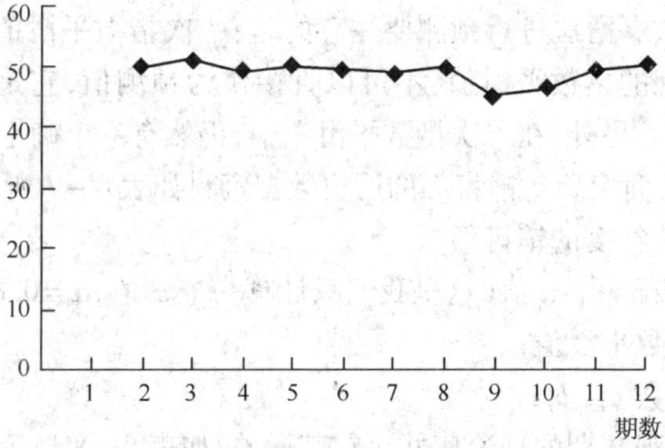

图 8-5 拟合图

第五步:利用一次指数平滑法的预测模型进行预测。

$$\hat{Y}_{t+1}=S_t^{(1)}=y_t+(1-\alpha)S_{t-1}^{(1)}$$

$$\hat{Y}_{13} = 0.5 \times 59 + (1 - 0.5) \times 50.2 = 54.6\text{(千辆)}$$

即第13期自行车的生产量为54.6千辆。

二、二次指数平滑法

当时间序列呈现出明显的线性变动趋势时，利用一次指数平滑法进行预测，指数平滑值总是滞后于实际值，即会出现滞后偏差。

二次指数平滑法的原理与二次移动平均法相似。它是对一次指数平滑值再进行一次指数平滑，以求得二次指数平滑值，并利用一次指数平滑值与二次指数平滑值的滞后偏差演变规律，建立线性方程，用于市场预测。二次指数平滑法的预测模型为：

$$\hat{Y}_{t+T} = a_t + b_t \cdot T \qquad (8-10)$$

其中：$\hat{Y}_{t+T}$表示第 $t+T$ 期的预测值；

a_t，b_t 表示指数平滑参数；

t 表示观察期的期数；

T 表示预测的期数。

参数：
$$a_t = 2S_t^{(1)} - S_t^{(2)}$$

$$b_t = \frac{\alpha}{1-\alpha} \cdot (S_t^{(1)} - S_t^{(2)})$$

一次指数平滑值：$S_t^{(1)} = \alpha X_t + (1-\alpha) S_{t-1}^{(1)}$

二次指数平滑值：$S_t^{(2)} = \alpha S_t^{(1)} + (1-\alpha) S_{t-1}^{(2)}$

利用二次指数平滑法进行预测要注意的是：一次指数平滑值和二次指数平滑值只能作为本期的指数平滑值，不可以直接作为预测值，它是用来求指数平滑参数 a_t 和 b_t 的。另外，在二次指数平滑法中，仍然有一个确定 α 值的问题。

【例9】现有某商店历年销售额的历史数据资料如表8－7所示，试用二次指数平滑法预测下一年度的销售额。

第一步：选取若干个 α 值（这里我们只计算一个 α 值，$\alpha = 0.8$），计算一次指数平滑值、二次指数平滑值；

第二步：求参数 a_t，b_t；

第三步：求出观察期的理论值并比较其误差，如表8－8所示；

第四步：求预测期的预测值：

$$\hat{Y}_{t+T} = a_t + b_t \cdot T$$
$$= 86.2 + 5.24 \times 1 = 91.44\text{(万元)}$$

即下一年度的销售额为91.44万元。

表8-7　二次指数平滑法计算表　　万元

期数	销售额	$S_t^{(1)}$ $\alpha=0.8$	$S_t^{(2)}$ $\alpha=0.8$	a_t	b_t	$\hat{Y}_{t+T}$ $(T=1)$	$\mid e_t \mid$
1	40.0	40.00	40.00	—	—	—	—
2	45.0	44.00	43.20	44.8	3.20	—	—
3	50.3	49.04	47.87	50.21	4.68	48.00	2.30
4	55.1	53.89	52.68	55.10	4.84	54.89	0.21
5	60.2	58.94	57.69	60.19	5.00	59.94	0.26
6	65.7	64.35	63.02	65.68	5.32	65.19	0.51
7	70.9	69.59	68.27	70.91	4.28	71.00	0.10
8	75.8	74.56	73.30	75.82	5.04	76.28	0.48
9	80.9	79.63	78.37	80.89	5.04	80.86	0.04
10	86.2	84.89	83.58	86.20	5.24	85.90	0.30

第五节　季节指数法

我们在对市场进行分析的时候发现,经济变量除了受线性趋势因素影响外,还受到季节变动、循环变动和不规则变动因素的影响。季节指数法就是分析季节变动因素对预测目标的影响,以此来预测预测目标的未来发展趋势。

应用季节指数法时,首先要建立预测模型,求得历史上各期的预测趋势值,然后用实际值除以趋势值得到季节指数。如果有两个以上的波动周期,先要求出相同时期的季节指数平均值,再用季节指数的平均值去修正。

一、季节指数法的预测步骤

第一步:编制历年的历史资料统计数据 Y_i(按月或季度);

第二步:利用预测模型求出历史上各期的趋势值 $\hat{Y}_i$;

第三步:用实际值 Y_i 除以趋势值 $\hat{Y}_i$,得出季节指数 S_i;

第四步:求出相同时期的季节指数平均值;

第五步:利用季节指数平均值进行修正,以求得预测值。

二、应用举例

【例12】某专营商场第一年和第二年各季度的销售额数据资料如表8－8所示。试预测下一年各季度的销售额(用直线趋势法求趋势值)

第一步:用拟合直线法,求出观察期每个季度的趋势值 $\hat{Y}_i$;

表8－8　季节指数法计算表　　万元

年度	季度	销售额 Y_i	X	趋势值 $\hat{Y}_i$	季节指数 S_i
第一年	1	46.1	1	45.31	1.02
	2	46.5	2	46.95	0.99
	3	47.2	3	48.59	0.97
	4	49.5	4	50.23	0.99
第二年	1	53.7	5	51.87	1.03
	2	54.0	6	53.51	1.01
	3	54.8	7	55.15	0.99
	4	56.3	8	56.79	0.99

拟合直线预测模型:　　$\hat{Y} = a + bx$

其中:$b = \dfrac{\sum XY - \frac{1}{n}\sum X \sum Y}{\sum X^2 - \frac{1}{n}(\sum X)^2}$

$a = \dfrac{\sum Y}{n} - \dfrac{b}{n}\sum X$

$\sum X^2 = 204$　　$\sum XY = 1\,905.2$　　$\sum Y = 408.1$

$\sum X = 36$

$$b = \frac{1\,905.2 - 1/8 \times 36 \times 408.1}{204 - 1/8 \times 36^2} = 1.64$$

$$a = 1/8 \times 408.1 - 1/8 \times 1.64 \times 36 = 43.67$$

预测模型为:$\hat{Y} = 43.67 + 1.64X$

求趋势值的方法还有变动趋势移动平均法、二次移动平均法和二次指数平滑法等方法。

第二步:求季节指数 S_i,$S_i = \dfrac{Y_i}{\hat{Y}_i}$;

第三步:求季节指数平均值$\overline{S_i}$;

	一季度	二季度	三季度	四季度
第一年	1.02	0.99	0.97	0.99
第二年	1.03	1.01	0.99	0.99
平均值	1.025	1.00	0.98	0.99

第四步:求出预测值:

根据公式:$\hat{Y}=(a+bx)\overline{S_i}$

$\hat{Y}_9=(43.67+1.64\times 9)\times 1.025=59.89$(万元)

$\hat{Y}_{10}=(43.67+1.64\times 10)\times 1.00=60.07$(万元)

$\hat{Y}_{11}=(43.67+1.64\times 11)\times 0.98=60.48$(万元)

$\hat{Y}_{12}=(43.67+1.64\times 12)\times 0.99=62.72$(万元)

即下一年每个季度的销售额分别为59.89万元、60.07万元、60.48万元和62.72万元。

【例13】某食品公司三年多来某种商品各季度的销售额资料如表8-9所示,试使用移动平均法测定各季度的季节指数,并预测下一年度第2,3,4季度的销售额。

表8-9　移动平均法测定季节指数的计算过程　　万元

年份 ①	季度 ②	销售额 Y_i③	移动平均数 $N=4$ M_i④	中心化移动平均数 M_i'⑤	季节指数 S_i⑥=③/⑤
第一年	1	265			
	2	373	309.3		
	3	333	305.8	307.6	108.3
	4	266	305.0	305.4	87.1
第二年	1	251	315.3	310.2	80.9
	2	370	326.0	320.7	115.4
	3	374	331.3	328.7	113.8
	4	309	348.0	339.7	91.0
第三年	1	272	353.5	350.8	77.5
	2	437	363.3	358.4	121.9
	3	396	368.3	365.8	108.3
	4	348			
第四年	1	292			

第一步：根据历年的历史资料统计数据 Y_i（按月或季度），计算移动平均数 M_i，并将移动平均数放在每组的中间位置。

第二步：将移动平均数进行中心化 M_i'，使其与原时间数列的周期一致。

第三步：用实际值 Y_i 除以中心化移动平均数 ZM_i'，得出季节指数 S_i。

第四步：求出相同时期的季节指数平均值。

第五步：利用季节指数平均值进行修正（调整系数 $k=400$/季度指数的平均数之和）。如表 8－10 所示。

表 8－10　平均季节指数计算表　　%

季度 ①	第一年 ②	第二年 ③	第三年 ④	同季度季节指数平均值⑤	季节指数调整值 ⑥
1		80.9	77.5	79.2	79.8
2		115.4	121.9	118.7	119.5
3	108.3	113.8	108.3	110.1	110.9
4	87.1	91.0		89.1	89.8
			合计	397.1	400

第六步：用拟合直线法求出第四年第 2，3，4 季度的趋势值。如表 8－11 所示。

表 8－11　拟合直线法计算表

年份	季度	销售额 Y	x	xY	x^2
第一年	1	265	−6	−1 590	36
	2	373	−5	−1 860	25
	3	333	−4	−1 332	16
	4	266	−3	−798	9
第二年	1	251	−2	−502	4
	2	370	−1	−370	1
	3	374	0	0	0
	4	309	1	309	1
第三年	1	272	2	544	4
	2	437	3	1 311	9
	3	396	4	1 584	16
	4	348	5	1 740	25
第四年	1	292	6	1 750	36
合　计		4 286	$\sum x=0$	788	182

$$\sum Y = 4\ 286 \qquad \sum xY = 788 \qquad \sum x^2 = 182 \qquad \sum x = 0$$

$$a = \sum Y/n = 4\ 286/13 = 330$$

$$b = \sum xY/\sum x^2 = 788/182 = 4.3$$

$$\hat{Y}_x = 330 + 4.3\ x$$

$$\hat{Y}_2 = 330 + 4.3 \times 7 = 360.1(\text{万元})$$

$$\hat{Y}_3 = 330 + 4.3 \times 8 = 364.1(\text{万元})$$

$$\hat{Y}_4 = 330 + 4.3 \times 9 = 368.7(\text{万元})$$

第七步:求预测值。

$$\hat{Y}_2 = \hat{Y}_x \times S_2 = 360.1 \times 119.5\% = 430(\text{万元})$$

$$\hat{Y}_3 = \hat{Y}_x \times S_3 = 364.4 \times 110.9\% = 404(\text{万元})$$

$$\hat{Y}_4 = \hat{Y}_x \times S_4 = 368.7 \times 89.8\% = 331(\text{万元})$$

本章小结

时间序列分析预测法是根据预测目标的历史数据资料所反映出的规律,来推断其未来的发展变化趋势。运用时间序列分析预测法进行预测,要求必须以准确、完整的时间序列数据作为前提。

移动平均法是对时间序列边移动边平均。然后比较误差,进而求出预测值的方法。这是一种简单高效,应用广泛的预测方法。

指数平滑法实质上是一种以特殊的等比数列为权数的加权平均法。在求预测值的时候,它用到的是预测目标的全部的观察值,并分别给予它们不同的权数。它避免了移动平均法在求预测值的时候,对 N 个观察值加以相同权数的缺点。

季节指数法就是用来分析季节变动因素对预测目标的影响,以此来预测预测目标的未来发展变化趋势。因为我们在对市场进行分析的时候发现,很多经济变量除了受线性趋势因素影响外,还受到季节变动因素的影响。

特别要注意的是:在实际预测中,定量方法和定性方法要结合起来使用,用定量方法得出的预测值,并不一定是最终的预测结果,通常要结合定性的方法对其进行调整和修正。这样才能获得较好的预测结果。

复习题

1. 请解释什么是时间序列并举例说明。
2. 什么是时间序列分析预测法?
3. 时间序列的基本模式是什么?
4. 在移动平均法中,如何确定 N 值?
5. 指数平滑法的性质和特点是什么?
6. 试比较移动平均法、指数平滑法和自适应过滤法的优、缺点。
7. 季节指数法有何特点?
8. 移动平均法和指数平滑法有哪些相同点和不同点?

实训题

1. 周末去调查你所在地的一家大型工厂近 11 年的产品销售额,绘成坐标图,判断分析其是什么时间序列模型,判断运用哪种时间序列分析预测法,预测该工厂未来两年的产品销售额,并进行预测。

2. 收集一家大型企业的具有典型季节性销售的产品近 5 年每一个季度的销售量,再利用季节指数法预测其下年每个季度的销售量,为其生产计划的制订提供科学的依据。

案 例

案例一　煌上煌调研报告:思路转变、动力加强开店速度有望恢复

类别:公司研究

机构:国泰君安证券股份有限公司

日期:2013 - 11 - 26

投资建议;我们预测公司 2013 - 2015 年 EPS 分别为 0.95,1.17,1.43 元,2012 - 2015 年净利润 CAGR 为 22%。领先的食品安全意识和管控能力使公司的扩张更加稳健、风险小,业绩确定性较强。

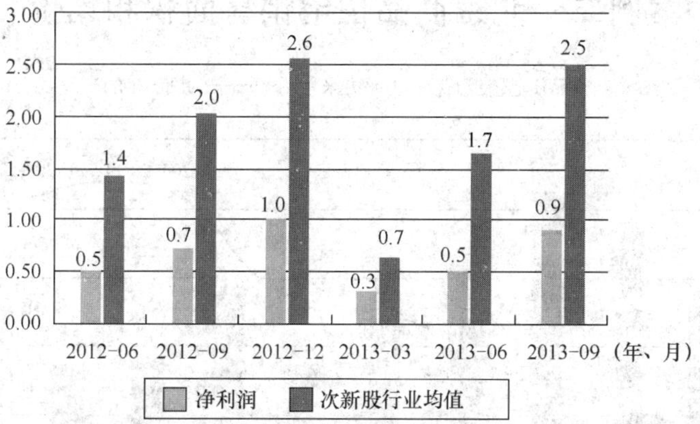

酱卤制品行业空间大,格局有利于龙头加速成长。预计酱卤肉制品行业2012年市场空间678亿元,快捷消费趋势推动行业未来3年维持约15%增速;2012年行业CR3(绝味、德州扒鸡、煌上煌)仅8.4%,消费者对食品安全的重视,龙头企业快速的标准化复制能力将推动行业集中度加速上升。

公司战略思路转变、动力加强,开店速度有望恢复高增长。公司将来开店方向以中小城市为主,中小城市店面渗透率低、终端利润率高,发展潜力更大。全面、深层次的股权激励使公司上下利益诉求趋于一致,有助于公司分享广阔的中小城市市场,开店速度有望恢复之前的高增长。

扩张稳健,业绩确定性较强。公司自2012年以来开店速度放缓,我们认为,这是公司在短期内为了严格把控食品安全质量而主动调整的结果。公司投资的信息化项目建成以后将大幅提高对经销商的管控能力,领先的食品安全意识和把控能力将保证公司扩张进度更加稳健,业绩确定性较强。

核心风险:禽流感等事件发生,可能导致对禽类食品需求大幅下滑;食品安全问题。

资料来源:http://finance.sina.com.cn/realstock/company/sz002695/nc.shtml。

思考讨论题:

1. 查询公司最新公布的年度或季度报告,并参考其他市场信息,分析2013年第一季度净利润大幅下跌的原因,了解公司第二、第三季度净利润迅速回升的策略。

2. 绘制公司近期的季度净利润趋势线,分析判断,并找出合适的预测模型。

3. 试对公司未来几年的净利润做出预测。

4. 对公司以后的发展提出建议。

案例二　北京商品住宅销售面积和均价

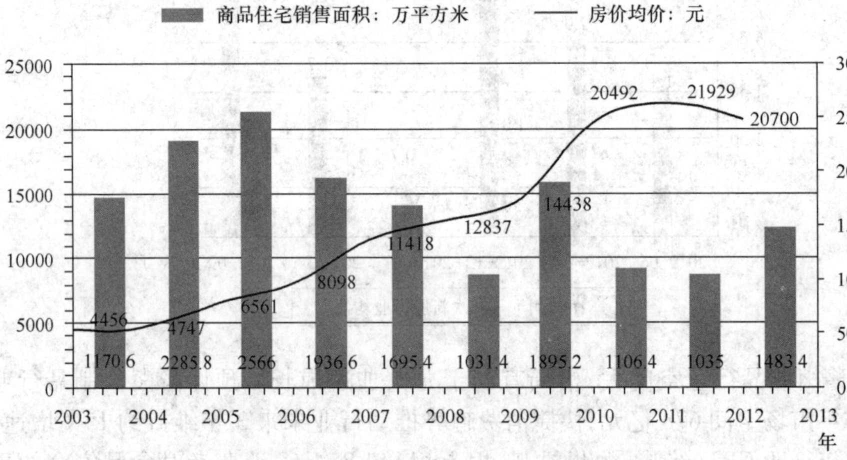

2003－2012 年北京商品住宅销售面积和均价

思考讨论题：

1. 分析上述变动趋势线，判断它的基本规律。

2. 试找出合适的预测模型，对未来几年的商品住宅销售面积和均价做出预测。

3. 调查你所在城市的商品住宅销售情况，选用适当模型或方法进行预测。

习　题

1. 调查某厂家同一型号式样的洗衣机在 10 家商店的销售价格，得到以下数据：658，698，668，668，658，698，688，688，668，658 元。求出这种洗衣机的销售价格的算术平均数，并讨论依此算术平均数作为预测值是否恰当？

2. 某企业历年的商品销售额数据资料分别为：210.9，276.4，360.3，422.7，454.5，483.5 万元，试用几何平均法预测第 7 期的值。

3. 某企业历年的商品销售量数据资料如表所示。请分别用一次移动平均法和一次指数平滑法预测第 12 期的值。（$n=3,\alpha=0.6$，小数点后保留 1 位，单位：吨）

期数	1	2	3	4	5	6	7	8	9	10	11
销售量	195	220	200	195	185	180	185	180	190	230	210

4. 某企业历年的商品销售额数据资料如表所示。试用变动趋势移动平均法预测第 12 期和第 13 期的值。($N=3$,小数点后保留 1 位,单位:万元)

期数	1	2	3	4	5	6	7	8	9	10	11
销售额	16	17	16	18	20	18	16	14	18	20	20

5. 某企业历年的商品销售额数据资料如表所示。请分别用二次移动平均法和二次指数平滑法预测第 10 期和第 11 期的值。($n=3$,$\alpha=0.5$,小数点后保留 1 位,单位:万元)

期数	1	2	3	4	5	6	7	8	9
销售额	103	110	117	128	134	138	135	142	148

6. 某企业历年每季度的商品销售额数据资料如表所示。试用季节指数法预测第五年度每个季度的销售额。(小数点后保留 1 位,单位:万元)

年度	一季度	二季度	三季度	四季度
1	73	99	96	126
2	81	114	108	148
3	91	121	117	154
4	106	131	135	175

第九章

时间序列分析法(二)——趋势延伸法

本章提要

在上一章的时间序列分析法(一)中,主要介绍了以不同平均值为基础,来预测市场现象未来变化情况的各种具体预测方法。这类预测方法对时间序列所呈现的变动规律或趋势的要求并不十分严格,只要市场经济量的历史数据基本具备长期或季节性变化规律,即可考虑运用时间序列的常用平均数法进行预测。因此该类方法虽计算简单,应用广泛,但在精确描述时间序列的变动规律方面受到一定的限制。

本章介绍较为复杂的另一类时间序列分析法,即趋势延伸法。该类预测方法特别强调当时间序列数据的变化呈现出一定的规律或趋势特征,并可运用一定的数学方法将这种规律或趋势描述下来时,则可建立适当的曲线预测模型,然后再进行延伸预测。由于这类方法注重了市场现象时间序列变化的具体曲线规律,因此预测问题的针对性、选择性很强,所以普遍来看,它在描述时间序列的变动规律并利用这种规律进行预测方面具有更突出的优势。本章介绍趋势延伸法的特点、步骤及各种具体趋势延伸法的模型和应用方法,如直线趋势延伸法、二次曲线趋势延伸法、指数曲线趋势延伸法和戈珀资曲线趋势延伸法等。

第一节　趋势延伸法的特点

一、趋势延伸法的概念

市场经济现象随着时间的推移发展变化，常常遵循着一定的规律。把历史数据中的规律辨识出来，经过科学的计算和经济分析，最后用数学函数表达式近似地来描述这一发展过程，并假设在今后的相当一段时间内，该现象仍将以这个数学表达式所预示的趋势发展下去，预测者用这个表达式所推算出来的数据预测未来，这就是趋势延伸法，又称趋势外推法。所以，趋势延伸法就是根据时间序列的长期变化趋势，用数学方法找出能最佳地描述这种变化趋势的曲线，然后向外延伸来进行预测的方法。

二、趋势延伸法的意义

如果某一市场现象过去的发展是以随机的方式出现的，联系发展的各个阶段总是一些毫不相干的突变事件，那么所得到的这一现象的数据对于预测未来没有什么价值。但是，经过众多的经济和市场理论专家的验证和大量的历史信息表明，市场经济现象在一定的条件下、在一定的历史阶段总是近似地以某种形式有规律地向前发展，我们可以在前人的理论基础上，利用一些基本的方法来对市场经济生活中经常发生的一些现象的未来情况予以预测。趋势延伸法是建立在一定的外界前提条件下的预测方法，最经典的假定条件一是市场经济现象产生和发展的因素变化不大，而且同样地影响着这一现象未来的发展演变；二是市场经济现象的发展是一个渐变过程，而不是跳跃式的突变，也就是说，趋势延伸法不能预测由于社会变更、战争和科技上的重大突破所引起的经济现象的变化。

把过去的趋势向未来延伸得越远，满足上述两个前提条件的可能性就越小，我们的预测接近真实的可能性就变得越小。所以这种预测方法一般是对短期和中期的预测才有价值。当然，我们对某现象的过去的数据掌握得越多，对这一现象观察的时间越长，则对未来的预测会越准确。对于预测的超前时间，会因为市场经济现象自身的特点不同而长短不一。理论界对这个问题尚无定论，比较集中的看法是，预测的超前时间不超过占有可靠统计数据时间的1/3。例如，我们观察某一现象有15年，那么根据取得的数据用趋势延伸模型计算，预测以后5年内的变化是比较合理的。当然若在趋势延伸定量预测的同时再结合一些定性预测方法会取得更好的效果。

在市场预测使用的历史数据中，许多时间序列都表现出很明显的趋势特征，如直线趋势、二次曲线趋势，以及一些特殊曲线的变化趋势等。运用趋势延伸法进行预测，必须确保所选择的预测模型与既往市场因素的实际数据曲线最为吻合，也就是说，运用这些预测方法推算的市场变化趋势最具代表性。因此，要分析时间序列数据的变化情况，从中找出内在的变化规律，再用数学的方法把它描述出来，即建立相应的数学模型，从而为市场经济量的预测提供有效的工具。

三、趋势延伸法预测的基本步骤

（一）选择预测变量（预测目标或预测对象）

运用趋势延伸法预测时，应首先根据企业在实际中遇到的市场经济问题，选取预测变量。由于大多数市场问题都涉及企业经营或市场环境的方方面面，从而构成了围绕着该问题的许许多多的因素，但预测时不可能将所有影响因素都计算进去，否则计算模型和运算过程将极其复杂，反而影响预测的效果。因此，运用趋势延伸法预测时应注意，选取最有助于解决该预测问题的因素，即把对预测问题有决定性影响的因素作为预测变量。

（二）建立时间序列

寻求市场经济量与相对时间之间的函数关系，就是趋势延伸法所要解决的问题。预测者应收集市场经济量，即预测变量在前段尽可能长的时期中的数据，建立起这一预测问题的时间序列。值得注意的是，时间越近的数据对未来的影响越大，所以数据应逐期收集直到当前。另外，数据的收集和处理中也会碰上一些麻烦，因为得到的数据往往不能直接运用，有时也不完整。例如，某期的数据由于不可抗拒事件的影响，与其他值偏离太大。这不能反映企业的正常经营状况，不是预测者所需要的，因此，还需要对这些偶然数据作一些适当的处理，即剔除异常值的作用。对个别缺少的数据，应通过市场分析或调查研究将其补齐。

（三）确定基本数学模型

根据预测问题时间序列数据变化的特征，选择基本的数学模型。通常情况下，我们采用图形识别法和经验法判断应采用哪种基本数学模型。图形识别法就是将这些历史数据在直角坐标图上标出，然后将各个观察值的点连接起来，画出拟合度最佳的直线或曲线，直接观察和判断这些实际值曲线的变化规律，然后找出近似的数学表达式作为模拟该规律的数学模型。如观察判断时间序列变动规律像一条直线，则我们可以选择直线公式作为该问题的基本数学模型。一般是在尝试了多种基本模型预测之后，或通过误差的计算和实际的验证，以及其他经济方法的分析等，挑选出一种更为可靠的基本数学模型。

图形识别法简便易行，不必进行繁琐的运算，所以可操作性很强，应用广泛。图形识别法分析判断时间序列变动规律的步骤为：

首先，在平面直角坐标中以 y 轴表示预测变量的因变量，以 x 轴表示时间序列的自变量，并利用预测变量的历史时间数据资料，在坐标图上标出各对应点，即观察点。

然后，根据各观察点所显示的趋势走向图形，用作图工具或随手画出一条沿各个点拟合度最佳的直线或曲线。

最后，观察分析这条直线或曲线，判断其所对应的最为适合的基本数学表达式，即基本数学模型。

(四)求参数并建立预测模型

在选定基本模型之后，就应根据时间序列的实际观察值，运用一定的数学方法或技巧求出基本数学模型的参数，然后将这些参数代入基本数学模型，即可建立起该问题的预测模型。

估计模型参数是趋势延伸法的核心部分，会有一定的计算量。估算参数的方法很多，有较为精确的方法，也有较为简单的方法。一般而言，复杂的计算会使结果更趋理想。同一种方式根据模型参数的多少，应用起来也有所变化，简单的方法有取点法和三和法，还有最小二乘法等。根据基本数学模型的特征和时间序列的长短可作适当的选择。

(五)预测未来

由于趋势延伸法已假设市场经济问题的未来变化规律与其历史数据呈现的规律相同，所以我们只需根据问题的预测模型，代入未来的时间期数，即可对市场未来作出预测，即求出预测值。

第二节　直线趋势延伸法

一、直线趋势延伸法的概念与特点

(一)直线趋势延伸法的概念

直线趋势延伸法又称直线模型预测法和线性趋势分析法。它是根据预测问题的时间序列所呈现的直线趋势特征，找出拟合直线，建立直线预测模型，然后向外延伸，进行预测的一种方法。

当预测问题的时间序列呈现出线性变动趋势时，即预测变量逐期的增(减)量大体相等时，一般可用直线趋势延伸法进行预测。另外，当遇到时间序列大多数数据点的变化呈现为一条直线特征，而有个别点出现异常时，例如，某期的观察值远远大于(小于)其相邻点时，可以经过对其实际预测问题的分析，进行数据的处理，例如，适当的调整，然后再用直线趋势延伸法进行预测。

(二)直线趋势延伸法的特点

直线趋势延伸法仅适用于预测变量时间序列呈现直线长期趋势变动的情况。它对时间序列资料一律同等看待，无论各数据离预测期的远近。在拟合中还消除了季节、不规则、循环三类变动因素的影响，所以该方法反映了时间序列资料长期趋势的平均变动水平。

应用直线趋势延伸法进行预测，只要未来发展趋势大体上不发生大起大落的变化，继续遵循直线趋势发展变化的假设，而且呈现出比较稳步的发展，那么选用此法进行中期，甚至长期的预测，既简便又有一定的可靠性。

二、直线趋势延伸法基本数学模型及参数的确定

(一)直线趋势延伸法的基本数学模型

直线趋势延伸法的基本数学模型为

$$\hat{y}_t = a + bt \quad (9-1)$$

式中：t 表示已知时间序列 y_t 的时间变量，即时间周期的期数；

$\hat{y}_t$ 表示已知时间序列 y_t 的线性趋势估计值，或预测值；

a，b 表示待定参数。a 为直线的截距，b 为直线的斜率。

直线趋势模型的几何图形如图 9-1 所示。

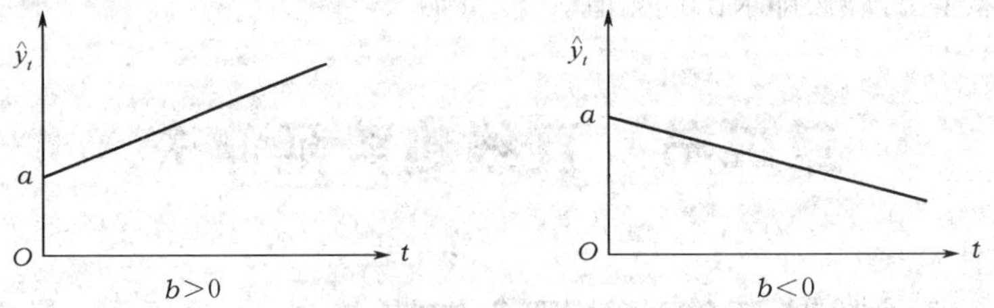

图 9-1 直线趋势模型的几何图形

（二）参数 a,b 的求法

直线趋势延伸法的关键,是为已知时间序列找到一条能最佳地拟合其长期线性发展规律的直线,即只要正确地推算出直线的 a,b 两个参数,便可建立起预测模型。在已知时间序列的条件下来估算模型参数的方法有很多,可用二次移动平均法、二次指数平滑法、累积法、分组平均法和选点法等。但计算直线模型参数 a,b,最常用的方法是最小二乘法。最小二乘法又称最小平方法,是运用数学中最小二乘法的原理,根据历史数据拟合出一条发展趋势线,使该线与实际值之间的离差平方和为最小。即在坐标上,所求得的拟合直线上的各点至对应的各观察点之间的距离最小(偏差平方和最小),从而使该直线最能代表观察期数据的变动趋势。所以这条拟合直线就作为预测的模型。

假设有 n 期的历史观察值的时间序列:

t	1	2	3	…	n
y_t	y_1	y_2	y_3	…	y_n

实际观察值与估计值之间的偏差的平方和为

$$Q = \sum_{t=1}^{n}(y_t - \hat{y}_t)^2$$

将式(9-1)代入上式,可得

$$Q = \sum_{t=1}^{n}(y_t - a - bt)^2$$

利用极值定理,要使偏差平方和 Q 最小,则必须满足

$$\begin{cases} \dfrac{\partial Q}{\partial a} = 0 \\ \dfrac{\partial Q}{\partial b} = 0 \end{cases}$$

即

$$\begin{cases} \dfrac{\partial Q}{\partial a} = -2\sum(y - a - bt) = 0 \\ \dfrac{\partial Q}{\partial b} = -2\sum(y - a - bt)t = 0 \end{cases}$$

整理得

$$\begin{cases} \sum y - na - b\sum t = 0 \\ \sum y_t - a\sum t - b\sum t^2 = 0 \end{cases}$$

由上面两个方程联立可求得

$$b=\frac{n\sum ty-\sum t\sum y}{n\sum t^2-(\sum t)^2} \tag{9-2}$$

$$a=\frac{1}{n}\sum y-b\cdot\frac{1}{n}\sum t \tag{9-3}$$

或：

$$b=\frac{\sum ty-\bar{t}\sum y}{\sum t^2-\bar{t}\sum t}$$

$$a=\bar{y}-b\bar{t}$$

式中：t 表示时间序列的时序变量；

y 表示时间序列的实际观察值。

一般情况下，按时间顺序给 t 分配序号。为了简化计算，当时间序列中数据点数目 n 为奇数时，设 n 的中点为新坐标 x 的原点，如：$n=7$，则设

t:	1	2	3	4	5	6	7
x:	-3	-2	-1	0	1	2	3

此时，$\sum x=0$。

将 t 用 x 替换，并将 $\sum x=0$ 代入公式(9-2)和公式(9-3)，则 a,b 的计算公式简化为

$$a=\frac{\sum y}{n}$$

$$b=\frac{\sum xy}{\sum x^2} \tag{9-4}$$

三、预测模型的建立及应用

将时间序列数据代入上面两个公式，求出 a,b 值，再将数值代入(9-1)式，即可得预测模型

$$\hat{y}=a+bx \tag{9-5}$$

再将新 x 值代入，即可对未来某期的预测变量（预测目标）进行预测。在实际问题预测中直接运用上述三个公式即可。

【例1】某公司今年前11个月的市场销售情况如表9-1所示，试用直线趋势延伸法预测未来两个月的销售额。

表 9-1 实际市场销售额 万元

观察期(月)	1	2	3	4	5	6	7	8	9	10	11
实际销售额	30	34	39	43	46	50	53	57	61	65	68

第一步:作图判断变动趋势。以时间为自变量,销售额为因变量,在直角坐标轴上绘出各点,观察是否能拟合成直线,即观察实际销售额数据变化规律是否近似为一条直线。

观察分析图 9-2 可知,该问题的实际销售额变动趋势近似为一条直线,因此可用直线趋势延伸法进行预测。选用基本数学模型为直线公式:$\hat{y}=a+bx$

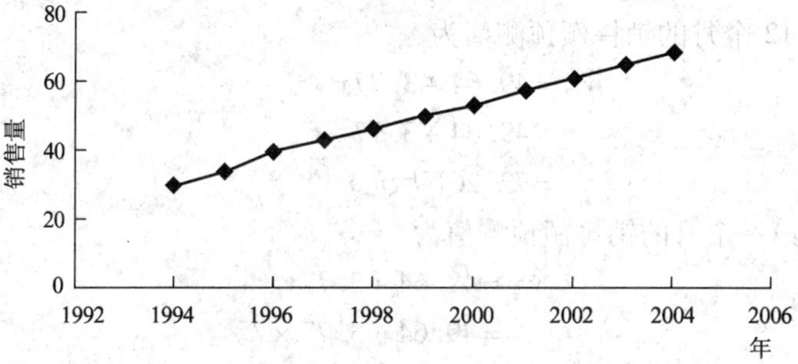

图 9-2 实际销售额曲线图

第二步:求参数 a,b。

已知 $n=11$,设

t:	1	2	3	4	5	6	7	8	9	10	11
x:	-5	-4	-3	-2	-1	0	1	2	3	4	5

则 $\sum x=0$。

因

$$\sum y = 30+34+39+43+46+50+53+57+61+65+68 =546$$

$$\sum xy = 415$$

$$\sum x^2 = 110$$

代入 a,b 公式,可得

$$a = \frac{\sum y}{n} = \frac{546}{11} = 49.64$$

$$b = \frac{\sum xy}{\sum x^2} = 3.77$$

第三步:建立预测模型。

将 a,b 值代入基本数学模型

$$\hat{y} = a + bx$$

则该问题的预测模型为

$$\hat{y} = 49.64 + 3.77x$$

第四步:对未来进行预测。

当年第12个月的销售额预测值为

$$\begin{aligned}\hat{y}_{12} &= 49.64 + 3.77x \\ &= 49.64 + 3.77 \times 6 \\ &= 72.26(\text{万元})\end{aligned}$$

下一年第一个月的销售额预测值为

$$\begin{aligned}\hat{y}_{13} &= 49.64 + 3.77x \\ &= 49.64 + 3.77 \times 7 \\ &= 76.03(\text{万元})\end{aligned}$$

第三节　二次曲线趋势延伸法

在上一节中介绍了市场现象中直线趋势的预测方法,但在众多的市场现象中,市场商品的供给与需求的影响力量变化的因素多种多样,如价格、气候、政策、企业决策、利润水平,以及企业经营特点等,其发展变化规律表现为非直线趋势的也有很多,即表现为各种不同形状的曲线发展变动趋势,如高低起伏形态。其实,直线趋势只是市场经济现象的一种特殊表现形式。对于非直线趋势变化的市场现象,必须配合各种曲线预测模型对其进行预测。曲线趋势变动线的具体形式有很多,本节介绍二次曲线变动趋势预测模型。

一、二次曲线趋势延伸法的概念与特点

(一)二次曲线趋势延伸法的概念

二次曲线趋势延伸法又称二次曲线模型预测法。它是根据预测问题的历

史时间序列所呈现的二次曲线,即抛物线的趋势特征,拟合成二次曲线,建立二次曲线预测模型,然后向外延伸,进行预测的一种方法。

当预测问题的时间序列资料的变动属于由高而低再升高,或由低而高再降低的趋势形态时,可考虑用二次曲线趋势延伸法来预测。

(二)二次曲线趋势延伸法模型的特证和适应范围

二次曲线趋势延伸法的基本数学模型为

$$\hat{y}_t = a + bt + ct^2 \tag{9-6}$$

式中:t——已知时间序列 y_t 的时间变量,即时间周期的期数;

$\hat{y}_t$——已知时间序列 y_t 的二次曲线趋势估计值,或预测值;

a,b,c——待定参数。

二次曲线趋势模型的几何图形如图 9-3 所示。

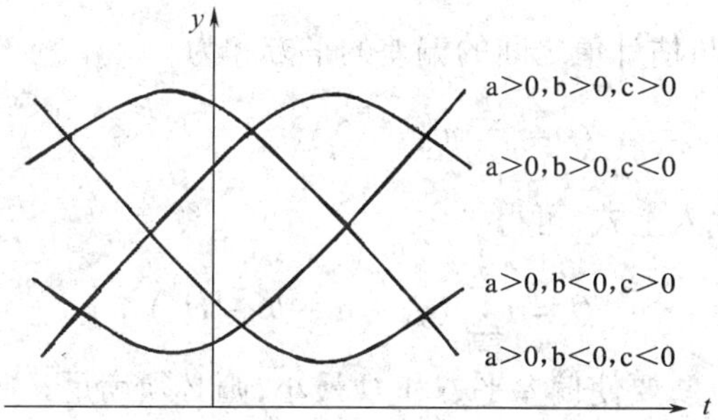

图 9-3　二次曲线趋势模型的几何图形

为了分析和判断二次曲线模型的特征,可先求其一阶差分:

$$\begin{aligned}\Delta y_t^{(1)} &= y_t - y_{t-1}\\ &= a+bt+ct+[a+b(t-1)+c(t-1)]\\ &= (b-c)+2ct\end{aligned}$$

冉求其二阶差分:

$$\begin{aligned}\Delta y_t^{(2)} &= \Delta y_t^{(1)} - \Delta y_{t-1}^{(1)}\\ &= b-c+2ct-[(b-c)+2c(t-1)]\\ &= 2c\end{aligned}$$

可见,其二阶差分 $\Delta y_t^{(2)}$ 是与 t 无关的常数。由此可知,二次曲线模型的特征是 y 的二级增长量(即逐期增长量的增长量)都相等。因此,二次曲线趋势延伸法适用于历史数据的二级增长量基本都相同的预测对象。

在市场预测中,某些商品的经济生命周期曲线就类似于此,这样我们可以利用它来描述这些商品的销售过程,当然由于其两支对称,而一般商品的实际销售过程不可能完全对称，所以，通常只以一支来拟合商品的销售趋势。

二、二次曲线趋势延伸法参数 a,b,c 的确定

与直线趋势延伸法类似，要利用二次曲线模型来预测变化趋势，同样也要先求出模型中参数 a,b,c。而且，求参数的方法也是用最小二乘法，即使时间序列各期的实际观察值到这条二次曲线的纵向距离的平方和（或称偏差平方和）为最小，从而算出这三个参数，为已知时间序列找到一条能最佳地拟合成二次曲线发展规律的模型。然后根据所建立的预测模型进行预测。

设时间序列历史数据为

t	1	2	3	…	n
y_t	y_1	y_2	y_3	…	y_n

实际观察值与估计值之间的偏差的平方和为

$$Q = \sum_{t=1}^{n} (y_t - \hat{y}_t)^2$$

将式 9－6 代入上式，可得

$$Q = \sum_{t=1}^{n} (y_t - a - bt - ct^2)^2$$

利用极值定理，要使偏差平方和 Q 最小，则必须满足

$$\begin{cases} \dfrac{\partial Q}{\partial a} = 0 \\ \dfrac{\partial Q}{\partial b} = 0 \\ \dfrac{\partial Q}{\partial c} = 0 \end{cases}$$

即

$$\begin{cases} \dfrac{\partial Q}{\partial a} = -2\sum (y - a - bt - ct^2) = 0 \\ \dfrac{\partial Q}{\partial b} = -2\sum (y - a - bt - ct^2)t = 0 \\ \dfrac{\partial Q}{\partial c} = -2\sum (y - a - bt - ct^2)t^2 = 0 \end{cases}$$

整理得

$$\begin{cases}\sum y - na - b\sum t - c\sum t^2 = 0 \\ \sum yt - a\sum t - b\sum t^2 - c\sum t^3 = 0 \\ \sum yt^2 - a\sum t^2 - b\sum t^3 - c\sum t^4 = 0\end{cases} \tag{9-7}$$

与指数曲线趋势延伸法同理,按时间顺序给 t 分配序号。并为了简化计算,引入新坐标 x,且设 n 的中点为新坐标 x 的原点,并设 $\sum x = 0$ 。

将 t 用 x 替换,并将 $\sum x = 0$ 代入公式(9-7),则 a,b,c 的计算公式简化为

$$\begin{cases}\sum y = na + c\sum x^2 \\ \sum xy = b\sum x^2 \\ \sum yx^2 = a\sum x^2 + c\sum x^4\end{cases} \tag{9-8}$$

式中:t——时间序列的时序变量;

y——时间序列的实际观察值。

此时,只需将时间序列的数据代入上述三个方程,三方程联立即可求出参数 a,b,c。

三、预测模型的建立及应用

根据时间序列数据和求参数的方程,求出 a,b,c 后,将其代入公式(9-6),即可得出预测模型:

$$\hat{y} = a + bx + cx^2 \tag{9-9}$$

再将新的 x 值代入,即可对未来某期的预测变量(预测目标)进行预测。在实际问题预测中直接运用上述四个公式即可。

【例2】某公司近7年的市场销售额如表9-2所示,试用二次曲线趋势延伸法预测未来两年的销售额。

表9-2 实际市场销售额 万元

年份	1	2	3	4	5	6	7
实际销售额	350	300	250	350	400	450	550

第一步:作图判断变动趋势。以时间期数为自变量,销售额为因变量,在直角坐标轴上绘出各时间序列各数据点,观察是否能拟合成二次曲线,即观察实际销售额数据变化规律是否近似为一条抛物线。

观察分析图9-4可知,该公司的实际销售额变动趋势近似为一条抛物线,

因此可用二次曲线趋势延伸法进行预测。选用基本数学模型为二次曲线公式。

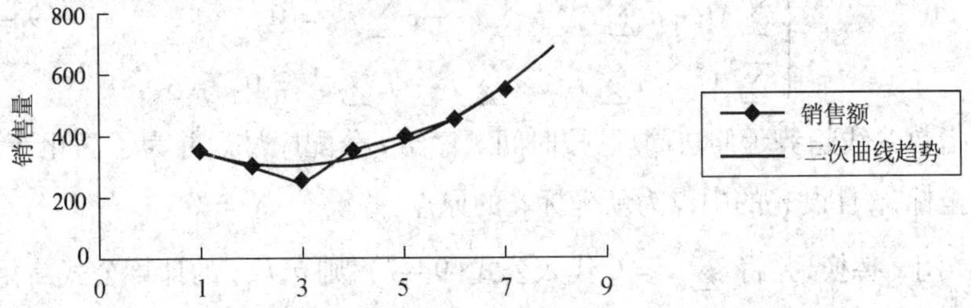

图 9-4 实际销售额趋势分析图

第二步：求参数 a,b,c。

设 $\sum x = 0$，根据方程式（9-8），求解参数的有关数据是

$$\sum x^2, \sum x^4, \sum y, \sum xy, \sum x^2y$$

计算结果见表 9-3。

表 9-3 求参数 a,b,c

年份	实际销售额 y（万元）	x	x^2	x^4	xy	x^2y	$\hat{Y}$
1998	350	-3	9	81	-1 050	3 150	334.52
1999	300	-2	4	16	-600	1 200	303.57
2000	250	-1	1	1	-250	250	300.00
2001	350	0	0	0	0	0	323.81
2002	400	1	1	1	400	400	375.00
2003	450	2	4	16	900	1 800	453.57
2004	550	3	9	81	1 600	4 950	559.52
$n=7$	$\sum y$ = 2 650		$\sum x^2$ = 28	$\sum x^4$ = 196	$\sum xy$ = 1 050	$\sum x^2y$ = 11 750	

将表中有关数据代入下列公式：

$$\begin{cases} \sum y = na + c\sum x^2 \\ \sum xy = b\sum x^2 \\ \sum yx^2 = a\sum x^2 + c\sum x^4 \end{cases}$$

得出下列方程组：

$$\begin{cases}7a+28c=2\ 650\\28b=1\ 050\\28a+196c=11\ 750\end{cases}$$

解联立方程可得：

$$a=323.81 \qquad b=37.5 \qquad c=13.69$$

第三步：建立预测模型。将 a,b,c 值代入基本数学模型

$$\hat{y}=a+bx+cx^2$$

则该问题的预测模型为

$$\hat{y}=323.81+37.5x+13.69x^2$$

第四步：对未来进行预测。

2005 年的销售额预测值为：

$$\begin{aligned}\hat{y}_8&=323.81+37.5x+13.69x^2\\&=323.81+37.5\times4+13.69\times4^2\\&=692.85(\text{万元})\end{aligned}$$

2006 年的销售额预测值为：

$$\begin{aligned}\hat{y}_9&=323.81+37.5x+13.69x^2\\&=323.81+37.5\times5+13.69\times5^2\\&=853.56(\text{万元})\end{aligned}$$

另外，可将时间序列各观察期的 x,x^2 值代入预测模型，即可分别计算出第 1－7 期各期的销售额的理论估计值(预测值)，见表中的最后一列数据。以此可求得趋势曲线，并可对该预测问题的实际值与理论估计值作出比较或误差分析。

附注

直线趋势延伸法和二次曲线趋势延伸法的基本数学模型都属于多项式公式，即直线公式和二次曲线公式都是多项式公式的特例。另外此类模型中还有一种较为常用的预测模型，这就是三次曲线模型，称为三次曲线趋势延伸法。本文对此做一些简单介绍。

三次曲线趋势延伸法的基本数学模型为

$$\hat{y}=a+bx+cx^2+dx^3 \qquad (9-10)$$

同理，用最小二乘法可得出求解参数 a,b,c,d 的公式，为

$$\begin{cases} \sum y = na + c\sum x^2 \\ \sum xy = b\sum x^2 + d\sum x^4 \\ \sum yx^2 = a\sum x^2 + c\sum x^4 \\ \sum x^3 y = b\sum x^4 + d\sum x^6 \end{cases} \quad (9-11)$$

同理亦设 $\sum x = 0$，所以也有 $\sum x^3 = 0$。

只需利用时间序列数据，代入这四个公式，并将四个方程联立即可求出参数 a,b,c,d，然后将这些数值代入原基本数学模型，即可得实际问题的预测模型。再将未来期的 x 值代入，便可求得预测值。

【例3】某厂最近15个月的产品的销售额如表9－4所示。试用三次曲线趋势延伸法预测下个月的销售情况。

表9－4　产品销售额　　万元

月 t	1	2	3	4	5	6	7	8	9	10	11	12	13	14	15
销售额 y	29	30	33	34	33	34	33	31	33	31	32	34	33	34	36

第一步：作图观察该时间序列的变动趋势（图9－5）。

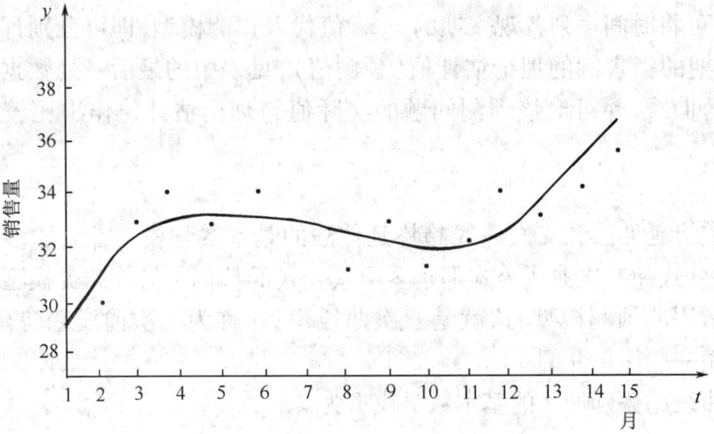

图9－5　销售额变动趋势图

分析判断该厂产品销售额的变动趋势近似于一条三次曲线，可用三次曲线趋势延伸法进行预测。

设 $\sum x = 0$,则

$\sum y = 490$, $\sum x^2 = 280$, $\sum x^4 = 9\ 352$, $\sum x^6 = 369\ 640$

$\sum xy = 64$, $\sum x^2y = 9\ 138$, $\sum x^3y = 3\ 214$

将这些数据代入公式(9-10)为

$$\begin{cases} 15a + 280c = 490 \\ 280b + 9\ 352d = 64 \\ 280a + 9\ 352c = 9\ 138 \\ 9\ 352b + 369\ 640d = 3\ 214 \end{cases}$$

解方程组,得

$a = 32.63$, $b = -0.346\ 58$, $c = -0.002\ 10$, $d = 0.017\ 22$

预测模型为

$$\begin{aligned} \hat{y} &= a + bx + cx^2 + dx^3 \\ &= 32.63 - 0.346\ 58x - 0.002\ 10x^2 + 0.017\ 22x^3 \end{aligned}$$

将下一个月的 x 值代入上式,可得第16个月的预测值为

$$\begin{aligned} \hat{y} &= 32.63 - 0.346\ 58 \times 8 - 0.002\ 10 \times 8^2 + 0.017\ 22 \times 8^3 \\ &= 38.54(\text{万元}) \end{aligned}$$

第四节　指数曲线趋势延伸法

指数曲线趋势延伸法是时间序列趋势延伸法中的另一种预测方法,它适于以同一比例增长(或下降)的预测目标的预测。

一、指数曲线趋势延伸法的概念与特点

(一)指数曲线趋势延伸法的概念

指数曲线趋势延伸法又称指数曲线模型预测法。它是根据预测变量的时间序列所呈现的指数曲线增长规律特征,找出拟合指数曲线,建立指数曲线预测模型,然后向外延伸进行预测的一种方法。

(二)指数曲线趋势延伸法的特点

指数曲线趋势延伸法适用于预测变量的时间序列呈现指数曲线趋势变动的情况。也就是说,随着时间的推移,其逐期增长率(下降率)大体相同,即按几乎同一比例增长的趋势发展。从图形(图9-6)来观察,在时间序列散点图上,

它表现为一条增长曲线(近似于指数曲线),而在其对数图上,表现为近似于一条直线。符合这些条件的时间序列可采用指数曲线趋势延伸法进行预测。

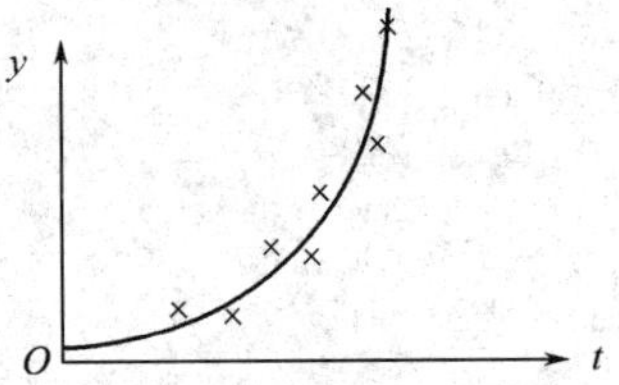

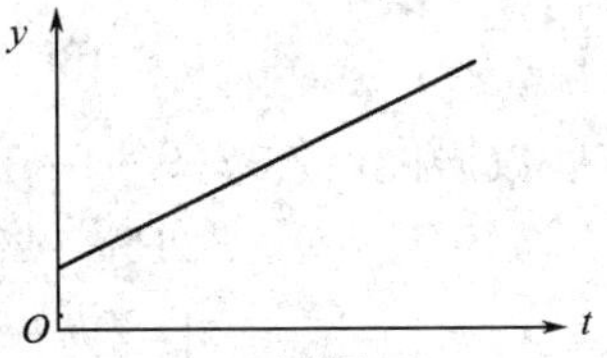

图 9-6　指数曲线趋势模型的几何图形

大量研究表明,一些新技术的发展,一些新产品的生产以及占领市场等经济发展的定量特点都符合指数曲线增长规律,特别是在市场现象产生和发展初期,这一规律在数学上表现得更为精确,因此用这种方法预测更为有效。

二、指数曲线趋势延伸法的基本数学模型及参数的确定

(一)指数曲线趋势延伸法的基本数学模型

指数曲线趋势延伸法的基本数学模型为

$$\hat{y}_t = ab^t \qquad (9-12)$$

式中:t 表示已知时间序列 y_t 的时间变量,即时间周期的期数;

$\hat{y}_t$ 表示已知时间序列 y_t 的指数曲线估计值,或预测值;

a,b 表示待定参数。

指数曲线趋势模型的几何图形如图 9-6 所示。

(二)参数 a,b 的求法

指数曲线趋势延伸法模型参数 a 为时间序列的水平值,b 为时间序列的平均发展速度。a 和 b 参数的确定,通常先将指数曲线方程式化为直线形态,然后类似直线趋势延伸法用最小二乘法进行拟合运算求得。

具体做法是,公式(9-12)两边取对数,成为

$$\lg\hat{y} = \lg a + t\lg b \qquad (9-13)$$

令

$$y' = \lg\hat{y},\ A = \lg a,\ B = \lg b$$

则

$$y' = A + Bt \qquad (9-14)$$

此为以 A,B 为参数的直线公式,如同直线趋势延伸法中的模型。所以可直接引用直线趋势延伸法中求参数的公式:

$$\begin{cases} A = \dfrac{\sum y'}{n} = \dfrac{\sum \lg y}{n} \\ B = \dfrac{\sum xy'}{\sum x^2} = \dfrac{\sum x\lg y}{\sum x^2} \end{cases} \tag{9-15}$$

式中 x 替换了 t,且令 $\sum x = 0$ 。

只需将实际数据 y 取对数,代入上述公式,即可求出 A 和 B。

三、预测模型的建立及应用

将时间序列数据代入上面两个公式,求出 A,B 值以后,再将它们的数值代入公式(9-14),即可得预测模型

$$y' = A + Bx \tag{9-16}$$

再将新 x 值代入,即可对未来某期的预测变量(预测目标)进行预测。然后再对 y'取反对数即可求得预测值。在实际问题预测中直接运用上述三个公式即可。

另外,亦可对 A,B 值直接取反对数,求得 a,b,代入公式(9-13),得预测模型为:

$$\hat{y}_t = ab^x$$

再将新的 x 值代入,便可进行预测。

【例4】某公司第1~15期的产品产量情况如表9-5所示,试用指数曲线趋势延伸法预测下一期的产量。

表9-5 实际产品产量 万件

期数	1	2	3	4	5	6	7	8	9	10	11	12	13	14	15
产量	30	42	57	83	115	160	224	310	446	601	843	1 186	1 639	1 841	2 056

第一步:作图判断变动趋势。先将时间序列数据绘于算术尺度图纸上,观察是否属于增长型变动规律,即观察实际产品产量数据变化规律是否近似为一条指数曲线。

由图看出,产量曲线呈现增长型变动规律,近似于一条指数曲线(见图9-7)。再用比例尺度图绘出(图9-8),进一步观察确定。

由比例尺度图看出,实际产量曲线近似为一条直线,所以可确定,此时间序列的变动规律近似为一条指数曲线,因此可用指数曲线趋势延伸法进行预测。选用基本数学模型为指数曲线公式:

$$\hat{y}_t = ab^x$$

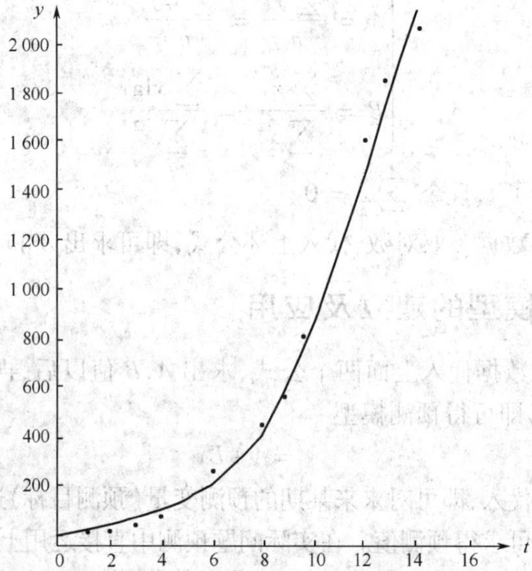

图 9-7　销售值变化趋势图(散点图)

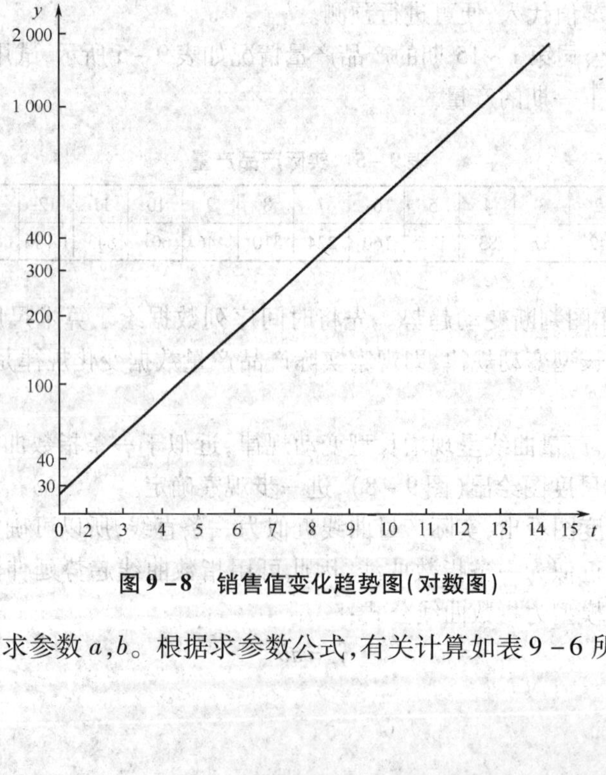

图 9-8　销售值变化趋势图(对数图)

第二步:求参数 a,b。根据求参数公式,有关计算如表 9-6 所示。

表 9-6　求参数 a,b 有关计算表

观察期 t	实际产量 y(万件)	$\lg y$	x	x^2	$x(\lg y)$
1	30	1.477 12	-7	49	-10.339 84
2	42	1.623 25	-6	36	-9.739 50
3	57	1.558 7	-5	25	-8.779 35
4	83	1.919 08	-4	16	-7.676 32
5	115	2.060 70	-3	9	-6.182 10
6	160	2.204 12	-2	4	-4.408 24
7	224	2.350 25	-1	1	-2.350 25
8	310	2.491 36	0	0	0
9	446	2.649 33	1	1	2.649 33
10	601	2.778 87	2	4	5.557 74
11	843	2.925 83	3	9	8.777 49
12	1 186	3.074 08	4	16	12.296 32
13	1 639	3.214 58	5	25	16.072 90
14	1 841	3.265 05	6	36	19.590 30
15	2 056	3.313 02	7	49	23.191 14
$n=15$		$\sum \lg y =$ 37.102 52		$\sum x^2=280$	$\sum x(\lg y)=$ 38.659 26

代入公式可得：

$$\begin{cases} A = \dfrac{\sum y'}{n} = \dfrac{\sum \lg y}{n} = \dfrac{37.102\ 52}{15} = 2.473\ 50 \\ B = \dfrac{\sum xy'}{\sum x^2} - \dfrac{\sum x\lg y}{x^2} = \dfrac{38.659\ 26}{280} = 0.138\ 07 \end{cases}$$

第三步：建立预测模型。将 A,B 值代入基本数学模型：

$$y' = A + Bx$$

则该问题的预测模型为：

$$y' = 2.473\ 50 + 0.138\ 07x$$

第四步：对未来进行预测。第 16 期的 x 值为 8，代入上式：

$$y' = 2.473\ 50 + 0.138\ 07 \times 8 = 3.578\ 06$$

再取反对数，则下一期的预测值为：

$$\hat{y}_{16} = 3\ 784.9(\text{万件})$$

第五节　戈珀资曲线趋势延伸法

在市场行情分析预测中，有一类样本点不能用简单的时间序列趋势外推技术进行预测，还必须考虑极限值的影响。这类样本点的发展如同生物生长过程一样，经历发生、发展、成熟等阶段，这类样本点构成的曲线称为成长曲线（或生长曲线）。成长曲线预测是趋势延伸预测的一个重要组成部分，常常用于商品的生命周期各阶段的变动趋势分析。它通常包括了这样一些方法：戈珀资曲线法、修正指数曲线法和逻辑曲线法等。这三种曲线的图形大致都是“S”型，所以人们习惯地称它们为“S”型增长曲线。本节介绍其中的戈珀资曲线趋势延伸法。

一、戈珀资曲线趋势延伸法的概念与特点

（一）戈珀资曲线趋势延伸法的概念

戈珀资曲线趋势延伸法简称戈珀资曲线分析法。它是根据预测变量的历史时间序列所呈现的戈珀资曲线增长规律特征，拟合戈珀资曲线，建立戈珀资曲线预测模型，然后向外延伸进行预测的一种方法。

戈珀资曲线是以英国统计学家和人寿保险专家戈珀资（B. Gompartz）命名的。他在1820年为预测人口增长而提出了这样一条曲线，后由美国学者普莱斯（R. Prescott）在1922年首次应用于市场预测。

（二）戈珀资曲线趋势延伸法的特点

戈珀资曲线趋势延伸法适用于预测变量的时间序列在其发展初期速度比较缓慢，随后增长速度加快，达到一定程度后，其增长量虽然还有，但增长速度降低，最终达到平稳发展的状况。

市场上任何一种商品的销售量都不会无限地增加，即使处于高速增长的商品，也终究会达到一个饱和水平，而这些商品的生命周期就表现为这种规律的发展变化趋势。例如，家具产品的生命周期，见图9－9。又如新产品在其试生产阶段，产量和销售量增长不大，在正式投产后的销售阶段，产量和销售量的增长速度加快，到达一定程度后又进入稳定时期，增长速度减慢，直到最终不再增长，相当于产品的市场销售到了饱和期。所以具有产品生命周期或有增长上限

的时间序列,若用二次曲线或指数曲线趋势延伸法来预测,会产生较大的拟合误差。此时可用戈珀资曲线趋势延伸法来描述和预测,也就是说,戈珀资曲线趋势延伸法适用于具有生命周期的商品的市场容量的预测。

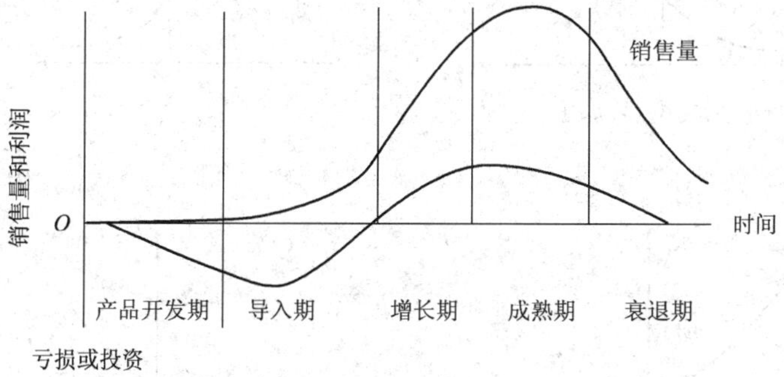

图 9－9　家具产品生命过程中产品的销售量和利润曲线图

资料来源:王成恩等:《产品生命周期建模与管理》,科学出版社,2004 年版。

二、戈珀资曲线趋势延伸法的基本数学模型及参数的确定

(一)戈珀资曲线趋势延伸法的基本数学模型

戈珀资曲线趋势延伸法的基本数学模型为:

$$\hat{y}_t = ka^{b^t} \tag{9-17}$$

式中:t 表示已知时间序列 y_t 的时间变量,即时间周期的期数;

$\hat{y}_t$ 表示已知时间序列 y_t 的戈珀资曲线估计值,或预测值;

k,a,b 表示待定参数,k 代表了曲线增长的上限。

戈珀资曲线模型的几何图形如图 9－10 所示。

(二)参数 k,a,b 的求法

为简化计算,可采用对数形式,即对公式(9－17)两边取对数。

具体做法是,将公式(9－12)式两边取对数,成为

$$\lg\hat{y}_t = \lg k + b^t \lg a \tag{9-18}$$

用三和法求参数 k,a,b。

设 n 为观察期周期的$\frac{1}{3}$(即数据个数能被 3 整除),且 n 为任意正整数,时间序列期数 t 从 0 开始,将时间序列资料数据分为 3 组(即 3 段),每组有 n 个数据。

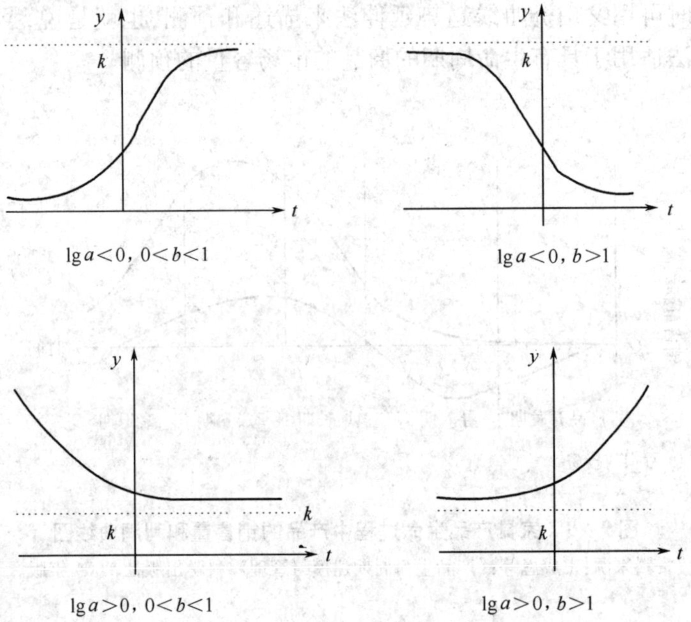

图 9-10　戈珀资曲线的几何图形

第一组：	t：	0	1	2	3	…	$n-1$
	y_t：	y_0	y_1	y_2	y_3	…	y_{n-1}

第二组：t 从 n 到 $2n-1$，y_t 从 y_n 到 y_{2n-1}。

第三组：t 从 $2n$ 到 $3n-1$，y_t 从 y_{2n} 到 y_{3n-1}。

将三组数据分别代入公式(9-17)，得

$$
(\mathrm{I})\quad \begin{cases}
\lg y_0 = \lg k + b^0 \lg a \\
\lg y_1 = \lg k + b^1 \lg a \\
\lg y_2 = \lg k + b^2 \lg a \\
\cdots \\
\lg y_{n-1} = \lg k + b^{n-1} \lg a
\end{cases}
$$

$$(\text{Ⅱ})\quad\begin{cases}\lg y_n = \lg k + b^n \lg a \\ \lg y_{n+1} = \lg k + b^{n+1} \lg a \\ \lg y_{n+2} = \lg k + b^{n+2} \lg a \\ \cdots \\ \lg y_{2n-1} = \lg k + b^{2n-1} \lg a\end{cases}$$

$$(\text{Ⅲ})\quad\begin{cases}\lg y_{2n} = \lg k + b^{2n} \lg a \\ \lg y_{2n+1} = \lg k + b^{2n+1} \lg a \\ \lg y_{2n+2} = \lg k + b^{2n+2} \lg a \\ \cdots \\ \lg y_{3n-1} = \lg k + b^{3n-1} \lg a\end{cases}$$

将(Ⅰ),(Ⅱ),(Ⅲ)各组联立方程分别两边相加,得3组观察值对数之和:

$$\begin{cases}\sum_1 \lg y_t = n\lg k + (1 + b + b^2 + \cdots + b^{n-1})\lg a & (1) \\ \sum_2 \lg y_t = n\lg k + b^n(1 + b + b^2 + \cdots + b^{n-1})\lg a & (2) \\ \sum_3 \lg y_t = n\lg k + b^{2n}(1 + b + b^2 + \cdots + b^{n-1})\lg a & (3)\end{cases}$$

将(3)式减去(2)式,得:

$$\sum_3 \lg y_t - \sum_2 \lg y_t = b^n(1 + b + b^2 + \cdots + b^{n-1})(b^n - 1)\lg a \qquad (4)$$

将(2)式减去(1)式,得:

$$\sum_2 \lg y_t - \sum_1 \lg y_t = (1 + b + b^2 + \cdots + b^{n-1})(b^n - 1)\lg a \qquad (5)$$

用(4)式除以(5)式,得:

$$b^n = \frac{\sum_3 \lg y_t - \sum_2 \lg y_t}{\sum_2 \lg y_t - \sum_1 \lg y_t}$$

两边开 n 次方,得:

$$b = \left(\frac{\sum_3 \lg y_t - \sum_2 \lg y_t}{\sum_2 \lg y_t - \sum_1 \lg y_t}\right)^{\frac{1}{n}} \qquad (9-19)$$

由(5)式得:

$$\lg a = \frac{\sum_{2} \lg y_t - \sum_{1} \lg y_t}{(1 + b + b^2 + \cdots + b^{n-1})(b^n - 1)}$$

因

$$1 + b + b^2 + \cdots + b^{n-1} = \frac{b^n - 1}{b - 1}$$

所以

$$\lg a = (\sum_{2} \lg y_t - \sum_{1} \lg y_t) \frac{b - 1}{(b^n - 1)^2} \qquad (9-20)$$

由(1)式得:

$$\lg k = \frac{1}{n}[\sum_{1} \lg y_t - \frac{b^n - 1}{b - 1}\lg a] \qquad (9-21)$$

式中:n——时间序列时间周期总期数的1/3;

$\sum_{1} \lg y_t$——观察期第一个1/3周期观察值y的对数之和;

$\sum_{2} \lg y_t$——观察期第二个1/3周期观察值y的对数之和;

$\sum_{3} \lg y_t$——观察期第三个1/3周期观察值y的对数之和。

注意:t从0开始分配序号,为$0,1,2,...,3n-1$。

只需将实际数据y取对数,代入公式(9-19),(9-20),(9-21),即可求出参数$\lg a$,b和$\lg k$。

三、预测模型的建立及应用

将时间序列数据代入上面三个公式,求出$\lg a$,b和$\lg k$后,再将它们的数值代入式(9-18),即可得预测模型

$$\lg\hat{y} = \lg k + b^t \lg a$$

再将新t值代入,即可对未来某期的预测变量(预测目标)进行预测。然后再对$\lg\hat{y}$取反对数即可求得预测值。在实际问题预测中直接运用上述四个公式即可。

另外,亦可对值$\lg a$和$\lg k$直接取反对数,求得a,k,代入(9-17)式,得预测模型为

$$\hat{y}_t = ka^{b^t}$$

再代入新的t值,便可直接进行预测。

【例5】现有某公司1-9月的产品产量情况如表9-7所示,试用戈珀资曲线趋势延伸法预测下一期的产量。

表 9-7　实际产品产量　　万件

月份	1	2	3	4	5	6	7	8	9
产量	4.9	6.0	7.2	7.6	8.4	8.5	8.6	9.2	9.0

第一步:作图判断变动趋势。先将时间序列数据绘于直角坐标图上,观察其是否属于增长型变动规律,并分析实际产品产量数据变化规律是否近似于一条戈珀资曲线(图 9-11)。

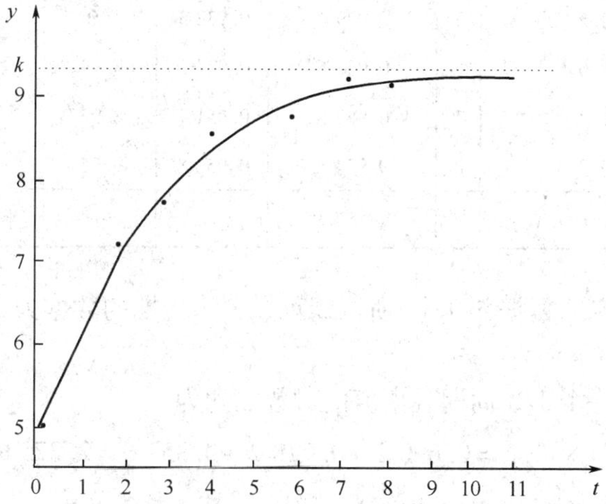

图 9-11　实际产量的曲线趋势图

由图看出,产量曲线呈现增长型变动规律,曲线增长速度开始较缓慢,随后加快,到最后又变得缓慢,呈现为一条有增长上限的曲线,因此不宜采用二次曲线或指数曲线趋势延伸法预测。该曲线符合戈珀资曲线中当参数 $0<a<1$,$b<1$ 时的情形,所以可用戈珀资曲线趋势延伸预测法。

选用基本数学模型为戈珀资曲线公式:

$$\hat{y}_t = ka^{b^t}$$

或其对数形式:

$$\lg\hat{y} = \lg k + b^t \lg a$$

第二步:求参数 a,b,k。根据求参数公式,有关计算如表 9-8 所示。

表 9-8　求参数 a,b,k 的有关数据、估计值及误差

月份	实际产量 y(万件)	t	$\lg y$	$\lg\hat{y}$	$\hat{y}$	$\hat{y}-y$
1	4.9	0	0.690 2	0.692 8	4.93	0.03
2	6.0	1	0.778 2	0.785 8	6.11	0.11
3	7.2	2	0.857 3	0.847 1	7.03	-0.17
4	7.6	3	0.880 8	0.887 8	7.72	0.12
5	8.4	4	0.924 3	0.914 5	8.21	-0.19
6	8.5	5	0.929 4	0.932 3	8.56	0.06
7	8.6	6	0.934 5	0.944 0	8.79	0.19
8	9.2	7	0.963 8	0.951 7	8.95	-0.25
9	9.0	8	0.954 2	0.956 8	9.05	0.05
$3n=9$	$\sum y=69.4$		$\sum \lg y=7.912\,7$			平均绝对误差 =0.13

因本例观察期数据共 9 个,所以观察期 1/3 周期的数据为 3,即 $n=3$。则

观察期第一个 1/3 周期观察值的对数之和为

$$\sum_{1}\lg y_t=0.690\,2+0.778\,2+0.857\,3=2.325\,9$$

观察期第二个 1/3 周期观察值的对数之和为

$$\sum_{2}\lg y_t = 0.880\,8+0.924\,3+0.929\,4 = 2.734\,5$$

观察期第三个 1/3 周期观察值的对数之和为

$$\sum_{3}\lg y_t = 0.934\,5+0.963\,8+0.954\,3 = 2.852\,5$$

将上列数据代入求解参数 a,b,k 的公式:

$$b = \left(\frac{\sum_{3}\lg y_t-\sum_{2}\lg y_t}{\sum_{2}\lg y_t-\sum_{1}\lg y_t}\right)^{\frac{1}{n}} = \left(\frac{2.852\,5-2.734\,5}{2.734\,5-2.325\,7}\right)^{\frac{1}{3}} =0.660\,8$$

$$b^3=0.288\,6$$

$$\lg a = \left(\sum_{2}\lg y_t-\sum_{1}\lg y_t\right)\frac{b-1}{(b^n-1)^2}$$

$$=(2.734\,5-2.325\,7)\frac{0.660\,8-1}{(0.288\,6-1)^2} = -0.274$$

$$\lg k = \frac{1}{n}\left[\sum_{1} \lg y_t - \frac{b^n - 1}{b - 1}\lg a\right]$$

$$= \frac{1}{3}\left[2.3259 - \frac{0.2886 - 1}{0.6608 - 1}(-0.274)\right] = 0.9668$$

第三步:建立预测模型。将 $\lg a$,b,$\lg k$ 值代入基本数学模型:

$$\lg\hat{y} = \lg k + b^t \lg a$$

则该问题的预测模型为:

$$\lg\hat{y} = 0.9668 + (-0.274) \times 0.6608^t$$

第四步:对未来进行预测。第 10 月份的 t 值为 9,代入上式:

$$\lg\hat{y} = 0.9668 + (-0.274) \times 0.6608^9 = 0.9602$$

再取反对数,则下一期的预测值为:

$$\hat{y}_9 = 9.12(\text{万件})$$

另,因 $\lg k = 0.9668$,求其反对数,得:

$$k = 9.26$$

该值即本例曲线增长的上限。

戈珀资曲线预测法除描述产品的生命周期曲线的规律,延伸预测,并找出曲线增长的上限或下降的下限外,还可对饱和期的起始点和饱和期长度作出预测。

一般来说,商品在投入期的销售增长率在 0 ~5% 左右;成长期在 10% 以上;成熟期稳定在 0.1% ~10% 之间;衰退期销售增长率为负值。但如此划分的各个阶段的销售增长率是一种经验数据,不同的商品具有不同的特点,要灵活运用。

我们可以用戈珀资曲线中的参数来推断产品所处的生命周期的阶段,以便对产品的销售规律有更深的了解。以上方法可进一步参考有关书籍。

第六节　逻辑曲线趋势延伸法

逻辑曲线模型是“S”曲线模型(即增长曲线模型)中的另一种重要形式,本节介绍它的市场预测特点和方法。

一、逻辑曲线趋势延伸法的概念与特点

(一)逻辑曲线趋势延伸法的概念

逻辑曲线趋势延伸法简称逻辑曲线分析法。它是根据预测变量的历史时

间序列所呈现的逻辑曲线增长规律特征,找出拟合逻辑曲线,建立逻辑曲线预测模型,然后向外延伸进行预测的一种方法。

逻辑曲线又称皮尔曲线。它是以美国生物学家和人口统计学家皮尔(R. Pearl)的名字命名的。皮尔曲线是1938年比利时数学家哈尔斯特(P. Fverhulst)首先提出的一种特殊曲线。后来,近代生物学家皮尔和L. J. Reed两人把此曲线应用于研究人口生长规律,所以这种特殊的曲线称之为皮尔生长曲线,简称为皮尔曲线。

(二)逻辑曲线趋势延伸法的特点

逻辑曲线多用于人口研究,表现人口的成长规律,其曲线的运行与戈珀资曲线很相似。在市场预测方面,逻辑曲线趋势延伸法可以用来描述大多数新产品的销售过程,即早期销售量增长缓慢,紧接着迅速增长,而达到饱和状态时又缓慢下降。所以,逻辑曲线趋势延伸法也适用于具有生命周期的商品的市场容量的预测。

二、逻辑曲线趋势延伸法的基本数学模型及参数的确定

(一)逻辑曲线趋势延伸法的基本数学模型

逻辑曲线趋势延伸法的基本数学模型为:

$$\hat{y}_t = \frac{L}{1 + ae^{-bt}}$$

或

$$\hat{y}_t = \frac{1}{k + ab^t} \tag{9-22}$$

或

$$\frac{1}{\hat{y}} = k + ab^t \tag{9-23}$$

式中:t——已知时间序列 y_t 的时间变量,即时间周期的期数;

$\hat{y}_t$——已知时间序列 y_t 的逻辑曲线估计值,或预测值;

k,a,b——待定参数,k 代表了曲线增长的上限,a,b 通常为小于1的常数。

公式(9-23)是市场预测中常用的逻辑曲线模型。

逻辑曲线模型的几何图形如图9-12所示。

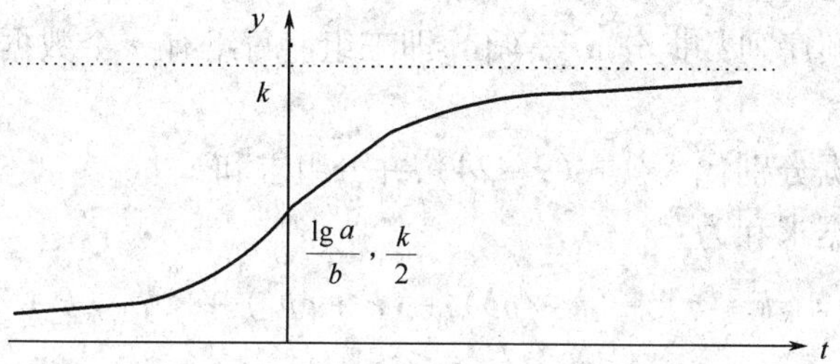

图 9－12　逻辑曲线的几何图形

(二)参数 k, a, b 的求法

为简化计算,可设

$$y' = \frac{1}{y}$$

则公式(9－23)为:

$$y' = k + ab^t \tag{9-24}$$

此式是"S"曲线的另一种重要形式,即修正指数曲线公式。修正指数曲线趋势延伸法就是根据此曲线模型进行延伸预测的。修正指数曲线与戈珀资曲线和逻辑曲线通称为成长曲线或"S"曲线,它们都可用于产品的生命周期方面的预测。修正指数曲线的几何图形见图 9－13。

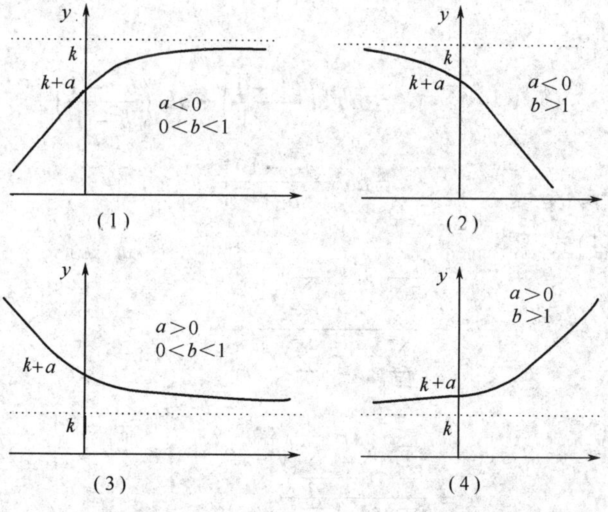

图 9－13　修正指数曲线的几何图形

利用三和法对上式求参数 k,a,b：

首先将时间序列数据分成三等份，即三组。每组有 n 个数据，t 从 0 开始分配序号。

然后将数据分别代入公式(9－24)，并分组求和：

第一组数据求和为：

$$\begin{aligned}\sum_{1} y' &= (k+a)+(k+ab)+(k+ab^{2})+\cdots+(k+ab^{n-1}) \\ &= nk+a+ab+ab^{2}+\cdots+ab^{n-1} \\ &= nk+ab\left(\frac{b^{n}-1}{b-1}\right) \qquad (1)\end{aligned}$$

同理，第二组有：

$$\sum_{2} y' = nk+ab^{n}\left(\frac{b^{n}-1}{b-1}\right) \qquad (2)$$

第三组有：

$$\sum_{3} y' = nk+ab^{2n}\left(\frac{b^{n}-1}{b-1}\right) \qquad (3)$$

(2)－(1)得：

$$\begin{aligned}\sum_{2} y' - \sum_{1} y' &= ab^{n}\left(\frac{b^{n}-1}{b-1}\right)-ab\left(\frac{b^{n}-1}{b-1}\right) \\ &= a\,\frac{(b^{n}-1)^{2}}{b-1} \qquad (4)\end{aligned}$$

(3)－(2)得：

$$\begin{aligned}\sum_{3} y' - \sum_{2} y' &= ab^{2n}\left(\frac{b^{n}-1}{b-1}\right)-ab^{n}\left(\frac{b^{n}-1}{b-1}\right) \\ &= ab^{n}\,\frac{(b^{n}-1)^{2}}{b-1} \qquad (5)\end{aligned}$$

(5)除以(4)式，得：

$$b^{n} = \frac{\sum_{3} y' - \sum_{2} y'}{\sum_{2} y' - \sum_{1} y'}$$

即：

$$b = \frac{\sum_{3} y' - \sum_{2} y'}{\sum_{2} y' - \sum_{1} y'} \qquad (9-25)$$

将上式代入(4)式，得：

$$a = \left(\sum_2 y' - \sum_1 y'\right)\frac{b-1}{(b^n-1)^2} \qquad (9-26)$$

再由(1)式得:

$$k = \frac{1}{n}\left(\sum_1 y' - a \cdot \frac{b^n-1}{b-1}\right) \qquad (9-27)$$

修正指数趋势延伸法可直接根据以上三个公式求出参数,得到预测模型。

逻辑曲线趋势延伸法,只要先对预测变量历史数据取倒数,然后利用修正指数曲线趋势延伸法的参数求解公式(9-25),(9-26),(9-27),即可求得参数,进行预测。

或直接将上述三式转化为

$$b = \left(\frac{\sum_3 \frac{1}{y} - \sum_2 \frac{1}{y}}{\sum_2 \frac{1}{y} - \sum_1 \frac{1}{y}}\right)^{\frac{1}{n}} \qquad (9-28)$$

$$a = \left(\sum_2 \frac{1}{y} - \sum_1 \frac{1}{y}\right)\frac{b-1}{(b^n-1)^2} \qquad (9-29)$$

$$k = \frac{1}{n}\left(\sum_1 \frac{1}{y} - a \cdot \frac{b^n-1}{b-1}\right) \qquad (9-30)$$

同理,式中:n 表示时间序列时间周期总期数的1/3。

$\sum_1 \frac{1}{y}$ 表示观察期第一个1/3 周期观察值 y 的倒数之和;

$\sum_2 \frac{1}{y}$ 表示观察期第二个1/3 周期观察值 y 的倒数之和;

$\sum_3 \frac{1}{y}$ ——观察期第三个1/3 周期观察值 y 的倒数之和。

注意:t 从0 开始分配序号,为 $0,1,2,\cdots,3n-1$;

只需将实际数据 y 取倒数,代入公式(9-28),(9-29),(9-30),即可求出逻辑曲线公式参数 k,a,b。

三、预测模型的建立及应用

将时间序列数据代入上面三个公式,求出 a,b 和 k 后,再将它们的数值代入公式(9-22),即可得预测模型:

$$\hat{y} = \frac{1}{k+ab^t}$$

再将新 t 值代入,即可对未来某期的预测变量(预测目标)进行预测。在实际问题预测中直接运用上述四个公式即可。

逻辑曲线趋势延伸法适用于在直角坐标图上表现为一条成长曲线，而且其数据倒数的一级增长量的环比近似于一个常数的时间序列。

下面以修正指数曲线为例介绍上述预测方法的应用。

【例 6】现有某公司第 1 ~9 期的产品产量情况如表 9 －9 所示，试用修正指数曲线趋势延伸法预测下一期的销量。

表 9 －9　实际产品产量　万件

年份	1	2	3	4	5	6	7	8	9
销量	26	51	71	87	100	109	116	118	125

第一步：作图判断变动趋势。先将时间序列数据绘于直角坐标图上，观察其是否属于成长型变动规律，并分析实际产品销量数据变化规律是否近似为一条修正指数曲线，见图 9 －14。

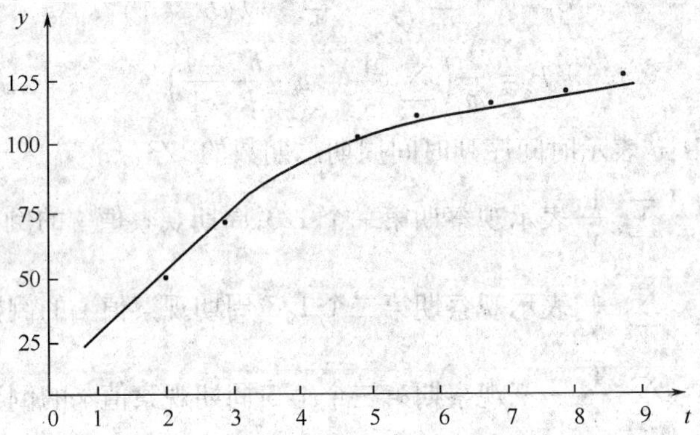

图 9 －14　实际产量的曲线图

由图看出，产品销售量曲线呈现成长型变动规律，曲线增长速度原来较快，逐渐变得缓慢，最后增长幅度更小，呈现为一条有增长上限的曲线，因此不宜采用二次曲线或指数曲线趋势延伸法预测。曲线基本符合修正指数曲线运行的趋势，所以可考虑用修正指数曲线趋势延伸法进行预测。

选用基本数学模型为修正指数曲线公式：

$$\hat{y} = k + ab^t$$

第二步：求参数 a，b，k。因本例观察期数据共 9 个，所以观察期 1/3 周期的数据为 3，即 $n = 3$。

则

观察期第一个 1/3 周期观察值的对数之和为

$$\sum_{1} y = 148$$

观察期第二个 1/3 周期观察值的对数之和为

$$\sum_{2} y = 296$$

观察期第三个 1/3 周期观察值的对数之和为

$$\sum_{3} y = 359$$

将上列数据代入求解参数 a,b,k 的公式：

$$b = \left(\frac{\sum_{3} y - \sum_{2} y}{\sum_{2} y - \sum_{1} y}\right)^{\frac{1}{n}} = \left(\frac{359 - 296}{296 - 148}\right)^{\frac{1}{3}} = 0.652\ 4$$

$$a = \left(\sum_{2} y' - \sum_{1} y'\right)\frac{b-1}{(b^n - 1)^2}$$

$$= (296 - 148) \times \frac{0.652\ 4 - 1}{[(0.652\ 4)^3 - 1]^2} = -98.61$$

$$k = \frac{1}{n}\left(\sum_{1} y' - a \cdot \frac{b^n - 1}{b - 1}\right)$$

$$= \frac{1}{3}\left[148 - (-98.61) \times \frac{(0.652\ 4)^3 - 1}{0.652\ 4 - 1}\right] = 117.638$$

第三步：建立预测模型。将 a,b,k 值代入基本数学模型：

$$\hat{y} = k + ab^t$$

则该问题的预测模型为：

$$\hat{y} = 117.638 - 98.61 \times 0.652\ 4^t$$

第四步：对未来进行预测。第 10 期 t 的值为 9，代入上式，则下一期的预测值为：

$$\hat{y} = 117.638 - 98.61 \times 0.652\ 4^9$$

$$= 115.27 (万件)$$

本例销售量曲线增长的上限为 $k = 117.638$ 万件。

预测者在市场预测中不应过分依赖逻辑曲线，或戈珀资曲线，或修正指数曲线，来判断预测产品销售的全过程。因为尽管某些普通的经济和生物学的定律引导出了指数增长趋势，并且一些因素大体上也导出了 S 型曲线，但不存在导出任何特种形式的 S 曲线的定律。在用产品生命周期早期的观察值估计逻辑曲线的全部参数时,特别容易产生错误,这点尤其应引起预测者的注意。

本章小结

趋势延伸法是一种简便易行的预测方法。它之所以受到企业预测者的广泛关注,是因为市场中的许多经济量的变化与时间有密切关系,并随着时间变化进行有规律的变动。但是,我们应注意到,这种方法是在过去的变动规律延续到将来的假设前提下完成的。拟合的效果,一是通过作图观察;二是通过误差检验,但这些都是针对以往数据进行的,而未说明该规律是否会延续到将来。人们通过观察和检验大量的曲线发现,对于一个确定的时间段,或许会找到一个较好的拟合度,但再观察几期,就可能发现全然不同的变化趋势。战争、能源短缺、竞争、新技术以及宏观政策变化和干预都可能对企业未来发展的经济和环境产生突变,从而使先前建立的预测模型失效。某些公司的亏损或破产,常常是由于他们仅研究了S形状曲线的早期阶段,便错误地认为企业的发展是某种简单的增长曲线。

为了从简单的拟合曲线模型运算转向科学的预测,预测者必须利用已获得的有关时间序列和实际问题的全部信息,来确定过去的规律延续到将来的可能性。同时,还必须考虑环境和经济中出现干扰的可能性,以及这些干扰对时间序列的影响程度。预测期限越长,这些考虑越显得重要,尽管利用曲线拟合进行中长期趋势预测有很大的危险性,但在市场、经济和企业界这样的做法仍非罕见。

复习题

1. 趋势延伸法的预测特点是什么?
2. 用趋势延伸法预测时,应遵循什么样的程序?
3. 趋势延伸法中各种具体模型的特点及应用范围是什么?
4. 针对具体的曲线趋势预测问题,如何选择合适的预测模型?
5. "S"型曲线模型有哪几种,实际预测中如何选择具体模型?

实训题

1. 到一家大型超市调查其家电近 9 年的销售额,绘成坐标图,看看是否具有某种趋势延伸规律？如果有,则运用该种趋势延伸法预测其未来两年的销售额。

2. 利用互联网调查了解目前理论界对趋势延伸法的最新研究成果。

案 例

案例一 汽车月度销售变动趋势

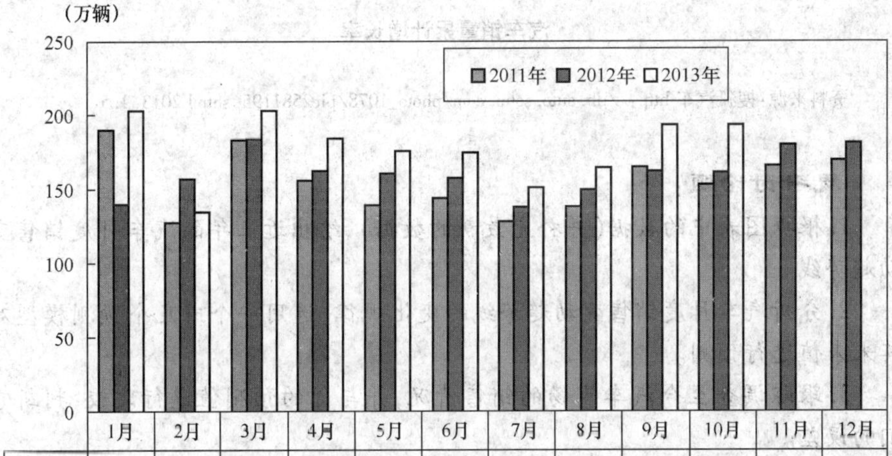

	1月	2月	3月	4月	5月	6月	7月	8月	9月	10月	11月	12月
2011年	189.43	126.70	182.85	155.20	138.28	143.59	127.53	138.11	164.61	152.48	165.60	168.96
2012年	138.98	156.71	183.86	162.44	160.72	157.75	137.94	149.52	161.74	160.60	179.10	180.99
2013年	203.45	135.46	203.50	184.17	176.15	175.41	151.63	164.89	193.58	193.2		

汽车月度销售变动趋势

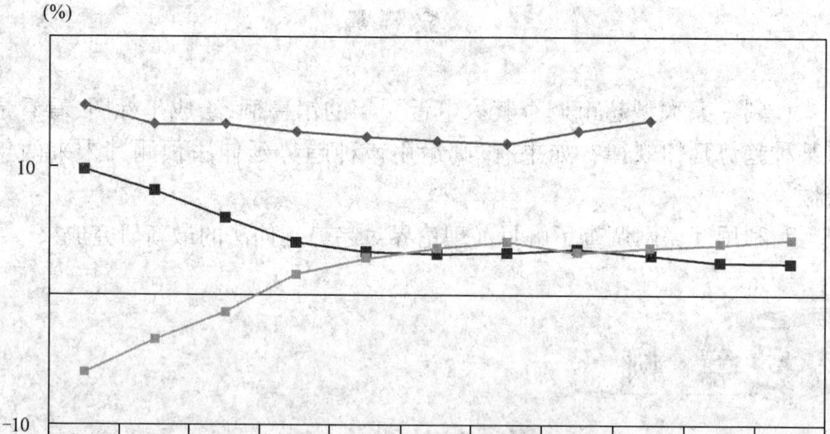

	1-2月	1-3月	1-4月	1-5月	1-6月	1-7月	1-8月	1-9月	1-10月	1-11月	1-12月
2011年	9.7	8.1	6.0	4.1	3.4	3.2	3.3	3.6	3.2	2.6	2.5
2012年	-6.0	-3.4	-1.3	1.7	2.9	3.6	4.1	3.4	3.6	4.0	4.3
2013年	14.7	13.2	13.2	12.6	12.3	12.0	11.8	12.7	13.5		

汽车销量累计增长率

资料来源:搜狐汽车 http://db. auto. sohu. com/photo_1078/pic2581195. shtml 2013.2.5

思考讨论题:

1.根据图表中的数据(并补充最新的数据),绘出近三年的汽车月度销售变动趋势线。

2.分析汽车月度销售变动趋势线的变化规律,选用一个或几个预测模型对其未来值进行预测。

3.跟踪调查至今汽车市场的销售情况,并与你的预测值进行比较,判断它们的误差。

案例二　近半数企业寿命不到五年

工商总局绘企业"生命曲线图"

国家工商总局近日发布全国内资企业生存时间分析报告,为我们绘制了一份企业"生命曲线图"。

总体来讲,国内企业比较年轻化。现有企业中,1 岁以内、1－2 岁、2－3 岁的企业均占到企业总数的 10% 以上。

截至 2012 年年底,中国实有企业 1 322.54 万户。其中,生存时间 5 年以下的企业652.77万户,占企业总量的49.4%。近年来,中国企业“死亡率”不断下降。

企业成立3-7年为退出市场的高发期,也是发展的瓶颈期。

从2000年以来新设立企业退出市场情况来看,企业平均死亡率呈倒U形分布:成立当年平均死亡率为1.6%,第二年为6.3%,第三年最高,为9.5%,之后一直维持在8%以上。而一旦度过了“七年之痒”,死亡率就会低至8%以下并不断下降。

最近五年内全国累计退出市场的企业达394.22万户,平均6.09年。其中,寿命在1年之内的最多,占退出企业的13.7%。

2008-2012年全国退出市场的企业中,批发零售业、制造业、租赁和商务服务业三个行业企业数量最多,占退出企业总量的63%;电力、热力、燃气及水的生产、金融等行业的企业平均寿命最长,都超过了8年;房地产、租赁和商务服务两个行业的企业平均寿命最短,均不到5年。

总的来看,中国企业存活率高于发达国家,这与发达国家的企业准入门槛相对较低有关。对10个经合组织国家的数据分析发现,20%-40%的企业在最初两年之内就会退出市场,40%-50%的企业可生存7年以上。

资料来源:解放日报,2013-07-31。

思考讨论题:

1. 思考新设立企业的寿命长短,大致给出其生命曲线图。

2. 分析这些企业退出市场的主要因素。

3. 研究你自己毕业后创业的可行性,参考案例的提示及更多相关信息,开始慎重选择创业或就业的行业和职业。

习　题

1. 某企业经重大改革,经营业绩稳步增长,表为该企业近11个季度的产品销售情况,试用直线趋势延伸法预测下两个季度的销售额。

企业销售额　　万元

期数	1	2	3	4	5	6	7	8	9	10	11
销售额	400	450	510	560	660	740	810	830	900	940	980

2. 现有某种商品11期生产量的资料,将其编制成时间序列,如表所示。试用二次曲线趋势延伸法预测第12、第13期的生产量。

生产量观察值 万台

期数	1	2	3	4	5	6	7	8	9	10	11
生产量	250	210	180	205	280	320	390	520	640	830	990

3. 某地区某类商品的1－11期的销售资料如表所示，将其编制成时间序列。试用三次曲线趋势延伸法预测未来两期的商品销售额。

商品销售额 万元

期数	1	2	3	4	5	6	7	8	9	10	11
销售额	29	32	37	45	56	70	86	104	122	138	154

4. 某地区对一种消费品的需求量逐年增长，有关数据如表所示。试用指数曲线趋势延伸法对下一期的需求量作出预测。

需求量数据表 万件

期数	1	2	3	4	5	6	7	8	9	10	11	12	13	14	15
需求量	6	8	11	16	23	32	44	62	89	120	168	237	327	362	411

5. 现有第1－12期的电视机产量资料如表所示。试用戈珀资曲线趋势延伸法预测下两期的产量。

电视机产量资料 万台

期数	产量	期数	产量	期数	产量
1	539.41	5	1 667.56	9	2 766.54
2	592.01	6	1 459.40	10	2 684.7
3	684.01	7	1 934.37	11	2 691.41
4	1 003.81	8	2 505.07	12	2 867.82

6. 某地区某商品的销售量如表所示。试用适当的模型预测下一期的销售量。

某商品的销售量资料 万件

期数	产量	期数	产量	期数	产量
1	19 861	6	23 875	11	30 991
2	19 495	7	25 722	12	32 897
3	20 063	8	26 177	13	35 170
4	20 661	9	27 570	14	37 824
5	22 047	10	29 023	15	42 103

7. 我国餐饮业某年1－12月的零售额分别为：627，566.8，548.6，524，

539.3,568.1,581.3,606,679.7,726.4,713.1,805.8 亿元,试分析它的变动趋势和增长情况,并对未来情况进行预测。

8. 我国某时期的货车产量分别为 88.5,68.2,49.3,36.3,34.3,33.6,27.7 万辆;客车产量分别为 3.2,8.6,11.5,14.4,14.7,12.7,11.6 万辆;乘用车(含微型客车和轿车)合计为 8.3,23.2,39.3,49.2,51,53.7,60.7 万辆。试分析我国汽车产品的构成情况,发现它们的变动趋势,并对未来变化情况做出判断。

第十章

因果分析预测法

本章提要

在市场预测定量方法中，因果分析预测法（又称相关分析法）是与时间序列预测法不同的另一类预测方法。时间序列分析法侧重从时间因素来考虑预测对象的变化和发展，时间序列法的数学模型一般都是时间的函数。而因果分析预测法，则是一类从市场、经济变化的因果关系入手，分析市场变化的原因，找出市场现象的原因与结果之间的联系，并据此对市场未来进行预测的方法。本章介绍因果分析预测法的特点、分类及实际预测的各种具体方法，如回归分析预测法和经济计量预测法等。

第一节　因果分析预测法的特点

一、市场变量之间的因果关系

市场的发展变化是由多种因素决定的,而市场的变化同各种影响因素的变化之间又存在着一定的依存关系,即因果关系。例如,市场是社会经济、科学技术、文化习惯等方方面面的综合反应。具体说,市场受社会生产状况发展的影响;市场受产业结构,就业结构及农、轻、重等比例关系的影响;市场受国民收入积累和消费比例关系的影响;市场还受商品价格、人口增长、积累和消费比例、人们的物质和文化需要、居民收入以及消费心理等多种因素的影响。对市场中这些客观存在的依存关系,可以用数量加以分析、研究、描述,进而进行预测。当然,这与时间序列分析预测法中只考虑时间一个因素对预测变量的影响相比,预测难度要大得多。

市场现象的这些依存关系,有各种具体表现。在研究它们时,一般将所要预测的市场现象(预测目标)称为因变量,其具体数量称为因变量值;而将与市场现象有密切关系的各种影响因素称为自变量,其具体数量称为自变量值。例如,将企业的零售额作为自变量,将流通费用水平作为因变量,研究零售额对流通费用水平的影响;将居民收入作为自变量,将市场商品需求量作为因变量,研究预测收入水平变动对需求量未来发展变化的影响;将人口、价格等等因素作为自变量,将市场需求量作为因变量,研究人口变动、价格变动对市场需求量的影响等等。类似这些依存关系在分析和预测市场现象时是很常见的。

所有市场现象之间的依存关系可以分为函数关系和相关关系两大类。所谓函数关系是指现象之间确定的依存关系,即自变量取一个数值,则因变量必然有一个对应的确定数值。当自变量发生某种变化时,因变量必然会发生一个相应程度的变化。如 N 为每户居民对某一商品的需求量,P 为居民户数,则该商品市场需求量 S 为 NP;所谓相关关系是指现象之间确实存在的一种不确定的依存关系,即当自变量取一个数值时,因变量必然存在与它对应的数值,但这个对应值是不确定的。当自变量发生某种变化时,因变量也必然发生变化,但变化的程度是不确定的。如居民对某种个人消费品的需求量同收入水平之间的因果关系等,不能建立确定性的函数关系。对于函数关系的依存关系,只要用一个函数表达式来描述就可以了。对于相关关系的依存关系,用相关关系分析和回归方程的方法加以研究,即用统计分析的方法来研究市场现象之间的相关关系,找出其发展变化规律的数学关系式,才能进行预测。

市场现象之间所存在的依存关系,大多数表现为相关关系,即变量之间的依存关系是不确定型的。它们之间既存在着密切关系,又不能由一个变量的值精确地求出另一个变量的值,而必须借助于数理统计规律寻求。如市场需求量与居民收入之间;市场需求量与商品价格之间;市场需求量与人口数量之间的关系等等,都是表现为相关关系。根据市场现象所存在的相关关系,对它们作统计定量分析,从而找出规律达到对市场现象进行预测的目的。又如,机电产品的需求量与工农业总产值、机械工业产值、基建投资等因素有关。但这种关系,我们不能用某个函数式确切地表达,也不能准确地直接计算出有多少工业总产值就需要多少机电产品,而必须利用数理统计的方法来寻求它们之间的因果关系和影响程度,并近似地估算出它们之间数量的关系。这就是因果分析预测法。

二、因果分析预测法的概念及特点

市场现象之间的因果分析,就是对市场现象产生的原因和后果,即各种影响因素及其相关关系所进行的分析。

因果分析预测法就是根据市场现象中变量之间所存在的因果关系,通过统计分析和建立数学模型,来揭示预测变量与其他有关的经济变量之间的数量变化关系,据此进行预测的方法。即把其他相关因素的变化看作产生市场现象的"因",而预测对象的变化看作市场现象的"果",建立描述各种因果之间关系的数学模型,并根据相关因素的变化,来推断预测对象的变动趋势。

由于在市场预测中,虽然可以时间序列分析法测算市场供需关系的变动趋势,以此来直接预测未来的变化,但并不能说明全部问题。因为市场预测中,非确定性的因果关系是大量存在的,而因果分析预测法针对市场、经济中普遍存在的这种因果关系问题进行研究预测,所以它是一种非常重要的市场预测方法,在对市场现象的深层次、综合性、更准确的研究预测中起着重要的作用。在对一般的市场现象进行预测时,如果预测者能将影响市场预测对象的主要因素找到,并能够取得其数量资料,还能清晰地阐明它们之间的依存关系,即可采用因果分析预测法进行预测。这是一种具体的、行之有效的、实用价值很高的、常用的市场预测方法。但当应用该方法的条件不充分时,应考虑用其他方法进行预测,如时间序列分析法等。

因果分析预测法虽然是比较科学的预测方法,但需要具备一定的条件,如经营管理应达到一定的水平,还应具有系统、完整、准确的数据,必要的科技设备和手段等等,否则都可能影响该方法的使用和精确性。另外从定量分析方面,预测者还应注意应用该方法的一些具体应用条件。

三、因果分析预测法的应用条件

应用因果分析预测法进行预测,应具备以下几个基本条件:

(一)市场现象的因变量与自变量之间必须存在相关关系(correlation analysis)

市场现象的自变量与因变量之间的依存关系,必须是相关关系,才适合用因果关系预测法,建立数学模型,以自变量的变化去预测因变量的变化。对于完全不相关的各种市场现象变量，可以比较容易判断出不能应用此预测法。但如何判断市场现象之间是否具有相关关系呢？这是预测者必须掌握的。

市场现象之间是否存在相关生态关系，主要可以通过两方面来判定。一方面根据经济理论知识、实践经验和我国市场的具体表现，从定性的角度判断市场现象之间是否存在相关关系。如根据经济学和市场学等理论，以及市场长期以来的发展变化规律等方面，都可以断定市场现象之间是否存在相关关系，这是判断此问题的根本方法；另一方面，对市场现象之间的关系进行相关分析，从定量的角度来判断现象之间是否存在相关关系。如通过绘制相关散点图，通过计算相关系数指标等方法，亦可以判定市场现象之间是否存在相关关系。只有对市场现象从定性和定量两个方面充分进行分析，才能最后判定它是否存在相关关系，才能决定是否可运用因果分析预测法进行预测。

（二）市场现象的因变量之间必须是高度相关的

应用因果分析预测法，不仅要求被研究的市场现象之间确实存在相关关系，而且还要求自变量与因变量之间的相关关系是密切相关，即高度相关。存在相关关系的市场现象并不一定都是高度相关的，因此因果分析预测法只适用于预测一部分具有相关关系的现象，即预测存在高度相关的市场现象，对于相关程度不高的市场现象，一般认为进行因果分析预测无实际意义。

因果分析预测法的这一要求，在实际预测中表现为，对与预测变量即因变量具有高度相关关系的因素都必须选为自变量，而对与因变量不具有或只有低度相关关系的因素都不选为自变量。要做到这一点，必须对市场现象各因素做深入细致的分析，要从多方面对影响因素进行检验，绝不遗漏一个高度相关的影响因素，也绝不误选一个低度相关或不相关的影响因素。

（三）市场现象自变量的预测值必须是精确的、比较容易取得的

应用因果分析预测最终目的是预测因变量的数值。要求得到因变量的值就必须具备自变量的值，这不但要求具有确定数学模型各变量的实际观察值，而且还要能够取得预测期内的自变量值，这是求得因变量预测值的基本条件之一。预测者在应用这一市场预测方法时必须考虑到自变量各期的观察值，特别是自变量在预测期的值一定要能够容易地取得，并且是能够取得准确的数值。如果不具备这种条件，就无法达到因果分析法进行市场预测的最终目的。

因果分析预测法的几个基本应用条件是相互关联的，不能将它们割裂开来理解。

四、因果分析预测法的种类

因果分析预测法中主要有回归分析预测法和经济计量预测法等。经济计

量预测法,是经济分析与数学方法相结合的方法,是运用经济现象之间更为复杂的因果关系进行预测的方法,该方法经常用于宏观经济、产业或行业,以及市场的综合行为规律方面的预测。在一般市场预测中,回归分析预测法是一种极为重要的因果分析预测法。它也是被企业广泛应用的一类市场预测方法。它的种类有很多,可以从不同方面进行分类。若仅根据相关关系中自变量的个数不同来分类,它有以下几个主要类型:

(一)一元回归分析预测法

一元回归分析预测法,也称简单回归分析预测法(一元是指某一预测问题中只有一个自变量)。它是用回归分析法对一个自变量与一个因变量之间的相关关系进行分析,建立一元回归方程作为预测模型,对市场现象进行预测的方法。例如,根据某地区的居民收入水平预测该地区的商品需求量;又如根据企业的销售额预测流通费用水平等等,都是分析一个自变量对一个因变量的相关关系。

(二)多元回归分析预测法

多元回归分析预测法又称复相关回归分析预测法(多元是指某一预测问题中有多个自变量)。它是对多个自变量与一个因变量之间的相关关系进行分析,建立多元回归方程作为预测模型,对市场现象进行预测的方法。它是一种根据多个自变量的变化数值预测一个因变量数值。

(三)自相关回归分析预测法

自相关回归分析预测法,是对某一时间序列的因变量序列,与向过去推移若干观察期的一个或多个自变量时间序列进行相关分析,并建立回归方程作为预测模型,对某一市场现象进行预测的方法。这是利用市场现象时间序列自身进行预测的方法,它把同一时间序列不同观察期的值分别作为自变量和因变量来进行分析。

此外回归分析预测法还可按回归方程的不同形式,分为线性回归方程和非线性回归方程,即直线回归方程和曲线回归方程。由此形成回归分析预测法的不同种类。

五、因果分析预测法预测的基本步骤

因果分析预测法除遵循市场预测的一般步骤外,在其运用过程中还具有自身的特点。

(一)根据市场预测目的,选择确定自变量和因变量

因果分析预测法,是根据市场现象之间的相关关系进行预测的方法。因此,首先应该确定相关关系、自变量和因变量。一般来说,因变量比较好确定,只要根据市场预测的目的,将市场预测的对象作为因变量就可以了。市场预测

的最终目的一般是预测市场的需求量,或是商业部门和商业企业的销售量。因而,在通常情况下是把市场需求量(或销售量)作为市场预测的因变量。由于因变量的发展变化受到一个或多个自变量的影响,自变量的数值直接决定因变量的值。因此确定因果分析预测法的自变量是非常重要的,而且自变量的确定比因变量的确定要复杂得多。

因果分析预测法中的自变量,就是引起市场变化的各种影响因素。当自变量取某个特定值时,因变量则依据确定的相关关系取得相应的值,即市场预测值。从市场预测结果来说,是确定因变量的值;但是从市场预测过程来看,比较复杂的工作则是选择何种影响市场预测值的因素作为自变量。在选择自变量时,必须根据有关资料,分析自变量同因变量之间的相关程度,选择与因变量关系最为密切,或比较密切,或具有决定性的影响因素作为自变量。例如,工农业产值、国民收入及其分配比例的变化、居民收入和就业人数的变化,以及价格的变动、广告的投入等,都是与因变量的关系比较密切的影响因素,这些都可以作为自变量。值得注意的是,同一个自变量在不同情况下,会产生不同的影响作用,例如,价格的变动就是如此。一般来说,价格上涨市场需求量就会减少,价格下降需求量就会增加,尤其是价值较高的耐用消费品(如电视机、洗衣机、电冰箱、空调机等)更是如此,尽管有时价格升降幅度并不大,也会对市场需求量发生较大的影响。因此,在市场预测中必须充分注意价格变动的影响作用,并作为自变量引入模型。但在有些情况下,价格的变动对市场需求量的影响又是很小的,如当商品价格变动幅度较小,起不到调节作用时,或是商品本身价值很小,或是需求量有一定限度等,例如,针线等,即使价格在很大的幅度内进行变动,也不会对需求量发生显著影响。

许多商品的销售量可能受某些特定因素的影响,这些影响有时甚至是决定性的。例如,家用空调机的销售量受当地消费者的收入水平的影响,同时也受该地区气候,尤其是夏季高温段平均气温的影响。当地的收入水平的高低是比较稳定的和易于预测的,而气候变化和它对家用空调机销售量的影响则相对难以分析。有的自变量对某种商品的因变量具有显著作用,如住宅竣工面积对于装饰产品或家具的需求量,而对另一种商品则不发生什么影响,如住宅竣工面积对于皮鞋的需求量。因此在进行市场预测过程中,必须对自变量进行筛选,舍弃那些对因变量影响不大的自变量,选择对因变量影响较大的自变量,以便简化运算过程,并提高预测模型的精确度。

另外,还应注意选择那些非数量化的影响因素作为自变量。例如,流通渠道、经营方式、服务质量、广告效果等,这些都是影响销售量的重要因素,它们的变化会直接影响因变量的变化。但是,在选择非数量化的影响因素作为自变量时,必须把它们数量化。例如,对于服务质量,就可以根据服务质量标准,按服务质量达到的不同水平划分为若干等级,以它的等级作为数量自变量。这就可以根据自变量(服务质量的等级)的变化,来预测因变量(市场销售量)的变化。

(二)根据变量之间的因果关系类型,选择基本数学模型

因果分析是对具有因果关系的影响因素(自变量)和预测对象(因变量)所进行的数理统计分析处理。只有当自变量与因变量确实存在某种关系时,拟合出的数学模型才有意义。作为自变量的因素与作为因变量的预测对象是否相关,相关程度如何,以及判断这种相关程度的把握有多大,就是进行因果分析必须要解决的问题。自变量与因变量的相关程度,影响到预测值有效性的大小。如果自变量与因变量相关程度较强,则自变量的变化对因变量的变化具有重大影响;如果自变量与因变量的相关程度较弱,则自变量的变化对因变量的变化影响就小。因此,自变量与因变量之间存在着显著的相关性是进行因果分析的基础。事实上,只有在分析自变量与因变量之间的相关性后,我们才能最终确定因变量的主要影响因素,并选出相应的基本数学模型,即相应的回归模型。

分析自变量与因变量之间的相关关系,可以用绘制相关图和计算相关系数的方法。

相关图是用散点图的形式,将自变量与因变量数据资料的各对应值绘制为几何图形。在绘制相关散点图时,将横坐标作为自变量,纵坐标作为因变量。变量之间客观存在的资料数据表达的相关关系的方向、形式等不同,则绘制出的散点图就不同。通过散点图可以观察变量之间相关程度的高低,还能够看出相关的方向、相关的程度以及相关的形式。相关散点图一般有图 10－1 所示的几种规律(以一个自变量和一个因变量的相关性为例)。

图 10－1(1)所表现的是自变量与因变量不相关,因变量的变化不受自变量变化的影响,即自变量的变化根本不使因变量发生某种规律性变化。

图 10－1(2)所表示的自变量与因变量的相关关系是正相关关系。自变量的增加引起因变量的增加或自变量的减少引起因变量的减少,说明自变量与因变量是正相关关系。散点基本上呈现一条直线,说明自变量与因变量的相关程度很高,并表现为直线形式。

图 10－1(3)所表示的是自变量与因变量的相关关系为负相关关系。自变量的增加引起因变量的减少,或自变量的减少引起因变量的增加,说明二者之间为负相关关系。散点基本上集中在一条直线上,说明相关程度很高,并表现为直线形式。

图 10－1(4)所表示的是自变量与因变量的相关关系为正相关关系。但散

点不很集中，说明相关程度稍低一些。相应地自变量与因变量的负相关关系也会出现这种情况。

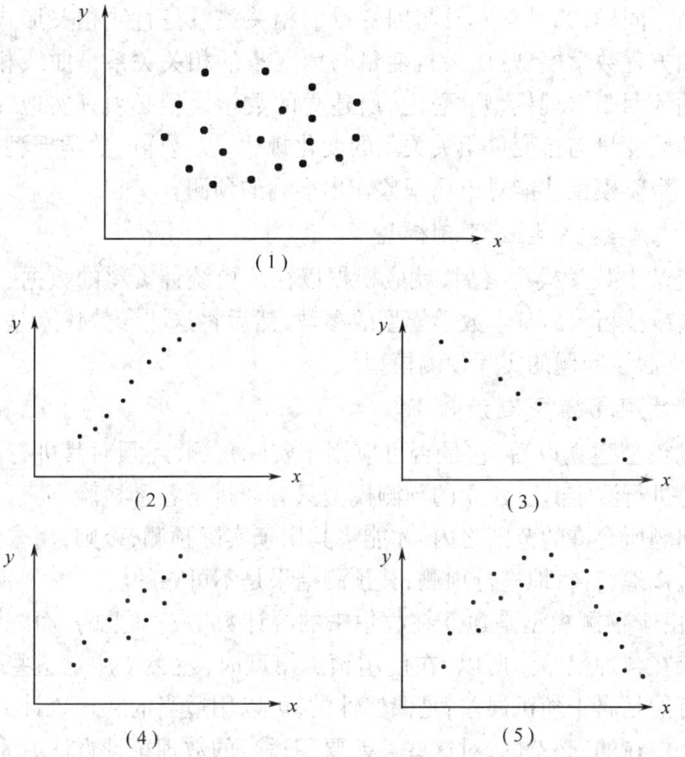

图 10－1　相关散点图的规律性

图 10－1(5)所表示的是自变量与因变量的相关关系。散点图基本上呈现曲线形式，散点不很集中，说明自变量与因变量的相关程度不是很高。相应地自变量与因变量也会表现为其他形式的曲线。

通过观察散点图，预测者可以判定市场现象自变量与因变量之间相关关系的方向，还可以观察到相关程度的高低。在选择确定自变量时，必须选择与因变量高度相关的自变量，舍弃低度相关的自变量。最后，根据所选定的影响因素，即自变量的个数，影响因素与预测目标相关的性质，来判断其所对应的最为适合的基本数学表达式，由此所建立的数学模型，才能作为有效的市场预测的基本数学模型。

在建立基本数学模型时要注意，如果有多个基本同等重要的影响因素都对一个因变量产生影响,且各因素与因变量的相关程度都比较高,就应建立多元回归方程模型;如果对于一个因变量只有一个取决定性作用的影响因素,其他因素的影响作用很小,且这一个因素与因变量是高度相关的,则应建立一元回归数学模型。同样,如果自变量与因变量的相关关系是直线相关形式,就应建立直线回归方程数学模型;如果自变量与因变量的相关关系是曲线相关形式,就应建立曲线回归方程模型。总之,所建立的数学模型必须真实地、准确地反映市场现象因变量与自变量相关关系的变化规律,以这样的数学模型作为实际预测的基本数学模型才能对市场现象作出准确的预测。

(三)求参数并建立预测模型

在选定基本数学模型之后,就应根据以往历史统计资料的数据,运用一定的数学方法或技巧求出基本数学模型的参数,然后将这些参数代入基本数学模型,即可建立起该问题的实际预测模型。

(四)对预测模型进行检验

在预测模型建立以后,它是否可应用于实际预测,还须对其进行检验和对其预测误差进行测定。已建立的预测模型只有通过了各种检验,而且预测误差也在研究问题所允许的范围之内,才能将其用于实际预测,否则,用未经检验的预测模型直接地、盲目地进行预测,其预测结果是不可靠的。

另外,由于预测模型是建立在收集来的统计数字基础上的,而统计数字本身可能会存在各种偏差。所以,在使用预测模型时,还必须注意这些偏差的性质。它们有的是属于随机误差,是偶然性的,可以用适当的数理统计方法解决;有的偏差是内在的、必然的,对这些偏差要用适当的数理统计方法判别出来,从而确定能不能用这个预测模型作出预测。此外,建立起的预测模型有一个假设,即认为每一个时期的误差是一个独立的偶然性误差,不受时间的影响。否则,预测对象自身相关,预测模型就靠不住了。

(五)求出预测值,并对预测值做区间估计

这一步是根据经过分析和检验的预测模型进行实际预测,求得预测值。这是预测者的最终目的。预测值可以用一个点值来表示,但更多的情况下是根据需要求出预测值的区间估计值,也就是给出预测值的一个较可靠的波动范围。这个范围能更好地反映预测值的实际含义,在使用时也有充分的运作余地。

最后,还必须指出,因果分析预测法虽然是科学的预测方法,但绝不应当把预测过程看成只是简单的数学运算。市场的客观经济现象是复杂的,数学模型只能把有关数据简单、明确、形象地显示出来,而如何确定符合客观实际的预测值,还需要预测者掌握丰富的市场信息,依靠个人的经验和分析判断能力,最后

作出科学的判断。也就是说，在运用因果分析预测法进行市场预测时还需要与定性的分析法相结合，把各种主要因素都考虑进去，以定量的分析数据为基础，经过综合分析判断，最后确定出反映市场未来发展的预测值。

第二节　一元回归分析预测法

一、一元回归分析预测法的含义与特点

（一）回归分析的含义

回归（Regression）一词，原是由英国生物学家高尔登（Galtan）在其生物遗传论文中首先采用的。原来的含义是指遗传上儿子的身高，即受其父的身高的影响，又有回归于其种族平均身高的趋势，即回归于其种族的一般平均高度。他发现，普遍来看，若父亲身高低于其种族平均身高，则其子的身高会高于其父，但低于其种族平均身高。若父亲身高高于其种族平均身高，则其子的身高会低于其父，但高于其种族平均身高。在这里，回归到平均状态的含义非常明显。现在，在市场预测方面，回归这一术语是指研究某一变量（因变量）与其他一个或多个变量（自变量）的相互依存关系。

回归分析就是用数理统计的方法对市场现象的因果关系所进行的分析。它通过对自变量与因变量的变化进行大量观察所掌握的实际数据进行分析，找出它们之间相互影响的相关关系与变化规律，再用一定的数学模型来描述这种相关变化规律。

回归分析与时间序列分析的不同在于，时间序列分析只是根据市场现象本身过去发展的历史资料进行分析，不考虑影响其变动的其他因素，而回归分析将其他影响因素也考虑在内。时间序列分析只是动态外推分析，而回归分析即有动态外推分析，也有静态的横断面的分析。所以时间序列分析相对来说比较简单，但其趋势外推分析的有效性却受到了回归分析中有关统计检验的考验和制约。

（二）一元回归分析预测法的含义

一元回归分析预测法是指只有一个自变量的回归分析预测方法。在这种模型里仅有两个变量，一个自变量和一个因变量。在一般情况下，影响市场现象的因素很多，但如果其中只有一个因素是基本的、起决定作用的，就可以以此作为自变量对该市场问题进行预测。

一元回归分析预测法是多元回归分析预测法的一种简化形式。它假设这两个变量之间的关系非常密切,而其他因素的影响甚微,可以作为随机因素看待,不在研究分析模型之列。但是,在实际的市场预测中,这种情况极为罕见。通常,市场现象中各个因素之间的关系是很复杂的,互相影响、互相渗透,以至于很难设想影响其变化的只是其中的一个因素,而能够忽略其他因素的作用。

(三)一元回归分析预测法的特点

虽然一元回归分析预测法仅考虑了影响市场现象变化的一个因素,但是它也有其极为重要的一面:

首先,一元回归分析预测法使用的分析技术较为简单,借助于此法可帮助我们掌握许多基本的统计概念和分析手段。而且它也是帮助我们理解多变量回归预测法的桥梁。

其次,一元回归分析预测法简便易行,在实际市场预测中也有很大的作用。它能够使预测者剔除那些无足轻重的因素而将理论上可能有重要意义的因素挑选出来,以备更为综合的分析和预测。另外,它抓住了影响市场现象变化的核心问题和关键因素进行分析预测,这对于解决实际预测问题具有非常重要的意义。

因此,一元回归分析预测法是回归分析法中最基本的方法,也是应用最为广泛的一种方法。后面介绍的多元回归分析预测法等,在许多方面都是一元回归分析预测法的合乎逻辑的推广和扩展。

(四)一元回归分析预测法的分类

一元回归分析预测法大致分为两类:一元线性回归分析预测法和一元非线性回归分析预测法。一元线性回归分析预测法是分析一个因变量 y 和一个自变量 x 之间呈现线性相关关系的回归分析预测法;一元非线性回归分析预测法是分析一个因变量 y 和一个自变量 x 之间呈现非线性相关关系的回归分析预测法。

二、一元线性回归分析预测法的应用

(一)一元线性回归分析预测法的预测过程及预测步骤

一元线性回归分析预测法的预测过程及预测步骤有五点。

(1)收集整理历史资料。要根据预测问题的具体要求,分析市场、经济各方面活动的规律性,确定好预测目标,并把影响市场、经济现象变化的主要因素找出来,选定自变量和因变量。还要考虑这些变量的历史统计资料是否容易获得。统计资料越丰富,预测结果的可信程度越高。此外还要考虑到自变量及因变量的未来可知性,因为线性回归是建立在一个变量变化的情况下,来预测另一变量的变化的。如果自变量的未来值不能确定,则将无法预测因变量的未来值。

(2)绘制散点图,观察变量之间是否存在着一元线性相关关系。若直观发现变量之间线性相关关系明显,即散点图显示观察值变化呈直线型,则可选定一元线性方程作为基本数学模型。若散点图显示观察值各点非常散乱,直接观察找不出什么规律,则断定根本不能选用此方法进行预测。

(3)求回归参数,建立一元线性回归预测模型。

(4)对预测模型进行检验,并估算误差。

(5)预测,并确定预测值区间。

(二)一元线性回归分析预测法的基本数学模型

一元线性回归分析预测法的基本数学模型为:

$$\hat{y} = a + bx \tag{10-1}$$

此式又称为一元线性回归方程。

式中:x 表示自变量;

$\hat{y}$ 表示因变量,线性回归分析估计值,或预测值;

a,b 表示待定回归参数;

a 表示回归直线的截距;

b 表示回归直线的斜率。

一元线性直线回归分析模型的几何图形如图 10-2 所示。

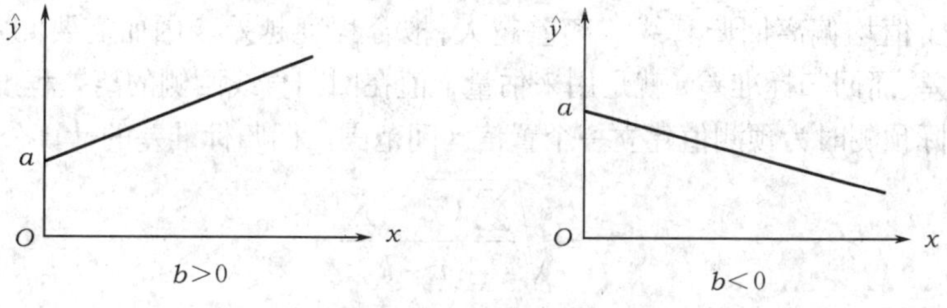

图 10-2 直线回归分析模型的几何图形

(三)一元线性回归分析预测法参数 a,b 的确定

一元线性回归分析预测法用最小二乘法求回归方程(10-1)的参数。

假设有 n 期的历史观察值资料:

t	1	2	3	…	n
x_t	x_1	x_2	x_3	…	x_n
y_t	y_1	y_2	y_3	…	y_n

用最小二乘法求回归参数的基本原则是，对于确定的方程，要使观察值 y 与估计值 $\hat{y}$ 的偏差的平方和最小。由此方法可求出：

$$\begin{cases} b = \dfrac{n\sum xy - \sum x \sum y}{n\sum x^2 - (\sum x)^2} & (10-2) \\ a = \dfrac{1}{n}\sum y - b \cdot \dfrac{1}{n}\sum x & (10-3) \end{cases}$$

只需将历史资料自变量 x 和对应的因变量 y 的数据代入上面两式，即可求得回归参数 a,b。

（四）一元线性回归分析预测法预测模型的建立

将利用历史资料数据和参数公式（10－2）和（10－3）求得的 a,b 值，代入（10－1）式，即可得预测模型：

$$\hat{y} = a + bx \tag{10-4}$$

此时虽已求出预测模型，但不能将预测模型直接用于实际预测，如时间序列趋势延伸法所做的那样，还须对预测模型进行检验。

（五）一元线性回归分析预测法预测模型的检验

对预测模型的检验主要包括以下几个方面：

1. 回归标准差检验

一般情况下，从观察值 y 与估计值 $\hat{y}$ 的对比来看，回归直线上的各点（估计值）同对应的观察期各点（观察值）之间，均存在着一定的离差，即观察值曲线上各点的 y 值均偏离回归直线。离差越大，拟合程度越差。因而需要测定估计值的标准差，而回归标准差 s 就是用来估量 y 值在回归直线两侧的离差程度，以便在进行实际预测时为预测值建立一个置信区间范围。回归标准差的计算公式为：

$$s = \sqrt{\frac{\sum (y_t - \hat{y}_t)^2}{n-k}} \tag{10-5}$$

式中：s 表示回归标准差；

y 表示因变量第 t 期的观察值；

$\hat{y}$ 表示因变量第 t 期的估计值；

n 表示观察期的个数；

k 表示自由度，为变量的个数（包括因变量和自变量）。

s 值越小，表明回归直线拟合越好。观察值与回归估计值之间的离差，一是受自变量取不同值的影响，一是受其他因素的影响。前者称为能由自变量 x 得到解释的离差，这种离差若占总离差的绝大部分，则预测模型的离差检验可获得通过。s 值越小，说明回归方程能解释的总离差部分越大，也意味着 x 与 y 之间的相关程度越高。

判断回归标准差能否通过检验,常常采用以下公式:

$$\frac{s}{\bar{y}} \times 100\%$$

式中:s 表示回归标准差;

$\bar{y}$ 表示因变量观察值的平均值。

若依此式计算出的值小于15%,即为预测模型通过了回归标准差检验。

2. 相关系数检验

对于任何给定的一组数据(x_t, y_t),都可以用最小二乘法配出一条回归直线。但是,这样人为配出的回归直线方程并非总是有意义的。事实上,只有当变量 x 与 y 之间存在一定的逻辑关系,即某种因果关系时,其回归直线方程才有意义。这也就是我们在预测步骤中,首先要求绘出散点图,大致判断 x 与 y 的基本相关关系的原因。

检验预测模型,即检验得出的回归方程有无意义,主要靠丰富的专业知识和实践经验,同时还可以用相关系数进行检验。相关系数是描述两个变量 x 与 y 之间线性关系密切程度的一个数量指标。在一元线性回归分析预测法中,相关系数只对一个自变量与一个因变量进行相关程度分析,所以又称为单相关系数。

相关系数 r 的基本公式为:

$$r = \frac{\sum (x - \bar{x})(y - \bar{y})}{\sqrt{\sum (x - \bar{x})^2 (y - \bar{y})^2}} \tag{10-6}$$

或

$$r = \frac{n\sum xy - \sum x \sum y}{\sqrt{n\sum x^2 - (\sum x)^2} \cdot \sqrt{n\sum y^2 - (\sum y)^2}} \tag{10-7}$$

式中:x 表示自变量的观察值;

y 表示因变量的观察值;

$\bar{x}$ 表示自变量的观察值的平均值;

$\bar{y}$ 表示因变量的观察值的平均值;

n 表示观察期的个数。

相关系数 r 的几何意义如图10-3所示。

相关系数 r 内有这样的性质:

$$0 \leqslant |r| \leqslant 1$$

其中:若 $|r|$ 越接近于0,x 与 y 的线性相关程度越小;

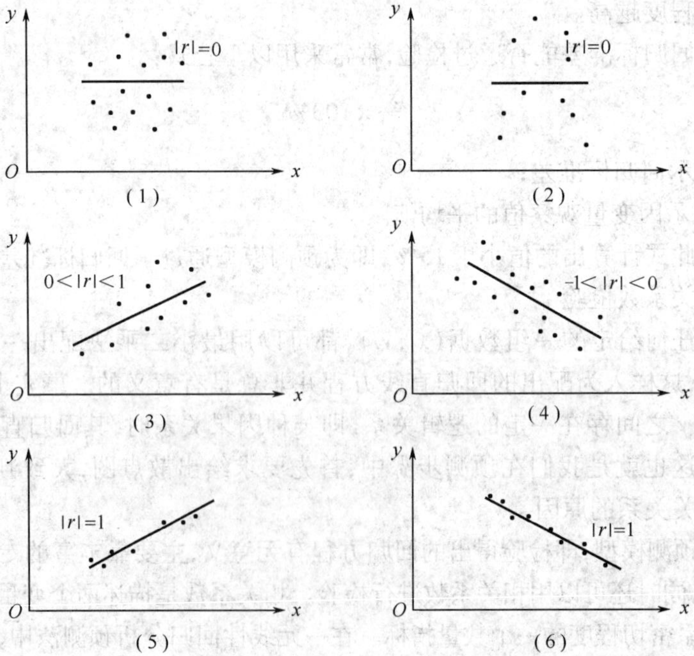

图 10－3　相关系数的几何意义

若$|r|$越接近于 1，x 与 y 的线性相关程度越大。

由图 10－3 可知：

当$|r|=0$ 时，回归直线方程中 $b=0$，回归直线平行于 x 轴，说明 y 取值与 x 无关，二者之间无线性相关关系。但此时它们之间可能存在其他非线性相关关系。

当$|r|=1$ 时，因变量的观察值与估计值相等。这时所有的点都在回归直线上，说明 x 与 y 存在完全确定的线性相关关系，称它们为完全线性相关。

当 $0<|r|<1$ 时，x 与 y 存在一定的线性相关关系。$|r|$越接近于 1，观察值数据散点越靠近回归直线，呈现越来越强的线性相关关系。$r>0$ 时，$b>0$，称 x 与 y 为正相关；$r<0$ 时，$b<0$，称 x 与 y 为负相关。

虽然当 $0<|r|<1$ 时，x 与 y 为线性相关关系，但只有当 r 的绝对值大到一定程度时，才能认为它们之间线性关系密切，这时称为较强的线性相关关系，所求的预测模型才有意义。否则，自变量与因变量之间若呈现出弱相关关系，则得出的预测模型没有意义，即不能用于实际问题的预测。

$|r|$究竟大到什么程度，才算是较强的相关关系呢？这可以查对相关系数检验表确定。查表方法如下：

首先根据样本数据(x_t, y_t)计算相关系数 r。

然后根据给定的显著性水平 α 值(该值代表被估计的参数同时为零的可能性的大小,在市场预测中一般要求这种可能性小于5%,即 $\alpha = 0.05$),按照 $n-2$ 的数值在相关系数表中查出相应的临界值 r_α。

最后比较$|r|$与临界值 r_α 的大小,若$|r| > r_{0.05}$,则被认为是较强的相关关系,或称显著相关,若$|r| > r_{0.01}$,则认为是高度强相关关系,或称高度显著相关。若$|r| < r_{0.05}$,则被认为是相关性不强,或不显著。相关系数表见书后附表(一)。

一般情况下,相关系数的不同数值对应的相关强度如表 10-1 所示。

表 10-1 相关系数不同数值对应的相关强度表

相关系数$\|r\|$	<0.3	0.3~0.5	0.3~0.8	>0.8
相关强度	无相关	低度相关	显著相关	高度相关

注:表中的相关强度反映的是一般性概念,不是统计意义上的相关强度。

3. 显著性检验(F 检验)

显著性检验,就是对回归方程,也就是对已建立的预测模型和变量之间是否具有显著的相关关系的检验。F 检验的目的在于判定预测模型在整体上是否显著成立。这种检验的方法通常是将已解释的方差与未解释的方差进行比较,这两种方差的比值,就叫做 F 统计量。该值可用下列公式进行计算:

$$F = \frac{\sum(\hat{y} - \bar{y})^2/(k-1)}{\sum(y - \hat{y})^2/(n-k)} \tag{10-8}$$

式中:y 表示因变量的观察值;

$\bar{y}$ 表示因变量的观察值的平均值;

$\hat{y}$ 表示因变量第 t 期的估计值;

n 表示观察期的个数;

k 表示自由度,为变量的个数(包括因变量和自变量)。

从上式看出,在预测模型已确定的情况下,F 统计量的大小取决于 n 的值。n 值较大时,F 统计量的分母就较小,F 统计量的值就会增大;反之,n 值较小时,F 统计量的分母就会增大,F 统计量的值就会减小。

判定预测模型是否通过了 F 检验,必须将计算出的 F 统计量数值,与 F 分布表中的相应值比较。F 分布表中列出了在显著水平 α 下,关于分子自由度为 $k-1$ 和分母自由度为$n-k$情况下的显著水平 F_α。当 $F > F_\alpha$ 时,则说明预测模型通过了 F 检验。如在一般市场预测问题中,通常取 $\alpha = 5\%$,若计算出的 F 统

计量大于 F_α 查表获得的值，则表明可以有95%的把握认定 x 与 y 之间存在着显著的相关关系，运用这一预测模型进行预测是可行的、科学的，而且其准确性也是较高的。F 分布表见书后附表(二)。

4. t 检验

t 检验主要是用 t 统计量对参数 b 进行检验，检验 b 在某一显著性水平 α 上是否显著为0。其实质是检验 x 是否对 y 有显著的相关关系影响(不一定是线性相关关系)。如果 b 为0，则回归方程为 $\hat{y}=a$，说明 x 对 y 影响不显著，线性假设不成立。这就出现一个问题，以上引进的相关系数 r 时，曾介绍 r 的值的大小可以说明 x 与 y 的相关程度，这里又为什么还要检验 b 是否显著为0来进一步检验 x 对 y 有显著影响呢？原因在于任何两个没有因果关系或相关关系的经济变量之间，也可能有很高的 r 值。例如，我国的农业总产值与计算机销售量之间可以说没有什么相关关系(至少我们可判断它们没有很大的相关性)，但这两套数据放在一起，可能算出很高的 r 值。这是因为这两项指标随着时间的推移都在发展着，但它们在逻辑上没有必然的相关性。

t 检验的计算公式如下：

$$t=b/s_b$$

其中：
$$s_b=\sqrt{\frac{\sum(y-\hat{y}^2)}{(n-2)\sum(x-\bar{x})^2}}$$

或直接运用下列公式：

$$t=\frac{r\sqrt{n-2}}{\sqrt{1-r^2}} \tag{10-9}$$

将有关数据代入上式，即可得 t 统计量。

一般情况下选择95%的置信度，即5%的显著水平，查 t 分布表中的自由度为 $n-2$ 的数值，可得此时 t 的临界值 t_α。若计算出的 t 统计量大于 t_α，则说明自变量与因变量之间存在着相关性，这种相关性在统计上有意义，可以用这种预测模型进行预测。否则说明这两变量之间不存在相关性，用此模型预测无意义。t 分布表见书后附表3。

应当注意的是，统计的相关性无论如何并不表示因果关系。人们可能会发现照相机的销售量与电视机的销售量之间存在密切的相关性，如可能发现由这些数据得出的 r 值高达0.99，但是二者并非其一为因，另一为果。正确的看法是，这两个变量的变动，可能是由于消费者收入水平的变化引起的结果。这样的相关性称为不合逻辑的相关性。因此，在作预测以前，我们首先必须确定，自变量与因变量之间是否存在逻辑上的相关关系，这对实际问题的预测是非常重要的。

（六）预测并确定置信区间

在上述检验都通过以后，将已判断出的未来的自变量 x 的值代入预测模型，就可算出预测值。

预测值的置信区间，就是要在一定的概率值下，估计预测值的范围，或它的上下限。从理论上来说，如果观察值数据较多，即样本较大，则可用回归标准差来判断预测值的置信区间。其公式为：

$$\hat{y}_t \pm s$$

通常情况下，置信区间公式为：

$$\hat{y}_t \pm t_{\alpha/2}s$$

对于小样本，即 $n \leqslant 30$ 时，估算预测值的置信区间，应引入一个校正系数：

$$\sqrt{1+\frac{1}{n}+\frac{(x_0-\bar{x})^2}{\sum(x-\bar{x})^2}}$$

则置信区间为：

$$\hat{y}_t \pm t_{\alpha/2}s\sqrt{1+\frac{1}{n}+\frac{(x_0-\bar{x})^2}{\sum(x-\bar{x})^2}} \qquad (10-10)$$

式中：x_0 表示预测期自变量的值；

x 表示观察期自变量的值；

$t_{\alpha/2}$ 表示 $\frac{\alpha}{2}$ 置信度和 $n-k$ 自由度的 t 的临界值；

$\bar{x}$ 表示观察期自变量 x 的平均值；

n 表示观察期数据点的个数。

（七）一元线性回归分析预测法的应用

【例1】某地区过去10年的人均月收入与某公司的年销售额有如下资料，见表10－2。经市场调查和分析推算，未来一年该地区的人均月收入将为1 300元。试用一元回归分析预测法预测下一年的公司销售额。

表10－2　人均月收入与销售额资料

年序号	1	2	3	4	5	6	7	8	9	10
人均月收入（元）	397	423	462	544	601	686	708	784	921	1 223
实际销售额（万元）	324	351	389	473	513	524	602	688	813	1 087

第一步：作图判断自变量与因变量之间的相关关系。设人均月收入为自变

量 x，销售额为因变量 y，在直角坐标轴上绘出各点，观察是否能拟合成直线，即观察人均月收入与实际销售额数据变化规律是否有线性相关关系。

观察分析图 10－4 可知，人均月收入与实际销售额存在着相关关系，且散点基本集中在一条直线上，说明相关程度较高，即直观判断二者之间有较高的线性相关关系，因此可试用一元线性回归分析预测法进行预测。选用基本数学模型为直线回归方程：

$$\hat{y}=a+bx$$

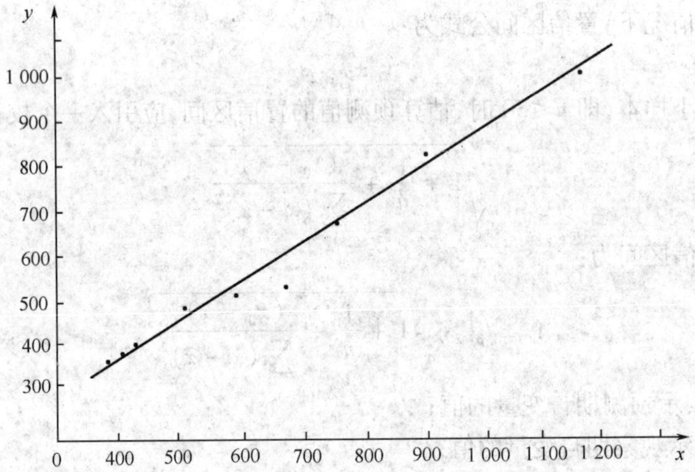

图 10－4　人均月收入与实际销售额的相关关系图

第二步：求参数 a，b。有关计算数据见表 10－3。

表 10－3　一元回归方程计算表

年序号	人均月收入 x（元）	销售额 y（万元）	x^2	y^2	xy
1	397	324	157 609	104 976	128 628
2	423	351	178 929	123 201	148 473
3	462	389	213 444	151 321	179 718
4	544	473	295 936	223 729	257 312
5	601	513	361 201	263 169	308 313
6	686	524	470 596	274 576	359 464
7	708	602	501 264	362 404	426 216
8	784	688	614 656	473 344	539 392
9	921	813	848 241	660 969	748 773
10	1 223	1 087	1 495 729	1 181 569	1 329 401
合计	6 749	5 764	5 137 605	3 819 259	4 425 690

因

$\sum x = 6\ 749$　　　　$\sum y = 5\ 764$

$\sum x^2 = 5\ 137\ 605$　　　　$\sum y^2 = 3\ 819\ 258$

$\sum xy = 4\ 425\ 690$　　　　$n = 10$　　$k = 2$

根据最小二乘法求出的参数公式,可得:

$$b = \frac{n\sum xy - \sum x \sum y}{n\sum x^2 - (\sum x)^2}$$

$$= \frac{10 \times 4\ 425\ 690 - 6\ 749 \times 5\ 764}{10 \times 5\ 137\ 605 - (6\ 749)^2} = 0.919$$

$$a = \frac{1}{n}\sum y - b \cdot \frac{1}{n}\sum x$$

$$= \frac{5\ 764}{10} - 0.919 \times \frac{6\ 749}{10} = -43.833$$

第三步:建立预测模型。将 a,b 值代入一元回归方程:

$$\hat{y} = a + bx$$

则该问题的预测模型为:

$$\hat{y} = -43.833 + 0.919x$$

第四步:对预测模型进行检验:

(1)回归标准差检验。根据回归标准差、相关系数、显著性检验和 t 检验公式,分别进行检验。有关计算数据可参见表 10－4 离差平方计算表。

表 10－4　离差平方计算表

年序号	人均月收入 x(元)	销售额 y(百万元)	$\hat{y}$	$(y-\hat{y})^2$	$(\hat{y}-\bar{y})^2$	$(y-\bar{y})^2$	$(x-\bar{x})^2$
1	397	324	321.01	8.94	65 224.05	63 705.76	77 228.41
2	423	351	344.9	37.21	53 592.25	50 805.16	63 453.61
3	462	389	380.74	68 023	38 282.84	35 118.76	45 326.41
4	544	473	456.1	285.61	14 472.09	10 691.56	17 134.81
5	601	513	58.49	20.34	4 611.77	4 019.56	5 461.21
6	686	524	586.6	3 918.76	104.04	2 745.76	11.1
7	708	602	606.82	23.23	925.38	655 036	1 095.61
8	784	688	676.66	128.6	10 052.07	12 454.56	11 902.83
9	921	813	802.57	108.78	51 152.83	55 979.56	60 565.21
10	1 223	1 087	1 080.1	47.61	253 713.69	260 712.36	300 413.61
合计	6 749	5 764	5 763.99	4 647.31	492 131.05	496 778.4	582 592.79

根据回归标准差公式,可得:

$$s = \sqrt{\frac{\sum (y_t - \hat{y}_t)^2}{n-k}}$$

$$= \sqrt{\frac{4\ 647.31}{10-2}} = 24.1$$

因

$$\frac{s}{\bar{y}_t} \times 100\% = \frac{24.1}{576.4} \times 100\% = 4.2\%$$

4.2%小于15%,说明该预测模型通过了回归标准差检验。

(2)相关系数检验。将有关数据代入相关系数公式,可得:

$$r = \frac{n\sum xy - \sum x \sum y}{\sqrt{n\sum x^2 - (\sum x)^2} \cdot \sqrt{n\sum y^2 - (\sum y)^2}}$$

$$= \frac{10 \times 4\ 425\ 690 - 6\ 749 \times 5\ 764}{\sqrt{10 \times 5\ 137\ 605 - (6\ 749)^2} \cdot \sqrt{10 \times 3\ 819\ 258 - (5\ 764)^2}}$$

$$= 0.953\ 3$$

取显著性水平 $\alpha = 0.05$,自由度 $n-k=8$,查相关系数表临界值表,得临界值:

$$r_{0.05} = 0.632$$

因为 $r > r_{0.05}$,说明人均月收入与销售额之间存在着很强的正相关关系,预测模型通过了相关系数检验。

(3)显著性检验。将有关数据代入 F 检验公式,可得:

$$F = \frac{\sum (\hat{y} - \bar{y})^2 / (k-1)}{\sum (y - \hat{y})^2 / (n-k)}$$

$$= \frac{49\ 213.05}{4\ 647.31/(10-2)} = 847.17$$

取显著性水平 $\alpha = 0.05$,分母自由度 $n-k=8$,分子自由度 $k-1=1$。查相关 F 分布临界值表,得临界值

$$F_\alpha = 5.32$$

因为 $F > F_\alpha$,说明人均月收入与销售额之间存在的相关关系非常显著。预测模型通过了 F 检验。

(4)t 检验。将数据代入 t 的计算公式,得 t 统计量:

$$t=\frac{r\sqrt{n-2}}{\sqrt{1-r^2}}=\frac{0.9953\sqrt{10-2}}{\sqrt{1-(0.9953)^2}}=29.06$$

选择95%的置信度，即 $\alpha=0.05$ 的显著水平，查 t 分布表中的自由度为 $n-2$，可得此时 t 的临界值 $t_\alpha=2.306$。因 t 统计量大于 t_α，说明自变量人均月收入与因变量销售额之间存在着相关性，而且这种相关性在统计上有意义，可以用这种预测模型进行预测。

第五步：预测并确定置信区间。由于此预测模型都通过了上述检验，可直接进行预测。将已判断出的未来一期的自变量 x 的值代入预测模型，就可算出预测值。

下一年的销售额预测值为：

$$\begin{aligned}\hat{y}_{11}&=-43.833+0.919x\\&=-43.833+0.919\times 1\,300\\&=1\,150.867（万元）\end{aligned}$$

确定预测值的置信区间，根据公式（10－9）。

因该问题样本较小，$n=10$，样本数小于30，所以公式为：

$$\hat{y}_t\pm t_{\alpha/2}s\sqrt{1+\frac{1}{n}+\frac{(x_0-\bar{x})^2}{\sum(x-\bar{x})^2}}$$

取 $\alpha/2=0.025$，自由度 $n-k=8$，查 t 分布表，得 t 的临界值为：$t_{\alpha/2}=2.306$。

当人均月收入达到 $x_0=1\,300$ 元时，销售额的预测区间为：

$$\begin{aligned}&\hat{y}_t\pm t_{\alpha/2}s\sqrt{1+\frac{1}{n}+\frac{(x_0-\bar{x})^2}{\sum(x-\bar{x})^2}}\\&=1\,150.867\pm 2.306\times 24.1\times\sqrt{1+\frac{1}{10}+\frac{(1\,300-674.9)^2}{582\,592.79}}\\&=1\,150.867\pm 73.914（万元）\end{aligned}$$

即，以95%的把握程度预测，当人均月收入达到1 300元时，公司的年销售额在1 076.95－1 224.78万元之间。

三、一元非线性回归分析预测法

（一）市场现象变化中的非线性相关关系或因果关系

一般市场预测情况下，有许多市场现象的变化关系不是直线关系而是曲线关系，此时仍用直线回归方程预测就不能符合实际情况。如工业产品的产量与成本的关系；商场销售额与广告费用等，往往呈曲线相关关系。因此，需要建立合适的非线性回归方程进行预测。也就是说,这些现象中各经济变量之间的相关关系应是非线性的,线性相关仅是非线性相关的一种特殊形式。当非线性程度较低时,用线性回归分析预测法,可获得较为满意的结果,当非线性程度高时,就应采用非线性回归分析预测法。从线性回归转为非线性回归,分析和计算都很困难。

非线性回归预测模型的形式很多,选择模型形式常用的方法是,通过对各种数学模型的固有图像和样本数据的散点图进行对比,结合专业理论知识和经验进行确定。最稳妥的办法是同时选用图像相近的两三种非线性回归预测模型,经过计算有关统计量并进行比较后再作出决定。

一元非线性回归分析预测法,是非线性回归模型预测法中最简单,也最常用的一类预测方法。它是指只有一个自变量,并且自变量与因变量之间呈非线性相关关系的回归分析预测法。

(二)一元非线性回归预测模型及其转换

一元非线性回归预测模型,大多数都可以通过数学上的转换变为一元线性回归形式,即用变量替换法,使之变成线性函数形式,再利用一元线性回归方程求出回归系数,建立一元线性回归预测模型进行预测。下面介绍几种常用的非线性回归模型,及其线性转换方法。

1. 逆线性模型

逆线性模型公式为:

$$y = a + b\frac{1}{x} \tag{10-11}$$

此回归模型常用于企业单位产品成本问题的预测。假定单位产品的变动成本为 a;固定成本是 b;x 是产品的生产量;y 是单位产品成本。则单位产品成本将随着产品产量的增加而减少,正如此模型描述的曲线规律。

对于此曲线模型,可令:

$$\frac{1}{x} = x'$$

则此曲线方程转换为:

$$y = a + bx'$$

显然,这是一个直线方程。因此可用一元线性回归分析预测法进行预测。

2. 指数曲线模型

指数曲线模型公式为:

$$y = ab^x \tag{10-12}$$

指数曲线模型属于一种成长模型,它可以较准确地反映出市场现象中许多市场经济量的发展过程。例如,新产品的投放市场量与企业的销售额,就可能显示指数增长(或复比增长)特征。又如,某高科技开发区,其人口的增长可能与当地的生产总值的增长显示出指数曲线模型描述的增长规律。

对于此曲线模型,可将方程两边取对数:

$$\lg y = \lg a + (\lg b)x$$

令:$y' = \lg y, A = \lg a, B = \lg b$

则此曲线方程转换为:

$$y' = A + Bx$$

显然,这也是一个直线方程。因此可用一元线性回归分析预测法进行预测。

3. 幂指数曲线模型

幂指数曲线模型公式为:

$$y = ax^b \tag{10-13}$$

幂指数曲线几何图形如图 10-5 所示。

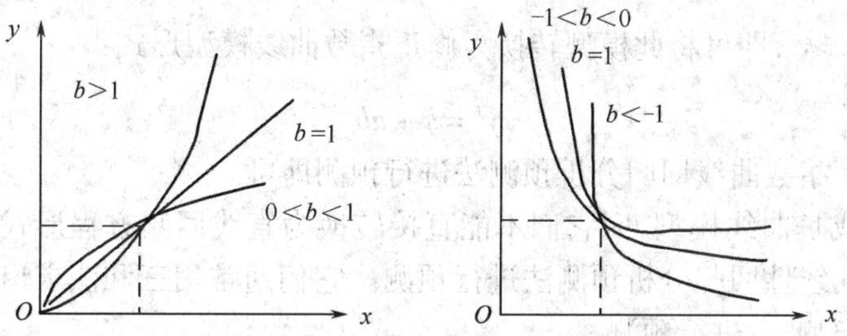

图 10-5 幂指数曲线的几何图形

幂指数曲线模型也属于一种成长模型。

对于此曲线模型,可将方程两边取对数:

$$\lg y = \lg a + b\lg x$$

令:$y' = \lg y, A = \lg a, x' = \lg x$,则此曲线方程转换为:

$$y' = A + bx'$$

显然,这也是一个直线方程。因此可用一元线性回归分析预测法进行预测。

4. 修正指数曲线模型

修正指数曲线模型公式为:

$$y = k + ab^x \tag{10-14}$$

修正指数曲线模型属于一种成长模型，它描述了一种常见的成长现象，即初期成长迅速，随后逐渐降低其成长率，终至接近一条渐近线：$y=k$。

5. 戈珀资曲线模型

戈珀资曲线模型公式为：

$$y=ka^{b^x} \tag{10-15}$$

戈珀资曲线模型也属于一种成长模型。如许多新兴工业或新产品的成长或销售都经历了这样一个过程：初期成长较慢，此后成长逐渐加速，达到一定程度后成长率又趋降低，终至达到平缓的阶段。它描述了某个工业或某项产品从诞生到结束的整个生长过程。所以这是一个非常重要的市场预测模型。

6. 逻辑曲线模型

逻辑曲线模型公式为：

$$\frac{1}{y}=k+ab^x \tag{10-16}$$

像修正指数曲线模型和戈珀资曲线模型一样，逻辑曲线模型也属于成长模型，它亦可用来描述市场经济量的成长现象。

令：$\frac{1}{y}=y'$，即可将此模型转换为修正指数曲线模型形式：

$$y'=k+ab^x$$

用修正指数曲线回归分析预测法进行预测即可。

对于成长曲线模型，因它们不能直接转换为直线回归方程形式，所以不能直接用一元线性回归分析预测法进行预测。它们通常用三和法求出回归参数，得出预测模型，再进行预测。

（三）一元非线性回归分析预测法的应用

一元非线性回归分析预测模型经过转换，按一元线性回归分析模型估计参数后，仍须将转换后的变量还原为原变量，从而得到一元非线性回归分析预测模型，再根据它来进行统计处理，不能用转换后的变量进行统计分析。

【例2】现有某企业10个观察期商品流通费用水平和商品零售额的资料，见表10－5，试用非线性曲线回归分析预测法，预测下一期的商品流通费用水平。

表10－5　零售额和流通费用水平资料

观察期	1	2	3	4	5	6	7	8	9	10
商品零售额（万元）	14.6	17.4	20.5	23.1	26.4	29.6	31.5	35.4	38.6	41.5
流通费用水平（%）	6.5	5.6	4.5	4.0	3.5	3.2	2.9	2.8	2.7	2.6

第一步:作图判断自变量与因变量之间的相关关系。设人均月收入为自变量 x,销售额为因变量 y,在直角坐标轴上绘出各点,观察曲线形式,即观察商品零售额与流通费用水平数据变化规律是否呈非线性相关关系。

观察分析图 10 – 6 可知,随着商品零售额的增加,商品流通费用水平逐渐下降,呈非线性相关关系,因此可试用非线性回归分析预测法进行预测。选用基本数学模型为非线性回归方程:

$$\hat{y} = a + b\frac{1}{x}$$

令:

$$\frac{1}{x} = x'$$

则此曲线方程转换为:

$$\hat{y} = a + bx' \qquad \text{为直线方程形式。}$$

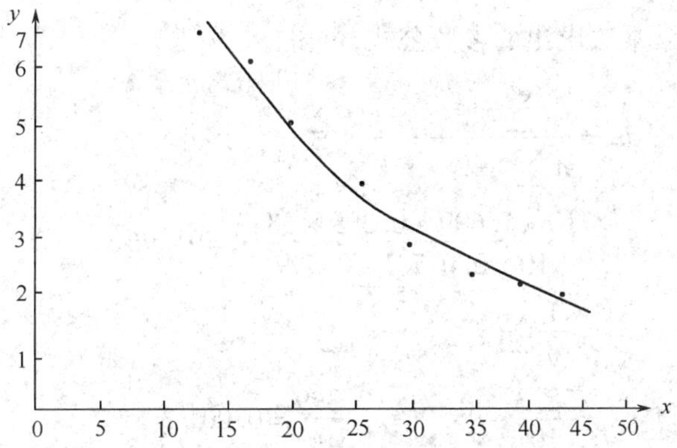

图 10 – 6　商品零售额与流通费用水平相关关系图

直接运用一元线性回归分析预测法的过程进行预测。

第二步:求参数 a,b。有关计算数据如表 10 – 6。

因

$\sum x' = 0.399$　　　　$\bar{y} = 38.3/10 = 3.83$

$\sum (x')^2 = 0.0177$　　　　$\bar{x} = 27.86$

$\sum x'y = 1.699$　　　　$n = 10 \quad k = 2$

表 10-6　一元回归方程计算表

观察期	零售额 x（元）	$x'=1/x$	流通费用 $y\%$	$(x')^2$	$x'y$
1	14.6	0.068	6.5	0.0046	0.442
2	17.4	0.057	5.6	0.0032	0.319
3	20.5	0.049	4.5	0.0024	0.221
4	23.1	0.043	4.0	0.0018	0.172
5	26.4	0.038	3.5	0.0014	0.133
6	29.6	0.034	3.2	0.0012	0.109
7	31.5	0.032	2.9	0.0010	0.093
8	35.4	0.028	2.8	0.0008	0.078
9	38.6	0.026	2.7	0.0007	0.070
10	41.5	0.024	2.6	0.0006	0.062
合计	278.6	0.399	38.3	0.0177	1.699

根据最小二乘法求出的参数公式，可得：

$$b=\frac{n\sum x'y-\sum x'\sum y}{n\sum (x')^2-(\sum x')^2}$$

$$=\frac{10\times 1.699-0.399\times 38.3}{10\times 0.0177-0.399^2}=95.96$$

$$a=\frac{1}{n}\sum y-b\cdot\frac{1}{n}\sum x'$$

$$=\frac{38.3}{10}-95.96\times\frac{0.399}{10}=0.0013$$

第三步：建立预测模型。将 a，b 值代入一元回归方程：

$$\hat{y}=a+bx'$$

即

$$\hat{y}=0.0013+95.96x'$$

则该问题的预测模型为：

$$\hat{y}=0.0013+95.96\,\frac{1}{x}$$

第四步：对预测模型进行检验：

（1）回归标准差检验。有关计算数据可参见表 10-7。

表 10－7　离差平方计算表

观察期	零售额 x（元）	流通费用 y%	$\hat{y}$	$(y-\hat{y})^2$	$(\hat{y}-\bar{y})^2$
1	14.6	6.5	6.57	0.004 9	7.13
2	17.4	5.6	5.52	0.006 4	3.13
3	20.5	4.5	4.68	0.032 4	0.45
4	23.1	4.0	4.16	0.025 6	0.03
5	26.4	3.5	3.64	0.019 6	0.11
6	29.6	3.2	3.24	0.016 0	0.39
7	31.5	2.9	3.05	0.022 5	0.87
8	35.4	2.8	2.71	0.008 1	1.06
9	38.6	2.7	2.49	0.044 1	0.28
10	41.5	2.6	2.31	0.084 1	1.51
合计	278.6	38.3		0.263 7	15.96

根据回归标准差公式，可得：

$$s=\sqrt{\frac{\sum(y_t-\hat{y}_t)^2}{n-k}}$$

$$=\sqrt{\frac{0.263\,7}{10-2}}=0.18$$

因

$$\frac{s}{\bar{y}_t}\times 100\%=\frac{0.18}{3.83}\times 100\%=4.7\%$$

4.7%小于15%，说明该预测模型通过了回归标准差检验。

（2）相关系数检验。将有关数据代入相关系数公式，可得：

$$r=\sqrt{1-\frac{\sum(y-\hat{y})/(n-k)}{\sum(y-\bar{y})^2/(n-k)}}=0.991\,7$$

取显著性水平 $\alpha=0.05$，自由度 $n-k=2$。查相关系数表，得临界值：

$$r_{0.05}=0.632$$

因为 $r>r_{0.05}$，说明商品零售额与流通费用水平之间存在着很强的相关关系。预测模型通过了相关系数检验。

另外将有关数据分别代入显著性检验公式：

$$F=\frac{\sum(\hat{y}-\bar{y})^2/(k-1)}{\sum(y-\hat{y})/(n-k)}$$

和 t 检验公式,算出 F 统计量和 t 值,再查表找出各自的临界值,该预测模型都会通过检验。说明该问题用非线性模型预测是恰当的。

第五步:预测。将已判断出的未来一期的自变量 $x=45$ 万元代入预测模型,则下一年的商品流通费用水平预测值为:

$$\hat{y}=0.0013+95.96\frac{1}{x}$$

$$=0.0013+95.96\times1/45=2.134$$

商品流通费用水平预测值为 2.134%。另外,还可确定该预测值的置信区间。

第三节 多元回归分析预测法

一、多元回归分析预测法的含义与特点

(一)多元回归分析的含义

在市场活动中,客观环境是复杂的,某个市场因素的变化往往受到许多因素的影响,即一个因变量可能受到多个自变量的影响,此时,如果仅根据一个自变量的变化去估算因变量的变化规律,就会忽视其他自变量的变化对因变量的影响作用。也就是说,在有多个自变量的情况下,仅运用一个自变量,不可能求得精确的市场预测值。因此当研究变量之间的关系涉及两个以上的变量时,就应当运用多个自变量,即采用多元回归分析预测法。

(二)多元回归分析预测法及其特点

多元回归分析预测法是指有多个自变量的回归分析预测方法。一元回归分析预测法是多元回归分析预测法的一种特殊情况。

建立一个具有良好预测效果的多元回归方程模型,必须慎重地筛选自变量。某个市场变量(因变量)往往受到许多因素(因变量)的影响,如果不加鉴别,把所有因素都选做自变量回归模型,不但会加大工作量,而且会出现自变量之间高度线性相关的情况,以致降低预测结果的准确性。挑选自变量应当注意掌握好以下四点:

(1)所选的自变量必须对因变量有显著的影响。

(2)所选的自变量应具有完整的准确度,而且自变量本身的变动有一定的规律性,能够取得准确度较高的预测值,难以定量的因素一般不宜选入多元回归方程中。

(3)所选的自变量与因变量之间具有较强的相关性,具有经济意义和内在的因果关系,而不是形式上的相关。

(4)所选的变量之间的相关程度不应高于自变量与因变量之间的相关程度。应当尽可能避免自变量之间高度线性相关,不致发生多重共线性问题。

例如,一个地区蔬菜的需求量,会受到多种因素的影响,如该地区的消费人口数量、蔬菜的价格水平、可替代商品(如水果)的消费量、副食的消费、居民收入水平和粮食消费量等,都会对蔬菜消费需求量发生影响。但是,在建立回归模型过程中,并不一定每个影响因素都能成为一个在数量上对因变量起相当作用的自变量。有些因素的影响作用很小,在对因变量回归分析中可不考虑。另外,判断分析所选出的影响因素,不一定每个因素都能有充足的量化资料,这也给自变量的选定带来一定的局限性。总之,多元回归分析预测法,是在判断分析基础上,对影响因变量的各种因素进行分析,并从中选择主要的、不可忽视的因素作为自变量,而且这些自变量还必须是可量化的、独立的。

用多元回归分析预测法对多种因素进行分析及预测,是目前市场预测中的重要方法之一。其使用的基本原理和方法及步骤与一元回归分析预测法类似,只是它在因素分析、回归参数计算和检验上更加复杂。

(三)多元回归分析预测法的分类

多元回归分析预测法大致分为两类:多元线性回归分析预测法和多元非线性回归分析预测法。多元线性回归分析预测法是分析一个因变量 y 和两个或两个以上自变量 x 之间呈现线性相关关系或因果关系的回归分析预测法。多元非线性回归分析预测法是分析一个因变量 y 和多个自变量 x 之间呈现非线性相关关系的回归分析预测法。

二、多元线性回归分析预测法的应用

(一)基本数学模型

多元线性回归分析预测法的基本数学模型为:

$$\hat{y} = a + b_1x_1 + b_2x_2 + \cdots + b_mx_m \tag{10-17}$$

式中:$x_1, x_2, \cdots, x_m$ 表示自变量;

$\hat{y}$ 表示因变量,线性回归分析估计值,或预测值;

$a, b_1, b_2, \cdots, b_m$ 表示待定回归参数。

此式又称为多元线性回归方程,它表达了一个因变量与 m 个自变量之间的线性相关关系及其变动规律。

多元线性回归分析预测法用最小二乘法求回归方程(10－17)的参数。不过,当自变量超过3个时,手工计算是非常困难的,可应用计算机完成运算过程,从而提高数据处理能力。下面介绍多元线性回归分析预测法中最简单的一种方法,即二元线性回归分析预测法。

(二)二元线性回归分析预测法

二元线性回归分析预测法,是指有两个自变量的线性回归分析预测方法。

1. 二元线性回归分析模型及参数的确定

二元线性回归分析预测法的回归方程为:

$$\hat{y}=a+b_1x_1+b_2x_2 \tag{10－18}$$

式中:x_1,x_2 表示自变量;

$\hat{y}$ 表示因变量,即线性回归分析估计值,或预测值;

a,b_1,b_2 表示待定回归方程参数。

用最小二乘法建立的求参数的方程为:

$$\begin{cases}\sum y = na + b_1\sum x_1 + b_2\sum x_2 \\ \sum x_1y = a\sum x_1 + b_1\sum x_1^2 + b_2\sum x_1x_2 \\ \sum x_2y = a\sum x_2 + b_1\sum x_1x_2 + b_2\sum x_2^2\end{cases} \tag{10－19}$$

只需将历史资料自变量 x 和对应的因变量 y 的数据代入上面公式,并联立求解方程组,即可求得回归参数 a,b_1,b_2。

再将这些参数代入回归方程,即可得预测模型。

2. 二元线性回归分析预测法预测模型的检验

二元线性回归分析预测法预测模型的检验比一元线性回归预测模型的检验复杂得多。常用的有经济意义检验、回归标准差检验、相关系数检验、F 检验和 t 检验等。

(1)一般经济意义检验,是指根据一般的经济规律,从参数的符号来鉴别模型的真实性。其他检验都需要根据统计分析来确定模型是否能够通过检验。

(2)回归标准差检验。计算多元回归标准差的公式与计算一元线性方程回归标准差的公式相同,即:

$$s=\sqrt{\frac{\sum(y_t-\hat{y}_t)^2}{n-k}} \tag{10－20}$$

式中:s 表示回归标准差;

y_t 表示因变量第 t 期的观察值；

$\hat{y}_t$ 表示因变量第 t 期的估计值；

n 表示观察期的个数；

k 表示自由度，为变量的个数（包括因变量和自变量）。

判断回归标准差能否通过检验，仍用以下公式：

$$\frac{s}{\bar{y}_t} \times 100\%$$

式中：s 表示回归标准差；

$\bar{y}_t$ 表示因变量观察值的平均值。

当依此式计算出的值小于15%，说明预测模型通过了回归标准差检验。

(3)相关系数检验。相关系数检验是检验变量之间线性关系密切程度的指标。在多元回归分析中应计算复相关系数和偏相关系数。

①复相关系数。复相关系数是反映因变量 y 与自变量 x_1，x_2 之间线性相关关系密切程度的指标，其计算公式为：

$$r = \sqrt{1 - \frac{\sum (y - \hat{y})/(n - k)}{\sum (y - \bar{y})^2/(n - k)}}$$

即

$$r = \sqrt{1 - \frac{\sum (y - \hat{y})^2}{\sum (y - \bar{y})^2}} \qquad (10-21)$$

其中，r 表示的是所有自变量作为一个整体对因变量 y 的影响。

②偏相关系数。在多变量情况下，变量之间的相关关系是很复杂的。这是因为，任意变量之间都可能存在着相关关系。如果需要真正显示变量之间的相互关系，则必须在消除其他变量影响的情况下，计算某两个变量之间的相互关系，这种相关系数称为偏相关系数。在计算偏相关系数之前，还须先计算单相关系数。

二元线性回归模型中共有三个变量，所以有三个单相关系数。

a)y 与 x_1 的相关系数：

$$r_{01} = \frac{\sum (y - \bar{y})(x_1 - \bar{x}_1)}{\sum (y - \bar{y})^2 \sum (x_1 - \bar{x}_1)^2}$$

b)y 与 x_2 的相关系数：

$$r_{02} = \frac{\sum (y - \bar{y})(x_2 - \bar{x}_2)}{\sum (y - \bar{y})^2 \sum (x_2 - \bar{x}_2)^2}$$

c) x_1 与 x_2 的相关系数：

$$r_{12} = \frac{\sum (x_1 - \bar{x}_1)(x_2 - \bar{x}_2)}{\sum (x_2 - \bar{x}_2)^2 \sum (x_1 - \bar{x}_1)^2}$$

因为在多个变量的情况下，由于计算简单相关系数时，并没有控制其他变量的影响，所以简单相关系数不能表明变量的真实相关程度，为此就要计算偏相关系数。

设：当 x_2 不变时，y 与 x_1 间的相关系数为 r_{01}'；

当 x_1 不变时，y 与 x_2 间的相关系数为 r_{02}'；

当 Y 不变时，y 与 x_1，x_2 间的相关系数为 r_{12}'。

则三个偏相关系数的计算公式为：

$$r_{01}' = \frac{r_{01} - r_{01} r_{12}}{\sqrt{(1 - r_{01}^2)(1 - r_{02}^2)}}$$

$$r_{02}' = \frac{r_{02} - r_{01} r_{12}}{\sqrt{(1 - r_{01}^2)(1 - r_{02}^2)}} \qquad (10-22)$$

$$r_{12}' = \frac{r_{12} - r_{01} r_{02}}{\sqrt{(1 - r_{01}^2)(1 - r_{02}^2)}}$$

数学上可以证明，所有的偏相关系数都在 -1 与 $+1$ 之间，一般偏相关系数的绝对值越接近于1，两变量间线性程度越高。因此用偏相关系数检验时，r_{01}' 和 r_{02}'的绝对值应接近于1，而 r_{12}'应接近于0。否则 x_1 与 x_2 之间有很强的线性相关关系，二元回归预测模型经过换算就可变成一元回归分析模型了，原模型就失去了意义。

根据样本数据(x_1, x_2, y_t)计算复相关系数 r 和各个偏相关系数。

(4) 显著性检验（F 检验）。显著性检验是用来检验自变量作为一个整体对因变量的影响是否有显著的相关关系。F 检验的计算公式与一元线性回归预测法中 F 值的计算公式相同。

$$F = \frac{\sum (\hat{y} - \bar{y})^2 / (k - 1)}{\sum (y - \hat{y})^2 / (n - k)} \qquad (10-23)$$

式中：y 表示因变量的观察值；

$\bar{y}$ 表示因变量的观察值的平均值；

$\hat{y}$ 表示因变量第 t 期的估计值；

n 表示观察期的个数；

k 表示自由度，为变量的个数（包括因变量和自变量）。

根据有关数据算出 F 统计量。查 F 分布表，在显著水平 α 下，分子自由度为$k-1=2$，分母自由度为 $n-3$ 情况下的显著水平临界值为 F_{α}。当 $F>F_{\alpha}$ 时，则说明预测模型通过了 F 检验。如在一般市场预测问题中，通常取 $\alpha=5\%$，若计算出的 F 统计量大于 F_{α}，则表明可以有95%的把握认定 x_1 和 x_2 与 y 之间存在着显著的相关关系。

（5）t 检验。t 检验又称回归系数检验，是检验某个自变量对因变量的显著性。即检验某个自变量是否对因变量有显著的影响，是否是多余的，所以要对自变量逐个检验其对因变量的显著性。若某个自变量对因变量的影响不显著，则应当将此自变量从预测模型中剔除，重新建立更为简单的回归模型，或更换自变量，以便提高预测的精度。

t 检验的计算公式如下：

①对回归系数 b_1 的检验：

$$t_1=b_1/s_{b_1}$$

其中：

$$s_{b_1}=\sqrt{\frac{\sum(x_2-\bar{x}_2)^2\sum(y-\hat{y})^2}{\left[\sum(x_1-\bar{x}_1)^2\sum(x_2-\bar{x}_2)^2-\left(\sum(x_1-\bar{x}_1)(x_2-\bar{x}_2)\right)^2\right](n-3)}} \tag{10-24}$$

②对回归系数 b_2 的检验：

$$t_2=b_2/s_{b_2}$$

其中：

$$s_{b_2}=\sqrt{\frac{\sum(x_1-\bar{x}_1)^2\sum(y-\hat{y})^2}{\left[\sum(x_1-\bar{x}_1)^2\sum(x_2-x_2)^2-\left(\sum(x_1-x_1)(x_2-\bar{x}_2)\right)^2\right](n-3)}} \tag{10-25}$$

将有关数据代入上式，即可得两个 t 统计量值。

一般情况下选择95%的置信度，即5%的显著水平，对此两个统计值分别查 t 分布表中的自由度为 $n-3$，可得此时 t 的两个临界值 t_{α}。若计算得出的某个 t 统计量大于 t_{α}，则说明它所对应的自变量与因变量之间存在着相关性，这种相关性在统计上有意义。若某个 t 值小于 t_{α}，则表明该回归系数所对应的自变量对因变量没有影响，或影响不显著，则应从预测模型中去掉该变量，或重新选择自变量。若全部回归系数通过了此检验，则可以用这种预测模型进行预测。

3. 预测并确定置信区间。在上述检验都通过以后，即可将已判断出的未来的两个自变量的值代入预测模型，就可算出预测值。

二元回归预测值的置信区间，同一元回归相类似，其公式为：

$$\hat{y}_t \pm t_{\alpha/2}s$$

对于小样本，即 $n \leqslant 30$ 时，估算预测值的置信区间，应引入一个校正系数：

$$\sqrt{1+\frac{1}{n}}$$

则置信区间为：

$$\hat{y}_t \pm t_{\alpha/2}s\sqrt{1+\frac{1}{n}} \tag{10-26}$$

式中：$t_{\alpha/2}$ 表示 $\frac{\alpha}{2}$ 置信度和 $n-k$ 自由度的 t 的临界值；

n 表示观察期数据点的个数。

4. 二元线性回归分析预测法的应用

【例 3】某地区过去 8 年的居民人均年收入，新增就业人数及商品销售额有如下资料，见表 10-8。经市场调查和分析推算，未来一年该地区的人均年收入将为 17.9 千元，新增就业人数为 25 万人。试用二元回归分析预测法预测下一年的商品销售额。

表 10-8　人均年收入、新增就业人数和销售额资料

年序号	1	2	3	4	5	6	7	8
人均年收入（千元）	3.0	3.6	4.5	5.8	6.6	8.5	10.5	15.5
新增就业人数（万人）	20	29	18	20	25	23	20	25
销售额（亿元）	70	75	78	82	88	96	110	130

设：商品销售额为 y，居民人均年收入为 x_1，新增就业人数为 x_2。

二元线性回归方程为：

$$\hat{y} = a + b_1x_1 + b_2x_2$$

第一步：求参数 a，b_1，b_2。有关计算数据如表 10-9。

表 10－9　二元回归方程有关数据计算表

年序号	人均年收入 x_1（千元）	新增就业人数 x_2（万人）	销售额 y（万元）	x_1^2	x_2^2	x_1x_2	x_1y	x_2y
1	3.0	20	70	9.00	4.00	6.00	210.0	140.1
2	3.6	29	75	12.96	8.41	10.44	270.0	217.5
3	4.5	18	78	20.25	3.24	8.10	351.0	140.4
4	5.8	20	82	33.64	4.00	11.60	475.6	164.0
5	6.6	25	88	43.56	6.25	16.50	580.8	220.0
6	8.5	23	96	72.25	5.29	19.55	816.0	220.8
7	10.5	20	110	110.25	4.00	21.00	1 155.0	220.0
8	15.5	25	130	240.25	6.25	38.75	2 015.0	325.0
合计	58.0	18.0	729	542.16	41.44	131.94	5 874.4	1 647.7

将表中有关数据代入求参数的公式：

$$\begin{cases} \sum y = na + b_1\sum x_1 + b_2\sum x_2 \\ \sum x_1y = a\sum x_1 + b_1\sum x_1^2 + b_2\sum x_1x_2 \\ \sum x_2y = a\sum x_2 + b_1\sum x_1x_2 + b_2\sum x_2^2 \end{cases}$$

可得

$$729 = 8a + 58b_1 + 18b_2$$

$$5\,873.4 = 58a + 542.16b_1 + 131.94b_2$$

$$1\,647.7 = 18a + 131.94b_1 + 41.44b_2$$

解方程组得：

$$a = 53.886,\qquad b_1 = 4.822,\qquad b_2 = 1.013$$

第二步：建立预测模型。将 a,b_1,b_2 值代入二元回归方程，得该问题的预测模型为：

$$\hat{y} = 53.886 + 4.822x_1 + 1.013x_2$$

第三步：对预测模型进行检验：

(1) 回归标准差检验。求回归标准差所需数据计算见表 10－10。

表 10－10　预测模型检验有关数据计算表

年序号	销售额 y（万元）	$\hat{y}$	$(y-\hat{y})^2$	$(\hat{y}-\bar{y})^2$	$(y-\bar{y})^2$
1	70	70.378 0	0.142 9	430.438 0	446.266
2	75	74.182 9	0.667 7	287.034 8	260.016

续表

年序号	销售额 y（万元）	$\hat{y}$	$(y-\hat{y})^2$	$(\hat{y}-\bar{y})^2$	$(y-\bar{y})^2$
3	78	77. 408 4	0. 349 9	188. 145 1	172. 266
4	82	83. 879 6	3. 532 9	52. 495 8	83. 266
5	88	88. 243 7	0. 059 4	8. 301 9	9. 766
6	96	97. 202 9	1. 447 7	36. 940 9	23. 766
7	110	106. 543 1	11. 950 2	237. 717 8	356. 266
8	130	131. 159 5	1. 344 4	1 602. 761 2	1 511. 266
合计	729		19. 494 4	2 843. 835	2 862. 878

表中第三列的值是根据预测模型计算出的，是各时期的估计值或理论值。

根据回归标准差公式，可得：

$$s = \sqrt{\frac{\sum (y_t - \hat{y}_t)^2}{n-k}}$$

$$= \sqrt{\frac{19.494\,4}{8-3}} = 1.975$$

因

$$\frac{s}{\bar{y}_t} \times 100\% = \frac{1.975}{729/8} \times 100\% = 2.2\%$$

2. 2% 小于 15%，说明该预测模型通过了回归标准差检验。

(2)相关系数检验。多元回归方程的复相关系数的计算公式为：

$$r = \sqrt{1 - \frac{\sum (y-\hat{y})^2}{\sum (y-\bar{y})^2}}$$

将有关数据代入相关系数公式，可得：

$$r = \sqrt{1 - \frac{19.498\,8}{2\,862.878}} = 0.996\,5$$

根据偏相关系数公式，亦可计算偏相关系数值，在此不做多述。

复相关系数高达 0. 996 5，说明两个自变量与因变量之间有高度相关关系，表现为正相关，表示预测模型通过了相关系数检验。

(3)显著性检验。将有关数据代入 F 检验公式，可得：

$$F = \frac{\sum (\hat{y}-\bar{y})^2/(k-1)}{\sum (y-\hat{y})^2/(n-k)}$$

$$=\frac{2\ 843.835\ 5/3-1}{19.494\ 4/8-3}=364.69$$

取显著性水平 $\alpha=0.05$，分母自由度 $n-k=5$，分子自由度 $k-1=2$。查 F 分布临界值表，得临界值：

$$F_{\alpha}=5.79$$

因为 $F>F_{\alpha}$，说明人均年收入、新增就业人数与销售额之间存在的相关关系非常显著。预测模型通过了 F 检验（也就是说回归方程的回归参数不会同时为0）。

第四步：预测并确定置信区间。由于此预测模型都通过了上述检验，就可直接预测了。将已判断出的未来一期的自变量 x_1,x_2 的值代入预测模型，就可算出预测值。

下一年的销售额预测值为：

$$\begin{aligned}\hat{y}&=53.886+4.822x_1+1.013x_2\\&=53.886+4.822\times17.9+1.013\times2.5\\&=147.732\ 3(\text{亿元})\end{aligned}$$

确定预测值的置信区间，因该问题样本较小，$n=8$，样本数小于30，所以公式为：

$$\hat{y}_t\pm t_{\alpha/2}s\sqrt{1+\frac{1}{n}}$$

取 $\frac{\alpha}{2}=0.025$，自由度 $n-k=5$，查 t 分布表，得 t 的临界值为：$t_{\frac{\alpha}{2}}=2.571$。

以下一期的 x_1,x_2 的值代入上式，销售额的预测区间为：

$$\begin{aligned}&\hat{y}_t\pm t_{\alpha/2}s\sqrt{1+\frac{1}{n}}\\&=147.732\ 3\pm2.571\times1.975\times\sqrt{1+\frac{1}{8}}\\&=147.732\ 3\pm5.385\ 8(\text{亿元})\end{aligned}$$

即，以95%的把握程度预测，下一年商品的销售额区间（预测值的置信区间）为：142.346 5 亿～153.118 1 亿元。

三、多元非线性回归分析预测法

多元非线性回归分析预测法是指有两个或两个以上的自变量的非线性回归分析预测法。

多元非线性回归分析预测法主要有下面几种类型：

（一）一元非线性回归问题转为多元线性回归模型

一元非线性回归方程的代表形式为：

$$\hat{y} = a + b_1x + b_2x^2 + \cdots + b_kx^k \qquad (10-27)$$

式中：$a, b_1, b_2 \cdots b_k$ 表示回归系数。

该问题的求解方法为：

设：$x_2 = x^2, \cdots, x_k = x^k$

则上式可写成：

$$\hat{y} = a + b_1x + b_2x_2 + \cdots + b_kx_k$$

这样就把一元 k 次回归方程变成了 k 元一次线性回归方程，所以可直接用多元线性回归分析预测法计算参数，再将参数代回（10－25）式，即可分析预测了。

（二）多元非线性回归方程

多元非线性回归方程的代表形式为：

$$\hat{y} = ax_1^{b_1}x_2^{b_2}\cdots x_k^{b_k} \qquad (10-28)$$

求解方法为：

将上式两边取对数，得

$$\lg\hat{y} = a + b_1\lg x_1 + b_1\lg x_2 + \cdots + b_k\lg x_k$$

设 $y' = \lg y, x_j' = \lg x_j (j = 1, 2, \cdots k)$，则得到：

$$y' = a + b_1x_1' + b_2x_2' + \cdots + b_kx_k'$$

此为多元线性回归分析模型。利用多元线性回归分析方程求参数的方法，即可求得回归系数。然后代入（10－26）式，即可得多元非线性回归模型。

二元非线性回归分析预测法，是非线性回归模型预测法中最简单，也最常用的一类预测方法。它是指只有二个自变量，并且自变量与因变量之间呈非线性相关关系的回归分析预测法。

（三）特殊形式的多元非线性回归预测法

对于一些特殊形式的多元非线性回归模型，可将其做数学上的转换，变为多元线性回归形式，再利用多元线性回归方程求出回归系数，建立多元非线性回归预测模型，即可进行预测。下面只介绍一种特殊的曲线模型。

$$y = \frac{1}{a + b_1x_1 + b_2x_2} \qquad (10-29)$$

求解方法为：

设：$$y' = \frac{1}{y}$$

则

$$y' = a + b_1x_1 + b_2x_2$$

这样只要利用二元线性回归预测法，求出回归系数，再代入（10－27）式即多元非线性预测模型即可进行预测。

第四节　经济计量预测法

一、经济计量预测法的含义与特点

（一）经济计量学的含义

经济计量学就是运用统计学方法论制定的、并且通常用数学语言表达的技巧来理解和描述经济系统运行规律的一门学科。

计量经济学（Econometrics）是诺贝尔经济学奖获得者、挪威经济学家弗里希和荷兰统计学家丁伯根于20世纪20年代末30年代初创建的。几十年来，由创建初期主要用于研究微观经济的消费理论、市场行为、边际生产力、景气循环等方面，发展到重点研究宏观经济的理论模型化和数学化。近20年来，建立的协调理论、模型识别理论将经济计量学推进到新的发展阶段，尤其是计算机技术的出现和发展使经济计量学的发展如虎添翼，经济计量模型研究应用由微观模型发展到宏观模型，由地方模型发展为国家模型，乃至世界模型，如美国的“联结计划模型”包括18个国家、7 447个方程和3 368个外生变量。经济计量模型已成为世界各国政府实施经济调控和管理的预测决策工具。

（二）经济计量预测法的含义

经济计量预测法是利用经济计量学模型来估测未来市场变化情况的一种预测方法。也就是说，经济计量预测法是根据对市场现象变化的经济分析与数学方法相结合，建立经济计量模型，并利用此模型来进行预测的一种方法。

（三）经济计量预测法的特点

经济计量预测法与其他定量预测方法相比，有其独特的地方。时间序列趋势延伸法是根据某经济变量的历史资料形成的规律简单地向外延伸来预测，而没有考虑其他经济变量对所要预测的经济变量的影响，这是一类较为简单的定量预测方法。回归分析预测法虽考虑了其他经济变量的影响，但它属于单一方程模型，只反映了被解释变量 y 与解释变量 x 之间的因果关系。事实上，许多市场现象、经济过程都是一些经济行为复合而成的，它们的经济变量之间的关系错综复杂,有的甚至存在着双向因果关系(即一个经济变量影响另一个或另一些经济变量,反过来,它又受这个或这些经济变量的影响)。这时要完整地描述这些市场现象和经济行为过程,单一方程就不够用了,而需要建立含多个方程的联立方程模型,即用经济计量方法来建立数学模式,并进行预测。所以,经济计量预测法研究的范围很广,并可同时预测许多不同的但有联系的经济变量。当然与其他定量预测方法相比,经济计量预测法难度较大,但预测精度较高。

二、经济计量模型的类型与识别

(一)经济计量模型的含义

经济计量模型是指在以经济理论和市场现象变化事实为依据的定性分析基础上,利用数理统计方法建立的,用来描述预测目标与相关变量之间经济行为结构的动态变化关系的一组联立方程式。或者说,经济计量模型是指描述一个市场结构内各个变量之间复杂的相互依存关系的一组数学表达式。

例如,为预测彩色电视机的销售量,我们可以取价格、普及率、广告费、人均收入为自变量来建立多元回归模型进行预测。但是这四个自变量中仅人均收入来自于所研究关系的外部,其他自变量均与销售量相互关联。因此,单个方程模型预测往往达不到理想的预测效果,解决的办法是建立更能全面地描述市场现象本质的联立方程组,即经济计量模型:

销售量 = *F*(生产量、价格、广告费用、人均收入水平)

工厂成本 = *F*(生产量、生产成本、市场竞争)

价格 = *F*(工厂成本、人均收入水平)

普及率 = *F*(以前的销售量、人均收入水平)

广告费用 = *F*(销售量、市场竞争)

这样一组方程式就构成了该预测问题的经济计量模型。

(二)经济计量模型方程的类型

经济计量模型所包含的方程式可以有数十个,甚至多达数千个,这些方程式反映着各种不同的市场经济结构关系,大体可分为以下几种类型。

1. 行为方程式

行为方程式是反映经济活动中生产、交换、分配、消费等各种经济行为关系的方程式。例如,某种商品需求量(y),受社会商品购买力(s)、价格(p)的影响,它们之间如呈现线性关系,则可用下列方程表达:

$$y = b_0 + b_1 s + b_2 p + e$$

式中:b_0, b_1, b_2 表示结构参数;

e 表示随机干扰项。

2. 技术方程式

技术方程式是反映技术关系的方程，例如，道格拉斯生产函数，反映产品产量取决于投入的资本量与劳动量的技术生态系统，就是一个技术方程式，该方程为：

$$p = \alpha k^{\beta} l^{\gamma}$$

式中：p 表示产品生产量；

k 表示投入资本额；

l 表示雇用劳动量；

α,β,γ 表示待定参数。

3. 制度方程式

制度方程式是表示政府政策、法令、制度所规定的某种关系。例如，政府规定营业税按销售额与法定生产率征收，用方程式表示为：

$$t = rs$$

式中：t 表示营业税税额；

s 表示企业销售额；

r 表示法定税率。

4. 定义方程式

定义方程式是对模型中的某些概念和指标给予定义，以明确其经济含义的恒等式。如，某些耐用消费品的家庭普及率 p，定义为每百户家庭保有耐用消费品的数量百分比，用定义方程式表示为：

$$p = \frac{s}{f} \times 100\%$$

式中：s 表示一定时点的社会保有量；

f 表示同一时点的家庭户数。

5. 平衡方程式

平衡方程式是反映经济系统中经济变量存在着某种平衡关系的恒等式，如在一定时期内的国民生产总值 Y 和消费额 C、投资额 I、政府开支 G、进口额 F、出口额 E 存在着平衡关系。平衡方程式为：

$$Y + F = C + I + G + E$$

（三）经济计量模型变量的分类

经济计量模型一般是一组联立方程，方程中的许多变量往往相互影响，互为因果。它同单个回归方程不同，各个变量不能简单地按单方向的直接因果关系区分为原因变量（自变量）和结果变量（因变量）。因为在联立方程中，某个变量在一个方程中是原因变量,而在另一个方程中可能成为结果变量。因此,要把模型中所有变量按照它们的数值范围,区分为内生变量和外生变量两大类。

内生变量的数值是在研究对象的范围内决定的。也就是说,内生变量是具有某种概率分布的随机变量,由联立方程模型本身确定,其数值通过解联立方程模型而得。内生变量一方面影响所研究的联立方程模型系统;另一方面又受这个系统的影响。它是研究和预测的目标,是模型的输出部分。

外生变量的数值是在研究对象的系统范围以外决定的。它是非随机变量,是从制定模型的系统外部施加进来的,在模型之外确定。它影响系统,但不受系统影响,是模型的输入部分。它对内生变量给予单方面的影响,但并不反过来受内生变量的影响。在前面所列的彩色电视机预测问题中,仅人均收入为外生变量。若方程中用内生变量的前期或前几期作解释变量,则此解释变量称之为滞后内生变量。由于外生变量和滞后内生变量都是在解模型之前就必须给定数值的变量,故统称为前定变量。之所以把模型中的变量这样分类,是因为我们做模型的目的是想根据前定变量的值确定现期内生变量的值,以预测未来内生变量的变化情况。

(四)经济计量模型的识别

经济计量模型的识别,是指模型的参数能否根据统计资料作出唯一估计值的问题。实质上,也就是指联立方程组能否有解和解的个数是否唯一的问题。

一个联立方程模型只有当所包含的每个方程都可识别时,才能说是可识别的。如果其中有一个方程识别不足,则整个联立模型也就识别不足。如果模型是可识别的,一般说就可以估计出所有的参数值。为使一个方程组被识别,必须对方程组中的变量数目有一定的限制。一般要求在一个包含 G 个方程的模型中,所要识别的特定方程的变量数目必须等于或小于整个模型变量总数减去 1 个,即为 $G-1$ 个,方程组才能被识别。所谓排除一个变量,就是使这个变量的系数为 0。

三、经济计量预测法的预测步骤

用经济计量预测法预测时,有如下假设:①预测期的经济结构与样本期的经济结构相比没有发生根本变化。②预测期模型的结构参数与样本期模型的参数相同。③在估计模型参数过程中所作的假设在预测期仍成立。

经济计量预测法是在此假设前提下应用的,其预测步骤如下:

(一)建立经济计量模型

首先要做的是分析预测对象系统经济运行活动规律,确定预测目标,找出与预测目标有关系的主要影响因素,并明确各因素之间的因果关系。然后确定模型中方程数目和数学函数形式。一般来说,用联立方程式来描述复杂的经济现象时,方程个数必须等于内生变量的个数,只有这样,模型才具有数学完备性,才能得出唯一解。

(二)判断建立的联立方程模型的合理性

判断建立的联立方程模型的合理性是指判断行为方程、平衡关系式或定义关系式构成的联立方程式中待定系数是否具有唯一性,即每一个方程式是否可以识别。如果不能识别,即使模型在理论上是合理的,但在统计估计上也是不可行的。

(三)统计资料的收集

在数据模型设定出来以后,需要根据模型中包括的经济变量来收集有关的统计资料,以便对模型中的参数作出正确的估计。如果数据不完整、不准确,就会影响参数估计值的准确性。因此,数据的收集是一项重要的工作。

(四)确定经济计量模型中的待定参数

在确定经济计量模型可识别后,通过收集模型中变量的数据资料,运用适当的估计方法计算其中各方程的待定参数及有效性,再将它们的值代入结构方程组,即可建立可实际应用的预测模型。

参数估计是建立经济计量预测模型中最复杂、最困难的一步,它是经济计量学研究的重要课题。任何模型不免带有主观性,只能近似地反映客观经济现象之间的依存关系。参数估计方法也只能力求完善,只要能估计出具有较好统计特性的参数估计量,就不失为一种较好的方法。估计参数的方法较多,基本方法是最小二乘法。

(五)经济计量预测模型的检验

为了保证模型应用结果的可靠性,应该对预测模型进行检验。

1. 经济意义的检验

经济意义检验是指检验模型参数是否符合经济意义。它涉及参数估计值的符号与大小。如果参数估计值符号与大小和经济理论或实践经验不符,也就是说所建立的模型不能解释市场经济现象的明显规律,那么就应认为所建立的模型不可靠,应重新构造模型,估计参数。

2. 统计检验

对预测模型的统计检验,即依据统计理论来检验模型参数估计值的可靠程度。常用的统计检验准则除有与前面回归分析检验相同的项目以外,还有计量经济学检验,它主要包括方程的识别条件、随机干扰项相关与异方差性检验等。经济计量方法的适用性有一定的假设条件,即随机干扰项不存在序列相关和异方差性。如果违背了这一假设,那么参数的标准差检验就不再是量度参数统计显著性的可靠准则了。实质上,经济计量学检验是对统计检验可靠性的检验。

3. 实验模型检验

实验检验即对模型的预测能力予以检验。它是将实验得出的数据资料代入经济计量模型,将计算结果与已经发生的经济结果进行比较,以检验经济计量模型的正确性。有时,所估计的预测模型对于样本期间来说,经济上是有意义的,上述的各种检验也是通过的,然而可能并不适用于预测。这种情况出现的原因可能是由于未来客观经济现象的结构关系相对于样本期来说已经发生了变化。所以,当模型估计出来以后,必须研究估计值的稳定性以及样本容量变化时的灵敏度,必须确定估计出来的模型是否可以用于特性的检验。

(六)利用已确定的预测模型对市场的未来作出预测

根据已知模型中的前定变量的数值,代入预测模型,通过求解联立方程组,得到预测目标的预测值。

四、经济计量预测法的应用

例 5. 某商场上一年 1 ~9 月的销售情况如表 10 - 14 所示。试用经济计量预测法建立预测模型并进行检验。

第一步:用最小二乘法拟合方程得:

$$\hat{y}=0.668\,135+0.255\,48x_1+0.069\,03x_2+1.110\,405x_3$$

第二步:相关系数检验。有关计算见表 10 - 15。

表 10 - 11 销售情况表

月份	销售额 y(百万元)	销售量 x_1	广告费 x_2	利润额 x_3
1	5.1	4.1	2.6	3.8
2	5.5	4.5	2.8	4.0
3	4.8	3.7	2.4	3.6
4	4.6	3.6	2.4	3.3
5	5.2	5.4	2.7	3.8
6	5.0	5.1	2.5	3.7
7	4.3	3.2	2.0	3.0
8	4.9	3.9	2.6	3.7
9	5.7	4.5	2.8	4.2

表 10-12 回归模型检验有关计算表

年序号	y	$\hat{y}$	$(y-\hat{y})^2$	$(\hat{y}-\bar{y})^2$	$(y-\bar{y})^2$
1	5.1	5.147 5	0.002 256	0.018 60	0.007 903
2	5.5	5.392 4	0.011 578	0.145 39	0.239 023
3	4.8	4.902 7	0.010 547	0.011 750	0.044 563
4	4.6	4.568 9	0.000 967	0.195 541	0.169 003
5	5.2	5.187 6	0.000 154	0.031 152	0.035 683
6	5.0	5.055 8	0.003 114	0.001 998	0.000 123
7	4.3	4.199 9	0.010 020	0.658 045	0.505 663
8	4.9	5.032 0	0.017 424	0.004 368	0.012 343
9	5.7	5.613 2	0.007 534	0.362 524	0.474 583
合计	45.1	45.100 0	0.063 6	1.425 4	1.488 9

$$r^2 = \frac{\sum(y-\hat{y})^2}{\sum(y-\bar{y})^2} = 1 - \frac{0.063\ 6}{1.488\ 9} = 0.978$$

该值说明销售额与销售量、广告费、利润额之间的复相关程度很高。

第三步:显著性检验(F 检验):

$$F = \frac{\sum(\hat{y}-\bar{y})^2/(k-1)}{\sum(y-\hat{y})^2/(n-k)} = \frac{1.425\ 4/(4-1)}{0.063\ 6/(9-4)} = 37.34$$

取 $\alpha=5\%$,查 F 分布表,当分子自由度为 3,分母自由度为 5 时,其临界值为 5.41,F 统计量大于 F_α,说明显著性很高。

第四步:t 检验。根据 t 检验的计算公式:

$$t = b/s_b$$

和计算表中的数据,计算可得:

$$t_0 = 1.591, t_1 = 0.336, t_2 = 0.131, t_3 = 3.091$$

选择 95% 的置信度,即 5% 的显著水平,查 t 分布表,得 t 的临界值 $t_\alpha = 2.571$。这里只有 t_3 大于此临界值,通过了 t 检验,表明 b_3 有显著性。其他三个 t 值都小于此临界值,都没有通过 t 检验,说明对应的回归系数都缺乏显著性。

另外,此模型还可做剩余量的随机性检验,亦可证明此模型不能直接用于实际问题的预测,还须再改进。在此不再详述。

本章小结

回归分析是从两个或两个以上变量之间的因果关系分析出发,导出变量之间的相关关系的数学公式,然后建立回归方程预测模型,进行预测的方法。它包括多元回归分析预测法和多元回归分析预测法。在一般市场预测中常用的是线性回归分析预测法。

无论是何种回归分析,其步骤是先根据自变量与因变量的历史资料绘制曲线图,观察二者之间的相互关系,根据相应公式建立预测模型,最后对回归分析预测模型进行检验。检验可以主要从下列方面进行:为检验其他因素谁为主要影响因素进行的方差分析和回归标准差分析;同时检验回归标准差也是为了解预测模型对市场实际观察值的偏差程度,以便为预测值建立一个置信区间而进行的分析;为判断自变量与因变量是否为因果关系而进行的相关分析;对已建立的回归方程预测模型是否具有显著性而进行的显著性检验。预测模型在通过这些检验之后,方可用于实际问题的预测。

复习题

1. 因果关系预测法有什么特点?
2. 用因果关系预测法预测时应注意哪些问题?
3. 回归分析预测法的预测过程、基本步骤是什么?
4. 如何对一元线性回归模型进行检验?
5. 对实际预测问题,如何选择合适的回归分析预测模型?

实训题

1. 去一家公司调查其近 5 年的产品销售额和其目标市场消费者的年收入,分析两者之间是否具有高度相关关系,如果有,则首先准确预测其目标市场的消费者未来一年的年收入,在此基础上,将目标市场消费者收入作为自变量,产品销售额作为因变量,用一元回归分析法预测其未来一年的产品销售额。

2. 仔细思考可否用因果分析法预测你的未来发展情况?如果你认为可以,那么找出自变量和因变量,并运用最恰当的因果分析法进行预测,做到心中有数,以使你的未来少走弯路。

案　例

案例一　瑞信:2014 年全球智能手机年销售量破 10 亿

网易科技讯 瑞士信贷集团发布报告称,随着中国智能手机市场的强势增长以及低端廉价机型的发布,全球智能手机的年销售量将在 2014 年突破 10 亿部大关。

报道称,全球智能手机销售量今年将增长 46%,达到 6.879 亿部,而 2014 年将达到 10.5 亿部。

瑞士信贷集团的分析师称:“我们看到中国智能手机市场的强健增长,截止 2015 年,中国智能手机销售量将占全球销售额的 22%。”

瑞士信贷集团同时预计,在一个智能手机的成功取决于计算机和平板电脑的环境下,苹果可能获利最高。

作为世界顶级智能手机制造商,苹果依赖强大的发行网络、软件和服务平台以及硬件革新将获得全球 23% 的市场份额。而诺基亚公司基于运营商的支持、竞争性的价格和品牌与发行能力等因素,将在 2013 年实现回升,并在一段时间内增加 11% 的市场份额。

分析师也指出,世界第二大手机制造商三星和华为公司也将增加一定的市场份额。不过他们认为,摩托罗拉移动、HTC 以及索尼公司开始出现衰退迹象,而黑莓手机制造商 RIM 的市场份额将快速下降。(小川)

资料来源:网易科技报道 http://tech.163.com/12/0412/21/7UTUQ5BE000915BE.html 2013.12.5。

思考讨论题:

1. 调查你校、你校所在城市或更大范围内,大学生购买和使用手机的情况,包括价格、品牌、性能和更换周期等信息。

2. 审核汇总数据,分析判断大学生在校期间,购买手机的主要时间段和手机品牌及类型。

3. 研究大学生期望未来购买手机的类型、时间和功能等指标。

4. 与手机经销商或生产商联系,进行市场营销调研实践。

案例二 2013 年 8 月九大平台商手机销售情况汇总

根据 EnfoDesk 易观智库中国网购商品行情系统监测结果，截止 2013 年 8 月九大电商平台手机价格指数如下图所示。

数据说明：以上数据是通过中国网购商品行情系统对中国大陆市场九大（京东商城、天猫、苏宁易购、国美在线、库巴购物网、1号店、当当网、易迅网、QQ网购）主要B2C电商平台的每日交易全流量临测，进一步整合、修正、分析得出。

来源：易观国际 · 易观智库 · eOSS中国网购商品行情系统 www.enfodesk.com
SOURCE:EnfoDesk © Analysys International www.eguan.cn

2013 年 8 月九大电商平台手机价格指数

资料来源：易观网：http://data.eguan.cn/wanggoujingyingfenxi_178079.html 2013.12.5。

思考讨论题：

1. 为什么 1 月和 2 月手机价格环比指数出现那么大的升降幅度，分析其原因。

2. 思考哪种预测模型或方法适合用来预测未来一年的手机价格变化。

习 题

1. 某地区食品批发公司，发现成年人口数量的增加，啤酒销售量也在相应增加，以往几年的统计资料如表所示。根据新增成年人口数，试用一元线性回归分析预测法预测未来一年啤酒的销售趋势和数量。估计下一年新增成年人口 68 万人。

新增成年人口与啤酒销量资料

年序号	1	2	3	4	5	6	7	8	9	10
新增成年人口(万人)	25	28	34	38	47	52	55	60	63	67
啤酒销量(万箱)	28	31	40	53	61	70	75	85	92	98

2. 某公司下有 10 个五金交电连锁商店,其各自的劳动费用、流通费率对企业利润率的影响等有关资料如表所示。试用二元线性回归预测法建立预测模型。若准备再建一个连锁店,打算投入劳动费用 9.8 万元,流通费率达 2.8%,试对该店的利润率作出预测。

商店	劳动费用(万元)	流通费率(%)	利润率(%)
1	9.4	2.5	9.0
2	8.8	2.6	9.2
3	11.88	2.4	9.6
4	8.6	4.1	7.9
5	6.1	3.0	8.0
6	8.7	2.3	8.1
7	6.7	2.9	8.8
8	7.0	3.1	7.3
9	12.1	1.7	9.8
10	7.4	3.4	7.1

3. 某工厂在进行产品的销售预测时,分析每个季度销售额 y(万元)与广告费投资 x(千元)的关系。数据如表所示。

广告费与销售额数据

x	53	91	87	49	14	98	78	82
y	53.42	84.53	80.87	52.45	25.60	87.12	72.93	76.50
x	53	33	45	52	16	68	61	
y	55.14	41.00	49.51	53.16	26.22	63.04	59.25	

试问该厂的广告是否起了作用?销售额与广告费用有什么关系?假设工厂下一季度计划投资广告费 6 万元,预测产品的销售额为多少?

4. 某公司十分重视新产品的开发研究工作,近 10 年公司每年投资的研究费用和研究人员与公司的收益数据如表所示。若公司下一年度研究费用预算为 380 万元,研究人员总数增加到 200 名。试预测这个公司明年的收益。

研究情况资料

年序号	收益 y(万元)	研究费用(千元)	研究人员(名)
1	235	254	160
2	238	257	133
3	256	275	166
4	264	290	169
5	271	295	172
6	273	296	175
7	289	311	178
8	298	318	181
9	304	327	184
10	318	341	187

附 录

附表 1 相关系数表 r

α / $n-2$	5%	1%	α / $n-2$	5%	1%	α / $n-2$	5%	1%
1	0.997	1.000	16	0.468	0.590	35	0.325	0.418
2	0.950	0.990	17	0.456	0.575	40	0.304	0.393
3	0.878	0.959	18	0.444	0.561	45	0.288	0.372
4	0.811	0.917	19	0.433	0.549	50	0.273	0.354
5	0.754	0.874	20	0.423	0.537	60	0.250	0.325
6	0.707	0.834	21	0.413	0.526	70	0.232	0.302
7	0.666	0.798	22	0.404	0.515	80	0.217	0.283
8	0.632	0.765	23	0.396	0.505	90	0.205	0.267
9	0.602	0.735	24	0.388	0.496	100	0.195	0.254
10	0.576	0.708	25	0.381	0.487	125	0.174	0.228
11	0.553	0.684	26	0.374	0.478	150	0.159	0.208
12	0.532	0.661	27	0.367	0.470	200	0.138	0.181
13	0.514	0.641	28	0.361	0.463	300	0.113	0.148
14	0.497	0.623	29	0.355	0.456	400	0.098	0.128
15	0.482	0.606	30	0.349	0.449	1000	0.062	0.081

附表 2　　F 分布表($\alpha=0.05$)

n_2 \ n_1	1	2	3	4	5	6	7	8	12	24	∞
1	161.4	199.5	215.7	224.6	230.2	234.0	263.8	238.9	243.9	249.1	254.3
2	18.5	19.0	19.2	19.2	19.3	19.3	19.4	19.4	19.4	19.5	19.5
3	10.1	9.55	9.28	9.12	9.01	8.94	8.89	8.85	8.74	8.64	8.53
4	7.71	6.94	6.59	6.39	6.26	6.16	6.09	6.04	5.91	5.77	5.63
5	6.61	5.97	5.41	5.19	5.05	4.95	4.88	4.82	4.68	4.53	4.36
6	5.99	5.14	4.76	4.53	4.39	4.28	4.21	4.15	4.00	3.84	3.67
7	5.59	4.74	4.35	4.12	3.97	3.87	3.79	3.73	3.57	3.41	3.23
8	5.32	4.46	4.07	3.84	3.69	3.58	3.50	3.44	3.28	3.12	2.93
9	5.12	4.26	3.86	3.63	3.48	3.37	3.29	3.23	3.07	2.90	2.71
10	4.96	4.10	3.71	3.48	3.32	3.22	3.14	3.07	2.91	2.74	2.54
11	4.84	3.98	3.59	3.36	3.20	3.09	3.01	2.95	2.79	2.61	2.40
12	4.75	3.89	3.49	3.26	3.11	3.00	2.91	2.85	2.69	2.51	2.30
13	4.67	3.81	3.41	3.18	3.03	2.92	2.83	2.77	2.60	2.42	2.21
14	4.60	3.74	3.34	3.11	2.96	2.85	2.76	2.70	2.53	2.35	2.13
15	5.54	3.68	3.29	3.06	2.90	2.79	2.71	2.64	2.48	2.29	2.07
16	4.49	3.63	3.24	3.10	2.85	2.74	2.66	2.59	2.42	2.24	2.01
17	4.45	3.59	3.20	2.96	2.81	2.70	2.61	2.55	2.38	2.19	1.96
18	4.41	3.55	3.16	2.93	2.77	2.66	2.58	2.51	2.34	2.15	1.92
19	4.38	3.52	3.13	2.90	2.74	2.63	2.54	2.48	2.31	2.11	1.88
20	4.35	3.49	3.10	2.87	2.71	2.60	2.51	2.45	2.28	2.08	1.84
21	4.32	3.47	3.07	2.84	2.68	2.57	2.49	2.42	2.25	2.05	1.81
22	4.30	3.44	3.05	2.82	2.66	2.55	2.46	2.40	2.23	2.03	1.78
23	4.28	3.42	3.03	2.80	2.64	2.53	2.44	2.37	2.20	2.01	1.76
24	4.26	3.40	3.01	2.78	2.62	2.51	2.42	2.36	2.18	1.98	1.73
25	4.24	3.39	2.99	2.76	2.60	2.49	2.40	2.34	2.16	1.96	1.71
26	4.23	3.37	2.98	2.74	2.59	2.47	2.39	2.32	2.15	1.95	1.69
27	4.21	3.35	2.96	2.73	2.57	2.46	2.37	2.31	2.13	1.93	1.67
28	4.20	3.34	2.95	2.71	2.56	2.45	2.36	2.29	2.12	1.91	1.65
29	4.18	3.33	2.93	2.70	2.55	2.43	2.35	2.28	2.10	1.90	1.64
30	4.17	3.32	2.92	2.69	2.53	2.42	2.33	2.27	2.09	1.89	1.62
40	4.08	3.23	2.84	2.61	2.45	2.34	2.25	2.18	2.00	1.79	1.51
60	4.00	3.15	2.76	2.53	2.37	2.25	2.17	2.10	1.92	1.70	1.39
120	3.92	3.07	2.68	2.45	2.29	2.17	2.09	2.02	1.83	1.61	1.25
∞	3.84	3.00	2.60	2.37	2.21	2.10	2.01	1.94	1.75	1.52	1.00

注:n_1 是分子自由度,n_2 是分母自由度。

附表 3　　t 分布表

n \ α	0.05	0.025	0.005	n \ α	0.05	0.025	0.005
1	6.314	12.706	63.657	18	1.734	2.101	2.878
2	2.920	4.304	9.925	19	1.729	2.093	2.861
3	2.353	3.182	5.481	20	1.725	2.086	2.845
4	2.132	2.776	4.604	21	1.721	2.080	2.831
5	2.015	2.571	4.032	22	1.717	2.074	2.819
6	1.943	2.447	3.707	23	1.714	2.069	2.807
7	1.895	2.365	3.499	24	1.711	2.064	2.797
8	1.860	2.306	3.355	25	1.708	2.060	2.787
9	1.833	2.626	3.250	26	1.706	2.056	2.779
10	1.812	2.228	3.169	27	1.703	2.052	2.771
11	1.796	2.201	3.106	28	1.701	2.048	2.763
12	1.782	2.179	3.055	29	1.699	2.045	2.756
13	1.771	2.160	3.012	30	1.697	2.042	2.750
14	1.761	2.145	2.977	40	1.684	2.021	2.704
15	1.753	2.131	2.947	60	1.672	2.000	2.660
16	1.746	2.120	2.921	120	1.658	1.980	2.617
17	1.740	2.110	2.898	∞	1.645	1.960	2.576

n 为自由度　$P\{t_n \geqslant t_{n,\alpha}\} = \alpha$。

参阅参考文献[24]

主要参考文献

1 冯丽云. 现代市场调查与预测[M]. 北京:经济管理出版社,2000.
2 王春利. 现代市场预测[M]. 北京:首都经济贸易大学出版社,1998.
3 张建伟. 现代市场探测学[M]. 广州:中山大学出版社,1997.
4 韩德昌,郭大水. 市场调查与市场预测[M]. 天津:天津大学出版社,1997.
5 刘利兰. 市场调研和预测常用方法[M]. 北京:中央党校出版社,1996.
6 潘文卿,等. 21 世纪前 20 年中国经济增长前景展望[J]. 预测,2001(3).
7 于海江. 如何做市场调研[M]. 大连:大连理工大学出版社,2000.
8 P. M. 奇滋诺尔. 营销调研[M]. 乔慧存,等,译. 北京:中信出版社,1999.
9 王文利,等. 现场实施操作[M]. 北京:中国国际广播出版社,2000.
10 郁广健. 市场调查与预测 110 方法和实例[M]. 北京:中国国际广播出版社,1999.
11 陈启杰. 市场调研与预测[M]. 上海:上海财经大学出版社,2001.
12 拉里·珀西. 市场调研[M]. 文岳译. 上海:机械工业出版社,2000.
13 胡玉立. 经营决策与市场研究[M]. 北京:中国华侨出版公司,1991.
14 王毅成,林根祥. 市场预测与决策[M]. 武汉:武汉工业大学出版社,1999.
15 吕筱萍. 市场预测与决策[M]. 北京:中国财政经济出版社,1998.
16 陈亚荣,汤兵勇. 市场营销的定量分析方法[M]. 北京:中国纺织出版社,1997.
17 龚江辉. 商业调查实务[M]. 北京:经济科学出版社,2000.
18 刘勇,等. 市场调查精要[M]. 北京:石油工业出版社,1999.
19 董伊人. 市场营销调研[M]. 成都:成都科技大学出版社,1996.
20 万成林. 市场行情分析——理论、方法及操作[M]. 天津:天津大学出版社,1996.
21 Carl McDaniel, Jr. , Roger Gates. Contemporary Marketing Research, Third edition, 大连:东北财经大学出版社,1998.
22 张庚淼. 市场营销调研[M]. 大连:东北财经大学出版社,2002.

23 Alvin C. burns, Ronald F. Bush. Marketing Research, Second Edition, 北京:中国人民大学出版社,1998.
24 陆璇. 数理统计基础[M]. 北京:清华大学出版社,1998.
25 赵伯庄,张梦霞. 市场调研[M]. 北京:北京邮电出版社,2004.
26 王静. 现代市场调查[M]. 北京:首都经济贸易大学出版社,2002.
27 John E. Hanke, Arthur G. Reitsch, Dean W. Wichern. Business Forecasting, 7th ed. 北京:清华大学出版社,2001,9.
28 A. 帕拉苏拉曼,等. 市场调研[M]. 王佳芥,等,译. 北京中国市场出版社,2009.
29 简明,等. 市场调查方法与技术[M]. 北京:中国人民大学出版社,2009.
30 龚曙明. 市场调查与预测[M]. 北京:清华大学出版社,2005.
31 冯文权. 经济预测与决策技术[M]. 武汉:武汉大学出版社,2008.
32 韩德昌,等. 市场调查与市场预测[M]. 天津:天津大学出版社,2004.
33 张庚淼. 市场营销调研[M]. 大连:东北财经大学出版社,2002.
34 陈启杰. 市场调研与预测[M]. 上海:上海财经大学出版社,2004.
35 欧阳卓飞. 市场营销调研[M]. 北京:清华大学出版社,2006.
36 郑丹,孙更杰. 市场调查实务[M]. 北京:中国对外贸易出版社,2002.
37 龚曙明. 市场调查与预测[M]. 北京:清华大学出版社,2005.
38 陈祝平. 市场调研分析[M]. 上海:上海大学出版社,2005.
39 王玉荣. 商务预测方法[M]. 北京:对外经济贸易大学出版社,2003.
40 John E. Hanke, Arthur G. Reitsch, Dean W. Wichern. Business Forecasting, 7th ed. 北京:清华大学出版社,2001.
41 (美)William G. Zikmund. 营销调研精要[M]. 吕晓娣,史锐译. 北京:清华大学出版社,2004.

参考下列网站有关内容:
1 中国市场研究网:http://www.cmrn.com.cn
2 3SEE 市场研究信息网:http://www.3see.com
3 中国市场营销:http://www.ecm.com.cn/
4 中国报告大厅市场研究报告:http://www.chinabgao.com
5 中国信息协会市场研究分会:http://www.cmra.org.cn
6 中国工业企业与市场调查系统:http://www.bfzh.com.cn
7 中国社会观察网:http://www.lookinto.cn/